I0714479

305.420983
C129m  Caffarena de Jiles, Elena, 1903-2003.
        Elena Caffarena. Una mujer pública: antología.
        Edición a cargo de la Vicerrectoria de Extensión y Comunicación de la Universidad de Chile
        1a. ed.– Santiago de Chile: Universitaria, 2020.
        458 p.; 15,5 x 23 cm (Maestros y Maestras de la Chile)

        ISBN Impreso: 978-956-11-2655-8
        ISBN Digital: 978-956-11-2658-9

1. Caffarena de Jiles, Elena, 1903-2003.    2. Caffarena de Jiles, Elena, 1903-2003 – Correspondencia.
3. Feminismo – Chile.                       4. Derechos de la mujer – Chile.
I. t.

Vicerrectoria de Extensión y Comunicación de la Universidad de Chile
Inscripción Nº 2020-A-1371, Santiago de Chile

Editora: Jennifer Abate Cruces
Compiladora: Karen Cea Pérez

Direcctora de la colección Maestos y Maestros de la Chile: Faride Zerán Chelech



Texto compuesto en tipografía Garamond 12/15,2

Se terminó de imprimir esta
PRIMERA EDICIÓN
en los talleres de Salesianos Impresores S.A.
General Gana 1486, Santiago
en febrero de 2020.

Fotografía de portada
Elena Caffarena. Campaña presidencial Pedro Aguirre Cerda. 1939.
Cortesía del Fondo Elena Caffarena Morice, Archivo Mujeres y Géneros, Archivo Nacional de Chile.

Fotografía de interior
Cortesía del Fondo Elena Caffarena Morice, Archivo Mujeres y Géneros, Archivo Nacional de Chile.

Diseño de interior: Yenny Isla
Diseño de portada: Norma Díaz

IMPRESO EN CHILE / PRINTED IN CHILE

# ELENA CAFFARENA

## UNA MUJER PÚBLICA

### ANTOLOGÍA

# ÍNDICE

# AGRADECIMIENTOS

Esta antología ha sido posible gracias al trabajo y colaboración de distintas personas e instituciones. Agradecemos a Ximena Jiles y por su intermedio a la familia Jiles-Caffarena por su apoyo a este proyecto y a la Fundación Olga Poblete, que, en la figura de su director, Humberto Espinosa, dio la autorización para incluir en este volumen la biografía *Elena Caffarena, una mujer*, de Olga Poblete. Agradecemos también al equipo de trabajo del Archivo Nacional de Chile, en especial a su directora Emma de Ramón, y a Marcela Morales, Pedro González y Miguel Carrasco, por facilitar el acceso a la correspondencia e imágenes de Elena Caffarena, así como su digitalización. Asimismo, al equipo de Memoria Chilena de la Biblioteca Nacional de Chile, a través de su directora Daniela Schutte. Como siempre, agradecemos al Archivo Central Andrés Bello, y en esta oportunidad a Diamela Eltit y Lotty Rosenfeld por apoyar con el uso de imágenes de la abogada, y al fotógrafo Felipe Poga por el apoyo en la preparación de esas imágenes.

## Elena Caffarena, una mujer pública

Este año, en que se conmemoran los 70 años del voto femenino en Chile, promulgado en enero de 1949, no podía terminar sin que la colección *Maestros y Maestras de la Chile* rindiera un homenaje a la principal impulsora del derecho al sufragio, sobre el que, con tan poca justicia, suele decirse que fue "concedido" por el presidente Gabriel González Videla. Sobre esto, diría Elena Caffarena:

> Este aserto lo he leído y escuchado varias veces y sería lamentable que pasara como verdad a la historia. El voto lo consiguieron las mujeres después de veinte años de duras y sacrificadas luchas. Don Gabriel lo único que hizo fue cumplir con el trámite constitucional de promulgación. El que éste se hiciera en el Teatro Municipal en solemne ceremonia, a la que no se invitó a las agrupaciones que más se habían sacrificado en las campañas, no puede convertirlo en el donante gracioso de esta sentida reivindicación femenina.

Quizás sea ese uno de los principales objetivos de la relectura del trabajo de una feminista como fue Elena Caffarena: iluminar aquellas zonas de su pensamiento y trayectoria que han permanecido ocultas por las fuerzas de una historia escrita predominantemente por hombres; documentar histórica y culturalmente las diferentes vías a través de las que cambió el destino de la nación.

Cuando se habla de la consecución del sufragio universal en nuestro país se recuerda la figura de Elena Caffarena, pero quizás más desconocida –para un público no especialista– es la historia del MEMCH, Movimiento Pro Emancipación de las Mujeres de Chile, que durante su primer periodo organizó el malestar de un amplio abanico de mujeres y las impulsó, durante casi veinte años, a luchar públicamente por la igualdad de derechos para ellas, insistiendo en el derecho al trabajo, a la cultura, y en otras demandas como el control de la natalidad, el aborto y el divorcio. Todo lo anterior desde una óptica integradora de la realidad de distintos tipos de mujeres, una idea que por entonces no caracterizaba la organización femenina, que enmarcaba sus discusiones acerca de las preocupaciones de sus entornos más inmediatos. Así como Elena Caffarena se relacionaba con mujeres de sectores adinerados, profesionales, progresistas, que, junto a ella, no estaban satisfechas con el escaso lugar público que se les daba, también impulsó con ahínco la participación activa en el MEMCH de las mujeres obreras explotadas laboralmente. Caffarena leía con detención el periódico *El Despertar de los Trabajadores* y admiraba el trabajo de los Centros Belén de Sárraga en el norte.

Pero su defensa de los derechos de la mujer excedió el activismo y, como abogada y desde las lides del derecho, se aseguró de volver jurisprudencia derechos mínimos para las mujeres, como la posibilidad de recibir una pensión aun cuando hubieran abandonado el hogar conyugal, o tomar decisiones comerciales dentro del matrimonio. Del mismo modo, desde su preocupación por los derechos humanos, durante la dictadura su hogar de Seminario 244 se convirtió en una trinchera para batallar por el restablecimiento de la democracia y la protección de quienes más lo necesitaban.

Todas estas dimensiones son abordadas en este libro, que esperamos traiga al presente y en toda su potencia, la figura de una mujer clave en la historia de nuestro país.

Al inicio de esta antología la encargada de Publicaciones de la Vicerrectoría de Extensión y Comunicaciones y editora del volumen, Jennifer Abate, se refiere a la relevancia de esta publicación y a cómo la obra y trayectoria de Elena Caffarena interpelan a los feminismos y manifestaciones sociales de hoy.

Un excelente contexto para presentar el trabajo de la abogada feminista lo da la biografía *Elena Caffarena, una mujer*, trabajado por su amiga entrañable en el MEMCH, Olga Poblete de Espinoza, obra que fue publicada en 1993 por Ediciones La Morada y Editorial Cuarto Propio, y que reproducimos aquí con muy pequeñas variaciones gracias a la autorización que nos dio la Fundación Olga Poblete.

La primera sección de este libro reúne diez artículos originales escritos por once mujeres relevantes para los feminismos actuales, que desde diferentes ópticas y lugares de enunciación rinden homenaje y traen al presente el legado de Elena Caffarena.

En primer lugar, la académica de la Facultad de Derecho y ex ministra directora del Servicio Nacional de la Mujer, Laura Albornoz Pollman, en "Elena Caffarena: extensa y profunda contribución a la democracia", hace un recuento de sus múltiples aportes a la historia nacional, tanto como abogada como reconocida feminista y luchadora social. Luego la estudiante de Derecho y figura central de la movilización feminista de 2018, Sofía Esther Brito, aborda, en "Elena Caffarena o la rebeldía feminista de una justicia nueva", la definición patriarcal que ha tenido preponderantemente el Derecho, y cómo Elena Caffarena, así como tantas otras mujeres, hicieron de la lucha por los derechos políticos una forma de subversión feminista. La académica de la Facultad de Filosofía y Humanidades Olga Grau Duhart explora, junto con relevar los diversos aportes de la abogada, la potencia emancipatoria (que incluye logros de derechos políticos de expresión y participación y la ampliación de la base de la democracia) del vínculo entre mujeres en su artículo "En amistad política: Elena Caffarena y Olga Poblete". La Diputada de la República y reconocida figura defensora de los derechos humanos, Carmen Hertz Cádiz, en "Elena Caffarena, 'una feminista por vocación democrática'", profundiza precisamente en su tema de experticia y agradece la labor de Elena en la lucha irrestricta por los derechos de las mujeres más necesitadas de justicia, así como la defensa integral y responsable de los derechos humanos durante la dictadura. La crítica, académica y escritora Raquel Olea Barriga, en tanto, hace referencia a la correspondencia de la abogada feminista que recoge esta antología y releva su aporte a la discusión pública en "Palabra y huella feminista en las cartas de Elena Caffarena".

La académica de la Facultad de Filosofía y Humanidades Kemy Oyarzún Vaccaro se centra en el aporte que las feministas obreras, campesinas, escritoras, maestras y profesionales han hecho a lo largo de la historia al ingresar al ámbito público en luchas radicalmente democráticas, y hace un llamado a relevar estas figuras en su artículo "Elena Caffarena: justicias de clase y sexo". En "La sonrisa de Elena Caffarena" la socióloga e integrante de la Coordinación Nacional de la Red Chilena contra la Violencia hacia las Mujeres, Sandra Palestro Contreras, reconoce la gravitación que el trabajo y la trayectoria de la jurista tuvieron para la visibilización de las mujeres, que no habrían alcanzado su lugar dentro de la sociedad sin la intervención de los feminismos organizados. La siquiatra y ex Diputada de la República Fanny Pollarolo Villa, en tanto, cercana a la feminista en sus días, escribe "Elena Caffarena. Aprendiendo de ella y de su vida", para rendir un homenaje a su figura y, particularmente, a su humildad frente a lo logrado, un rasgo que otras mujeres reconocen en Caffarena a lo largo de este libro. La subdirectora nacional de Archivos y conservadora del Archivo Nacional Emma de Ramón Acevedo, y la encargada del proyecto Archivo Mujeres y Géneros del Archivo Nacional Histórico María Antonella Caiozzi Apablaza, buscan, en "Elena Caffarena, más allá de la lucha por el sufragio femenino", ampliar el conocimiento sobre los aportes de esta mujer al país, que no se agotan en su rol sufragista, pues se trataba de una profesional preocupada por todos los tipos de injusticia hacia las mujeres, una feminista que buscó transformar estructuralmente la sociedad. Cierra esta sección la abogada y directora ejecutiva de ABOFEM, Asociación de Abogadas Feministas, Bárbara Sepúlveda Hales, quien se refiere al rol de protección patriarcal que ha tenido el derecho, el que solo puede subvertirse cuando este se pone al servicio de la emancipación de las personas y de la igualdad de derechos de quienes no tienen acceso a ese espacio. En esa línea, trabajar esta doctrina desde un enfoque feminista es fundamental, plantea Sepúlveda.

Luego, una sección de fotografías históricas de la vida y trayectoria pública de Elena Caffarena componen un *dossier* de imágenes.

A continuación reproducimos una entrevista de referencia obligada realizada por la escritora, académica y Premio Nacional de Literatura 2018 Diamela Eltit González, quien en este texto publicado en 1993 indaga, en conversación con Caffarena, su rol como fundadora del MEMCH, las dificultades que tuvo que enfrentar el movimiento sufragista chileno y su visión sobre los feminismos, entre otros temas.

Uno de los elementos esenciales de esta antología son los textos escritos por la propia Elena Caffarena en los años 1944 y 1952, *Capacidad de la mujer casada con relación a sus bienes, Un capítulo en la historia del feminismo. Las sufragistas inglesas,* respectivamente. El primero es una discusión jurídica apasionante sobre la capacidad de la mujer para tomar decisiones económicas dentro del matrimonio, en el que Caffarena, con una humildad que no se condice con el hecho de haber logrado cambiar la jurisprudencia en esta materia, dice: "Me sentiré satisfecha si logro –dentro de la complejidad de la materia a tratar– hacer un resumen fácilmente comprensible, que dé a las mujeres una idea clara de su verdadera situación jurídica dentro del matrimonio en lo que a sus bienes se refiere, y si este conocimiento de su estatuto legal, así como las ideas que insinúo para reformarlo –ideas que, por lo demás, no son una creación sino que ya están incorporadas a la legislación positiva de muchos países, aun países americanos– las ayuda en una futura, pero próxima campaña, para terminar con su incapacidad civil y establecer como régimen matrimonial ordinario el de participación en los gananciales, régimen que no solo da a la mujer mayores garantías con relación al marido y la libera de su sujeción que muchas veces es injusta e irritante, sino que, también, le permite actuar sin trabas en los negocios y con la expedición que exige el ritmo de la vida moderna".

En el segundo texto que reproducimos fielmente Elena retrata con detalle y visión analítica los atropellos que tuvo que sortear el movimiento sufragista inglés que comenzó en 1906 con sus "tácticas militantes", que buscaban dar visibilidad a la lucha por los derechos políticos de las mujeres, y que recién en 1928 consiguió que el Parlamento británico aprobara el voto de las mujeres en las mismas condiciones de los hombres. Pero aun cuando el eje de este texto está en los avatares de las inglesas que enfrentaron huelgas de hambre, escarnio público de parte de los políticos y los medios de comunicación e incluso violencia física de parte de la política, Caffarena se da el tiempo para, desde ahí, interpelar a las chilenas, diciéndoles que "Las mujeres no debemos olvidar que cada conquista en el movimiento femenino ha sido lograda a través de una lucha sostenida. Este mero recuerdo debería darnos mayor prestancia y seguridad; este convencimiento debería ser nuestra mejor defensa contra las tendencias que buscan confundirnos para restarnos al proceso democrático general. Mil problemas urgentes nos aguardan, problemas que reclaman una acción mancomunada de todos los grupos femeninos, y que, de realizarse con amplitud y sinceridad, repercutiría hondamente en nuestra vida colectiva. Empecemos por las tareas más inmediatas".

Esta antología cierra con una selección de más de 25 cartas que Elena Caffarena dirigió, en nombre propio o del MEMCH, a diferentes figuras públicas de la política, el poder institucional o los medios de comunicación, entre otros, abogando por los derechos de la mujer y la reivindicación de su lugar en la sociedad. No hay duda de que la correspondencia de esta *mujer pública* da cuenta de su historia personal, pero también de la del feminismo y de la trama histórica de nuestro país.

Al finalizar el número, Ximena Jiles Moreno, nieta de Elena Caffarena releva la figura de la abogada y su compromiso público con un emocionante epílogo.

Faride Zerán Chelech
Vicerrectora de Extensión y Comunicaciones de la
Universidad de Chile

# LAS REVUELTAS DE AYER, LAS REVUELTAS DE HOY: UN PAÍS QUE AVANZA EN LA REFLEXIÓN COLECTIVA

Quizás la primera gran aclaración necesaria de hacer al comienzo de esta antología, nueva entrega de la colección *Maestros y Maestras de la Chile* que ya ha rescatado la obra y pensamiento de Amanda Labarca, Alejandro Goic, Enzo Faletto, Mario Planet y Humberto Giannini, es que el trabajo que le dio vida fue realizado de manera previa al 18 de octubre de 2019, aquel viernes que inició un proceso de movilización, reflexión y cambios de alcances aún insospechados hoy, a mediados de noviembre del mismo año. Si bien somos conscientes de que las luchas y reivindicaciones a las que dio vida Elena Caffarena (personaje fundamental no solo para el feminismo sino también en la protección de los derechos humanos durante la dictadura, como se muestra en la correspondencia que reproducimos en este libro) tienen mucho que ver con lo que ha sucedido este año en nuestras calles, decidimos mantener el carácter original de esta antología precisamente para que las nuevas revueltas no invisibilicen las pasadas, sino que se alimenten de ellas; que busquen en estos intentos por recobrar la memoria, fuentes y argumentos para dar vida a las discusiones que vendrán.

¿Y cuál es el carácter original de este libro? Rendir homenaje, en el año que marca un siglo del sufragio universal en nuestro país, a una de sus más insignes impulsoras, egresada de la Universidad de Chile. Rendir homenaje, sobre todo, a su intelecto y a su laboriosidad política, que le permitieron encabezar una movilización en la que se reconocieron diferentes mujeres. Elena Caffarena nunca se apropió de la disputa que permitió que en 1949 las mujeres pudieran votar en las elecciones presidenciales, como tampoco quiso centralizar en el MEMCH, Movimiento Pro Emancipación de las Mujeres en

Chile, del que fue secretaria general y desde donde trabajó por este fin, los logros del feminismo. Si bien no tenemos forma de saberlo, leyéndola podemos intuir que hubiera agradecido señalar esta como una victoria de miles de mujeres que desde diversas ocupaciones, roles y visiones, apostaron por la dignidad y la justicia social. Porque claro, si bien Elena Caffarena fue un puntal y el MEMCH una organización clave, la demanda del voto político ya había sido instalada por agrupaciones que lo precedieron y este organismo, más bien, apoyó la ampliación y fortalecimiento de la movilización feminista a través de una estructura de amplia base social. Marta Vergara, en la biografía publicada por Olga Poblete que forma parte de esta antología, subraya:

"Creo difícil encontrar organizaciones femeninas superiores a lo que fue el MEMCH. Su carácter extraordinario se debió, desde luego, a su programa aplicado a las mujeres de todas las clases sociales; atrayente para burguesas y proletarias, cubriendo desde el voto hasta la difusión de los métodos anticoncepcionales". Esto, por cierto, sin olvidar el lugar desde el que disputaban. Agrega la misma Vergara: "Consiguió que sus socias se sintieran feministas, sin olvidar que los desajustes de la sociedad se debían a su propia estructura y que se interesaran por ajustarlos sin olvidar que eran feministas".

Un siglo después, las mujeres feministas aún no abandonan las calles y los espacios de reflexión y construcción política, social y cultural, pues si bien Elena Caffarena contribuyó a la consecución de derechos políticos para todas, otras injusticias aún persisten, tal como lo mostró la movilización del mayo feminista de 2018: acoso y abuso sexual, sexismo, inequidad en los sueldos, invisibilización en diferentes niveles, precariedad, desigual distribución del trabajo reproductivo y mucho más son parte de la deuda actual.

Si algo hemos aprendido de la historia que hemos recogido en esta antología, una vez más promovida por la Vicerrectora de Extensión y Comunicaciones de la Universidad de Chile, la Premio Nacional de Periodismo Faride Zerán, y en la que realizó un trabajo fundamental de compilación la Licenciada en Lengua y Literatura

Hispánica Karen Cea, y de las movilizaciones que en distintos momentos de la vida nacional han conducido a cambios y nuevas formas de justicia social, es que los avances que propenden a la equidad solo se pueden realizar de manera colectiva, con generosidad, con apertura, con la generación de espacios que permitan que nuestro pensamiento confluya más ella del sexismo, sectarismo y elitismo que caracterizan nuestra sociedad.

En esa línea, quisiera agradecer el esfuerzo colectivo de las autoras de los artículos inéditos que hoy presentamos, que sin dudar aceptaron contribuir al trabajo feminista que va renovándose en el tiempo. Para finalizar, rescato algunas líneas de Sofía Esther Brito, en una reflexión que otras mujeres comparten en este libro:

"En estos tiempos donde los discursos de odio vuelven a hacer sentido, aquella profunda convicción democrática de Elena Caffarena cobra una vigencia ineludible para volver a pensar y también desear la democracia. Caffarena ilustra aquellas vidas donde no solo basta con preguntarse por su obra, porque su vida misma fue construida sobre la base del gesto político de la amistad, de entenderse/entendernos desde las construcciones colectivas. No hay un mundo que vendrá al cual debemos aguardar para repensar nuestras formas de vivir, una vez más las feministas nos vuelven a decir que la vida es 'hoy y no mañana'".

JENNIFER ABATE CRUCES
Editora de Publicaciones de la Vicerrectoría de Extensión
y Comunicaciones
Universidad de Chile

# BIOGRAFÍA
# UNA MUJER. ELENA CAFFARENA[1]

*Olga Poblete de Espinoza*[2]


No ser como mujer una extraña en la historia. No subirme hoy, sino que he estado siempre.

JULIETA KIRKWOOD

*Tejiendo rebeldías*, Santiago, 1987


La mujer debe luchar por sus derechos sin considerar que le estén haciendo un favor.

ELENA CAFFARENA

---

[1] Salvo pequeñas modificaciones de estilo, la biografía que aquí se reproduce se ciñe a *Una mujer, Elena Caffarena* de Olga Poblete de Espinoza, publicada por Ediciones La Morada y Editorial Cuarto Propio en 1993.

[2] Fue una destacada profesora, feminista, dirigenta social y política chilena. Nació en Tacna en 1908 y se tituló de Profesora de Historia y Geografía en 1928, en el Instituto Pedagógico de la Universidad de Chile, donde posteriormente se desempeñaría como docente, labor que también cumpliría en el Liceo Experimental Manuel de Salas. Fue pionera en la instalación de una cátedra universitaria sobre Extremo Oriente y África. En 1939 fundó, junto a Elena Caffarena, Graciela Mandujano y Marta Vergara, entre otras, el MEMCH, con el fin de promover una ciudadanía con derechos para las mujeres. Falleció en 1999.

# PRIMERAS PALABRAS

Tiempo atrás, en el mes de enero, como lo hago ya desde hace años, Elena me invitó a compartir unas semanas de conversa y reposo en su casa de Tongoy. En una ocasión comenzamos a revisar algunos archivos del MEMCH de los años 1930. Como en ocasiones anteriores, ocurrió que una reacción de Elena se nos convirtió de inmediato en iniciativa:

> Mira, este texto no se puede perder. Sus argumentos siguen vigentes. ¿Por qué no seleccionar temas, reunirlos, organizarlos y editarlos?

Así fue como iniciamos un trabajo de selección de textos, ordenación y archivo, que incluso ya más de alguna joven investigadora ha estudiado con fruición.

En aquella ocasión se definió en mí la idea que, sin precisarlo, tomaba forma desde tiempo atrás: intentar un relato biográfico de Elena Caffarena. Sentía el compromiso de registrar tan rica experiencia vivida desde los lejanos tiempos en que la vi por primera vez. Había comenzado a descubrirla de a poco y a percibir los valores de su personalidad, su talento, su sólida cultura. De sus palabras, juicios y actitudes trascendía un saber adquirido más allá de estudios y lecturas. Gran parte de esto tal vez procedía de su trato múltiple, en las más diversas circunstancias, con gente variada, de distintos estratos sociales, políticos, intelectuales.

He enfrentado esta ambiciosa tentativa a objeto de que las chilenas rescatemos un poco más de esa memoria que tanta falta nos hace como cimiento sólido para procurar reconocer y apreciar nuestras identidades, acrecentar vigores y conductas, y asumir cada vez con mayor seguridad y prestancia el azaroso acontecer.

Por lo demás, durante milenios esta mitad femenina de la humanidad ha vivido entre desafíos y superaciones.

24

## UNA FAMILIA: LOS CAFFARENA - MORICE

En octubre de 1953 don Blas Caffarena Chiozza terminó de escribir
sus memorias. Hacía ya algunos años que había dejado toda responsabilidad de dirección en la fuerte y prestigiosa industria Caffarena
que fundara a comienzos de ese siglo y a la que dedicó íntegramente
su esfuerzo y capacidad. Una lee estas memorias y queda conmovida
por la energía, tenacidad y voluntad que desplegó este pionero en
medio de sucesivas adversidades, atendiendo sin desmayar el desarrollo de sus diversos trabajos y las necesidades de su numerosa
familia: su esposa Anita, sus cinco hijas y sus dos hijos.

Los primeros fuertes desafíos los vivió en Estados Unidos, donde su padre adquirió unas tierras en Dakota del Norte animado por
la imagen promisoria que el europeo tenía de las Américas. Don
Blas había cumplido diecinueve años cuando desde Dakota decidió
partir a Iquique, en Chile. Aquí inició una dura etapa, en la pulpería
de un familiar, de trabajo sin pausa, en una típica tienda de comercio de la zona. Más tarde viajaron a Iquique sus padres y hermanos.
Instalaron un pequeño almacén que, con el trabajo de todos, pronto
hicieron crecer y prosperar, ajustándose a una vida estrictamente
sobria.

Las memorias están escritas en tono sencillo, directo, transparente, con tal acento de veracidad que su lectura nos transporta tanto a momentos de desbordante alegría o lamentables contratiempos,
como a otros en los que estallan las iras de don Blas contra usureros
y explotadores de los pequeños empresarios. Dos veces en Iquique
y una en Arica, voraces incendios consumieron sus talleres y enseres
de trabajo, debiendo comenzar desde cero.

Hombre de firmes decisiones, después de algunos años en Iquique viajó a su pueblo natal, Pegli, en Italia, en busca de novia. Un

juego de felices casualidades le permitió descubrir en una fiesta popular de San Pedro a la hermosa joven, aún estudiante de Escuela Técnica, con quien contrajo matrimonio: Ana Morice Benvenuto.

La pareja organizó de inmediato la durísima y prolongada empresa del viaje a Chile. A las semanas de barco a través del Atlántico se sumaron las del recorrido Buenos Aires-Mendoza y el cruce de la cordillera de los Andes, en mula, por supuesto. Siguieron a Valparaíso embarcándose por fin a Iquique. Allí comenzó la historia de don Blas, Anita y su numerosa prole.

Al cumplirse cien años de la llegada a Chile de don Blas Caffarena Chiozza, Elena reeditó las memorias de su padre

> … para que las nuevas generaciones Caffarena nunca olviden sus raíces y tomen como ejemplo a un hombre que con esfuerzo, trabajo y tesón fue capaz de superar los contratiempos y calamidades que la vida le deparó.

En Iquique instaló don Blas su primer taller para producir medias. No fue empresa fácil. Además, apenas prosperaba un poco los incendios destruían la pequeña industria hasta sus cimientos.

Las cinco niñas Caffarena y sus dos hermanos estudiaron en la escuela y el liceo de Iquique. En esos años el desempeño docente dejaba bastante que desear. Por lo general, las clases estaban a cargo de personas con escasa preparación profesional.

> Tuve la suerte –cuenta Elena– de tener como profesora de preparatoria a doña Uberlinda Aguilar, una maestra formada en la Escuela Normal de Santiago, que logró dominar mi espíritu inquieto e inculcarme hábitos de disciplina, de trabajo, de perseverancia que me han servido mucho a lo largo de mi nada corta vida[3].

---

[3]    Caffarena, *Autobiografía*, escrita a máquina.

El liceo fiscal tuvo para Elena el gran atractivo de su biblioteca:

… unos doscientos ejemplares con obras de autores chilenos. Así fue como pude leer todo Blest Gana, Baldomero Lillo, Fernando Santiván, Rafael Maluenda, Pedro Prado, y nació mi afición por la lectura[4].

Este ha sido el "vicio" de toda su vida. Sus amigas de distintas épocas hemos gozado el privilegio de compartir su rica biblioteca, siempre renovada. Hasta en su mesa de noche hay libros de turno para esta ávida lectora.

Hacia el año 20 la familia Caffarena-Morice se trasladó a Santiago:

Mi padre instaló un pequeño taller con cuatro máquinas para la fabricación de medias y calcetines, en este trabajaban sólo los miembros de la familia. Yo alternaba mis estudios, primero en el liceo y después en la universidad, con este trabajo familiar seleccionando la mercadería, empaquetándola, preparando el despacho de pedidos y llevando la contabilidad[5].

Doña Anita repartía su tiempo en el múltiple quehacer doméstico y durante las noches ayudaba a su marido en el recuento de la producción y el control del despacho y venta:

La situación de la familia era modesta; no nos faltaba comida, ni techo, ni abrigo, pero recibíamos pocos regalos y no se nos proporcionaba nada superfluo[6].

---

[4]    *Ibídem.*
[5]    *Ibídem.*
[6]    *Ibídem.*

A su llegada a Santiago la familia Caffarena-Morice se instaló en un sector vecino al barrio Recoleta. Las niñas fueron matriculadas en el Liceo N° 4 donde Elena cursó el sexto de humanidades. La directora era doña Sara Guerin de Elgueta, quien, años más tarde, al conmemorarse el cincuentenario del Decreto Amunátegui que dio acceso a la mujer a los estudios universitarios, fue encargada de la edición del libro *Actividades Femeninas en Chile*. Entre las diversas colaboradoras invitadas por doña Sara para llevar a cabo tan importante tarea, justamente pidió a su ex alumna, la ya abogada Elena Caffarena, un estudio sobre la condición jurídica de la mujer. Con el tiempo, el tema solicitado para esa ocasión pasaría a ser uno de los objetivos centrales de su actividad dentro de las organizaciones femeninas que ella contribuyó a crear en Chile.

Pero volvamos a los tiempos de "liceana". Tres muchachas que cursaban el sexto de humanidades en el Liceo N° 4 recibieron una mañana con curiosidad a la "nueva" que se incorporaba al curso. Una de ellas, María Marchant de González Vera, cuenta que Elena

era una muchachita rubia, muy linda, muy seria. Sabíamos que venía de provincia. La primera clase a la que asistió Elena era de Economía Política y nada menos que doña Ercilia Pérez, Directora de la Escuela Anexa a la Normal N° 2, era la profesora. Doña Ercilia Pérez, que tenía la buena costumbre de hacer clases bastante activas, reparó en la presencia de esta alumna nueva y no tardó en hacer una pregunta a Elena. La respuesta fue muy segura y tranquila. Nosotras –María, Lola Blondet y María Guajardo, amigas de todos sus años de liceanas– nos miramos agradablemente sorprendidas y sin mediar palabra comprendimos que esa niña tenía que ser nuestra amiga. Terminó la clase, llegó el recreo y las tres partimos al encuentro de la recién llegada.

Desde ese instante sellaron una gran y hermosa amistad de toda la vida.

Llegó el momento de prepararse para la prueba de Bachillerato. Elena tenía serios vacíos en matemáticas e idiomas, asignaturas que flaqueaban bastante en el liceo de Iquique.

No me sentía segura –dice Elena– frente a esta prueba, pero María Marchant que ya tenía grandes condiciones pedagógicas, como lo demostraría en sus actividades docentes años más adelante, fue para mí una ayuda decisiva. De ella recibí matemáticas e inglés que, por cierto, no alcanzaron a ser suficientemente asimiladas y sólo llegué a un puntaje necesario para entrar a la Escuela de Leyes[7].

En esos años era solo cuestión de presentarse a la Universidad de Chile, decir qué se quería estudiar, registrar sus datos personales y esperar el inicio de clases.

Apenas aprobó Elena la prueba de Bachillerato siguió un curso de contabilidad para asumir de allí en adelante la responsabilidad de manejar los estados de cuenta del taller de su padre. Esta tarea no la eximía de los trabajos propios de la producción junto a sus hermanas y hermanos. Esa vida familiar compartida con el esfuerzo colectivo organizado con firmeza por don Blas, quien a su vez no descuidaba responsabilidad alguna, es seguramente en parte la fuente de ese espíritu marcadamente sobrio que caracteriza la personalidad de Elena. Sin embargo la disciplina familiar no empañaba en don Blas una profunda devoción y cariño por su numerosa prole.

Es cierto que era muy exigente en todo –dice María Marchant–, se exigía a sí mismo y esperaba lo mismo de los demás. Pero su trato delicado y atento es lo que yo más recuerdo. Amaba lo bello, admiraba la corrección. Recuerdo haber llegado a casa de Elena en ocasión que don Blas había citado al mejor sastre de Santiago para confeccionar los trajes de sus hijas. Para Elena

---

[7]    *Ibídem.*

había encargado el mejor traje sastre que era la moda de rigor. Eso sí que don Blas en cuanto a puntualidad –sigue María– era implacable. La familia se sentaba a la mesa y ¡ay! de quien llegara atrasado. No decía nada, pero la tan severa mirada valía más que palabra alguna.

Elena y sus amigas compartían intereses y gustos comunes, entre ellos la lectura. Tuvieron la suerte de contar en el Liceo N° 4 con doña Esperanza Soto, profesora de historia, que nunca enseñó nombres de batallas ni fechas.

Le encantaba –cuenta María– abrir las ventanas a los temas culturales, la poesía, la literatura. Nos inició en ese maravilloso mundo literario que nosotras ignorábamos. Tanto nos motivó que más tarde nos transformamos en asiduas lectoras. Acudíamos a la Biblioteca Nacional, a la sección de préstamo de libros a domicilio, dirigida por un joven muy atento y serio que se convirtió en nuestro orientador de lectura: Daniel de la Vega. Deben haberlo impresionado estas cuatro muchachitas que con tanta seriedad e interés acudían a su ventanilla en la Biblioteca.

Si tenían tiempo, desde la biblioteca se iban un rato a charlar al vecino cerro Santa Lucía. Es muy interesante este relato de María sobre aquellos recreos llenos de comentarios y opiniones. Ocurrió que hablando de libros y lecturas, María narró a sus amigas la observación de uno de sus compañeros del Instituto Pedagógico. Este había reparado con cierta admiración en un libro de Henri Barbusse que María llevaba entre sus cuadernos. Al parecer, el comentario de María traslucía gran satisfacción y orgullo de sentirse a leguas de distancia de aquel compañero de curso. Primero hubo silencio y luego Elena formuló este leve reparo:

… la vanidad es el peor defecto que puede tener una persona… –comenta María. Me impresionaron sus palabras. Jamás las he olvidado. Fue una de las primeras lecciones que recibí de ella y son hasta hoy parte de mi código de vida. No puedo dejar de agregar que teniendo Elena tantos motivos para reconocer sus cualidades, nunca la he visto caer en la debilidad de envanecerse por algo que haya hecho, escrito o descubierto. Cada juicio categórico suyo tiene un sólido fundamento de análisis y raciocinio. Ella lo sabe perfectamente y lo dice sin rastro alguno de vanidad.

Cursaba el segundo año de Leyes cuando se inscribió en la Oficina de Defensa Jurídica Gratuita. Allí, dice Elena,

… conocí a un joven a quien llamaban "el sabio Jiles".

De ese encuentro y del compartir preocupaciones comunes nacieron el conocimiento mutuo, la estimación y el afecto que terminaron en matrimonio. Elena subraya con fino humor en su autobiografía:

No fue un amor a primera vista, pero después de años de insistencia…[8].

Estudiantes universitarios de otras escuelas también organizaron y mantuvieron por años servicios gratuitos semejantes. María Guajardo

… era una muchacha muy linda y con un tremendo carácter ejecutivo –comenta María. Ingresó a un servicio similar mantenido por los estudiantes de la Escuela de Medicina que tenía a Pedro Gandulfo entre sus organizadores.

Gandulfo fue un destacado dirigente de la FECH de los años 1920.

Por su parte, María y Lola, estudiantes del Instituto Pedagógico, no tardaron en incorporarse al recordado Liceo Nocturno Federico Hansen. Muchas de estas maestras y maestros novatos asumieron

---

[8]    *Ibídem.*

más tarde altas responsabilidades docentes y públicas, rindiendo brillantes frutos tanto en la educación chilena como en la latinoamericana y extracontinental.

Un buen día estas cuatro inseparables amigas decidieron ir a la Federación de Estudiantes de la Universidad de Chile y transmitir a sus dirigentes el deseo de ingresar a la FECH. Tenían entonces 17 años. Llegaron a Agustinas 265, plantearon su petición y fueron acogidas con espontáneo entusiasmo. Cuando ellas preguntaron por las tareas que podían asumir, las encargaron solamente la responsabilidad de ocuparse del orden y correcta presentación del local. Más adelante fueron promovidas a tareas superiores, como el despacho a provincias de la revista *Claridad*. Pronto tomaron la iniciativa de invitar a compañeras de otras escuelas a visitar la FECH y asistir a sus reuniones.

> Nosotras –dice María Marchant– vivíamos una moral muy estricta y muy coincidente y cuando invitábamos a otras compañeras a concurrir a la FECH, les leíamos bien la "cartilla": aquí no se viene a buscar marido.

En los años 1920 el tono político lo daba el pensamiento anarquista, ideología dominante tanto en los sectores obreros como universitarios. Por otra parte, la FECH también fue impactada por el fuerte movimiento de los estudiantes argentinos de la Universidad de Córdoba, cuyo manifiesto inicial de la reforma universitaria había corrido como reguero de pólvora:

> Estamos pisando sobre una revolución. Estamos viviendo una hora americana… Los dolores que quedan son los dolores que faltan.

Este apasionado llamamiento libertario conserva un vigor que remece ideas y recuerdos y trae el eco lejano de un mundo de aspiraciones juveniles, vigente aún en muchos sentidos.

En la FECH había reuniones diarias. Se convirtió en un centro cultural muy rico, inquieto, activo.

Se discutían problemas de todo orden –recuerda Elena–, principalmente de política nacional, de anarquismo, de la revolución rusa. Participaban estudiantes y obreros, tanto chilenos como extranjeros. Las mujeres nos limitábamos a escuchar[9].

Pero en una ocasión asistió el escritor y filósofo mexicano José Vasconcelos y fue Elena quien presentó a tan ilustre visitante. Las mujeres habían comenzado a "ser" importante presencia en la Federación de Estudiantes de la Universidad de Chile, algo más que asesoras para arreglar las salas de reuniones. Esas muchachas supieron ganar tanto prestigio en la FECH que les dedicaron la primera página de portada de la revista *Claridad* Nº 63, editada en 1922, con un inspirado artículo con el título "Ellas", con la enfática afirmación que se inicia así:

surgieron prodigiosamente avanzando hacia nosotros.

Firma ese artículo de homenaje Fernando García Oldini, joven músico flautista, que en esos tiempos de cine mudo, junto a un pianista acompañaba el desarrollo de la película o el obligado intermedio.

La FECH fue el lugar de felices encuentros, sesudas discusiones, apasionados juicios e interminables debates, muchas veces impregnados del pensamiento anarquista de poderosa atracción por el tentador y vasto margen que daba tanto a la ensoñación poético-política como al discurso cuestionador saturado por la coyuntura que se vivía a tan corta distancia de la Revolución Rusa y del final de la masacre aterradora de la Primera Guerra Mundial. Desde temprano la FECH se poblaba con muchachas y jóvenes de las Escuelas de Leyes, Medicina, Ingeniería, Instituto Pedagógico. Varias de estas

---

[9]   *Ibídem.*

juveniles, bulliciosas y a veces hasta conflictivas personas hicieron historia más adelante en la literatura, el periodismo, la acción social y la vida política chilena.

Elena y Jorge fueron grandes amigos de María Marchant y José Santos González Vera, el escritor que recibió en 1950 el Premio Nacional de Literatura, amistad gestada y enriquecida en los contactos casi cotidianos de la juventud de aquellos años 20.

> Mi marido y yo –cuenta Elena– fuimos amigos de María y González Vera durante cincuenta años. Nos reuníamos semana a semana y solíamos pasar vacaciones juntos. Con ese gran conversador que era José Santos abordábamos todos los temas: literatura, arte, política nacional e internacional[10].

Las autoridades no tardaron en tachar las actividades de la FECH como "subversivas". Entre los más activos en esas sesiones figuraban Juan y Pedro Gandulfo, Alfredo de María, Abraham y Daniel Schweitzer, Óscar Schnake, Infante Varas, Santiago Labarca. Asistían también jóvenes poetas, músicos y escritores: Domingo Gómez Rojas, Pablo Neruda, Raúl Silva Castro, Roberto Meza Fuentes, José Santos González Vera.

> Pablo era entonces –recuerda Elena– un espigado y silencioso poeta quien me dedicó su "Crepusculario" que acababa de publicar y aún conservo[11].

Pablo sobresalía entre los poetas jóvenes, como Roberto Meza Fuentes y Manuel Rojas. Este último, muy impresionado al ver una vez a Matilde, hermana de Elena, le escribió un soneto, conmovido por su notable gracia y belleza.

---

[10]    *Ibídem.*
[11]    *Ibídem.*

Neruda –dice María Marchant– en las reuniones de la FECH se mantenía las más de las veces silencioso y aparentemente impávido.

Su Canto a la Reina de las Fiestas de la Primavera fue un verdadero descubrimiento para esa bulliciosa y aparentemente frívola juventud. María, otra de las hermosas niñas Caffarena, fue elegida una vez reina de estas fiestas memorables.

En aquellos años 1920 Chile fue escenario de graves conmociones sociales: cesantía, miseria, crisis, coletazos del fin de la Primera Guerra Mundial. Se produjo una estrecha comunicación entre las juventudes universitarias y los trabajadores, la clase obrera. Esta unidad de acción quitó el sueño a los gobernantes y exacerbó los ánimos de los jueces contra estos subversivos, entre ellos el poeta Gómez Rojas, detenido por orden del ministro Anabalón y víctima de torturas, las que finalmente le produjeron la locura y la muerte. Dice José Santos González Vera:

Cuando se anunció su muerte, escribí media página poco menos que llorando.

En los muros de su celda Gómez Rojas dejó retazos de su pensamiento atribulado y su natural rebeldía:

Aquí muere la libertad de los hombres, pero nace la libertad del pueblo.

Sus funerales fueron una multitudinaria e imponente manifestación de protesta popular.

Muchos años más tarde hubo otro proceso a subversivos tramitado por el ministro Víctor Hernández Rioseco en la Corte de Apelaciones de Concepción. Allí los estudiantes de la Universidad, en un acto de recuerdo al "Che" Guevara, izaron la bandera cubana bajando del asta la bandera chilena. Este delito apareció configurado por primera vez en 1937 y nunca había sido materia de proceso. En Elena, que ya había vivido algunas décadas de intensa actividad en relación con los derechos de la persona humana, reapareció su actividad de honesta y real rebeldía frente a toda injusticia y abuso de poder. El diario *El Siglo* publicó su artículo "Delito de lesa bandera", en el que, junto a un agudo análisis jurídico, revive emocionados recuerdos del poeta José Domingo Gómez Rojas y su calvario, citando algunos de sus versos. Leerlos hoy tiende un puente significativo con nuestro presente:

Algún día sobre la faz del mundo una justicia nueva romperá las viejas normas.

Escribe Elena:

Él estaba en lo exacto cuando decía:
… he pensado en las tumbas
donde se pudrieron magistrados y jueces
que hoy son polvo en la tierra.

El descarnado examen de este caso de subversivos es un reflejo más del hostigamiento implacable a las ideas que pretenden abrirse paso para derrocar la rutina y socavar los cimientos del autoritarismo. En efecto, su verdugo no le sobrevivió mucho, víctima –según se dijo– de una arteriosclerosis avanzada.

En 1923, cuando el tema de la reforma universitaria caldeaba todos los ambientes, Eugenio González Rojas –más tarde rector de la Universidad de Chile– presidía la FECH. El 4 de julio los estudiantes ocuparon la Casa Universitaria y se instalaron en el Salón de Honor. El prorrector, don Samuel Lillo, pidió a los jóvenes que abandonaran el local, agregando que en caso contrario la policía los desalojaría violentamente. A poco de salir este del salón se escucharon gritos denunciando que la fuerza pública entraba al local. Esto produjo gran conmoción en la desbordante asamblea.

En ese instante subió a la tribuna la señorita Elena Caffarena y dijo: el que no sea hombre que se vaya. No hacen falta cobardes[12].

Sus palabras causaron inmediata reacción y la oradora fue estrepitosamente aplaudida. María, al evocar estos momentos, comenta:

Elena en la testera del Salón de Honor llamó con energía a mantenerse tranquilos. Esta es nuestra casa, compañeros –dijo. Nos sentaremos y recibiremos a quien venga.

Fue un llamado a la cordura que hizo efecto en medio del temporal desatado.

El movimiento continuó y estuvo a punto de provocar una huelga general de estudiantes. Como más adelante las fuerzas policiales ocuparon la Universidad y montaron guardia frente a la puerta de acceso, los muchachos colocaron en el frontis de la Casa Universitaria un gran letrero: "Cuartel General de Carabineros". Aumentaron los paros parciales. Las muchachas del Instituto Pedagógico organizaron el más fuerte apoyo. Por fin la multitud estudiantil forzó la entrada a la Casa Universitaria, pese a que los carabineros cargaron a culatazos. Académicos como Juan Antonio Iribarren, Raimundo del Río, Robinson Hermansen declararon:

No haremos clases mientras la Universidad se encuentre violada por la fuerza pública.

La presión se generalizó amenazadoramente. Se pidió al Consejo de Instrucción Pública que derogara las medidas, y al rector, don Domingo Amunátegui, que retirara las fuerzas policiales y se suspendieran las medidas adoptadas contra los dirigentes.

Terminados los estudios universitarios Elena hizo su primer viaje a Europa. La travesía del Atlántico en barco le deparó la grata y feliz compañía de Elvira Santa Cruz Ossa, "Rozane" –directora de

---

[12]   Dr. L. Weinstein y D. Valenzuela: *La FECH de los años veinte*, Santiago, mimeo, 1980, p. 25.

la inolvidable revista *El Peneca*–, con quien en Chile, más tarde, compartiría tareas en relación con la situación de la infancia.

Su primera escala fue Italia. Allá se encontró con doña Rosalía Chiozza Rissoto, su tía-abuela paterna, y otros parientes que no conocía. Luego, después de una breve estadía en Madrid, viajó a Francia. Pronto abandonó sus propósitos iniciales de seguir cursos de posgrado en Derecho Civil.

> Una vez en París –dice– me entusiasmé con los museos y me dediqué a desasnarme en materia de arte.

Pinturas, esculturas y grabados fueron elementos esenciales que han contribuido, junto a su abundante y seleccionada lectura, a conformar el sólido bagaje cultural que posee Elena, del cual, por cierto, no hace gala alguna, pero se advierte y se siente. Hasta hoy sigue su predilección por las artes. En su casa se conjugan los libros con la bella colección de óleos y grabados que le salen a uno al encuentro desde que se entra al hall, el living, el escritorio, su habitación: Nemesio Antúnez, Pedro Lobos, Juan Francisco González, Roberto Matta, Pablo Picasso, tres o cuatro dibujos del japonés Foujita. Cuando le pregunto dónde están los cuadros de Laurita Rodig, sus delicados caballitos, y figuras de mujeres, contesta:

> …me los llevé y me acompañan en Zorrilla.

En París conoció a Gabriela Mistral:

> Ella me demostró mucha simpatía y aprecio invitándome a visitar la Catedral de Chartres, lo que hicimos en compañía de su secretaria Palma Guillén y del escritor José Vasconcelos. Esta visita la recuerdo como uno de los acontecimientos más importantes de mi viaje a Europa[13].

---

[13]   Caffarena, *Autobiografía.*

Junto con recorrer museos y galerías de arte, su otra pasión en aquel viaje fueron las librerías. Descubrió una que tenía servicio de préstamos de libros. Feliz oportunidad,

> porque así puede leer un libro por día y descubrí a Proust, Maurois, Mauriac, Martin du Gard, Aragón[14].

Poco después de su regreso a Chile, en 1929, contrajo matrimonio con Jorge Jiles Pizarro, su colega y compañero de estudios. Con él volvió a Europa en 1968. Jorge había sido invitado a visitar la Unión Soviética. Desde allí Elena siguió viaje a Pekín, en su calidad de integrante de la delegación chilena junto a Elena Pedraza, Inés Frey, Tegualda Monreal, para participar en el Congreso de Mujeres de la República Popular China. Por entonces vivían y trabajaban en Pekín el pintor José Venturelli, su esposa Delia Barahona y su hija Paz, con quienes hizo interesantes recorridos y visitas. Solo en parte pudo satisfacer su profunda afición artística e intereses sociales y políticos, ya que su salud no la acompañó como debía. En el viaje de regreso pasó por la República Democrática Alemana. Visitó Weimar y uno de los campos hitlerianos de exterminio, vecino a esta ciudad. Aquella dolorosa y estremecedora experiencia fortaleció sus convicciones antifascistas, configuradas en Chile desde los años de la Guerra Civil Española y la Segunda Guerra Mundial. Una vez más visitó París. Allí compartió muy gratos momentos con su gran amiga de años, María Marchant de González Vera, quien entonces desempeñaba altas responsabilidades en la Federación Internacional de Sindicatos de la Enseñanza, FISE.

---

[14] *Ibídem.*

La actual avenida Seminario fue parte de un terreno propiedad de la Iglesia Católica ubicado en el extremo poniente de la avenida Providencia. Allí estuvieron el Seminario Conciliar de Santiago, la iglesia y anexos.

Hasta hoy, varias calles recuerdan su origen vinculado a la función eclesiástica: Monseñor Müller, Obispo Donoso, Obispo Vicuña, Monseñor Larraín, Obispo Espinoza, etc.

La Avenida Seminario se abrió como una gran arteria norte-sur, paralela al tren Santiago-Puente Alto, que partía desde la bella Estación de Pirque, en la Plaza Italia. Los amantes del excursionismo y la montaña la conocíamos muy bien. En Puente Alto transbordábamos al tren militar que nos llevaba a través del bello e imponente Cajón del Maipo hasta El Volcán.

La avenida Seminario se fue llenando, poco a poco, de casas bien construidas, de sobria elegancia algunas, con antejardines y no más de dos pisos. Al número 234 llegó el joven matrimonio Jiles-Caffarena. Allí nacieron sus hijos Jorge y Juan. Años después se trasladaron al número 244, casa amplia que Jorge reacomodó con holgura y donde nació la hija menor, Anita María. En esta casa vive Elena hasta hoy.

Jorge, talentoso abogado, miembro del Partido Comunista, dominaba cualquier ámbito con energía, subrayada por su voz tronante, imperiosa, ya fuera en agitada discusión o charla enhebrada en acogedor encuentro. Manejaba con oportunidad y soltura el dato preciso, el argumento rotundo, la punzante ironía o el último chiste político, que terminaba, a veces, por desmoronar una discusión. Elena, con su estilo de ser y actuar que conserva hasta hoy, contrastaba con este hombre desbordante y sonoro. Tenían en común el lenguaje preciso y categórico inherente a personalidades que hacen del cultivo de la verdad y el imperio de la razón el compromiso de sus vidas. Elena y Jorge poseían un fino sentido del humor, tan oportuno para hacer, en el instante más caldeado, la risueña acotación o narrar la anécdota capaz de aflojar tensiones y también ¡cuántas veces! de aliviar el incómodo impacto de juicios lapidarios.

Elena, en sus notas autobiográficas, señala:

Jorge era un ser extraordinario, serio, leal, honorable. Yo quiero mucho a los comunistas, pienso que si son como Jorge, son dignos de toda confianza[15].

Seminario 244 ha sido un hogar acogedor y generoso, tanto para familiares como para las más variadas amistades. Entre estas figuraban, casi en calidad de rito, aquellas entrañables amigas y amigos de los tiempos universitarios en los que compartieron sucesos, alentadores unos, lamentables y dolorosos otros. Se hicieron tradicionales las tertulias sabatinas. Varias veces escuché alusiones a estas de parte de mi amiga María Marchant, cuando trabajábamos en el que fuera el gran Liceo Experimental Manuel de Salas. Por María comencé a saber, antes de conocerlos o siquiera de encontrarlos, algo de esta singular familia Jiles-Caffarena. Deben haber sido fantásticas aquellas reuniones, por lo menos yo así las imaginaba. Años más tarde, al conocer de cerca a algunos de sus protagonistas, simplemente llegué a envidiar aquel deleite. Invariablemente asistían María y González Vera; María Guajardo y Sergio Atria; Clarita Bronfman y Abraham Schweitzer. El abogado Daniel Schweitzer, otro contertulio tradicional, era el solitario sin pareja, animador extraordinario con su charla plena de novedades e ingenio.

Cuántas veces llegaron a Seminario 244 algunos famosos y famosas personalidades selectas chilenas y extranjeras, cada una de las cuales buscaba y encontraba allí la opinión certera, el apoyo cálido,

---

<sup></sup>15  Caffarena, *Autobiografía.*

la crítica severa, pero oportuna y saludable, y en todo instante la comprensión y el afecto.

Más de un decisivo encuentro eminentemente político o un debate serio y complejo se ventiló en el amplio living, con sus sencillas estanterías, que sin pretensión alguna albergan verdaderos tesoros literarios y filosóficos.

Seminario 244 y su anfitriona jugaron un importante papel a lo largo de los infaustos casi 18 años que siguieron al golpe militar de septiembre de 1973. Era de rigor, y Elena lo suponía y esperaba con total serenidad, que aquella casa fuera allanada. Para los espíritus enfebrecidos de odio y violencia, esa casa debía esconder armas en alguna parte. Seminario 244, como tantos otros lugares, barrios y sectores a lo largo del país, fue teatro también de registros y acciones de prepotencia y terror en los meses que siguieron al golpe militar. Fue deleite morboso para algunas vecinas espiar qué ocurría allí, quiénes entraban o salían. Lamentable es recordar que fueron especialmente mujeres de clases media y alta las que se transformaron en ojos, oídos y lenguas para servir a la dictadura.

Narro lo anterior como introducción al valiente y activo papel que jugó Elena –y también su hospitalaria casa– durante el pinochetismo. Allí encontramos las mujeres un territorio libre donde respirar, hablar, confiar, llorar, rabiar, pero también reír y pensar, proyectar y alimentar el fuego vital de los sueños y esperanzas. Llegaron familiares de gente detenida desaparecida, fusilada, ejecutada en enfrentamientos. Algunas eran conocidas de Elena, otras acudían por consejo de una amiga para pedir una opinión, confiar siquiera parte ínfima de su desconcierto y tribulaciones. En este lugar de encuentro ella siempre aportó el juicio claro, la sugerencia oportuna.

Aparecieron las contestatarias, irreductibles en su voluntad de no omitir iniciativa alguna para sumarse en instantes tan difíciles y dolorosos a la inmensa solidaridad que crecía al amparo generoso de la Iglesia, así como de esas reservas morales que anidan insospechadas en las mujeres más humildes, más ignoradas, pero también las más tenaces y valerosas. Nos debatíamos entre el temor constante, renovado cada día por nuevos atropellos, y, por otro lado, esa voluntad de "hacer algo" que emergía con fuerza, sobre todo algo que mantuviera vigente la honrosa vocación libertaria de Chile y al mismo tiempo proyectara su imagen sufriente y luchadora más allá de nuestras fronteras.

Un día vino Ángela Jeria, viuda de Bachelet. Había traducido dos artículos de *Le Monde* que describían la tragedia chilena con detalles que nosotras mismas aquí ignorábamos. Ella traducía, otras copiaban a mano o a máquina para continuar reproduciendo o contando de viva voz en los barrios a través de los escasos contactos vecinales que ya las mujeres habían comenzado a cultivar y mantener. Era esencial propalar "Chile no está solo", allegar voluntades para seguir creciendo y resolver las inaplazables tareas que se acumulaban día a día. Qué honda sensación de bienestar, en medio del océano de iniquidades en que se vivía, era esa pequeña gota transparente de iniciativa generosa. Al calor de las ideas se encendió el fuego creador. Breves momentos compartidos en casa de Elena se convirtieron en fuente de inspiración y decisión.

Cuántas veces se incubaron proyectos en conversaciones sueltas e informales con tantas mujeres distintas, muchas cuyos nombres siempre ignoraremos, otras que nunca volveremos a ver. Proposiciones que más tarde se convirtieron en obras concretas, y hasta entidades más o menos permanentes. Estas mostraron la poderosa voluntad de ser y hacer que alienta, por lo demás, en toda mujer, desde la más humilde a la más sofisticada.

Ya en 1975 se organizan y comienzan a tener presencia pública las mujeres familiares de detenidos desaparecidos. Su capacidad de organización se tradujo en las primeras manifestaciones callejeras, audacia que pagaron siempre muy caro bajo la durísima represión. El autoritarismo pretendió, a través de la Secretaría de la Mujer, producir el disciplinamiento de la masa femenina de la población para asimilarla a los objetivos y a la imagen que de ella tenía el patriarcado en el poder. Pero la contraparte entró en actividad. Paralelamente, otras jóvenes mujeres, muchas de ellas profesionales, por los caminos de la reflexión, estudio, discusión, comenzaron audazmente a organizarse. La Academia de Humanismo Cristiano creó la Comisión de Estudios de la Condición de la Mujer, predecesora del que fue luego el Centro de Estudios de la Mujer, primer núcleo del movimiento feminista que más tarde se aglutinó en La Morada.

Entre 1979 y 1980 llegaron algunas de ellas a Seminario 244. La socióloga Julieta Kirkwood, infatigable estudiosa, de gran talento, originalidad e independencia, fue con algunas de sus amigas. Cuenta Julieta:

> Hurgamos en bibliotecas, nos sorprendió profundamente encontrar, ya formuladas, algunas balbuceantes reivindicaciones. Quisimos saber más; conversamos con algunas de sus creadoras y dirigentas. Entonces descubrimos que había toda una historia de esfuerzos y lucha femenina que jamás fue enseñada en nuestras clases de historia[16].

Hubo muchas tardes de apasionante diálogo. Al calor de las ideas y la espontaneidad se borraban, se disolvían décadas que separaban generaciones. Eran diálogos que nos remontaban a las edades sin palabra escrita, sin más vehículo para trasladar vivencias y sabidurías que escuchar e interrogar a las ancianas y ancianos de la tribu.

Una mañana encontré en casa de Elena a Hilda Ugarte, hermana de la maestra Marta Ugarte, detenida en 1976. Fueron infructuosos todos los esfuerzos realizados para encontrarla. Meses más tarde la prensa dio la noticia del cadáver de una mujer que el mar había arrojado en la playa de La Ballena. Las Ugarte resistieron creerlo, pero venció la voluntad de encontrar siquiera los restos de Marta. Y así fue: hallaron a su hermana en la mesa del Instituto Médico Legal.

Una vez Hilda llegó a Seminario 244 con una gran bolsa negra de plástico: contenía decenas de cásetes con relatos recogidos de familiares de víctimas de la represión. En algunas, era la mujer quien

---

[16]   Kirkwood, Boletín N° 5, Círculo de Estudios de la Mujer, Santiago, mayo de 1981.

hablaba del arresto violento del marido, golpeado en su presencia y arrastrado al fatídico furgón del que no se volvía a saber nunca más. Voces masculinas narraban su tragedia: gente de edad y hasta niños:

"a mi papá se lo llevaron los milicos".

De esa montaña de dolor Hilda quería que brotara de nuevo la vida. Quienes la escuchábamos nos sentíamos perdidas en un mar de rebeldía y de imprecisos anhelos de hacer algo. Así nació lo que meses más tarde terminó por configurarse en una organización que se ocuparía de atender a niñas y niños de diversas edades –suponíamos que debían ser miles a lo largo del país– estremecidos, marcados a fuego para el resto de sus días por los horrores que presenciaron y por arrastrar una vida miserable en los hogares desmembrados y trastornados por tantos dolores.

Seminario 244 fue el primer lugar de donde partió esta generosa iniciativa. El eco se expandió a otros grupos de mujeres y a otros barrios. Elena redactó un borrador de estatuto para formar una nueva organización. Otras amigas hicieron el folleto explicativo de propósitos y futuras acciones. Elena, Elisa, Josefina, Alicia, Hilda, Berta, Marta, Eliana, Carmen, María, Eugenia y cuántas más continuaron sesionando en diversas casas: sesiones-desayuno, sesiones de atardecer y nocturnas. El 25 de octubre de 1979, con la presidencia de Elisa Pérez de Serrano, se efectuó el acto constitutivo de la Fundación de Protección a la Infancia Dañada por los Estados de Emergencia (PIDEE) en la Vicaría Pastoral Juvenil. Al cumplir, en 1989, su primera década de vida, PIDEE era ya una organización de sólido prestigio cuya experiencia acumulada podría ser la base de una gran institución pública que continuara ocupándose de la recomposición del ser humano tan seriamente herido en su desarrollo infantil y juvenil.

En Seminario 244 y al alero intelectual y estimulante de Elena surgió la idea de recoger, en una antología, la documentación ilustrativa de lo que fue el movimiento femenino chileno medio siglo atrás. Se originó un trabajo a tres bandas con las "sobrevivientes" del MEMCH de 1935: Elena, Eliana y Olga. Hicimos ese trabajo. Lo imprimimos y causó tal interés y entusiasmo entre las mujeres, que terminó por concretarse una aspiración que venía madurando en esos años de comienzos de los años 1980: crear un solo movimiento organizado por las mujeres chilenas. Nuevamente Seminario 244 fue colmenar de mujeres entusiastas de todas las edades y condición, ilusionadas por la posibilidad de integrar, en una poderosa entidad nacional, tantas manifestaciones de conciencia femenina y de evidente madurez cívica. La presentación de la *Antología* MEMCH dio origen a una coordinadora de organizaciones femeninas. Esta antología recorrió el mundo y fue conocida por las exiliadas chilenas de todos los continentes. En una gran asamblea se propusieron nombres para la nueva entidad. Por allí alguna fanática del viejo MEMCH citó esa sigla para bautizar la nueva institución coordinadora. Para diferenciarla del MEMCH de otrora se agregó a la sigla *83*, año de su nacimiento. Elena, una de las fundadoras del Movimiento de Emancipación de la Mujer Chilena y su primera secretaria general hasta fines de 1940, expresó su desacuerdo con la proposición del nombre:

> La sigla MEMCH se identificó con un tiempo y realidades muy distintas a las actuales. No creo que sea lo más indicado repetir ese nombre.

La experiencia vivida por MEMCH 83 en los años siguientes demostró que el juicio de Elena fue atinado.

Tendrá que escribirse la historia del movimiento femenino durante los 18 años de dictadura militar. Deberá ser una crónica en la que no puede faltar el recuento detallado de esta dolorosa experiencia, de cuyos trágicos y desastrosos efectos en todos los niveles de la población y en todas las edades nadie ha escapado.

Las mujeres que en los primeros años de la dictadura rompieron las murallas del terror y el silencio salieron al centro de Santiago, enlutadas, portando en sus pechos las fotografías de sus seres queridos;

habían dado la partida y el movimiento ya no se detuvo. En barrios, sectores poblacionales, organizaciones gremiales, institutos culturales que comenzaban difícilmente a restaurarse, brotaron como retoños en primavera los más variados grupos. Muchos tuvieron corta duración, pero hicieron historia; el apoyo de la Iglesia encendía las esperanzas. 1978 fue en Chile el Año de los Derechos Humanos. La Vicaría de la Solidaridad organizó seminarios y encuentros de extraordinario valor, como espacios de reflexión y fortalecimiento de principios, voluntades y decisiones. De ellos partieron múltiples y fecundas semillas que las mujeres captaron con enorme sensibilidad. En estas tareas la Coordinadora MEMCH 83 tuvo una activa participación.

La conmemoración del Día Internacional de la Mujer —8 de marzo— fue desde los primeros años de la dictadura una ocasión para realizar encuentros y movilizaciones. Salvando las grandes limitaciones de comunicación, recursos, sedes, producción de materiales, los 8 de marzo actuaron casi automáticamente como la motivación central para reiniciar el trabajo anual de las organizaciones femeninas. Más de una vez estos 8 de marzo se coordinaron en Seminario 244.

1975 fue declarado por la ONU como el Año Internacional de la Mujer a proposición de la Federación Democrática Internacional de Mujeres (FDIM) y posteriormente se proclamó el decenio que culminó en 1985 con el gran Congreso Mundial de Mujeres realizado en Nairobi, Kenya.

En 1976, convocadas por el Sindicato de Trabajadoras de Casa Particular, un gran número de mujeres acudió al auditorio Don Bosco. Aída Moreno, dirigenta de las Empleadas de Casas Particulares, hoy gerenta de una empresa de aseo, abrió ese acto inolvidable. Teresa Carvajal, la vieja, fervorosa e inagotable líder sindical y luego presidenta de las Pensionadas y Montepiadas, encendió la asamblea con el vigor de sus palabras. La condición de la mujer en Chile fue analizada en ese acto por diversas jóvenes dirigentas.

Siguieron ininterrumpidamente los 8 de marzo a lo largo del país. En 1978 las organizaciones de mujeres coordinaron admirablemente sus esfuerzos y realizaron en el Caupolicán su primer

8 de marzo bajo la dictadura. El éxito fue extraordinario. Se llenaron las aposentadurías. En esa ocasión comenzaron a variar las formas y contenidos de los programas. Se descartaron los largos discursos y se logró combinar palabras e imágenes con el mensaje. Ese Caupolicán marcó un hito en las luchas generales del país. A la salida hubo toda clase de incidentes: detenidos, apaleados, mujeres y niños golpeados, porque las fuerzas policiales intentaron por todos los medios impedir que las "turbas" desfilaran hacia la Alameda.

1983 fue el año del enorme ascenso del movimiento popular contra la dictadura. Las mujeres mostraron una gran claridad respecto a los objetivos propios de las mujeres como género y profundizaron su conciencia política. El 29 de diciembre de 1983 ocurrió el gran éxito del Caupolicán "de las diez mil mujeres".

Seminario 244 fue uno, entre otros lugares, donde se reunieron sin horario los diferentes grupos que habían asumido la responsabilidad de ese acto solo de mujeres. Por cierto, surgieron objeciones de los hombres discriminados. Pero, a la larga, todo el mundo terminó por comprender que el objetivo era justo y los resultados fueron magníficos.

Equipos de enorme creatividad trabajaron con audacia para romper los esquemas tradicionales. De la mañana a la noche las mujeres que realizaban los trabajos preparatorios se sucedieron en Seminario 244. El primer y segundo piso de la casa fueron inundados por las activas y ruidosas creadoras del libreto central, el montaje escénico y la producción. Allí mezclaron su talento, laboriosidad, convicción, entusiasmo, dirigentas y participantes de entidades femeninas, escritoras, fotógrafas, artistas de teatro, lápiz, pincel y brocha, sicólogas, maestras, periodistas, estudiantes, miembros de agrupaciones de familiares de víctimas de la represión política.

También otras casas amigas albergaron hasta altas horas de la noche a los "cerebros" del gran acto, discutiendo y escribiendo los esbozos del libreto y el documento final que articularía esa expresión original y única hasta entonces en nuestra vida nacional. El acto de las diez mil mujeres en el Caupolicán se cerró con la lectura de un compromiso de acción que selló lo vivido aquella tarde inolvidable:

Nuestra voz decidida, nuestra acción responsable deben aunar voluntades para que pongamos fin a la noche negra de la dictadura. Si estamos aquí debemos ser capaces mañana de ser millones en las calles porque SOMOS MÁS. Este es nuestro compromiso con la historia, con el presente y con el futuro: construir una plena y real democracia con respeto a los derechos humanos ¡POR LA VIDA!

Elena, por supuesto, asistió a ese magnífico encuentro tan solidaria y responsablemente preparado, conducido y realizado. Ella había compartido todos los ajetreos de los días previos, no como la anfitriona espectadora, sino como partícipe activa dispuesta a colaborar en cualquier momento con alguna sugerencia, un recuerdo oportuno, una opinión certera. Se rompieron todos los horarios de la vida sobria y regular de Seminario 244, pero la dueña de casa no mostró cansancio ni impaciencia.

El acto del 29 de diciembre en el teatro Caupolicán –fecha que al comienzo pareció disparatada para convocar a una reunión masiva de mujeres, dada la proximidad de las fiestas tradicionales de fin de año– tuvo sin embargo un éxito y repercusión extraordinarios. Sin banderas partidarias, sin barras agresivas, sin arrestos competitivos, pero con imágenes, canciones, testimonios, actuaciones sobre el vasto escenario y un incisivo libreto conductor, se produjo un encuentro emocionante, repleto de originalidad, estimulantes evocaciones y, por sobre todo, de claro compromiso con la vida.

"Las palabras no bastan esta vez para describir lo que se sintió y lo que ocurrió la tarde del jueves 29 cuando más de diez mil mujeres repletaron el Caupolicán en un acto unitario del más profundo contenido político y humanista", escribió María Olivia Mönckeberg en la revista *Análisis*.

En los azarosos años que vivimos a continuación se imprimió un estilo nuevo que revivió posteriormente en ejemplarizadoras iniciativas conmemorativas, cambiando los usados patrones tradicionales, formales, discursivos, por dinamismo creativo, acción colectiva y diálogo enriquecedor entre imagen, comprensión y recepción masiva.

# ELENA Y EL MEMCH

Con su modestia, cuenta Elena:

> También estuve presente en la fundación del Movimiento Pro Emancipación de la Mujer Chilena MEMCH, 11 de mayo de 1935, del que fui Secretaria General por cinco años[17].

Esta mujer valiente, múltiple, contestataria, fue en realidad "la" fundadora. Como en toda iniciativa, lo importante fue no solo el primer impulso sino la porfía por mantenerse fiel a los principios y tener el valor de seguir creciendo. Conocía claramente la carencia de derechos y oportunidades de las chilenas. Esta convicción animaba también a otras jóvenes mujeres para quienes la vida no solo era una faena aislada, individual, sino parte de una complejidad colectiva de cuyas alegrías y pesares nadie escapaba. En los años 1920-1930 ocurrían en todo el orbe tremendas conmociones políticas, catástrofes económicas y confrontaciones ideológicas. Una encrucijada histórica que hacía aún más notoria la discriminación de la mujer. Chile era un país que había vivido ya las primeras etapas de su industrialización: tenía a su haber las luchas de un proletariado emergente, había conocido la prosperidad y caía al pozo de la "gran depresión" económica de los años 1930, vivía los fermentos ideológicos de la revolución bolchevique de 1917 y más tarde las secuelas del fascismo y el nazismo que arrastrarían a la humanidad a la mayor catástrofe de su historia. Muchas de ellas protagonizaron atrevidas acciones para su tiempo en la FECH de los años 1920. De ahí el tono firme y desafiante que tienen los primeros escritos del MEMCH; sus estatutos,

---

[17] *Autobiografía.*

sus peticiones, los conminatorios volantes de las campañas contra la carestía de la vida, el analfabetismo, los conventillos, el alcohol.

El grupo compartía con Elena la intención de crear una entidad femenina nueva. Las "fundadoras", periodistas, abogadas, profesoras, algunas funcionarias de reparticiones públicas, coincidían en estimar la inutilidad de refugiarse en la crítica y el descontento personal y rechazaban los prejuicios que las discriminaban. Querían "ser y hacer", pero todas juntas, en pluralidad de condición social, política, cultural. Se les ocurrió MEMCH como vía para desatar energías, capacidades ignoradas y reprimidas. Fue así como un caudal de fuerza anónima y "tejiendo rebeldías" –expresión tan justa medio siglo después, de nuestra inolvidable Julieta Kirkwood, prematuramente desaparecida– las fundadoras asumieron la tarea de convocar a otras mujeres a través del país.

Colaboraron con Elena en esta aventura Marta Vergara, talentosa periodista; Flora Heredia, abogada; Eulogia Román y María Ramírez, dos obreras con trayectoria sindical; Felisa Vergara, Angelina Matte; las profesoras Aída Parada, Domitila Ulloa, inspectora jefa del Trabajo Femenino; Herta Hoschhausler, gran amiga de Elena, de quien ella dice que

…era una vienesa más chilena de corazón que las chilenas que tienen más de doscientos años en esta tierra.

Marta Vergara evoca al MEMCH en su libro *Memorias de una mujer irreverente*:

Creo difícil encontrar organizaciones femeninas superiores a lo que fue el MEMCH. Su carácter extraordinario se debió, desde luego, a su programa aplicado a las mujeres de todas las clases sociales; atrayente para burguesas y proletarias, cubriendo desde el voto hasta la difusión de los métodos anticoncepcionales. En relación con eso último demostramos gran audacia. Casi temeridad-continúa Marta, con humor tan suyo. Recuerdo que a la reunión inicial asistió Lenka Franulic, de negro, un sombrero con encajes y ramos de violetas en la mano. Una edición de Sara Hübner[18].

La reunión tuvo franco éxito y fue unánime la designación de la secretaria general de la directiva nacional: Elena Caffarena.

Elena aportó al MEMCH su sólida formación jurídica y la claridad de su pensamiento político.

> Como oradora –dice Marta– era magnífica. La abogada exponía el tema con claridad y precisión a lo largo y ancho; la política actuaba en profundidad, se iba a las relaciones ocultas, a las causas del mal. Su simpatía por el comunismo no le impidió mantener su opinión y juicio independientes[19].

Este es un rasgo permanente de su personalidad. En muchas ocasiones su rechazo a la incondicionalidad le ha acarreado ataques directos o encubiertos.

El MEMCH fue un verdadero milagro de equilibrio.

> Consiguió que sus socias se sintieran feministas, sin olvidar que los desajustes de la sociedad se debían a su propia estructura y que se interesaran por ajustarlos sin olvidar que eran feministas[20].

Una difícil conciliación hasta hoy: comprender la realidad y las trabas que limitan a la mujer, pero al mismo tiempo buscar la manera de eliminarlas hasta conquistar su legítimo sitio de participación y decisión.

El MEMCH comenzó en la más completa precariedad. Arrendó una pieza en 21 de mayo 578. En los "baratillos" de la Vega Central adquirió las primeras bancas y sillas de madera y paja, cuya pintura

---

[18]    Marta Vergara, *Memorias de una mujer irreverente*, Santiago, 1947.
[19]    *Ibídem.*
[20]    *Ibídem.*

fue trabajo colectivo, estilo memchista. Por un tiempo la escritora Delie Rouge, obstinada pacifista que abogaba por el desarme universal y el divorcio, actuó de secretaria. No tardó en alistarse en las filas del MEMCH Laurita Rodig, pintora y escultora, de graciosa conversación salpicada de ingenio y humor. No siempre fue tarea fácil encarar el trabajo colectivo, pero dominó la cohesión y comprensión mutua ante situaciones difíciles, prejuiciosas y de sectarismos que prevalecían en el medio social.

Los estatutos, breves, sencillos, sobrios y directos del MEMCH, fueron pauta clara para concretar las acciones. La carestía de la vida y la lucha por la igualdad de derechos entre mujeres y hombres daban la tónica de la coyuntura.

El artículo 1° de los estatutos declaraba:

"… es una organización femenina que persigue la emancipación integral y en especial la emancipación económica, jurídica, biológica y política de la mujer".

Ahí se levantó la primera polvareda. *El Mercurio* publicó una airada protesta de la Acción Nacional de Mujeres, "No dejarse engañar".

Se trata –decía el artículo– de un movimiento de principios comunistas en cuanto se refiere a la emancipación de la mujer… atenta abiertamente a la constitución de la familia… propicia métodos llamados de emancipación biológica que van no sólo contra los más elementales conceptos de moral, sino contra las leyes de la naturaleza… La Acción Nacional de Mujeres de Chile protesta por estas aberraciones de cerebros enfermizos y desquiciados y cumple con la obligación de poner en guardia a sus adherentes y simpatizantes[21].

La respuesta del MEMCH no la publicó prensa alguna:

---

[21]　MEMCH. *Antología*, Santiago, 1983.

En este país todo lo que sea mostrar las lacras sociales y señalar su verdadero origen se llama comunismo. Nuestro programa contempla la defensa más amplia que jamás se haya propiciado en Chile de los derechos familiares, es decir, de la madre y de los hijos.

El texto del MEMCH fundamentaba la campaña por reglamentar el aborto y divulgar los métodos anticonceptivos como

…una manera de disminuir la mortalidad infantil y aliviar la vida que soporta la mujer de nuestro pueblo[22].

Antes de finalizar el primer año de vida del MEMCH apareció el periódico *La Mujer Nueva*. Gran hazaña, mezcla de audacia y confianza en los principios que inspiraron la institución. Elena Caffarena y Marta Vergara compartieron allí responsabilidades. Marta asumió el compromiso del primer número.

Me vi a cargo de todas las tareas. Redactar artículos, arreglar otros que nos enviaban, corretear la impresión, organizar la distribución, llevar las cuentas. Elena preparó uno o dos números superiores a los míos. Y no fue raro porque nunca le he conocido una producción mediocre.

Cuando Elena recuerda este esfuerzo educativo y de superación, comenta:

No sé cómo, ni con qué recursos, pudimos mantener ese periódico regularmente más de un año.

---

[22]    *El MEMCH y el voto político*. Ediciones MEMCH. Santiago, 1948.

Dos años después, en 1937, el MEMCH realizó en Santiago su primer congreso nacional. Al segundo congreso, en 1940, concurrieron 110 delegadas de 44 comités MEMCH de todo el país.

El MEMCH mantuvo una posición abierta a la unificación de las instituciones femeninas. Esta característica, así como la de su pluralismo, fueron siempre promovidas con calor por Elena. Sostuvo la necesidad de mantener relaciones con entidades femeninas del exterior. A su iniciativa se deben varias decisiones finalmente aceptadas en conferencias panamericanas, como la de Lima, que incluía la extensión de los derechos civiles y políticos de la mujer.

En 1939 el MEMCH preparó la exposición "La mujer en la vida nacional", un proyecto de gran envergadura realizado con la colaboración de maestras, artistas, escritoras, obreras, madres de familia, muchachas y muchachos estudiantes.

En ese hormigueo de mujeres ocurrió mi primer encuentro con Elena Caffarena. Hasta entonces solo me interesaba mi trabajo profesional, y aunque era profesora de Historia y también de Educación Cívica, prácticamente no había aterrizado en la compleja realidad sociopolítica de mi propio país. En justicia, puedo asegurar que el MEMCH fue mi verdadera escuela de civismo. A partir de ese existencial encuentro me comprometí para siempre con la "emancipación de la mujer".

El MEMCH se propuso en esa exposición mostrar gráficamente la participación de la mujer en la vida económica, social y cultural de Chile a través de nuestra historia. El ala oriente de la Biblioteca Nacional, aún inconclusa, fue cedida por deseo expreso del presidente Pedro Aguirre Cerda. Él inauguró la exposición el 12 de diciembre, con su esposa doña Juanita, que era la presidenta honoraria de la comisión organizadora. Amanda Flores de Perotti fue la comisaria artística.

Elena explicó en esa oportunidad a un periodista de *Qué Hubo*:

En Chile se han hecho numerosas exposiciones femeninas, todas muy interesantes y muy bien presentadas, pero inspiradas en el deseo de mostrar lo que hasta ahora se ha considerado la sola y genuina obra esencial de la mujer, o sea la obra de mano y la asistencia a la madre y al niño. El espíritu de la actual Exposición es, a nuestro juicio, nuevo. Intenta mostrar a la mujer que luchando contra la ignorancia y los prejuicios, contra las costumbres y contra las ventajas que tiene sobre ella el hombre en la pelea diaria por la vida, ha conseguido colocarse en un sitio, alto o bajo, pero en todo caso superior al que le ofrecía su ambiente, sobre todo aquel que ocupó la mujer de la pasada generación.

Como dijo Marta Vergara, secretaria de la comisión organizadora:

… no era, por cierto, una exposición de labores de mano la que haríamos.

Así fue apreciada por cuantos la visitaron. Se trataba demostrar voluntades en marcha hacia metas legítimas: conquistar los amplios horizontes públicos sin discriminación ni postergación e ingresar a la plena igualdad de derechos con el hombre. Dos retratos de mujeres presidieron aquella exposición: la doctora Ernestina Pérez y la educadora Amanda Labarca.

Desde el comienzo el MEMCH incorporó en su programa la campaña por el voto femenino. En 1934, durante el gobierno del presidente Arturo Alessandri, se promulgó la ley que otorgó a las mujeres y a los extranjeros el derecho a votar en las elecciones municipales. Así ocurrió por primera vez en 1937, MEMCH hizo una gran promoción impulsando a las mujeres a inscribirse en los registros electorales.

La demanda del voto político venía de lejos. Organizaciones femeninas que precedieron al MEMCH lo habían planteado. Ahora se trataba de ampliar y fortalecer la movilización sobre la base de una gran divulgación que, junto con afirmar la legitimidad de su exigencia, entregara la base mínima indispensable para comprender y juzgar las responsabilidades implícitas en el ejercicio de la ciudadanía.

Elena volcó en estas tareas su experiencia y madurez ganadas en campañas presidenciales anteriores. En una entrevista al presidente electo Pedro Aguirre Cerda, publicada en *El Mercurio* el 6 de noviembre de 1938, este declaraba:

Vamos a reconocer a la mujer todo derecho, exactamente igual que al hombre. Es una especie de deslealtad para con la mitad del género humano, que de tal modo la mantengamos entre cadenas.

El MEMCH produjo gran cantidad de material para lograr este objetivo: volantes, cartas circulares, instructivos, charlas y discusiones en comités de barrios. En 1940 Elena inauguró las audiciones del Departamento de Propaganda del MEMCH en Radio Nacional. Las memchistas se habían incorporado ya en las Ligas Anticohecho con ocasión de las elecciones municipales de 1938 y vigilaron después celosamente los sitios en que actuaban los cohechadores.

En 1946 el MEMCH, con el patrocinio de la FECHIF –Federación Chilena de Instituciones Femeninas, que presidía Amanda Labarca–, organizó ciclos de charlas en la Sala de Conferencias de la Universidad de Chile. Colaboraron en ella Aída Parada, Graciela Mandujano, Olga Poblete, Eulogia Román y María Rivera. Los temas centrales fueron la Constitución Política, Historia de Chile, economía, salud, educación, democracia. Después de cada conferencia se suscitaban animados debates.

Como una contribución a esta campaña, el MEMCH editó un folleto, "El MEMCH y el Voto Político", en 1948. La introducción destaca el profundo alcance social y cultural que tiene el ejercicio de este derecho para la convivencia democrática. Para el MEMCH, el derecho a elegir y ser elegido no es simplemente concurrir a un acto electoral sino el

valioso instrumento que permite al individuo, en una democracia, aportar su contribución en la solución de los problemas, desplegar una crítica constructiva, expresar anhelos y necesidades[23].

---

[23]  *El MEMCH y el voto político*. Ediciones MEMCH. Santiago, 1948.

A la profesora Aída Parada Hernández se le encargó la redacción de este folleto. Elena tuvo una responsabilidad especial en el grupo que trabajó esta valiosa y sencilla publicación y por esto su pensamiento y lenguaje trascienden hasta hoy. "El MEMCH y el Voto Político" –por su valor testimonial– podría leerse como una cartilla orientadora y hasta quizás motivaría más de algún positivo y sano balance crítico.

En los dos congresos nacionales del MEMCH una de las resoluciones principales fue obtener el voto para la mujer. Más de una vez se ha repetido que esta conquista fue obra del presidente Gabriel González Videla. Craso error. Lo aclara una carta de Elena enviada a la revista *Ya* en diciembre de 1983, en la que protesta por un programa del Canal 5 de TV en el que, entrevistando a Carmen Sáenz, esta afirmó que el presidente González Videla

…otorgó el derecho a voto a la mujer.

Dice Elena:

Este aserto lo he leído y escuchado varias veces y sería lamentable que pasara como verdad a la historia. El voto lo consiguieron las mujeres después de veinte años de duras y sacrificadas luchas. Don Gabriel lo único que hizo fue cumplir con el trámite constitucional de promulgación. El que éste se hiciera en el Teatro Municipal en solemne ceremonia, a la que no se invitó a las agrupaciones que más se habían sacrificado en las campañas, no puede convertirlo en el donante gracioso de esta sentida reivindicación femenina.

A poco de promulgada la ley, en enero de 1949, miles de mujeres y hombres, timbrados de comunistas, fueron borrados de los registros electorales, aplicándoseles disposiciones de la Ley de Defensa de la Democracia, entre ellas Elena Caffarena, que en forma tan sostenida y valiosa había contribuido a la obtención del sufragio femenino. La declaración de Elena reclamando por este incalificable atropello tuvo gran repercusión no solo en Chile sino también en Argentina, Uruguay, Brasil, Colombia y Estados Unidos.

El Comité de las Américas de la Liga Internacional de Mujeres Pro Paz y Libertad, a través de su máxima dirigenta, Heloise Brainerd, fue una de las primeras instituciones que solidarizó con Elena y reclamó por esta descalificación y atropello a una personalidad de tanto relieve en la lucha de las mujeres por sus derechos. El memorándum de miss Brainerd señala que

> ... bajo el pretexto de eliminar el peligro comunista, en Chile se han estado cometiendo abusos incalificables como el de cancelar de los Registros Electorales a unas dos mil mujeres, entre las que se encuentran destacadas dirigentas de reconocido prestigio, como Elena Caffarena, que contribuyó en forma tan descollante a la conquista del sufragio de la mujer[24].

Este documento fue presentado a la Comisión de Derechos Humanos de las Naciones Unidas y fue distribuido a todas las socias de la Liga Internacional.

La defensa de los derechos y dignidad de la persona humana fue un rasgo que Elena imprimió al MEMCH. Sus estudios de derecho consolidaron esa posición. En el MEMCH esta conducta encontró pleno apoyo y fue aprobada ampliamente en la práctica cada vez que se protestó contra el autoritarismo, las arbitrariedades, la discriminación, el sucio manejo de trucos y resquicios para burlar la verdad y la ley.

El periódico *La Mujer Nueva* publicó en varias ocasiones artículos relacionados con el respeto a los derechos humanos. En el N° 2 de diciembre de 1935, Eulogia Román escribe sobre la empleada doméstica:

> ...un sector cuya explotación y condición de trabajo es increíble.

---

[24] Memorándum. Heloise Brainerd. Liga Internacional de Mujeres por la Paz y Libertad. Archivo MEMCH.

Señala los horarios sin pausa, las innumerables tareas,

con un sueldo que no puede representar jamás el valor de su trabajo.

Termina su artículo:

El MEMCH se empeñará en esta campaña e invita a todas las empleadas domésticas a que ingresen a sus filas a fin de organizarlas en un robusto block de acción.

El derecho a tener una vivienda que cumpla los requisitos mínimos para asegurar una sana vida familiar fue otro asunto abordado tempranamente por el MEMCH. Elena propuso realizar una encuesta en distintos lugares de Santiago, y para ello se prepararon varias memchistas. En *La Mujer Nueva* N° 7, de 1936, el artículo "Cómo vive nuestro pueblo" entregó elocuentes datos. Se obtuvo que el Departamento de Salubridad e Inspección de la Municipalidad de Santiago visitara 920 conventillos. De estos solo 118 estaban en buenas condiciones, pero en 740 de ellos el estado higiénico era pésimo.

En la cartelera de charlas del MEMCH figuró varias veces el tema de la vivienda popular. Queda en archivo, entre otras, una carta de Elena invitando al maestro César Godoy Urrutia a un encuentro con el MEMCH para exponer y conversar sobre este acuciante problema.

No fue, pues, casual la idea de formar una cooperativa, adquirir un terreno y construir las casas para las familias cooperadas. La iniciativa prosperó en el Comité MEMCH de Providencia. Su presidenta, Marta Herrera, una mujer modesta, inteligente y esforzada, facilitó la trastienda de su pequeño negocio para sesionar y dar pronta vida a la cooperativa. Eliana Bronfman, entonces estudiante de Derecho, se enfervorizó con el proyecto. Pronto hubo estatutos y reglamentos, socias y ubicación de terreno, adquisición de estos en un sector de la comuna de Renca. Con intenso trabajo voluntario y autoconstrucción nació la población MEMCH. Se hizo el trazado respectivo: centro para la cooperativa, plaza, cancha deportiva y sitio para escuela. Se conserva el nombre de MEMCH en una de las calles del sector, y la escuela que allí se levantó tiempo después es, hasta hoy, considerada como la más amplia y mejor entre las que existen en aquel populoso distrito.

El MEMCH dio especial relevancia a la protección a la madre y defensa de la niñez. En 1937 Elena, en su calidad de secretaria general, envió al presidente del Partido Radical, Juan Antonio Ríos, un proyecto sobre protección a los escolares indigentes, que fue también remitido al Comité Ejecutivo del Frente Popular[25]. En marzo de ese año el ministro de Salubridad, Dr. Eduardo Cruz Coke, preparaba un proyecto de desayuno para todos los alumnos de las escuelas primarias del país. La Comisión de Educación y Asistencia Social del MEMCH, que tenía ya un estudio con las respectivas sugerencias para su financiamiento, lo envió al Dr. Cruz Coke,

> ...como aporte a la solución de este problema de tanta importancia para el futuro de nuestra patria.

Siempre fue la gran animadora y eficiente colaboradora en estas iniciativas en favor de los niños la profesora Aída Parada Hernández.

El desayuno escolar, la supresión del trabajo de menores, la alfabetización de las mujeres, de los adultos en general, la exigencia de casa-cuna en las industrias que ocupaban mujeres, guarderías infantiles y hogares para adolescentes, fueron otros tantos desafíos para la institución. Siempre el MEMCH mantuvo relaciones con entidades gremiales, maestros, sindicatos, centros culturales, a fin de mancomunar iniciativas y difundir información tanto nacional como del exterior que incidía en estos mismos problemas.

Cuando la Federación Democrática Internacional de Mujeres —FDIM— acordó instaurar la fecha 1° de junio de cada año como Jor-

---

[25] MEMCH. *Antología.* p. 51.

nada Internacional de la Infancia, el MEMCH emitió el llamamiento inicial:

> Todo lo que atañe a la niñez, su salud física, su desarrollo como individuo, su capacitación para actuar con eficiencia en la vida adulta, interesa por igual a todas las mujeres. En la defensa de la infancia defendemos no sólo el futuro de nuestra patria y del mundo. En ella está implícita la defensa de la paz, en último término, la defensa de un sistema democrático de vida que respete al individuo por el solo hecho de existir[26].

A poco de creada la Fundación del Niño, más tarde Consejo de Defensa del Niño, el presidente Pedro Aguirre Cerda designó a Elena Caffarena como su representante con el cargo de directora ad honores. Cuenta ella:

> Siempre me interesó la suerte de los menores, por lo que mi estada en el Consejo fue para mí muy grata. El Consejo me dio la oportunidad de edificar a mi costa un edificio en la Ciudad del Niño para albergar a cuarenta párvulos, el que aún lleva el nombre 'Jorge Jiles Pizarro'. Permanecí en el Consejo de Defensa del Niño hasta 1974, fecha en que se me pidió la renuncia, al parecer porque defendí a dos directores del sindicato que habían sido despedidos sin respetar su fuero[27].

Elena se desempeñó durante seis años como secretaria general del MEMCH. Fueron los más significativos, creadores fecundos en la vida de la institución. El segundo congreso nacional, en 1940, tuvo un crecido número de delegadas, a tono con una entidad que contaba con más de 40 comités en provincias. La agenda otorgó especial atención a los problemas de organización. Sus conclusio-

---

[26] *Ibídem.*

[27] *Autobiografía.*

nes mostraron la vitalidad de la institución como la total actualidad y coincidencia con los candentes asuntos de nuestra realidad nacional, justo al cumplirse el primer año de la devastadora Segunda Guerra Mundial. Llegado el momento de designar a las autoridades que debían asumir la dirección nacional del MEMCH para los años siguientes, fue notoria la intervención de un grupo de delegadas al proponer otro nombre para la secretaría general, frente a la tendencia que el congreso mostraba para la reelección de Elena Caffarena. La moción traducía la tendencia de dar al MEMCH una dirección más obrerista en su actividad y presencia. Fue ampliamente mayoritario el grupo que patrocinó la reelección de Elena Caffarena, hecho que reflejó el reconocimiento al tenaz trabajo que esta había desplegado y el desapasionado balance de logros concretos alcanzados por la institución desde que naciera en 1935. Pese a esta voluntad así manifestada y al apoyo tan notorio de la asamblea del segundo congreso nacional, Elena presentó su renuncia al cargo pocos meses después. Queda en archivo un extenso documento en el que, con la honestidad y sinceridad tan propias de ella, su lenguaje sereno y firme, analiza extensamente la situación creada y fundamenta su renuncia. Este documento debería ser motivo de reflexión para el movimiento femenino hasta hoy. La coyuntura suele oscurecer muchas veces los mejores propósitos y perder las mayores oportunidades.

En una asamblea general fue elegida secretaria general de la directiva nacional, Graciela Mandujano. Marta Vergara, que participó en el segundo congreso del MEMCH, comenta en su libro ya citado, con ese lenguaje incisivo y profundamente realista que la caracterizaba:

El MEMCH había elegido a Graciela Mandujano como Secretaria General. Es decir, había renunciado a una personalidad de méritos excelsos como era Elena, a fin de darle a la organización un sello proletario y se reemplaza a esta persona por otra de sello burgués más acentuado. Graciela Mandujano era una liberal apolítica con cierto interés por la clase obrera. También una sincera feminista.

Elena no se alejó del MEMCH. Aceptó el cargo de secretaria de la organización por un tiempo y mantuvo estrecha colaboración dentro del nuevo directorio, especialmente en las materias jurídicas que tenían que ver con la condición de la mujer, y, a partir de 1949, con las actividades del nuevo movimiento de masas que comenzó a surgir y organizarse alrededor del problema de la paz. Fue invitada a aceptar un cargo en el directorio del naciente movimiento chileno de partidarios de la paz que presidió Guillermo del Pedregal.

Gran impacto causó en la opinión pública el acuerdo en marcha entre el gobierno del presidente González Videla y el de Estados Unidos, respecto a firmar un tratado que comprometía a Chile en la red de pactos militares concebidos para la defensa hemisférica en 1947, durante la Conferencia Interamericana de Cancilleres en Río de Janeiro. Los organismos populares, mujeres, sindicatos obreros, de maestros, entidades culturales, personalidades políticas de distintos partidos, reaccionaron contra esta política guerrerista en la que podía verse comprometido Chile, como ya ocurría con otros países latinoamericanos. Elena, junto a otras dirigentas y socias del MEMCH, abogó por movilizarse junto al pueblo en apoyo a las posiciones antibélicas. Luchar por la paz era un propósito enunciado en los estatutos del MEMCH. No tenía nada de extraño, entonces, que fuera esta organización una de las primeras en expresar la voluntad pacifista de la mujeres. Ya en diciembre de 1940 el Comité MEMCH de Lota participó en una Marcha de las Mujeres por la Paz en América. Una consigna que ellas acuñaron en esa ocasión merece recordarse: "las mujeres de esta tierra no damos hijos para la guerra".

En ocasión de realizarse en Guatemala, en octubre de 1947, el Primer Congreso Interamericano de Mujeres, el MEMCH envió una ponencia: "Consolidar la paz y apoyar la solución pacífica de los conflictos". El documento expresaba el total apoyo a la ONU y condenaba los intentos de colaboración armamentista entre países de América,

por considerarlos contrarios a la paz y soberanía de los pueblos latinoamericanos.

Elena colaboró con otras dirigentas del MEMCH en la campaña y movilización contra el pacto militar. De ella también partió, como en tantas otras ocasiones en el pasado y hasta hoy, la iniciativa de constituir el Comité de Mujeres Antiarmamentistas.

Por esos días llegó a Chile el recado de Gabriela Mistral, *La Palabra Maldita*. En todas partes la gente pro-paz era perseguida como agente del comunismo internacional. La caza de brujas afectó seriamente a las mujeres en Estados Unidos, sin lograr quebrar, sin embargo, su voluntad de sumarse a la corriente de opinión que defendía la paz y la coexistencia pacífica entre todos los pueblos.

Con razón Gabriela nos recomienda en su famoso recado, *La Palabra Maldita*:

Tengan ustedes coraje, amigos míos, el pacifismo no es la jalea dulzona que algunos creen; el coraje lo pone en nosotros la convicción impetuosa que no puede quedársenos estática. Digámosla cada día en donde estemos, por donde vayamos. Sigan ustedes nombrándola contra viento y marea, aunque se queden unos tres años sin amigos[28].

Ese fue también el gran recado que dejó Elena mientras trabajó en el MEMCH por los derechos de la mujer, de todo ser humano, de preferencia los niños. Su lealtad con la causa de la mujer continúa viva e inspiradora hasta hoy.

---

[28]   Gabriela Mistral, *La Palabra Maldita*, Ediciones MEMCH, Santiago, 1953.

# LA JURISTA

Compartir con Elena tantas actividades, releer sus libros y artículos, seguir su pensamiento en diversos momentos y reuniones de trabajo, da pie para aventurarse e incursionar en su nutrida labor jurídica que es, en verdad, expresión de sus experiencias a lo largo de su vida.

Sus artículos, declaraciones, cartas de protesta y muy particularmente sus libros sobre derechos de la mujer, adquieren, como la desembocadura de los ríos, una enorme fuerza, sin dejar de lado la objetividad que emana de las tareas cumplidas. Sus juicios van derecho a la realidad crudamente expuesta, con el raciocinio y la argumentación que conducen a la conclusión evidente y legítima.

Desde la vida familiar, basada en principios muy claros, se percibe esta personalidad identificada con la verdad, la decisión y voluntad de salir adelante con sus propósitos. Ella misma confiesa, en su autobiografía, que habría querido estudiar Medicina,

> …pero después de una visita a la Sala de Anatomía, me convencí que no sería capaz de trabajar con cadáveres. Me decidí entonces por Leyes[29].

No fue una estudiante más. Fue una sagaz observadora no solo del entorno universitario sino de todo el ambiente en que transcurría la vida chilena. Nuevos intereses, sumados a los que ya había acumulado en su adolescencia, acicatearon su pasión devoradora por la lectura de libros, tanto chilenos como extranjeros: novelas, poemas, ensayos, epistolarios, relatos históricos, sociológicos y mucha prensa

---

[29]    *Autobiografía*, p. 17.

nuestra e internacional. No es fácil encontrarla desguarnecida en una conversación, reunión de estudio o sesión de agitada discusión. Elena tiene una reserva anecdotaria inagotable, porque su agudo espíritu de observación registra, con delicioso humor y toques de picardía, sabrosas vivencias captadas en la infinidad de circunstancias que componen su larga existencia. Siendo muy comprensiva y tolerante, estrictamente leal a su convicción racional y pluralista, se encrespa con fuego máximo contra la falsedad, la sinrazón, el atropello, el sectarismo. Ahí aparece la Elena defensora irrestricta de la verdad, los principios, la persona humana y sus derechos, enemiga de los abusos con los débiles y la mujer discriminada.

Sus estudios de Derecho contribuyeron, sin duda, a definir y madurar estos rasgos, canalizándolos en la dirección que la llevó a volcar en sus libros y artículos saberes acumulados y maduros puntos de vista, en eso que ella llama sencillamente "mis publicaciones".

Dice en su autobiografía:

Sin pecar de falsa modestia, tengo que reconocer que como abogada no merezco la nota siete. Nunca hice labor de tramitación ante los Tribunales, quizás por comodidad, por mi salud precaria, por la atención a mis hijos y a mi hogar o quizás también por mi participación en organizaciones como el MEMCH, la Asociación de Mujeres Universitarias, la FECHIF, el Consejo de Defensa del Niño. En el estudio jurídico de mi marido trabajaba en la preparación de las defensas. Nuestra oficina atendió en las décadas de los años 1930 y 1960 la mayor parte de los procesos políticos. Nunca recibimos honorarios.

Se desempeñó con seriedad, desvelo y eficiencia en numerosos cargos oficiales, todos ad-honores, y asistió como profesional a cuanta consulta y consejo jurídico le fue solicitado, tanto por sus amistades como por personas ajenas. Fue servidora inalterable del cumplimiento de la ley, la verdad y la justicia. Es una de las quince primeras abogadas tituladas en la Universidad de Chil después de promulgado el Decreto Amunátegui[30] que permitió la incorporación de mujeres en sus aulas. En 1988 –el 16 de noviembre– el colegio de Abogados rindió un homenaje a 41 profesionales titulados, abogados que habían cumplido 60 años de ejercicio profesional. Hubo tres mujeres: Claudina Acuña de Contreras Labarca, Elena Caffarena de Jiles y Olimpia Haebig Torrealba.

En 1924 presentó su tesis para obtener el grado de Bachiller en Leyes y Ciencias Políticas, grado previo al título de abogado, con el tema "El trabajo a domicilio, enriquecimiento sin causa a expensas de otro, en el Código Civil Chileno".

Esta tesis es hasta hoy de punzante actualidad. Analiza detallada y cuidadosamente la explotación de que es objeto la mujer en el despiadado sector del trabajo informal. En Chile, en los años 1920, la casi totalidad del trabajo a domicilio lo ejecutaban mujeres.

Su tesis comienza con el estudio de esa modalidad de trabajo en no menos de diez sistemas jurídicos extranjeros. Cita y comenta la preocupación existente a fines de siglo con la expansión de la gran industria. A esta modalidad de trabajo se le llamó *sweating system*, "sistema del sudor", que caracterizaba el trabajo a domicilio. Era la expresión máxima de la explotación de mujeres y hombres, instrumento doloso para abaratar la producción, rebajar costos y aumentar ganancias. En conferencias internacionales de la época hubo unanimidad para condenar el *sweating system*, aconsejando someterlo a reglamentación legal. Bien sabemos en qué suelen parar estos acuerdos. Hasta hoy, en la mayor parte de América Latina no se logra tal control. Para los explotadores de siempre, el trabajo a do-

---

[30]    Miguel Luis Amunátegui, Ministro de Instrucción Pública bajo la presidencia de Aníbal Pinto, decretó el 6 de febrero de 1877:

"Considerando:

1.-    Que conviene estimular a las mujeres para que hagan estudios serios y sólidos;

2.-    Que ellas puedan ajercer con ventajas algunas de las profesiones denominadas científicas.

3.-    Que importa facilitar los medios de que puedan ganarse la subsistencia por sí mismas: Se declara que las mujeres deben ser admitidas a rendir exámenes válidos para obtener títulos profesionales, con tal que ellas se sometan, para conseguirlo, a las mismas pruebas a que están sujetos los hombres".

micilio sigue siendo vertiente de jugosos beneficios. Elena buscó la información recorriendo barrios obreros y entrevistando a la gente. Del total observado expone 17 casos muy ilustrativos. Comprobó que las costureras, vestoneras, pantaloneras, chalequeras, aparadoras de calzado, colchoneras, trabajaban en su hogar de 10 a 18 horas diarias, por lo general en una pieza de conventillo. Todas tenían niños y vivían en condiciones deplorables. Indica el número de personas que dependen de cada trabajadora, costos de arriendo, compra de materiales para su trabajo, estado de salud. Comprueba que varias mujeres padecen afecciones a la vista, anemias, tuberculosis e incluso cáncer. Verificó cómo la cadena de explotación se reproducía: Filomena C. de Gutiérrez, pantalonera, ganaba 200 pesos mensuales –1924– y su marido otro tanto. Sin hijos. Dos muchachas de 15 años les hacían todo el trabajo por 10 pesos semanales.

Todas ellas no tienen sino una única historia que contar que puede resumirse en la palabra 'miseria'. La 'colchonera' Gumercinda Guinea trabaja doce horas diarias, gana 100 pesos mensuales, mantiene a tres personas y paga 50 pesos de alquiler al mes. Invierte al día dos pesos 40 centavos en alimentos y como esta suma mínima sobrepasa sus entradas, ella y los que viven de su sueldo, deben quedarse a veces sin comer.

La mayor parte de las encuestadas eran jefas de hogar. Muchas de las mujeres utilizaban esa forma de trabajo para no abandonar a sus hijos. La solución no consiste en suprimirlo sino en mejorar justamente las condiciones de redistribución.

Hay que terminar –concluye Elena– con el *sweating system* y las vergonzosas condiciones con que existe actualmente.

El *Boletín de la Oficina del Trabajo*, N° 22, Año XIV –1924–, publicó esta tesis.

Entre los Estudios Técnicos publicados uno sobre 'El Trabajo a Domicilio', que la señorita Elena Caffarena presentó como Memoria para optar al grado de Bachiller en Leyes y Ciencias Políticas y que fue aprobado con distinción máxima, evita todo comentario sobre el mérito e importancia del tema".

Seguramente habrá sorprendido a Elena leer en el diario *La Provincia* –3 de agosto de 1926– el artículo de doña Matilde Brandau de Ross, ex directora del Liceo de Niñas de Iquique. Doña Matilde comenta de principio a fin esta investigación anunciadora de una vocación social y política frente a los problemas de la mujer:

Me pareció un sueño –escribe doña Matilde– tener bajo mis ojos tanta página escrita sobre un árido tema jurídico, por aquella chiquilla alegre y juguetona que ayer no más escuchaba mis lecciones en uno de los bancos de este Liceo[31].

El cincuentenario del Decreto Amunátegui fue conmemorado con diversas actividades por el Ministerio de Educación. Este decreto –como se señaló anteriormente– hizo posible la graduación de las dos primeras doctoras de Chile y América Latina: Ernestina Pérez Barahona y Eloísa Díaz Insunza. Escuelas y liceos de niñas colaboraron activamente con las festividades cincuentenarias. Numerosas exposiciones registraron el nivel de conocimiento y destreza adquiridos, reveladores de avances logrados en medio siglo de educación chilena. Se decidió dejar constancia de este capítulo de la historia cultural de Chile en el libro *Actividades Femeninas en Chile*[32].

Se designó a doña Sara Guerin de Elgueta, directora del Liceo N° 4 de niñas para organizar y dirigir esta publicación. La señora Guerin de Elgueta solicitó a Elena Caffarena la preparación de un

---

[31]    Matilde Brandau fue la segunda chilena que obtuvo el título de abogado, en 1898. La primera fue Matilde Throup, en 1892.

[32]    *Actividades femeninas en Chile*. Santiago de Chile, Imprenta Litografía La Ilustración. Santiago, 1928.

artículo sobre los derechos de la mujer. Para esa ocasión Elena escribió *Situación jurídica de la mujer chilena*. Reseñó toda la legislación vigente hasta entonces en el Código Civil, en la administración pública, en el Código de Comercio, en las leyes sociales. Descarnadamente, anota:

> Más que las leyes son los prejuicios y hábitos los que impiden en mayor grado la intervención de la mujer en los negocios públicos[33].

Afirmación de rotunda actualidad cuando examinamos las revisiones, más de forma que de fondo, de los derechos civiles de la mujer. El texto de Elena revela cómo ya en 1928 percibía las barreras seculares de género que debería superar el feminismo. Su artículo fue más tarde editado en una separata por la Editorial Soria-González-Vera. Es lamentable que esa fecha tan significativa para las mujeres haya sido olvidada por nosotras mismas. Hoy sorprende que el Decreto Amunátegui pase inadvertido, olvidado por la prensa y las periodistas en particular.

En el texto escrito por Elena para esa oportunidad puede apreciarse cómo se amplía el horizonte de sus ideas, dinamizado por lo que ya ha pasado a constituir su motivación existencial: la mujer como sujeto de la historia, débilmente recogido, lentamente actualizado, mantenido en la zona oscura del acontecer, pese a constituir una fuerza omnipresente en la vida cotidiana.

Curioso es comprobar a la distancia de más de un siglo transcurrido desde aquel 5 de febrero de 1877, la extrema lentitud con que ocurren las escasas innovaciones introducidas en nuestra legislación respecto a los derechos de la mujer.

Elena Caffarena y Elvira Santa Cruz Ossa (Roxane), fueron designadas en 1930 las primeras inspectoras del trabajo femenino.

---

[33]  *Ibídem.*

Con la fundación del MEMCH Elena selló un compromiso de honor con el movimiento femenino chileno. Un gran despliegue de actividades comenzó a dar relieve a esta joven alerta y entusiasta, que, sin marginarse del hervor social y político de los años 1930, era ya conocida por su talento y su transparente conducta.

Se abrió otra etapa en su vida al ser designada para responsabilidades públicas siempre ad honores. Don Pedro Aguirre Cerda, apenas asumió la Presidencia de la República, la nombró su representante ante el Consejo de Defensa del Niño. Más tarde fue integrante permanente de dicho consejo y se desempeñó en él hasta 1974, dejando una huella concreta y visible.

El libro de Elena *Capacidad de la mujer casada con relación a sus bienes* es un breve anticipo de obras posteriores[34]. En poco más de 80 páginas condensa el tema de las incapacidades legales de la mujer. En el capítulo titulado "Advertencia" señala:

> He aquí una hermosa tarea que podrían realizar las mujeres que se han dedicado al estudio del Derecho y he aquí también una hermosa finalidad que por sí sola justificaría una Asociación de Mujeres Abogadas[35].

Hace casi 200 años nos cayó encima a las mujeres el patriarcalismo consagrado en el Código Civil francés que promulgó Napoleón Bonaparte en 1804. Él compartía el conservantismo reforzado por el triunfo de la burguesía francesa. La mujer —"eternelle mineure"— debe obediencia al marido, es su propiedad, debe servirlo y complacerlo. La precisión y acuciosidad de este código aseguró su difusión e influencia en todo el mundo.

> Mi gloria, —escribió Bonaparte–, no es tanto haber ganado 40 batallas. Lo que vivirá eternamente es mi Código Civil.

---

[34] *Capacidad de la mujer casada con respecto a sus bienes.* Santiago de Chile, 1944.
[35] *Ibídem.*

Hasta hoy no se ha equivocado.

En Chile don Andrés Bello, al redactar el Código Civil, nos traspasó este legado de limitaciones. Disposiciones, comenta Elena,

> que pudieron servir en el siglo pasado, en los tiempos en que se viajaba en carreta[36].

Es oportuno recordar que el Código Civil chileno se mantuvo sin modificación alguna desde 1851 hasta el 16 de marzo de 1925, en el que se acogieron algunas reivindicaciones femeninas. Entre ellas, una leve modificación a la potestad marital. Ya en 1899 Luis Claro Salas observó esta disposición consagrada en el Código Civil que señalaba la obediencia que debe la mujer al marido. Elena Caffarena ha criticado y combatido hasta hoy su rígida vigencia. En una entrevista que publicó *El Siglo*, declaraba:

> No he leído en ningún Código algo que debe ser vital y obligatorio para que exista el matrimonio y es la obligación de amarse. Sin esto la institución no puede ser una realidad[37].

Por esos días el diputado Luis Tejeda había presentado un proyecto al respecto. El tono condenatorio de Elena fue rotundo:

> … la potestad marital hay que abolirla por inútil[38].

Hasta hoy subsiste la disposición jurídica en el Código Civil. La mujer sigue abogando contra su vigencia mientras rebrota en discusión pública el manido argumento de proteger y defender la unidad y estabilidad familiares.

---

[36] *Ibídem.*
[37] Entrevista a Elena Caffarena. Diario *El Siglo*, Santiago.
[38] *Ibídem.*

En el régimen de separación de bienes la mujer es limitadamente capaz, dada la complejidad de pactos que deben suscribirse en cada caso. La solución a la que aún no se ha llegado en Chile es

introducir el régimen de separación en los gananciales, una mezcla feliz de los regímenes de separación de bienes y de comunidad o sociedad conyugal[39].

Este criterio rige con pequeñas variantes en Suecia, Costa Rica, Honduras, Colombia, Francia, Unión Soviética. Han transcurrido ya más de 40 años desde que se escribió este libro y la situación no ha cambiado notablemente. Elena hizo votos allí

...para que las mujeres y organizaciones femeninas de Chile soliciten del Ejecutivo la designación de una comisión formada por técnicos para redactar un proyecto de ley que establezca la plena capacidad de la mujer casada dentro del régimen de participación en los gananciales y no den término a su campaña hasta obtener su aprobación como Ley de la República[40].

Alcanzar la plenitud de su capacidad civil permitiría a la mujer actuar sin trabas en los negocios y

...con la expedición que exige el ritmo de la vida moderna.

No deja de sorprender por qué a las mujeres nos costó menos organizarnos para luchar por el voto político que para terminar con nuestra "incapacidad" legal.

En muchas ocasiones admiré en silencio la mesa-escritorio de Elena. Una tarde, cuando me había acomodado para revisar la voluminosa edición de *Actividades femeninas en Chile*, elogié la noble belle-

---

[39]   *Capacidad de la mujer casada con respecto a sus bienes*, p.75.

[40]   *Ibídem*, p. 83.

za de la caoba sin resistir acariciar una vez más la brillante superficie. Me encantó la respuesta de Elena:

Con los derechos de autor que recibí por el libro *¿Debe el marido alimento a la mujer que vive fuera del hogar conyugal?* me di el gusto de comprarlo.

Ya en una ocasión me había contado que la Comisión Interamericana de Mujeres le encargó un estudio sobre regímenes matrimoniales en América Latina, con cuyo pago se compró un abrigo. Creo no equivocarme al pensar que esas han sido las únicas dos ocasiones que Elena pasó la valla de los "ad honores".

Ese libro[41], *¿Debe el marido alimento a la mujer que vive fuera del hogar conyugal?*, me ha producido siempre, al leerlo, el respeto hacia esta abogada, para quien la jurisprudencia ha sido algo más que atiborrarse de códigos, leyes y sentencias. Para ella el conocimiento del derecho es y sigue siendo una fuente enriquecedora de su pensamiento aplicado a esclarecer la verdad, defender los fueros de la justicia, cautelar el respeto a los derechos de la persona humana, denunciar la explotación, la codicia, los abusos de autoridad, las discriminaciones en todas sus formas. Esto y mucho más vive en sus libros, artículos, cartas, protestas, estallidos contestatarios. Tras su presencia paciente, sobria, ajena a todo artificio, hay una personalidad tenaz, valerosa, segura de sus capacidades.

*¿Debe el marido alimento a la mujer que vive fuera del hogar conyugal?* revela en sus 279 páginas un análisis orientado a comprobar fehacientemente la tesis central, sin dejar lugar a dudas ni interpretaciones superficiales:

---

[41] *¿Debe el marido alimento a la mujer que vive fuera del hogar?* Ediciones de la Universidad de Chile. Santiago, 1947.

...la diferencia de género hace de la mujer una discriminada permanente[42].

Al examinar en un fallo de la Corte Suprema la sentencia dictada por la Corte de Apelaciones que había acogido la demanda de alimentos presentada por una mujer separada de hecho, Elena tomó la decisión de analizar a fondo el tema. Así comenzó un exhaustivo trabajo de lectura y examen de sentencias, casi todas coincidentes con la interpretación dada por la Corte Suprema, sin explicación lógica. Esas cavilaciones la llevaron a recordar el proceso, en el siglo pasado, contra la sufragista norteamericana Susan Anthony, sancionada por presentarse a sufragar sin tener derecho. Sus palabras pasaron a la historia del feminismo:

He sido condenada en conformidad a la ley, pero a una ley dictada por los hombres, interpretada por hombres y aplicada por hombres en beneficio de los hombres y en contra de las mujeres.

Buen desafío para emprender una investigación acuciosa.

La revisión de casos y sentencias le dio el convencimiento en la inmensa mayoría de estos; los jueces favorecían al cónyuge y no a la mujer.

He revisado la *Gaceta de los Tribunales* de los últimos cien años y no he encontrado un solo caso en que se haya rechazado la demanda de alimentos del marido por el hecho de vivir fuera del hogar conyugal. Entrego este aporte que muchos considerarán vanidoso y temerario por estar en desacuerdo con la mayoría de las sentencias y de los autores de derecho, en la esperanza de ayudar a restablecer lo que estimo una justa interpretación de la Ley[43].

---

[42]  *Ibídem.*
[43]  *Ibídem*, p. 15.

Carezco de formación jurídica para opinar sobre el contenido de este libro, pero ello no me limita ni me impide dejar constancia de la profunda impresión que produce examinar y seguir con atención la lógica que prevalece en su concepción. Esta lógica es la que fluye del estudio de textos y documentación, para cuyo examen no se escatimó tiempo.

Sin necesidad de recurrir a un discurso feminista, el libro es una prueba irrefutable de cómo la discriminación de la mujer penetra el organismo y estructura social en sus planos más diversos. Leído hoy, a corta distancia del fin del milenio, continúa vigente. No sé de otras publicaciones sobre el mismo tema pero pienso que será largo el camino que aún falta por recorrer a la mitad femenina de la humanidad para que las mujeres y hombres seamos ubicados, tratados y respetados en el mismo plano.

La obra tiene un prólogo escrito por el profesor Luis Barriga Errázuriz, director del Seminario de Derecho Privado de la Universidad de Chile. Es una palabra altamente autorizada para emitir un juicio serio. En parte expresa:

> Confesamos que antes de imponernos de este trabajo, nos inclinábamos por la tesis contraria a la que en él se sustenta. Su lectura, que se hace fácil pues la obra está estructurada en forma que provoca creciente interés, nos ha llevado al convencimiento de que sus conclusiones se imponen en nuestra actual legislación... Hemos querido tributar a la señora Caffarena de Jiles el justiciero elogio que merece. Su obra llamada a destacarla con especial relieve entre nuestros juristas, constituye, sin duda alguna, la contribución más completa, nutrida y eficiente que se haya aportado para la solución del problema que plantea la interrogante que le sirve de título[44].

---

[44] *Ibídem*, Prólogo, p. 4.

Hay una última página, aquella en la que la autora expresa su gratitud a quienes trabajaron en la impresión del libro y, al final, esta bella nota afectiva:

"De esta edición se imprimió un ejemplar –N°1– dedicado a Jorge Jiles Pizarro".

Elena recuerda, refiriéndose al libro que acabamos de reseñar:

Este ha sido el libro que me dio más satisfacciones escribirlo. La mayor de ellas, sin duda, fue el hecho que tanto la Corte Suprema como los Tribunales de Justicia modificaron sus criterios sobre esta delicada materia.

Además, el libro fue galardonado con el premio Manuel Egidio Ballesteros que la Facultad de Ciencias Jurídicas y Sociales entregaba cada cuatro años a la mejor obra de derecho.

Cinco años más tarde Ediciones MEMCH publicó su breve y noticioso libro *Un capítulo en la historia del feminismo. Las sufragistas inglesas*[45]. Fue su primera y valiosa contribución al estudio del movimiento feminista. Para entonces ya Elena había acumulado buen bagaje de inquisitiva lectura. En el ambiente chileno no trascendía aún, a nivel de opinión pública, un claro interés por el tema, salvo en grupos aislados de estudiosas como Marta Vergara, en primer lugar. Lo prueban sus artículos en *La Mujer Nueva*, el periódico del MEMCH.

El sufragismo inglés fue una poderosa motivación para todas las mujeres de ese tiempo. Las inglesas eran ya un grupo que organizadamente exigía libre acceso a la mujer en las elecciones de su país, sin acobardarse ante los enraizados prejuicios que las discriminaban. La rigidez de la sociedad británica, penetrada por la tradición victoriana, pesaba tremendamente en esa época. Fueron objeto de extrema violencia, a la que respondieron no solo con valor sino con una

---

[45] *Un capítulo en la historia del feminismo. Las sufragistas inglesas.* Ediciones MEMCH. 1952

atrevida creatividad, desafiando las ideas y estructuras que centraban en los hombres el derecho a "mandar" en la familia, la sociedad, el Estado y su aparato gubernativo.

He dado preferencia al movimiento sufragista inglés –expresa Elena– tanto porque cronológicamente es el primero que aparece, como porque en esta etapa del feminismo están contenidas sus características más permanentes que dieron origen al movimiento femenino histórico de la época contemporánea.

Más adelante, insiste:

El feminismo es un fenómeno social... no se origina accidentalmente. Tiene sus fundamentos en la realidad misma, emerge de los acontecimientos y tiene características y leyes propias[46].

La Revolución Industrial que ya caminaba desde el siglo XVIII adquirió una formidable fuerza expansiva en el XIX, conmoviendo toda la estructura política, económica y social y a la masa de mujeres y hombres absorbidos por los centros productivos.

Se cumplió aquí, una vez más, el axioma de que cuanto es socialmente verdadero, es invencible[47].

En 1903 nació la WSPU (Unión Social y Política de Mujeres) a iniciativa de Emmeline Pankhurst. Una de sus hijas dirigió el periódico *Vote For Women de la WSPU*. Pronto se sumaron las nuevas organizaciones abocadas a la misma lucha, acrecentándose las manifestaciones contra las que se ensañaron las fuerzas policiales. Recurrieron a múltiples iniciativas: arengas en sitios públicos, atarse a las rejas de edificios oficiales, realizar huelgas de hambre y sueño cuando esta-

---

[46]   *Ibídem. A manera de exordio*, p. 9.
[47]   *Ibídem*, p. 15.

ban en prisión, hasta llegar a acciones como la de Emily Davidson, en 1913, que se arrojó a la pista del Hipódromo de Epson, tomando las riendas del caballo del rey, lo que más tarde le ocasionó la muerte.

Más de seis mil sufragistas formaron la columna del cortejo, llevando estandartes e inscripciones alusivas[48].

Los diarios publicaron violentos ataques y noticias de "nuevos desmanes de las sufragistas".

Emmeline Pankhurst sufrió numerosas detenciones. Durante una de esta, Mrs. Richardson, otra activa sufragista, tuvo un gesto extremo de protesta: desgarró la Venus de Velázquez en la National Gallery, acto que levantó legítimas condenas. Ella declaró:

Quise destruir el retrato de la mujer más hermosa de la historia de la Mitología, como protesta contra el gobierno que intenta destruir a Mrs. Emmeline Pankhurst, el carácter más hermoso de la historia contemporánea[49].

Las inglesas mayores de 30 años obtuvieron, en febrero de 1918, el derecho a voto. La completa igualdad electoral solo se logró en 1926.

Las primeras diputadas fueron la viscondesa de Markievic de Irlanda, que nunca asumió el cargo y la viscondesa de Astor que había contemplado las luchas sufragistas desde un balcón[50].

Como para reflexionar y sacar conclusiones.

"La Familia Pankhurst", 4° capítulo del libro, es un homenaje a esas heroicas mujeres.

---

[48]   *Ibídem*, p. 76.
[49]   *Ibídem*, p. 79.
[50]   *Ibídem*, p. 90.

En la batalla por la libertad que nunca termina, la personalidad de Mrs. Pankhurst, constituyó un ejemplo de tenacidad, audacia y abnegación, que las mujeres no deben olvidar[51].

El último capítulo, "La opinión pública chilena frente al sufragio", da cuenta de la actitud histórica de nuestra prensa. Durante 1913, año de intensas luchas de las sufragistas, los artículos de *El Mercurio* solo traducen detalles negativos. Se informa de "audaces asaltantes", "campañas descabelladas", "descriterio y vandalismo". *El Mercurio* de entonces escribía sobre las sufragistas de la misma manera que informaría *El Mercurio* de hoy si las luchas sufragistas se libraran en estos momentos, comenta Elena. La revista *Familia* se parece mucho a las que tratan hoy de

moda, recetas de cocina, vida de nobles, príncipes, novelitas románticas[52].

El erudito crítico Omer Emeth (Emilio Vaisse), que escribía en la revista *Familia*, donde era director espiritual, expresa sus reservas:

¿No he declarado que esas acciones reprochables postergarán quién sabe hasta cuándo la realización de ambiciones femeninas en cuya justicia creo?

La prensa obrera, y en particular la que dirigió Luis Emilio Recabarren por esos años, asumió una actitud clara y consecuente. *El Despertar de los Trabajadores* era no solo el pionero de la organización sindical del proletariado sino también del movimiento feminista. Recabarren estuvo siempre junto a las luchas de las chilenas por su emancipación. Elena comenta:

---

[51]    *Ibídem*, p. 90.
[52]    *Ibídem*, p. 105.

La propaganda reaccionaria de cuarenta años ha adentrado demasiado el prejuicio de la sufragista –feminista– vieja chiflada.

Escribe en 1952, pero hoy, 40 años después, las feministas chilenas, el feminismo en general, sigue siendo un territorio nebuloso para la opinión pública.

No pasó mucho tiempo antes de que apareciera un nuevo libro suyo. Hasta entonces se había dedicado a los derechos de la mujer. En 1957 editó *El recurso de amparo frente a los regímenes de emergencia*[53]. Fue su primera incursión en el campo del derecho público. Los atropellos a los derechos individuales y la cruenta represión política durante los gobiernos de Gabriel González Videla y Carlos Ibáñez del Campo la decidieron a escribir este libro. Lo preside una frase del preámbulo de la Declaración Universal de los Derechos del Hombre:

> ... considerando esencial que los Derechos del Hombre sean protegidos por un régimen de derecho a fin de que el hombre no sea compelido al supremo recurso de la rebelión contra la tiranía y la opresión.

El entonces profesor de Derecho Administrativo de la Universidad de Chile, Patricio Aylwin Azócar, escribió el prólogo:

> La señora Caffarena de Jiles cree en el derecho y ama la libertad. No seríamos francos si calláramos la incompatibilidad que existe entre estas palabras que sabemos sinceras y la simpatía y aun devoción que su autora profesa por el régimen soviético, tan poco afecto a las libertades individuales y a las garantías mínimas de un Estado de Derecho[54].

---

[53] *El recurso de amparo frente a los regímenes de emergencia*. Santiago, 1957.
[54] *Ibídem*, pp. 8-9.

Esta prudencia para delimitar posiciones no le impide afirmar:

> Si alguien, conocida la posición de la autora, abriga el temor que ésta sea una obra de carácter tendencioso o proselitista, se llevará una grata sorpresa que desvanecerá su equivocado prejuicio. La señora Caffarena de Jiles ha escrito con objetividad científica, un ensayo estrictamente jurídico. Puede uno estar en desacuerdo con sus conclusiones o disentir de ellas, pero en ningún caso puede negar la sinceridad de los razonamientos en que se funda, ni el apasionante interés que su lectura suscita.

El prologuista coincide con la tesis que sustenta el libro y reitera que

> el medio previsto para proteger la libertad personal es precisamente el recurso de amparo cuyo conocimiento corresponde a la justicia ordinaria.

Finalmente subraya:

> Constituye un estudio exhaustivo sobre los regímenes de emergencia y el recurso de amparo. Su lectura permite aclarar muchas ideas y contribuirán a corregir muchos errores en que se incurre con frecuencia sobre el particular. Bien merece las efusivas felicitaciones de todos los que verdaderamente aman el derecho y la libertad[55].

Al término del libro Elena expresa su "gratitud por el magnífico 'Prólogo Polémico'" y agrega:

> Las profundas divergencias que separan a la autora del prologuista, hablan muy en alto del espíritu científico de este último así como de su decidida y su sincera adhesión a la causa de la democracia. Ello da también mayor valor a su patrocinio y pone

---

[55] *Ibídem*, pp. 18-19.

fuera de toda duda la seriedad de las conclusiones en cuanto a la calificación de los hechos en el amparo político.

*El Mercurio* no pudo ignorar el libro. Fue reseñado en la columna que firmaba el crítico literario Alone. Por esos días el escritor y dirigente comunista Volodia Teitelboim publicó en *El Siglo* un artículo, "Un libro por la libertad":

> … está imbuido por una pasión inteligente que no excluye la serenidad… pertenece a esa valerosa literatura universal que trata de la libertad, es decir de los límites del poder público frente al ciudadano.

Refiriéndose a la autora:

> Ella ha escrito con la acción y la pluma una extensa trayectoria en la lucha por la emancipación de la mujer chilena y por la verdad en el Derecho.

La actitud de los tribunales frente a los recursos de amparo interpuestos en defensa de la libertad personal fue rechazarlos sistemáticamente, sosteniendo que en estado de sitio o vigencia de facultades extraordinarias no podían ni revisarlos, en virtud del principio de independencia de los poderes públicos. Elena se había propuesto rectificar esta doctrina,

> …ambicioso propósito de encontrar la sólida fundamentación para demostrar la incorrecta interpretación de los Tribunales… Destruir el axioma es como matar un fantasma y el fantasma que nos hemos propuesto perseguir es algo escurridizo y vago que se desliza por sobre los principios no siempre bien consolidados del derecho público…[56].

[56]    *Ibídem*, p. 125.

No solo estudió la institución del recurso de amparo, sino también

> las características de los regímenes de emergencia, el alcance del principio de la separación de los poderes públicos, la esencia de la función judicial, el derecho administrativo para precisar el valor de los derechos supremos y el alcance de los recursos que en contra de ellos procedan[57].

Informa Elena que entre los años 1900 y 1929 solo en dos oportunidades entró en juego la institución excepcional del estado de sitio. En cambio, entre 1930 y 1937 el país sufrió 16 leyes o decretos-leyes de facultades extraordinarias que impusieron 44 meses y 29 días de restricción de las libertades.

> El gobierno del Presidente Gabriel González Videla obtuvo cinco leyes de facultades extraordinarias que le permitieron gobernar casi la mitad de su período presidencial sin que rigieran las disposiciones constitucionales que garantizan la libertad personal[58].

En el gobierno siguiente Carlos Ibáñez del Campo decretó estado de sitio en cinco ocasiones y llegó hasta la clausura intempestiva del Congreso Nacional.

Donde impera la injusticia y la arbitrariedad no puede haber orden.

> Cuando el pueblo se convence que no puede esperar justicia, busca la manera de alcanzarla por sí mismo y estalla entonces 'una conmoción interior' que ningún estado de sitio puede detener. Entrego esta obra inspirada en el propósito de contribuir a

---

[57]   *Ibídem*, pp. 18-19.
[58]   *Ibídem*, pp. 22-23.

la defensa de las libertades individuales sin las cuales el régimen democrático deja de ser tal[59].

Pienso que Elena, al editar este libro en 1957, no imaginó que tiempo después viviríamos más de 17 años ininterrumpidos de un gobierno de facto que cometió ignominiosos crímenes y atropellos contra la libertad y dignidad del ser humano, imponiendo al país sucesivos estados de sitio so pretexto de "guerra interna". Los Tribunales de Justicia sistemáticamente rechazaron los recursos de amparo. No puede uno dejar de preguntarse si en esos años tormentosos, aún tan próximos, algún abogado leyó el libro de Elena Caffarena.

Su último libro se editó en 1959, *Diccionario de jurisprudencia chilena. Recopilación de conceptos y definiciones*[60] . En 1984 apareció la segunda edición y en 1986 la tercera. La complementación del diccionario en estas dos últimas ediciones estuvo a cargo del jurista Mario Verdugo.

Un sucinto prefacio señala lo fundamental:

> ...precisar conceptos y definir las palabras del proceso legal que aplican; organizar en orden alfabético vocablos y giros precisados en más de mil sentencias judiciales; facilitar la tarea de los abogados y ayudar a los estudiantes a familiarizarse con la jurisprudencia. Mi labor ha sido de simple recopilación y sistematización. El mérito corresponde por entero a los Tribunales de Justicia[61].

Sobriedad espartana, profundo lenguaje jurídico.

Abrí el diccionario al azar: página 80. Sorpresa: la palabra *confitería*. Ver *dulcería*. Busco y encuentro:

> "la casa u oficina donde los confiteros hacen los dulces".

---

[59]  *Ibídem*, p. 29.

[60]  *Diccionario de jurisprudencia chilena. Recopilación de conceptos y definiciones.* Editorial Jurídica de Chile. Santiago, 1957.

[61]  *Ibídem*, p. 7.

Sigo el juego y leo: *venta al menudeo*. Esclarecen la expresión las dos citas que remiten a los juicios:

W.E. Grace y Co. con Váldes C. Corte de Apelaciones de Concepción, 22 de julio de 1921. Y la otra. Compañía de Electricidad con Ferrocarriles del Estado. Juzgado de Letras, Santiago 17 de octubre de 1941. Compañía Maderera El Pacífico con Meersohn. Corte Suprema 22 de septiembre de 1950.

Cito estas referencias por parecerme reveladoras tanto de la estrictez que debe primar en el lenguaje jurídico como de la prolijidad con que fue preparado este diccionario.

A mi pregunta sobre qué la llevó a emprender este trabajo tan acucioso y, para un lego, tan poco atrayente, me contestó con viva espontaneidad:

Es que yo tenía la manía de leerme todos los fallos y sentencias que periódicamente publicaba la *Revista de Derecho, Jurisprudencia y Ciencias Sociales*, a la que estaba suscrita.

Pero además existe otro valioso legado de esta jurista que sigue presente hoy en numerosos artículos críticos, cartas a diarios y revistas y enérgicas protestas que reflejan la solidez de sus convicciones y su adhesión sin límites a la verdad, la justicia, la dignidad humana. No se fue a reposar ni en los peores años de la dictadura pinochetista ni amainó aquella voluntad de sus tiempos juveniles.

Esto se reflejó ya en 1937 en airados artículos de prensa a Carlota Guteras Sanguinetti, española residente 25 años en Chile, acusada de prédica revolucionaria, cuando actuaba de vocal de mesa en las elecciones municipales.

… lamento que la Excma. Corte Suprema —escribe Elena en su carta— no haya aplicado para defender a una anciana desvalida ante la venganza innoble de un funcionario, la misma doctrina que sostuvo al acoger la queja de la Compañía Salitrera Anglo Lautaro[62].

Quedó también estampada su indignación ante las persecuciones a los judíos en Alemania nazi en la carta al Embajador de Alemania en Chile (1938):

La historia no registra hechos más crueles y más indignos de hombres civilizados[63].

Varios de sus artículos abordaron las legislaciones protectoras hacia las mujeres –por los años 1950– y

… sus trampitas encubridoras de discriminación tanto en oportunidades de trabajo como de promoción a grados superiores en sus desempeños[64].

Eran días de gran debate público sobre la jubilación de la mujer a los 25 años, como la formulara el diputado Acharán Arce. En carta al director de *Democracia*, de agosto de 1952, afirma irritada:

Cuando las feministas hablamos del principio de igualdad, no es que pretendamos ser física y biológicamente iguales a los hombres, sino es que esperamos iguales oportunidades ante la vida... Las protecciones se pagan siempre caras, sea que se otorguen a individuos o a países... Toda protección tiene una contrapartida de sumisión. En la administración pública las mujeres hacen el papel de cenicientas. Sólo en casos rarísimos pasan del grado 8. Romper esta valla es una de las reivindicaciones más urgentes de la mujer funcionaria... Una Ley de Jubilación Preferencial para

---

[62]    Archivo MEMCH.
[63]    *Ibídem.*
[64]    *Ibídem.*

la mujer dará argumentos para que esta situación se mantenga…
se dirá que siendo la carrera de la mujer más corta, es explicable
y justo que no llegue a los más altos cargos[65].

Esta carta le acarreó una ola de censuras.

El MEMCH más de una vez fue calificado de "organización enemiga del orden". Su artículo –"Orden verdadero"– fue un descarnado análisis del concepto de orden:

¿Será por ventura orden o buen orden que en Chile mueran anualmente 39 mil niños menores de un año, que anualmente nazcan muertos 7 mil 336 menores y que en un año mueran de debilidad congénita 6 mil 687 niños? ¿Cuál es el orden que permite que hayan 40 mil niños abandonados y que la cuarta parte de nuestra población sea analfabeta? Queremos orden, sinónimo de justicia y no orden, sinónimo de conservantismo[66].

Un escueto juicio realista que sumado a otros ejemplos y cifras siguen en lamentable vigencia.

En los años posteriores al golpe militar de 1973 mantuvo una idéntica conducta y valiente palabra. Fue una de las tres primeras personalidades firmantes del llamado a constituir un Comité Chileno de Promoción y Defensa de los Derechos Humanos (1978). Las presas políticas, los familiares de víctimas de la represión fueron objeto de su atención y solidaridad permanentes. Fueron habituales sus visitas a las detenidas por el régimen en la cárcel de San Miguel. Nunca se marginó de la constante batalla frente a las fuerzas policiales. Las detenciones e incomunicaciones y los intolerables abusos de los fiscales militares contra las incansables luchadoras por la vida la llevaron no solo a participar en gestiones ante autoridades sino a

---

[65]  *Ibídem.*
[66]  *La Mujer Nueva,* periódico del MEMCH. Artículo editorial "Orden verdadero". Santiago, 1936.

empuñar nuevamente su pluma-espada con rigor jurídico y ardor patriótico y libertario.

En octubre de 1987 dirigió una carta al ministro Germán Valenzuela, quien había prorrogado la incomunicación a la doctora Fanny Pollarolo, personalidad sobresaliente en la lucha contra la dictadura. Esta incomunicación se considera un "castigo anticipado" al esclarecimiento de los hechos.

> Usted, juez de derecho, miembro de un alto tribunal del país, con la medida adoptada no contribuye a la pacificación del pueblo chileno... es malo, muy malo provocar que el pueblo acumule ira. Piénselo, señor Ministro[67].

En noviembre del mismo año se produjo el secuestro del coronel Carreño. El fiscal militar a cargo del caso hizo detener a Karen Eitel y decretó su incomunicación. Se habían cumplido ya tres semanas y la joven permanecía incomunicada. Elena escribió entonces al presidente del Colegio de Abogados, Alejandro Hales:

> El uso y abuso de la incomunicación me preocupa mucho. Estimo que esta institución jurídica se ha desvirtuado y convertido en cierta manera en un arma de presión para obtener, con esta forma de indudable tortura, la confesión y posible implicancia de terceros[68].

En su carta pide al presidente del Colegio de Abogados que un profesor de Derecho Procesal Penal, como también un psicólogo o psiquiatra, se pronuncien sobre los efectos de las incomunicaciones tan prolongadas. Situaciones como la sufrida por la joven esquiadora Karen Eitel se repitieron con verdadero sadismo en decenas de

---

[67]   Carta. Archivo MEMCH. Santiago, octubre de 1987.
[68]   *Ibídem.*

casos –hombres y mujeres, jóvenes y viejos– que ojalá alguna vez salgan a la luz pública.

A raíz de las declaraciones del general Leigh, que sostenía no tener información sobre torturas en las dependencias de la FACH, Elena dirigió una carta al director de la revista *Análisis*, que fue publicada:

> Es extraño que el general Leigh, jefe supremo de la Fuerza Aérea de Chile, no estuviera informado que allí se torturaba. Está visto que nadie aprovecha la experiencia ajena. El señor Leigh debería tener presente otro "olvidadizo", el Presidente de Austria, señor Waldheim, porque cuando las cosas cambien y él aspire a algún cargo importante, no faltarán quienes le refrescarán la memoria, especialmente los torturados en su servicio[69]

Colonia Dignidad –eterna espina clavada en Chile– volvió una vez más a la actualidad en 1989. Una nueva investigación fue entregada a los tribunales. Elena dirigió una carta pública al diario *La Época*:

> … no olvidemos que su abogado y gestor, señor García, fue Ministro de Relaciones Exteriores en este gobierno y, por lo tanto, tiene interés en que nada se aclare… Para llegar a la verdad sobre Colonia Dignidad habría que entrar con un fuerte destacamento armado y revisar a fondo la Colonia, que es un país dentro de nuestro país[70].

Al mediar 1989 se entregó con gran publicidad el Nuevo Estatuto de la Mujer, señalado como gran paso en favor de los derechos de las chilenas. Elena –Estatuto y Código en mano– lo estudió durante días. Su examen muy preciso y crítico se convirtió en un artículo

---

[69] *Ibídem.*
[70] Diario *La Época*. Santiago, 15 de marzo de 1988.

incisivo y mordaz publicado por *Pluma y Pincel*. El nuevo Estatuto de la Mujer o la Ley del Gatopardo:

> … aprobada por el poder legislativo que preside el notable jurista, almirante José Toribio Merino, más que Nuevo Estatuto de la Mujer lo llamaría la Ley del Gattopardo, porque como aconsejaba el príncipe de Salinas en la novela de Di Lampedusa: "hay que cambiar algo para que todo quede igual". Desde los casi cien preceptos de la nueva ley 18.802 se pueden contar con los dedos de la mano los que contienen algún pequeño avance[71].

La autora insiste en que en el terreno de la patria potestad, una de las reivindicaciones fundamentales de las mujeres, se mantiene el criterio del antiguo Código Civil de 150 años atrás. En resumen, "mucho ruido y pocas nueces", y las mujeres seguiremos esperando y luchando para que se cumpla en Chile la Convención de las Naciones Unidas sobre Eliminación de todas las Formas de Discriminación contra la Mujer, firmada y ratificada por la dictadura.

El diario *La Época* publicó en agosto de 1990, otorgándole casi una página completa, el artículo "La superwoman", firmado por el abogado Martín Vicente Olea Álvarez, que expresa su inquietud por el desarrollo que alcanza en Chile "un régimen jurídico de corte matriarcal". El autor se extiende en sus observaciones que le llevan a temer que el

> … lazo conyugal libere de toda cordura y rompa el delicado equilibrio que los mantiene unidos.

Recalca el autor la independencia económica de la mujer casada y sus privilegios respecto a la tuición sobre los hijos hasta el punto de

---

[71] *Pluma y Pincel* N° 81, junio de 1989.

apremiar, encarcelar y embargar al hombre si no paga las pensiones alimenticias a que rápidamente lo condenan los jueces de menores[72].

Concluye Elena, irónicamente:

… en realidad da lástima la condición jurídica del marido chileno.

Días más tarde Elena –confiando en cierta validez del derecho a réplica– envió a *La Época* un estudio a fondo del artículo del señor Olea que tituló "Vivan las superwoman". No fue publicado, pese a tener gran actualidad los temas relacionados con los derechos de la mujer. Así fue que no quedó señal alguna de la "otra cara de la medalla". Después de su detenido análisis, párrafo a párrafo, del artículo del señor Olea, Elena se pronuncia finalmente:

El epíteto de 'superwoman' no me parece descalificatorio. Ella trabaja para mantener a sus hijos, aumentar el nivel económico de la familia... atiende su hogar realizando así 'una doble jornada...'. Merece llamarse superwoman. En cambio sostener que estamos viviendo en matriarcado pareciera que es propio de una mente perturbada emocionalmente... Las feministas no somos enemigas del hombre. No pedimos privilegios, ni protección, queremos la igualdad[73].

---

[72] *La Época*, agosto de 1990.
[73] Archivo MEMCH.

## LA FEMINISTA

No es justo ubicar el feminismo solo en los años que siguieron a la Segunda Guerra Mundial como una corriente de pensamiento y acción de las mujeres contra las discriminaciones de género que las afectan. Siempre ha existido la rebeldía de las mujeres. La estructura sociocultural en que nacemos no ha sido obra nuestra, como tampoco los vacíos de nuestra presencia que han acumulado durante siglos los desajustes, contradicciones y opresiones motivando estallidos aislados de protestas y luego razonados intentos de tener acceso creciente a la igualdad de derechos y oportunidades con el hombre. El feminismo

> es el rechazo consciente de las tremendas diferencias entre lo que se postula para todo el género humano y lo que vivenciamos concretamente las mujeres[74].

De ahí que no sea solo posible sino además necesario, reencontrar sus manifestaciones más lejanas y seguir el proceso hasta el presente. Desde la antigüedad más remota proceden conceptos que nutrieron el esquema patriarcalista del poder y delimitaron férreamente el espacio por el cual transitarían durante siglos miles de generaciones de mujeres. A modo de ejemplo, sobre la autoridad masculina:

> 'Es una ley general que haya elementos dominantes y dominados, un tipo de dominio es el del hombre sobre las mujeres"[75].

---


[74] Julieta Kirkwood. Seminario Feminismo y Democracia, FLACSO, Santiago, julio de 1983.
[75] Aristóteles, Siglo I. a.C.

"No permito a la mujer tomar autoridad sobre el marido, estése callada en su presencia"[76].

"Debe traer la mujer sobre la cabeza la divisa de la sujeción"[77].

"Y... aunque fuese asunto apenas tocado al pasar, un Concilio, en el siglo VI de la era cristiana, divagó acerca de si la mujer formaba parte del género humano"[78].

Siempre hubo y ha habido mujeres rebeldes a la sujeción y autoritarismo sexista y sus odiosas segregaciones. En Chile podemos rastrear, casi desde fines del periodo colonial y a lo largo del siglo pasado, reveladoras actuaciones de estas transgresoras del esquema tradicional. Son los primeros brotes aislados de una actitud nueva: maestras, escritoras y hacia fines del siglo XIX las trabajadoras. Ellas crearon las asociaciones mutuales para hacer valer su derecho al salario justo, a recibir educación y —curioso es recordarlo— a acumular recursos para construir el mausoleo de su gremio.

Reencontrar los hilos matrices de esta historia no escrita aún y abrirse paso entre mitos, prejuicios y silencios es una magna y noble tarea que recae por igual sobre mujeres y hombres, si se quiere llegar finalmente a constituir una sociedad compartida, sin sexismos y sus odiosas secuelas de discriminación.

En las primeras décadas del presente siglo nos salen al paso las inquietudes de la joven profesora Amanda Labarca. Había tenido la oportunidad de hacer estudios de posgrado en Nueva York en la Universidad de Columbia. Allí no solo se familiarizó con las nuevas tendencias que emergían en la educación y en particular en las mujeres, ya por entonces organizadas para obtener el derecho a voto.

De regreso en Chile, las tareas pedagógicas no interfirieron en el interés de Amanda por estudiar el movimiento femenino chile-

---

[76] San Pablo, Epístola a Timoteo. Siglo I d.C.

[77] *Ibídem*. Epístola a Los Corintios. Siglo I d.C.

[78] Concilio de Macon. Siglo VI.

no y contribuir a su desarrollo. Buena escritora y articulista, dejó huella en la prensa chilena. En 1915 fundó en Santiago el Círculo de Lectura, evocación de los *reading clubs* de las norteamericanas. Eran sitios de encuentros culturales y de mutuo conocimiento entre las mujeres. Al crearse en 1919 el Consejo Nacional de Mujeres, Amanda y el Círculo de Lectura se integraron en él. Había clara conciencia de las incapacidades jurídicas que nos afectaban. De este consejo partieron las gestiones que culminaron en 1925 con el decreto ley más conocido como la Ley Maza, porque el senador José Maza fue su principal promotor. Esta es una de las primeras conquistas de las chilenas: se restringieron en el Código Civil algunas de las amplias atribuciones de la patria potestad que tenían los hombres, se habilitó a las mujeres para servir de testigos y a las casadas se las autorizó para –al menos– administrar los frutos de su trabajo[79].

Los artículos de Amanda *A dónde va la mujer*, de 1934, y *Feminismo contemporáneo*, de 1947, definen claramente su pensamiento, el que, por lo demás, divulgaba con frecuencia en charlas en colegios de niñas y centros culturales. En Amanda era muy clara su convicción acerca de

> …la necesidad de cambiar la mentalidad de la propia mujer hasta entonces educada para cumplir un rol absolutamente dependiente del hombre, limitada social y ocupacionalmente[80].

La trayectoria de Amanda Labarca está penetrada por su voluntad innovadora, su vasta cultura enriquecida en cada oportunidad que tuvo de realizar estudios y establecer contactos internacionales. Fue la primera latinoamericana en ejercer una cátedra universitaria. Sus inquietudes educacionales y convicción feminista se conjugaron al impulsar –en su calidad de directora de Educación

---

[79] Emma Salas, Amanda Labarca y los movimientos feministas. Santiago, 1988 (mimeógrafo).
[80] *Ibídem.*

Secundaria del Ministerio de Educación– la creación, en 1932, del Liceo Experimental Manuel de Salas. En esos años, un colegio coeducacional constituyó una atrevida innovación. Gran parte de la opinión pública imaginó toda suerte de riesgos en el hecho de juntar adolescentes de ambos sexos en un ámbito común, en igualdad de libertades y derechos. Tuve el privilegio de ser profesora –entre 1935 y 1960– en dicho centro de investigación y experimentación educacional, compartiendo allí las vivencias más creativas y enriquecedoras.

En 1944 se efectuó en Santiago el Primer Congreso Nacional de Mujeres, al que concurrieron representantes de numerosas organizaciones. El MEMCH había aprobado en su segundo congreso nacional –1940– la idea de reunir en una sola entidad federada las diversas entidades femeninas ya existentes en el país. Una resolución del congreso nacional de 1944 dio nacimiento a la FECHIF –Federación Chilena de Instituciones Femeninas– y eligió a Amanda Labarca como su primera presidenta. Poco tiempo después el gobierno chileno la designó embajadora plenipotenciaria ante la Organización de las Naciones Unidas. Cuando la ONU creó la Comisión de Derechos Humanos y dentro de esta la Sección del Estatuto Social y Jurídico de la Mujer, Amanda fue designada para presidirlo. En esa calidad fue entrevistada en 1948 por la radio de las Naciones Unidas, entrevista que reprodujo, en parte, *El Mercurio*[81]. Amanda destacó en esa ocasión el extraordinario aporte que hicieron las mujeres durante la Segunda Guerra Mundial:

No escatimaron esfuerzo alguno para salvar su país y su cultura fue obrera, oficinista, incluso soldado… Los ingleses movilizaron 8 millones de mujeres entre los 18 y 42 años… en Estados Unidos subieron a 16 millones las que servían cargos remunerados… en Francia, aparte de sustituir a los hombres en la produc-

---

[81]   *El Mercurio*, diciembre de 1958.

ción, administración y servicios, no puede olvidarse la cantidad de mujeres que se incorporaron a la resistencia francesa durante la ocupación nazi... Se impone el reconocimiento mundial a esta elocuente prueba de valor, eficiencia, lealtad.

Amanda Labarca terminó subrayando su concreta petición a los gobiernos para

integrar mujeres en las delegaciones internacionales.

Podía esperarse que cambiaran los oídos sordos de los gobiernos ante las reivindicaciones del "sexo oprimido". No fue tan óptima la respuesta y las mujeres reemprendieron su lucha, tanto en la Conferencia de San Francisco como en la de Chapultepec. Las británicas enviaron a Chapultepec la Carta de las Mujeres, que contenía "tres urgentes demandas": que sus hijos viviesen en un mundo libre de guerra, miseria e ignorancia; que el trabajo de la mujer se valorara a igual nivel que el del hombre; y que, como ciudadanas, obtuvieran paridad de derechos civiles y políticos.

Esta y otras exigencias desataron un fárrago de debates. Proliferaron los comités y todo quedó en palabras y no se concretaron proposiciones ni acuerdos. Transcurrieron 30 largos años de discusiones y estudios antes de producirse el documento que se aprobó en Nairobi –Kenya– en la Conferencia Mundial del Decenio de la Mujer y se ratificara en la Asamblea General de la ONU en diciembre de 1979 la Convención sobre la Eliminación de Todas las Formas de Discriminación Contra la Mujer. En 1981 fue suscrita por la Junta Militar chilena y ratificada en diciembre de 1989. El gobierno chileno está comprometido pues a cumplir este estatuto jurídico. 17 de los 30 artículos de la convención señalan y condenan las discriminaciones de que son objeto "mujeres y hombres". Es digno de recalcar, sin embargo, que prohíbe la discriminación, acelera la igualdad entre el hombre y la mujer, y pide que se modifiquen los patrones que perpetúan la discriminación y prevalezca la igualdad de responsabilidades del hombre y la mujer dentro de la vida familiar.

Admite, naturalmente, que para

lograrlo es necesario modificar el papel tradicional tanto del hombre como de la mujer en la sociedad y la familia.

Al revisar este texto jurídico internacional nos preguntamos: en Chile, ¿cuántas mujeres y hombres, cuántos altos funcionarios, parlamentarias y parlamentarios, han leído este documento fundamental para poder así enfocar y analizar las reivindicaciones femeninas? Al leer o escuchar el lenguaje superficial, frívolo, carente de serio fundamento, "analizando" o participando en debates y paneles sobre temas como divorcio, aborto, capacidad de la mujer casada para manejar los bienes de la sociedad conyugal, dimensiones de la patria potestad, queda la duda respecto al conocimiento cabal de esta convención que condena todas las formas de discriminación contra la mujer. ¿Cuántas décadas deberán transcurrir aún para dar otro paso hacia la extirpación de la gangrena social de las discriminaciones que afectan a las mujeres del mundo y que muchísimas soportamos como un legado intocable?

Aquí juega un papel el feminismo como movimiento organizado de estudio, autoconocimiento y percepción no solo de situaciones de abierto atropello sino también del origen de estas dentro de las mismas mujeres: desconocimiento, inercia, reclusión, aislamiento, autosumisión y, sobre todo, ignorancia sobre ellas mismas, su cuerpo, sus sensaciones y reacciones, las motivaciones múltiples de su conducta.

Elena Caffarena suele decir que pertenece a la época en que las mujeres no pensaban sino en bordar, tocar piano y esperar que un joven buenmozo golpeara a su puerta. Sin embargo siempre se declaró feminista. Lo prueban, además, sus actividades, artículos y libros, testimonios de sus ágiles y largos años que tienen el mérito de inscribirse en una significativa etapa de lucha de las chilenas por su emancipación.

Sostiene que su primera actuación feminista fue escribir, en 1927, un artículo sobre los derechos jurídicos de la mujer chilena para el libro *Actividades Femeninas en Chile*, conmemorativo del Decreto Amunátegui.

> Me he aplicado el calificativo de feminista porque lo soy. No figuro entre las que Marta Vergara –feminista bastante olvidada– califica de 'feministas vergonzantes', mujeres que lograron un título universitario, tuvieron o tienen altos cargos en la administración, la política, la vida social, y creen que eso es sólo fruto de su talento y esfuerzo, olvidándose que si alcanzaron esas posiciones es porque muchas mujeres de aquí y del mundo, les abrieron el camino arrastrando mil dificultades y hasta persecuciones[82].

Y refiriéndose al MEMCH, enfatiza:

> "éramos feministas, pero no apolíticas"[83].

Con los años Elena acumuló una gran experiencia fruto de lecturas, testimonios, observaciones: quería retener la huella de las ideas, opiniones, vivencias, juicios críticos, memorias colectivas.

Los libros y artículos escritos por Elena retratan su activismo como dirigenta de organizaciones de mujeres, promotora y a la vez partícipe en numerosas campañas de opinión pública. Pertenece a los años, al tiempo que podría llamarse del temprano feminismo chileno, abocado a las reivindicaciones de derechos civiles y políticos.

---

[82] Seminario sobre los Derechos de la Mujer. Instituto para el Nuevo Chile. Santiago, 1986.
[83] *Ibídem.*

Al escribir sobre las sufragistas inglesas, caracteriza el feminismo como un

> fenómeno social que no se origina accidentalmente, sino emerge de los acontecimientos, con sus características y leyes propias.

Insiste:

> la acción organizada de las mujeres fue la expresión de una realidad, de ahí que todas las formas de violencia, hasta las más brutales ejercidas para reprimir el feminismo, no fueron capaces de acallarlo o detener sus derechos[84].

Estudió prolijamente a Federico Engels[85]. Lo señala como el primer teórico del feminismo:

> ...me ha ayudado a dignificar las expresiones de feminismo y emancipación de la mujer y reivindicar para mí, con orgullo, la calificación de feminista.

Su pensamiento se fue consolidando hasta llevarla a afirmar que

> la emancipación de la mujer no será posible sino cuando ésta pueda tomar parte en vasta escala en la producción social y el trabajo doméstico no le reste sino un tiempo insignificante.

Rotunda afirmación de lo que vive a diario la mujer con su doble jornada y que particularmente se actualiza hoy en nuestro medio ante el masivo ingreso de las mujeres en nuevos campos de la producción nacional y en la sofisticada área de las tecnologías más avan-

---

[84] *Un capítulo de la historia del feminismo. Las sufragistas inglesas.* Santiago, 1944.
[85] Federico Engels. *De la familia, la propiedad privada y el Estado.* Ediciones 1884.

zadas. Viene al caso recordar aquí que en 1981 se tituló en Chile la primera ingeniera civil en metalurgia, Cristina Parra, especializada en investigación y nuevos métodos para explotar el molibdeno, una de tantas riquezas mineras débilmente explotadas en Chile[86].

En 1913 llegó a Iquique la fogosa española anticlerical y entusiasta partidaria de la emancipación femenina, Belén de Sárraga. En el norte ejerció una enorme influencia y despertó contagioso entusiasmo entre las mujeres. En ese año adquiría especial vigor la organización de los obreros y la tendencia a promover la movilización permanente. El impulsor de ese gran movimiento social y político en el norte chileno fue Luis Emilio Recabarren, una personalidad profundamente sensible y abierta a las inquietudes políticas y sucesos internacionales de su época. Fue el alma de la prensa obrera, dinamizada por su lealtad de clase, su compromiso con el suceder cotidiano y su inteligente visión del futuro. El periódico *El Despertar de los Trabajadores*, una de sus iniciativas más queridas, dejó una rica y motivadora lectura.

Ya en 1905 Recabarren escribía en *El Proletario*, de Tocopilla:

Los que luchamos por la libertad de los oprimidos debemos tomar en cuenta que la mujer tiene una doble esclavitud, de manera que nuestros esfuerzos deben ir también a liberar a la mujer de ese cautiverio. Ella posee la misma facultad que el hombre y debe hacer uso de ella en las mismas condiciones que éste.

Desde 1913 a 1914 Elena leyó con interés creciente *El Despertar de los Trabajadores*. Muchas de aquellas notas las virtió más tarde en comentarios y artículos, especialmente uno de estos[87]. Este material informativo permite trazar un cuadro del que suele llamarse femi-

---

[86]   *El Mercurio*, 7 de junio de 1981

[87]   "Luis Emilio Recabarren, feminista". Artículo de Elena Caffarena para el diario *El Siglo*, diciembre de 1953.

nismo sufragista. Abundan las noticias sobre los Centros Femeninos Belén de Sárraga de Iquique, Antofagasta, Laguna, Negreiros.

Elena estima estos centros como legítimos antecesores de los Círculos de Lectura que aparecen en Santiago entre 1915 y 1919. Los Centros Femeninos, pese a haber nacido al calor del exaltado discurso anticlerical de Belén, no fueron precisamente focos laicistas. Priorizaron los problemas que afectaban a las mujeres, denunciaron la carestía de la vida y combatieron el alcoholismo. Para Elena estos centros fueron

cristalizadores de una campaña por la incorporación de la mujer a la lucha social.

Para refrendarlo, cita a Recabarren:

Cuesta trabajo convencer a la mujer de lo indigno de su situación presente y que debe aspirar a ser en la sociedad un miembro investido de iguales derechos que el hombre.

Acotación reveladora, precursora de la magnitud que adquiriría con el tiempo la doble batalla feminista al interior de cada mujer y en el amplio ámbito social.

No resiste Elena la tentación de registrar nombres de mujeres que formaron parte del directorio del Centro Femenino Belén de Sárraga de Iquique. Entre otros, Teresa Flores, Juana E. de Guzmán, María Castro, Ema Ballero, Ilia Gaete, Margarita Zamora, Adela de Lafferte, Ana Gutiérrez —autora de varios artículos aparecidos en *El Despertar*. En su primer año de vida el centro realizó 38 reuniones generales y de comités, veladas, conferencias, y sus integrantes participaron en manifestaciones públicas tanto en Iquique como en toda la pampa.

Cuarenta años después —comenta Elena— y en condiciones por cierto más favorables, no hay ninguna organización que pueda presentar un balance como éste.

El entusiasmo de Recabarren por estos centros lo llevó a componer la letra de su himno, que se cantaba con la música de la ópera Norma. Finaliza este artículo de Elena recalcando:

... fue un feminista entusiasta. Su aporte al desarrollo del movimiento femenino es valiosísimo. Su nombre no puede ser olvidado sin cometer una injusticia por quien pretenda escribir la historia del feminismo chileno.

*El Mercurio* de ese tiempo, 1913, inserta solo tres artículos sobre feminismo, atacando "tan descabelladas ideas".

Estoy segura de que nuestras jóvenes feministas investigadoras, historiadoras, sociólogas, antropólogas, repasarán estas viejas y conmovedoras páginas que permiten percibir y calibrar los esfuerzos generacionales y sus frutos, que han ido decantando las vetas aún escondidas de esta larga historia. Seguramente esa exploración contribuirá a esclarecer desde qué ignorados pretéritos viene nutriéndose el pensamiento del feminismo actual.

No es nada fácil para la mujer asumir los desafíos que plantea hoy la lucha contra el sexismo dominante. Este quehacer tiene que desplegarse simultáneamente en dos o más frentes.

Hay reivindicaciones fundamentales –dice Elena– en las que ella debe estar al lado de sus hijos, su compañero de trabajo, de vida, y por el otro, el de las específicas que derivan de su calidad de mujer, plano en el que puede estar en pugna muchas veces con sus hijos y sus propios compañeros.

Esta es una contradicción reveladora del predominio del patriarcalismo y su unilateralidad, que trasciende toda la cosa pública y privada, colectiva e individual, funciones y servicios. Mil formas de estereotipos sexistas nos rodean en el desempeño de funciones y empleos, opciones de trabajo y de recreación, ambiente escolar, contenidos curriculares, elecciones de estudios profesionales.

Aquí acude, como en tantas otras ocasiones, el pensamiento de Julieta Kirkwood:

Ni la democracia, ni el socialismo pueden ser construidos si mantenemos en reserva y diferido el problema de la mujer.

Cualquiera reflexión al respecto nos lleva directamente a plantearnos la verdadera congelación en que se mantiene el tema de la presencia y participación de la mujer en el seno de los partidos políticos, sin excepción casi, y esto a cualquier nivel de debate interno y discurso público. Es casi tradicional la actitud de reserva, de dejar en segundo o tercer plano las discusiones realmente doctrinarias que enfoquen e intenten clarificar cómo ven "ellos" y por qué así lo consideran, las aptitudes de la mujer para actuar como sujeto político en las tareas de orientación y conducción de la comunidad y el país. No parece impresionar como debiera la cruda evidencia de que las mujeres son deliberadamente discriminadas como "sexo débil" que necesita "protección", tiene "escasa madurez", demasiada "sensibilidad", "emotividad" y es la "garantía del cuidado de la familia".

Elena, en distintas épocas, ha criticado esta actitud tan hermética en los partidos políticos. Más de una vez ha expresado severos juicios sobre este punto débil de las colectividades políticas. Sus opiniones cubren por igual a hombres y mujeres militantes de diversos partidos, para quienes

el feminismo –dice Elena– sigue siendo algo deleznable y propio de mujeres extraviadas.

No han entendido que el

feminismo es un fenómeno que existe les guste o no y que deriva al igual que la lucha de clases de circunstancias históricas, económicas y sociales.

Ampliando estas consideraciones, insiste:

> … bajo la influencia del partido político la mujer se enmarca dentro de los principios que configuran el partido y en buenas cuentas habla por otros, por la sociedad en general, lo que es justo siempre que ella conserve la independencia y la conciencia de los derechos que le corresponden. Que tome conciencia cuando es discriminada, lo haga presente segura que le corresponde en justicia reivindicar lo que en un momento o situación le es negado en años de lucha, por políticos que tienen hermosas declaraciones feministas en sus programas, pero siempre tienen asuntos más graves, más importantes de qué ocuparse.

Ella, durante largos años, en repetidas ocasiones, ha salido al encuentro de las mujeres ratificando estos juicios que no tienen nada de ligeros.

Nuestra elección más reciente[88] no ha hecho sino reiterar experiencias vividas por décadas y que estimábamos ya superadas. Los partidos saben movilizar en forma muy eficaz sus departamentos o secciones femeninas. Los candidatos viajan, pronuncian discursos, exponen programas, mientras las mujeres prolija e incansablemente se multiplican en las duras tareas de la propaganda, producción de material informativo, cartillas y múltiples visitas domiciliarias. Terminadas las campañas electorales, el balance de resultados no es en absoluto favorable a las mujeres. Siguen presentes sus aspiraciones de cambios radicales que signifiquen posibilidades concretas de abordar con audacia la remoción de disposiciones legislativas obsoletas, abrir acceso a campos nuevos para su accionar, dar siquiera un primer paso en el área de algunos de sus derechos específicos: contra la violencia, el acoso y abuso sexual, la maternidad no deseada. Naturalmente, esta tarea de esclarecimiento y reformas tiene que ser una empresa común y fundamentarse en una etapa previa

---

[88]  Elecciones de concejales en Chile, 1992.

de reflexión, discusión y definiciones que respalden sin debilidad esta serie de pequeños-grandes asaltos a la fortaleza milenaria del patriarcado. Bien reafirma Elena que

la mujer debe luchar por sus derechos sin considerar que le están haciendo un favor.

No le faltaron a Elena situaciones incómodas por su sostenida y honesta crítica eminentemente constructiva. No solo de parte de los hombres sino, y muy especialmente a veces, del lado de las mujeres apegadas a su puntilloso slogan "... pero yo no soy feminista, a mí no me confundan". En 1989 escribió un artículo con ocasión del Día Internacional de la Mujer, 8 de marzo. En su párrafo final insiste:

Muy importante sería que la oposición chilena se compenetrara que el feminismo está estrechamente ligado al proceso social de cambios y que, por lo tanto, es un elemento fundamental e indispensable para lograr la democracia.

Por lo demás, muchas veces ella enfatizó, en alguna conversación con visos de cuidadosa reserva:

"Soy feminista por vocación democrática".

El ascendente movimiento feminista es un fenómeno mundial, más allá de todas las diferencias culturales, étnicas, desarrollo económico, nivel jurídico e institucional. Si bien las rebeldías de las mujeres han existido en todos los tiempos, la conciencia de ser persona y tener derechos adquiere un ritmo más acelerado y un crecimiento cuantitativo y cualitativo en las décadas posteriores a la Segunda Guerra Mundial. Perfiles ya inconfundibles, y bastante arrolladores, reviste el feminismo desde los años 1970. Se multiplican los grupos de estudio al interior de los países y cunden de año en año las actividades de interrelación de país a país hasta culminar con encuentros regionales y mundiales.

Las feministas chilenas periodizan el movimiento en tres etapas: la primera desde comienzos de siglo hasta los años 1950, etapa sufragista calificada como feminismo que centró su lucha en la igualdad de derechos civiles y políticos. Señalan a continuación casi 30 años "de silencio feminista". Un juicio en gran parte errado, por falta precisamente de documentación suficiente y por la escasa huella escrita que dejaron organizaciones de mujeres de esas décadas. Por el contrario, hubo continuidad con el periodo anterior: Comités Femeninos de Unidad proliferaron en busca de la que por fin se constituyó como la Unión de Mujeres de Chile, cuya vida se mantuvo hasta el golpe militar de 1973. Otros sectores de mujeres, a su vez, organizaron grupos de estudio en torno a intereses comunes, arte, literatura, relaciones internacionales.

La Unión de Mujeres de Chile asumió la línea de movilizar a las mujeres por sus derechos, especialmente económicos, laborales y de salud. La unión realizó tres congresos nacionales. Otros tantos fueron impulsados por el departamento femenino de la CUT. De estos últimos derivó la iniciativa de efectuar un seminario de estudios de la condición de la mujer rural. Toda esta historia está por recogerse y tiene el enorme valor de mostrar una línea de continuidad que enlaza más tarde con el avance muy definido del movimiento feminista chileno de 1970 en adelante.

Durante la dictadura Elena no bajó la guardia en cuanto a mantenerse alerta no solo en la lucha directa al lado de las mujeres de las agrupaciones de familiares víctimas de la represión, sino en cuanta ocasión el patriarcado mostraba su influencia dominante en los medios de comunicación. Gabriela Velasco conducía por esos años un programa de televisión, Extra-Mujeres-Extra, en el que entrevistaba a destacadas mujeres. Una de ellas, la señora Ceballos, expresó:

Pero yo no soy feminista y si este programa lo fuera, por cierto yo no participaría en él.

Elena, en una carta muy gentil y muy aguda, no dejó pasar la ocasión para señalar su disentimiento:

Usted –dirigiéndose a Gabriela Velasco– y la señora Ceballos –la entrevistada– debieran meditar que no habrían llegado a ocupar los altos cargos que ocupan en la TV, si decenas de generaciones de mujeres que las antecedieron no hubieran luchado con gran sacrificio por abrirles el camino.

Y agrega:

…tan respetable es el movimiento feminista que la ONU aprobó en 1979 la Convención sobre la Eliminación de todas las Formas de Discriminación contra la Mujer. Ya la han ratificado 52 países y en Chile cerca de 20 instituciones de mujeres están haciendo campañas para obtener que dicha Convención sea ratificada por el gobierno. Su programa haría un aporte importante si se limitara cada día a leer un artículo de dicha Convención.

Así como fue tan asidua lectora de *El Despertar de los Trabajadores* ha continuado estudiando la literatura feminista de estos últimos 20 años. Ha vivido como observadora y partícipe de las acaloradas discusiones de las jóvenes feministas que acudían a Seminario 244 a preguntar, comparar, cuestionar, discutir estrategias en los oscuros años que siguieron al golpe militar. No eran conversaciones ajenas a la terrible contingencia que vivía Chile. Por el contrario, fue una inteligente, fecunda y esperanzadora búsqueda de caminos a seguir, de pensamiento nuevo que perfilar. Así como "ser militar es inventar la política como otra forma de la guerra"[89], estas jóvenes pugnaban por descubrir, en ellas mismas, caminos nuevos por donde debían seguir transitando la vida y, con esta, la revelación plena de la mujer, la toma de conciencia de su identidad y de su enorme potencial creativo.

[89]    Archivo MEMCH.

Alguien tenía que desnudar la mentira que contiene el orden militar de dominio[90].

Para quienes cuestionamos las marginaciones que sufrían las mujeres y persistimos en defender sus aspiraciones igualitarias, esta convivencia con las preguntonas y cuestionadoras feministas fue muy estimulante. Elena se sumergió entonces en un nuevo campo de información. Más que ensayos o sesudas crónicas de mujeres en la historia, sondeó revistas, artículos, recuentos bibliográficos, escritos de feministas latinoamericanas, del tiempo actual. Estos documentos —aparte de un novedoso estilo–, a veces rebuscados —otras no tanto—, no han hecho sino reforzar sus convicciones de antaño. Lo nuevo es la mirada en perspectiva, el "por hacer" y el método inquisitivo de descubrir en el inagotable caudal del alma femenina las proyecciones sociales de sus grandes reservas naturales de género, su sentido del tiempo, del orden y auténtico amor a la naturaleza, su instintiva protección y defensa de la vida. Sus anotaciones son casi reafirmación de convicciones a las que llegó tantas décadas atrás. Por eso está de acuerdo con Margarita Cordero[91] cuando señala:

El feminismo es una práctica política revolucionaria, íntimamente vinculada al proceso social de cambio y, por lo tanto, no hay contradicción entre ella y otro tipo de militancia.

Recoge lo que escribe Moema Wezzer:

La subordinación de la mujer al hombre es un fenómeno milenario, universal, que atraviesa civilizaciones y sistemas económicos, al tiempo que está en íntima relación con ellos. Los mecanismos a través de los cuales se crea y mantiene tal subordinación, están

---

[90]   Julieta Kirkwood, artículo "¿Y las señoras políticas?". Revista *Análisis* N° 72, enero de 1984.
[91]   *Fempress*, N° 37.

ligados a la formación social, económica, política y cultural de cada país... la liberación de la mujer está inserta en la lucha por la liberación de los pueblos oprimidos y tiene al mismo tiempo su propia especificidad[92].

En 1982 un grupo de feministas abrió un nuevo frente: durante tres días, en jornadas de ocho y más horas, se reunieron en el Centro Cultural Mapocho bajo la simple convocatoria "Nosotras". Allí estuvieron con Elena invitada a testimoniar, con su lenguaje y vivencias. Sin más programa que letreros en las diversas salas del recinto, cada quien acudía donde la llamaban sus intereses o curiosidades. Un "des-orden" que a la larga probó ser ordenado, claro, concreto. Hubo comunicación con estilo y habla nueva y en un clima de espontánea comunión que súbitamente borró edades, procedencias, lastres, fronteras. Música, canto, diálogos, discursos irónicos. En medio de esa estimulante diversidad, llena de sorpresas, apareció la compañía tan sabrosa y espontánea de La Batucana, la cantante y poeta popular, quien entre canto y música nos espetó:

"Y aquí estamos, por un mundo en que las mujeres tengamos derecho a reír y los hombres derecho a llorar".

Aquella acotación fue más que una conferencia completa sobre la marginación y deformación sexista que constriñe por igual a mujeres y hombres.

"Nosotras" pidió a Elena relatar algo de aquellos 30 años de lucha de las chilenas por obtener el voto político. Refiriéndose al régimen militar, anotó con risueña e ingeniosa ironía:

En este tiempo hemos ido más bien para atrás. Perdimos muchas conquistas las mujeres y, lo que no es menos, perdimos

---

[92] Moema Wezzer, *De las mujeres, con las mujeres, para las mujeres.* Editorial Siglo XX, México, 1977.

el derecho a voto. Pero en esto estamos acompañadas por los hombres. Por eso siempre repito: "A nosotras harto nos costó conseguirlo. Ahora, que los hombres luchen por recuperarlo"[93].

Para el segundo encuentro de mujeres en Santiago, efectuado en la Casa de la Mujer La Morada, en 1985, sus organizadoras seleccionaron lo que llamaron "Saludo desde la Historia". En esa ocasión eligieron un elocuente párrafo de Elena escrito muchos años antes. Su estilo es tan directo y vigente hasta hoy que vale la pena reseñarlo en parte:

> Las fuerzas tradicionales buscan por todos los medios sustraer el máximo de mujeres a una posición de combatividad. Los que están en el poder –escribía en 1952– tratan de engañarnos con los llamados a la dignidad femenina y virtudes hogareñas. Son las mismas armas que en el siglo pasado se esgrimieron para denigrar, desfigurar y escupir a las valerosas inglesas que conquistaron para las mujeres del mundo los primeros escalones de su liberación[94].

En 1986 el Instituto para el Nuevo Chile organizó un seminario sobre "La Mujer y los Derechos Políticos". Elena fue invitada a colaborar con su testimonio. El documento que preparó para esa ocasión es un lúcido y valioso cuadro de las luchas de las chilenas por la igualdad de derechos durante los años 1940. Destaca al respecto que estas

> no tenían real importancia en sus respectivos partidos.
> Eran en cierta manera militantes de segunda clase, ninguna mujer figuraba en la directiva, pocas se incluían en las listas para cargos de elección popular y cuando aparecían se las colocaba en los últimos lugares.

---

93    Revista *Hoy*, noviembre de 1983. Santiago.
94    Archivo MEMCH.

Y agrega más adelante:

Especialmente los partidos de izquierda han cometido errores muy graves con respecto a la participación de las mujeres y sobre todo en la comprensión de sus luchas por suprimir la discriminación que desde siglos arrastran.

Elena no dejó ocasión de hacer presente la lenidad y fría actitud –por decir lo menos– que caracterizaron y hasta hoy mismo caracterizan, no digamos ya a la derecha política sino a los partidos progresistas, a la hora de examinar los planteamientos del feminismo.

El movimiento feminista es hoy visible en Chile, presente, activo en la vida nacional. Centros de estudios, institutos de la mujer, domos, talleres de conocimiento y reflexión, casas de la mujer en Santiago y provincias –Arica, Valparaíso, Concepción–. La Casa de la Mujer La Morada fue la primera en echar a andar, en organizarse, y tiene ya una sólida y rica trayectoria. Lo mismo el CEM –Centro de Estudios de la Mujer–, cuyas investigaciones entregan constantemente el valioso aporte de sus publicaciones. Sería positivo y deseable que estas tesis y series testimoniales llegaran hasta las esferas "donde se toman las decisiones", por decirlo de alguna manera.

Es muy leve la captación que se refleja en la prensa, radio y televisión. Por el contrario, prevalecen las rutinas de lenguaje y contenidos, el discutible nivel cultural, la improvisación. En cambio esos medios de comunicación rivalizan en la motivación de todo género de violencia, frivolización de la cultura, utilización abusiva y grosera de la imagen de la mujer. Urge extender conocimientos, apresurar innovaciones y renovar conceptos que ya han constituido tradición en otros países y hace rato que trascienden en la masa de la opinión pública. Desalienta comprobar este nivel de subdesarrollo cultural chileno. Radio Tierra salió al aire el 31 de agosto de 1991. Ha sido una verdadera hazaña la de estas jóvenes periodistas feministas que entregan un trabajo novedoso y motivador a 24 horas diarias y semana completa. Han ingresado al campo radial con un lenguaje nuevo, alto nivel cultural y una innegable creatividad.

Por enésima vez vuelve a plantearse entre nosotras, con urgencia, legislar sobre el divorcio vincular y el aborto. Asombra constatar cómo salen a flote –casi con las mismas palabras– las rancias argumentaciones con que tropezó el MEMCH en 1937 hace más de medio siglo, al insistir en el estudio y toma de decisiones sobre ambos problemas. Y eso ocurre hoy en un "Chile en democracia", con Parlamento elegido por el pueblo y con una suerte de propaganda de liderazgo latinoamericano en lo que hoy parece entenderse por "desarrollo".

Un impresionante caudal de publicaciones aborda con gran seriedad y criterios científicos el tema del feminismo para contribuir a esclarecer las contradicciones e incógnitas de la vida cotidiana de mujeres y hombres. Si las feministas chilenas ya estrechamente vinculadas con feministas de otros países latinoamericanos –México, Argentina, Uruguay, Santo Domingo, Costa Rica, Perú, Bolivia, Ecuador, Uruguay, Argentina– siguen analizando situaciones, despejando incógnitas, acelerando procesos de autoconciencia en las mujeres, clarificando conclusiones, perfilando una nueva ideología, será posible contribuir a aglutinar las fuerzas de cambio sociocultural tan necesarias.

Más allá de Chile brotan las más variadas iniciativas reveladoras de la potencialidad que lentamente va adquiriendo el feminismo. De la misma manera que en la política global hoy se delibera sobre un nuevo orden mundial, crece en el movimiento feminista la percepción del aporte renovador que significaría ingresar a este escenario con problemáticas y puntos de vista más allá del deshumanizado plano económico, político y militar nacido después de la Guerra del Golfo, el cacareado término de la Guerra Fría y el fin de la historia. Esta convicción es ya tan evidente que comienza a manejarse con firmeza y solvencia intelectual la necesidad de articular estrategias múltiples a partir del saber y pensamiento feminista ya acumulado:

En los finales del siglo resulta que es cada vez más clara la necesidad de contribuir al diseño de ese nuevo orden mundial, a ese cambio civilizatorio que contempló nuevas formas de relación entre los seres humanos. Si no lo hacemos, si el nuevo orden se construye sin nosotras habremos perdido la oportunidad histórica más propicia que hayamos tenido en los últimos siglos[95].

A comienzos de 1992 la ONU publicó *La mujer: retos hasta el año 2000*. La revista *Mujer-Fempress* reprodujo un valioso resumen en tres capítulos: Retos jurídicos, Retos políticos, Retos de paz. Entre los primeros: garantizar a la mujer el derecho a comprar, vender, poseer, heredar y administrar bienes y otros recursos de manera independiente; legal acceso a la propiedad de la tierra, créditos, inversiones, ingresos, en igual pie con el hombre. Entre los retos políticos: aumentar la proporción de mujeres que participan en los procesos de adopción de decisiones políticas; ascenso de mujeres calificadas a posiciones de poder en cada nivel de los órganos políticos, legislativos y judiciales y lograr así paridad con el hombre. Retos de paz: medidas para impedir, controlar y reducir la violencia contra la mujer en la familia, el trabajo, la sociedad. Convertir en prioridad nacional la eliminación de la violencia en el hogar. Campañas para sensibilizar al público a frenar la violencia y los estereotipos sexuales en los medios de comunicación. Asegurar la representación de las mujeres en las negociaciones sobre la paz y el desarme en el nivel de adopción de decisiones.

Otro documento circuló también a comienzos de 1992: *Mujeres de todo el mundo solicitan a las Naciones Unidas reconocer los derechos humanos de la mujer*. He aquí otra muestra de coordinación a nivel mundial de exigencias netamente feministas para terminar con la torturante violencia que sufren especialmente las niñas y jóvenes en distintos países del mundo, bajo la forma de coerción, acoso y abuso sexual y hasta mutilaciones genitales que afectan a millones de mujeres. Esta es

---

[95] Regina Rodríguez, periódico *Marea Alta*, 1992.

una campaña de petición mundial urgiendo al Comité que prepara, para junio de 1993, la Conferencia Mundial de Derechos Humanos, la primera en 25 años de las Naciones Unidas, incluir los derechos humanos de las mujeres y la violencia de género como preocupación central de ese foro global.

La CEPAL conmemoró, en 1984, el Día Internacional de la Mujer en su sede. Asistimos con Elena especialmente atraídas por las actividades que desde hacía un par de años estaban desarrollando un grupo de expertas investigadoras de CEPAL en relación con los problemas de la mujer. Tuvimos la oportunidad de escuchar a la Coordinadora de la Unidad de la Mujer en CEPAL, Vivian Motta. Su discurso fue para nosotras una experiencia impresionante. Sin pretensiones académicas, enfocó el asunto de los derechos de la mujer, su marginación y discriminación secular, y planteó con claridad meridiana las características del movimiento feminista:

> ... un movimiento de democratización de la sociedad que subvierte el *statu quo*, porque para acabar con las opresiones que sufren las mujeres en razón de su sexo y que motivan el nacimiento del movimiento feminista, tiene que acabarse con las contradicciones de clase, de razas, de naciones centrales y naciones periféricas.

Es decir, una tarea monumental de reconversión de todo el sistema vigente:

> Hay que hacerlo —dijo— todo de nuevo y no tiene la pretensión de eliminar a los hombres, tan sólo de que hombres y mujeres cambien juntos... el feminismo tiene el potencial que debe llegar a constituirse, en palabras de H. Marcuse, en el más importante y radical movimiento político de nuestro tiempo.

Evocando el estimulante y novedoso discurso de Vivian Motta, resume Elena sus conclusiones propias:

Es tan importante que los partidos y los hombres que los componen comprendan esto y dejen de considerar a las mujeres como ciudadanas de segunda clase. Podrán atraer el elemento femenino, pero mientras tanto, mientras los hombres no olviden sus esquemas y prejuicios machistas, existirán organizaciones de mujeres independientes que se ocuparán de impulsar la lucha contra la discriminación y pesará sobre los hombros de ellas el ir ganando palmo a palmo las conquistas por la ansiada igualdad.

# Y ALGO MÁS

Escribí estas líneas y las publico contrariando a Elena, que se opuso desde el primer momento a mi propósito.

Hazlo, pero después que me muera.

Un mandato tan coincidente con su extrema sobriedad y estilo de vida. Sin embargo, lo escribí. Lo publico sin pretensión alguna de haber escrito una biografía, ensayo literario o apologético. Para mí sigue siendo un recuento de sucesos ocurridos en este siglo en que vivimos. Tampoco es un texto aséptico sino comprometido con nosotras las mujeres, con nuestro tiempo, y también con la sana ambición de contribuir, aunque sea a escala mínima, a evadirnos del pozo en que hemos vivido sumergidas por milenios. Una gota más, espero, para fortalecer nuestra voluntad de reconocernos, junto con los hombres, como protagonistas del diario acontecer con todas sus complejidades y desafíos.

Las mujeres somos precisamente quienes más necesitamos convencernos de que, como dijo ya Julieta Kirkwood:

… hemos estado siempre en la historia.

Además escribí pensando en nuestras jóvenes a quienes les arrebataron los años más fértiles de su desarrollo y definición como personas.

El disciplinamiento de la mujer para servir sin réplica los roles consagrados por el patriarcalismo y reforzado con los 17 años dictatoriales ensombreció aún más su capacidad y voluntad de ser.

Tenemos que apoyar a estas jóvenes generaciones, contribuir por todos los medios posibles a proveerlas de un amplio saber y una fuerte y severa voluntad. Les aguardan profundos remezones socioculturales, sacrificios y dolores, tanto como los que han ido quedando atrás. Sin embargo, cada vez, cada día, se da otro paso que aproxima el final del túnel. Se abrirá el espacio nuevo en el que mujeres y hombres, juntos, construyan la nueva estructura global equitativa y redentora de la persona humana en su totalidad, sin discriminaciones ni sexismos.

Santiago de Chile, agosto de 1993.

# LECTURAS DESDE EL PRESENTE DEL LEGADO DE ELENA CAFFARENA

# ELENA CAFFARENA:
# EXTENSA Y PROFUNDA CONTRIBUCIÓN A LA DEMOCRACIA

LAURA ALBORNOZ POLLMANN[96]

Elena significó desarrollo social, cultural y político para su país. Eran estos los ideales que germinaban en su persona. Muy temprano, y observadora de las conductas sociales, Elena Caffarena se rebeló contra el deber ser de las jovencitas de su clase en su natal Iquique de comienzos del siglo XX, que significaba tocar el piano, bordar finamente y casarse, un ideal de género este que no le satisfacía.

Hija de inmigrantes italianos y también de la educación pública, llegó a Santiago con su familia, terminando sus estudios secundarios en el Liceo 4 de Recoleta, después de lo cual entró a estudiar Derecho en la Universidad de Chile.

**La aguerrida estudiante de Derecho**

Cursaba el segundo año de Leyes cuando se inscribió en la Oficina de Defensa Jurídica Gratuita de la Federación de Estudiantes de la Universidad de Chile. Ella y sus tres mejores amigas, todas de diecisiete años, pidieron integrarse a la FECH, entonces en el 265 de la calle Agustinas, donde les asignaron "el orden y la correcta presentación del local", según narra su gran amiga Olga Poblete[97], para

---

[96] Es licenciada en Ciencias Jurídicas y Sociales por la Facultad de Derecho de la Universidad de Chile, recibió el título de abogada de la Corte Suprema y es PhD en Derecho Civil por la Universidad de Sevilla. Actualmente es Profesora Investigadora de la misma Facultad. Fue Ministra de la Mujer en el primer periodo de la presidenta Michelle Bachelet.

[97] Olga Poblete (1908-1999), profesora y feminista, considerada una de las figuras nacionales más relevantes del siglo pasado en relación con la lucha y reflexión sobre los derechos y la

después ser ascendidas a la labor de "despacho a provincias de la revista *Claridad*".

Corrían tiempos de reinado de las ideas anarquistas y la Revolución Rusa. Elena recuerda en una autobiografía escrita a máquina y que rescató Olga Poblete, que "Se discutían problemas de todo orden... Participaban obreros y estudiantes, tanto chilenos como extranjeros. Las mujeres nos limitábamos a escuchar". Pero un día asistió el filósofo y escritor mexicano José Vasconcelos, y Elena, que era del equipo de limpieza del local, debió presentarlo a sus compañeros. A ella y sus amigas se les dedicó la portada de la revista[98], con el título "Ellas", y diciendo: "Surgieron prodigiosamente avanzando hacia nosotros".

Era el invierno de 1923, cuando en medio del hervor de la reforma Eugenio Gómez Rojas, a la sazón un veinteañero que más tarde sería rector de la Universidad de Chile, era el presidente de la FECH. Los estudiantes se tomaron la Casa Central, instalándose en el Salón de Honor; el prorrector Samuel Lillo los conminó a abandonar el lugar bajo la amenaza de desalojo policial, cuya aproximación al recinto se anunció a los pocos minutos; como reacción se produjo un conato de estampida por parte de los jóvenes. Elena Caffarena se subió a la tribuna y dirigiéndose a sus compañeros los arengó enérgicamente: "El que no sea hombre que se vaya. No hacen falta cobardes". Entre sonoros aplausos continuó con su breve proclama: "Esta es nuestra casa, compañeros. Nos sentaremos y recibiremos a quien venga". Ya no cabía duda del temple de esta luchadora feminista, en el lugar y situación en que la vida la pusiera.

Años más tarde, en Concepción, 1929, ocurrió que –según narra ella misma– "un grupo de estudiantes universitarios, con la intención de rendir un homenaje a un guerrillero que hacía poco había muerto en Bolivia ("Che" Guevara), izaron una bandera cubana en-

---

igualdad de las mujeres, los derechos humanos y la paz mundial. Escribió el libro *Una mujer, Elena Caffarena*. 1993. Ed. La Morada.

[98]   Revista *Claridad* Nº 63, año 1922. Ed. FECH, Santiago.

tre banderas chilenas a media asta adosadas de un crespón negro", por lo que fueron detenidos y procesados. Siempre rebelde frente al abuso de poder, publicó en el diario *El Siglo* un artículo en su defensa, titulado "Delito de lesa bandera"[99], donde, además de exponer un sólido análisis jurídico del caso, cita algunos versos del poeta Domingo Gómez Rojas, joven de 24 años torturado por la policía y poco después fallecido: "Algún día sobre la faz del mundo, una justicia nueva romperá las viejas normas"; los versos los había escrito en los muros de su calabozo.

## Caffarena por la justicia laboral

Al terminar sus estudios Elena realizó un enriquecedor periplo a Europa, donde conoció a la poeta Gabriela Mistral y a la directora de la revista infantil *El Peneca*, Elvira Santa Cruz[100]. De regreso en Chile, y junto a la periodista, se desempeñaron en la Oficina del Trabajo[101] como las primeras inspectoras[102] del trabajo a domicilio, labor generalmente efectuada por mujeres en la confección de vestuario y similares. Se convirtieron en unas de las primeras mujeres en trabajar en la administración pública. Esta oficina se proponía regular las condiciones en que se llevaban a cabo estas jornadas. La experiencia, que las situó en la realidad de la mujer que trabajaba en pos de un salario, fue la base de un artículo en que se detallaban las características del trabajo a domicilio que ejercían en la época cientos de trabajadoras de las ciudades, y que significaba para estas en términos contractuales, seguridad contra accidentes y salud. La publicación evaluaba las normas laborales y contenía importantes proposiciones legales. Ambas feministas habían denunciado que siendo

---

[99]  *Revista de Derecho, Jurisprudencia y Ciencias Sociales* y *Gaceta de los Tribunales*. Tomo LXV, N° 5, julio de 1968. Ed. Jurídica. Santiago.

[100]  Como directora de la revista *Peneca* usaba el pseudónimo "Roxane".

[101]  Organismo dependiente de la Dirección General del Trabajo.

[102]  La Inspección General del Trabajo. El surgimiento de la fiscalización laboral 1924-1934. Dirección del Trabajo. 2010, pp. 101-110.

la mujer quien "aportaba parte importante del ingreso para el mantenimiento del hogar y pese a la existencia de una ley de igualdad de salarios entre hombres y mujeres"[103], tal igualdad no se respetaba.

La fuerza de estas experiencias la hizo profundizar el tema en su tesis para obtener el grado de Bachiller en Leyes y Ciencias Políticas, que tituló "El trabajo a domicilio, enriquecimiento a expensas de otro en el Código Civil chileno" (1924), donde ahondó en lo que se llamó el sistema del sudor o *sweating system*, poniendo en evidencia que las trabajadoras, costureras, pantaloneras, vestoneras, chaqueteras, colchoneras y aparadoras de calzado, aunque trabajaban entre 10 y 18 horas cada día, ganaban un sueldo de hambre y vivían en malas condiciones, generalmente en una pieza de conventillo. Elena lo considera la "expresión máxima de la explotación de mujeres y hombres, instrumento doloso para abaratar la producción, rebajar costos y aumentar de ese modo las ganancias". En su tesis describe casos de mujeres –la mayor parte jefas únicas de hogar– que conoció al visitar barrios obreros y entrevistar a quienes allí vivían y trabajaban. "Todas ellas no tenían sino una única historia que contar, que puede resumirse en la palabra miseria –relata–. La colchonera Gumercinda Guinea trabaja doce horas diarias, gana 100 pesos mensuales, mantiene a tres personas y paga 50 de alquiler al mes. Invierte al día 2 pesos 4 centavos en alimentos, y como esta suma mínima sobrepasa sus entradas, ella y los que viven de su sueldo deben quedarse a veces sin comer".

Julio de 1940. Elena Caffarena envía una dura carta al director general de Impuestos Internos, donde reclama la igualdad de derechos laborales para las trabajadoras de esa repartición pública, eliminando toda exclusión, para lo cual invoca la Constitución Política del Estado y los postulados del gobierno de Pedro Aguirre Cerda.

---

[103] Tesis de Doctorado en Psicología Social de Rayén Rovira Rubio, *La pobreza en Chile y su superación como problema de Estado...*", PDF, p. 100. 2014. *https://www.tdx.cat/bitstream/handle/10803/285126/rarr1de1.pdf?sequence=1*

Ya en abril del mismo año las mujeres se movilizaron, respondiendo al llamado de su líder feminista, contra la Dirección General del Trabajo, que restringió arbitrariamente al "50 por ciento en el ingreso de mujeres a los cargos administrativos, y al 10 por ciento su opción al servicio inspectivo[104]".

En un llamado de 1939, y con el mismo propósito, pide a los parlamentarios y a las mujeres movilizarse por la justa causa de las funcionarias amenazadas con discriminación y cesantía en Correos y Telégrafos de Chile. En este segundo documento plantea que desde el comienzo de nuestra historia nacional "ha debido luchar la mujer chilena por vencer todas las dificultades que han puesto ante ella los enemigos de su cultura, de su independencia, de su derecho al trabajo y de su igualdad social"[105].

Ayer fueron las trabas a su presencia en las escuelas primarias, secundarias y universitarias, después las burlas a sus primeros centros de cultura general. Pero todas estas trabas y todas estas burlas han sido vencidas por el empeño tenaz que ella ha puesto en superarse[106].

Explica que es una injusticia considerando que por años las chilenas que han podido estar en la esfera pública han aportado "en cada ocasión y en cualquier terreno... al mejoramiento de esta tierra", sin encontrar justo reconocimiento. Y agrega:

Estas dificultades descansaban en una pseudoideología basada en el principio de 'la mujer en el hogar', pero mientras se decían tales palabras se permitía... la explotación del trabajo femenino, y así se ha aceptado el menoscabo del principio, en toda ocasión

---

[104]   Ley 18.834 de 23 de septiembre de 1989. Art. 27. Nos. 10 y 12.
[105]   En *Elena Caffarena. Un siglo, una mujer.* SERNAM, 2003.
[106]   SERNAM, 2003.

en que el Industrial (sic) o el latifundista ha necesitado de la mano de obra femenina[107].

La dirigenta protesta por los bajos sueldos de las mujeres y su horario de trabajo ilimitado, y, además, porque la nueva Ley de Correos y Telégrafos exige a las postulantes ser solteras o viudas. Asimismo, la ley prescribe que de las vacantes que se vayan produciendo anualmente solo un cupo de 20 por ciento debía estar destinado para el personal femenino. Solicita "a los señores congresales que supriman los artículos atentatorios al derecho al trabajo femenino".

## La activista y teórica feminista

Temple y pasión fue lo que la llevó a fundar en 1935, junto a otras mujeres con similar concepción de mundo y sociedad, el Movimiento Pro Emancipación de la Mujer Chilena, MEMCH, del que fue por cinco años su secretaria general. Había un cuadro de gran conmoción mundial en lo político, económico y derechos de las personas, que empeoraba la situación de las mujeres. Chile terminaba su primera fase de industrialización y ya se presenciaban las primeras luchas de un proletariado que emergía en la urbe. El MEMCH quedó conformado tanto por profesionales como obreras y sindicalistas, y cubría desde el derecho a voto hasta el uso de métodos anticonceptivos. Convencida de sus postulados, "consiguió que sus socias se sintieran feministas, sin olvidar que los desajustes de la sociedad se debían a su propia estructura", y las invitaba a trabajar por cambiarla "sin olvidar que eran feministas", según recuerda Marta Vergara (1947)[108]. Cuando se publicaron los estatutos de la organización, el diario *El Mercurio* protestó:

---

[107]  SERNAM, 2003.

[108]  Marta Vergara, periodista, escritora, profesora de Historia y activista por los derechos de las mujeres, en *Memorias de una mujer irreverente*. 1962. Ed. Zig Zag.

Se trata de un movimiento de principios comunistas en cuanto
se refiere a la emancipación de la mujer... atenta abiertamente
a la constitución de la familia... propicia métodos llamados de
emancipación biológica... contra las leyes de la naturaleza... aberraciones de cerebros enfermizos y desquiciados[109].

El MEMCH sostuvo una campaña para reglamentar el aborto y divulgar métodos de control de fecundidad, explicando que son "una
manera de disminuir la mortalidad infantil y aliviar la vida que soporta nuestro pueblo"[110]. La organización instituyó antes que nadie
el Día Nacional de la Mujer. En los años 1930 sus integrantes ya
hablaban de divorcio y de la "maternidad obligada". Elena decía que
los embarazos no deseados eran una tragedia nacional.

Elena Pedraza, colaboradora de Elena, cuenta del permanente
contacto que siempre mantuvo con mujeres de las salitreras, del sector minero de Lota y otros territorios en que se hubieran organizado
como memchistas, instándolas a que contribuyeran a la memoria
colectiva. Surge entonces la idea de fundar las Ediciones MEMCH,
publicando el folleto "Voto político", y poco después, en 1953, "La
palabra maldita", que escribió Gabriela Mistral en los años de la
Guerra Fría al término de la Segunda Guerra Mundial.

El feminismo es un fenómeno que no se origina accidentalmente
sino que ha sido la expresión de una realidad existente, dice la autora,
y por eso ni las más brutales represiones en sus primeras manifestaciones fueron capaces de acallarlo o detenerlo. Ella postula que fue
la Revolución Industrial la que empujó a las mujeres desde su casa
al gran trabajo productivo, y que "produjo tantas situaciones no conocidas, que finalmente se creó una mujer nueva, con una diferente
conciencia de su posición y de sus posibilidades". Era un mundo que
no se acomodaba en absoluto para recibirla y ella debía duplicar sus
responsabilidades, planteando lo que hoy llamamos "doble jornada".

---

[109]    Marta Vergara, 1962.
[110]    En *El MEMCH y el voto político* (1948).

Comenzaban las mujeres a plantear sus reivindicaciones y –dice Caffarena– "los sistemas pseudofilosóficos comenzaron a cultivar en ellas el sentimiento de inferioridad respecto al hombre". La reacción trató de insuflar en ellas la virtud de la caridad y fueron seducidas por la idea de "reina del hogar". En una valiente reflexión esta feminista dice que:

> La ideología de los grupos dirigentes más connotados, reconocidos en la historia como "los precursores" del feminismo, "no fue jamás –enfatiza– revolucionaria"; es decir, no trató de transformar profundamente la sociedad, sino tan solo de incorporar activamente a la mujer a la sociedad existente[111].

Elena dice que de nada vale conservar "un nombre que denote preocupación y acciones acotadas en las mujeres, si se sigue una bandera partidaria o los pasos de un gobierno".

Y agrega:

> El interés de la mitad de un pueblo es de mayor importancia y permanencia que la inmediata cercanía del poder. Necesitan las agrupaciones cierta independencia para emitir sus juicios y sus críticas; de esta única manera... establecen el principio de que la ayuda gubernamental debe existir gratuitamente... sin comprarla con tributos palaciegos[112].

"Káiser Wilson" rezaban los letreros de las feministas de Estados Unidos en plena guerra de su país, en 1917, contra Alemania; en su proclama le decían a su gobernante "Ud. no puede salir a defender la libertad al exterior si ella no existe en su país". Elena les brinda un homenaje con esto, diciendo además que "hay una perenne enseñanza" en las luchas de las mujeres en Inglaterra, en Chile y en distintas generaciones.

---

[111] Olga Poblete, 1993.
[112] Olga Poblete, 1993.

## Derecho al voto político

La historia es bastante conocida, de modo que solo la reseñaré. Nuestra abogada fue gran impulsora de la participación política de las mujeres y desde el MEMCH hizo ondear esa bandera con gran fuerza. El voto femenino fue demandado desde los primeros días de la organización, puesto que otras ya lo habían planteado antes.

Ante la interrupción del proyecto de ley presentado por el presidente Pedro Aguirre Cerda[113] ante el Congreso en 1941, redactado con Flor Heredia, sobre plenos derechos políticos de la mujer, en 1945, se presentó otro proyecto desde la FECHIF[114], institución fundada por Elena Caffarena en 1944, en el que participa una vez más la abogada feminista.

Es así como a poco andar de su toma de posesión el presidente González Videla lo promulga. Esta pronta acción se lleva a cabo poco después de la dictación de la llamada Ley Maldita[115], la proscripción del Partido Comunista de Chile y el envío de sus militantes activos a campos de concentración. Militantes y cercanos fueron borrados de los registros electorales, entre ellos Flor Heredia y Elena Caffarena.

De manera previa a la eliminación de sus inscripciones González Videla realizó una gran gala de celebración por la ley del voto de las mujeres. Las que estaban en la tribuna cantaron de pie, emocionadas, el himno nacional. Y ellas, forjadoras de la ley, fueron excluidas.

> González Videla canceló mi inscripción... aplicándome la Ley Maldita, porque yo defendía en mi calidad de abogada, a cuarenta mujeres y sus más de cien hijos menores de edad, que es-

---

[113] El presidente Pedro Aguirre Cerda, que apoyaba esta causa, murió inesperadamente sin que terminara el trámite legislativo del proyecto, con lo cual este pasó a dormir el sueño de los que no gustan a la mayoría de un Congreso patriarcal.

[114] Federación Chilena de Instituciones Femeninas.

[115] Ley 8.987, de Defensa Permanente de la Democracia, publicada en el *Diario Oficial* en 1948.

taban prisioneros en el campo de concentración de Pisagua. Su único delito –de las madres– era pensar distinto que el primer mandatario... El de los niños era, supongo, el de ser hijos de esas madres. Fui acusada entonces de comunista, de agitadora, de cabecilla de una revuelta... y me proscribieron.

Elena nunca militó en el Partido Comunista y tampoco en ningún otro; destacaba por su pensamiento independiente. Es probable que haya sido considerada peligrosa por la fuerza de sus ideas, el reconocimiento de que era objeto en todas partes, y demás atributos para la vida pública. Ella y su marido, Jorge Jiles, estuvieron siempre al servicio de los derechos de las personas perseguidas. Recordemos que la abogada Caffarena representó a Pablo Neruda para que se le permitiera tomar su seudónimo como nombre legal; también el poeta fue defendido por ellos ante una acusación por injurias del presidente Gabriel González Videla.

Por primera vez puede decirse que en Chile existe el voto universal. En 1952 las mujeres votaron en las elecciones presidenciales. Ese año, Caffarena, dando por superado el evento histórico del derecho a voto, publicó *Un capítulo en la historia del feminismo*, donde hace un relato analítico del movimiento de las sufragistas inglesas y describe las opiniones que circulaban en nuestro país a propósito de esa experiencia europea[116].

## La jurista

*El recurso de amparo frente a los regímenes de emergencia* es uno de los más álgidos temas que la jurista desarrolló, motivada por la represión política de los gobiernos de Gabriel González Videla y Carlos Ibáñez del Campo. El ensayo fue publicado en 1957, con

---

[116]   Elena Caffarena, *Un capítulo en la historia del feminismo. Las sufragistas inglesas.* Ediciones del MEMCH. 1952. Santiago.

prólogo de Patricio Aylwin Azócar. En él precisa en qué consisten los regímenes de emergencia, para después establecer el concepto de recurso de amparo como garantía de la libertad personal y las normas correspondientes, expone la base de la doctrina que veda a los tribunales la calificación de los hechos en los amparos políticos y, luego, los argumentos en virtud de los cuales refuta esa doctrina.

En 1959 aparece en librerías su *Diccionario de jurisprudencia chilena*, materializado por la Editorial Jurídica de Chile.

La prolífera jurista chilena escribió la *Situación jurídica de la mujer chilena* a propósito del aniversario número 50 del Decreto Amunátegui, donde enfatiza que "Más que las leyes son los prejuicios los que impiden en mayor grado la intervención de la mujer en los negocios públicos". En el mismo ámbito, publica *La capacidad de la mujer casada en relación a sus bienes*, en 1944, donde denuncia la abusiva situación de incapacidad total, en materia legal, de la mujer en régimen de sociedad conyugal. Algunos de sus postulados sobre este tema se hicieron carne jurídica recién medio siglo después, cuando el Servicio Nacional de la Mujer, creado en 1991, introdujo algunas reformas al Código Civil en la arista de la participación en las gananciales. Podemos decir, sin equivocarnos, que las propuestas de Elena Caffarena son aún en estos días materia de discusión legislativa.

Y no se puede dejar de mencionar su libro *¿Debe el marido alimentar a la mujer que vive fuera del hogar conyugal?*, de 1947, que le valió el premio Manuel Egidio Ballesteros, otorgado por la Facultad de Derecho de la Universidad de Chile. A partir de este hito jurídico los tribunales de justicia y la Corte Suprema modificaron su negativa a conceder pensión de alimentos en casos de mujeres en tal situación.

Sus últimas obras jurídicas son *De las pensiones alimenticias: en especial de las que se deben entre los cónyuges*, que publicó a los 83 años de edad, y *El derecho a voz, el derecho a voto*, a sus 90 años.

Hoy, cuando Elena Caffarena ya no está entre los vivos, sigue siendo un aporte gracias a su legado no solo en materia jurídica sino también en valores democráticos, entre los cuales se sitúa el feminismo de su época. Esto, puesto que, sin respeto por los derechos de todas las personas, la justa igualdad y participación política de las mujeres, el sistema democrático no se sustenta.

La abogada ha merecido sólidos homenajes, los que fueron escasos para ella en vida. En muchos casos su rechazo a la incondicionalidad le significó ataques directos o indirectos, entre ellos el que recibió por haber contribuido a forjar doctrina en torno al Código Civil chileno de 1855, aporte que pudo realizar gracias a su observación de nuestra sociedad de clases, su ética igualitaria y su óptima calidad de jurista, hoy reconocida.

# ELENA CAFFARENA O LA REBELDÍA FEMINISTA DE UNA JUSTICIA NUEVA

SOFÍA ESTHER BRITO[117]

> Algún día sobre la faz del mundo, una justicia nueva
> romperá las viejas normas.
>
> José Domingo Gómez Rojas

## Las feministas y las mujeres excepcionales

Hasta hace no muchos años la entrada de las mujeres a la Facultad de Derecho estaba marcada por una serie de mitos relativos a la situación de inferioridad respecto de sus pares hombres. Bajo el velo formal de la igualdad ante la ley deambulaban relatos sobre su ingreso para buscar marido, su incapacidad, y la utilización de vestidos cortos y escotes para obtener mejores calificaciones. La Facultad se erigía como un espacio que constantemente enrostraba a quienes portan cuerpos femeninos su llegada tardía, y su falta ante la supuesta completitud masculina que recorre los pasillos con la certeza de la pertenencia. Poco importaba que el paso de los años hubiese traído consigo la paridad de la matrícula, que una mujer haya asumido la Presidencia de la República o que una dirigenta asumiera una de las vocerías principales de las movilizaciones estudiantiles de 2011; la excepción confirma la regla, y la regla es que el Derecho –con mayúscula– como lugar donde se definen y reproducen los esquemas del poder, "tiene baños para mujeres solo en el primer piso, puesto que solo los hombres logran llegar a los cursos superiores". Aquel lugar donde, en el mejor de los

---

casos, cabía la posibilidad de toparse con algún profesor que criticara el estatus de la mujer casada en los regímenes de sociedad conyugal con la voz dubitativa de quien enuncia por primera vez un cambio de paradigma, no teniendo aún la plena certeza de su veracidad.

No obstante, denominarse feminista en este escenario traía consigo la carga de una exageración, una etiqueta burda o, peor aún, la atribución de una falta de neutralidad ante la imparcialidad con que deben ser tratados los asuntos jurídicos. El feminismo signa una posición partisana, situada, local, que se posa sobre uno de los extremos de la balanza que carga la justicia, y le arranca de cuajo la venda que simula su ceguera. Se despedazan las ficciones sobre las que se funda nuestra enseñanza jurídica, por tanto, nuestra labor es siempre comportarnos "como si" respondiésemos a ese ideal de individuo sin género que libremente decide su entrada en sociedad, en donde le está permitido por su autonomía todo lo que la ley no prohíbe. El ideario de la mujer que logra traspasar las puertas del Derecho es aquel que sigue fielmente la actuación de que no hay nada en ella que impida realmente su reconocimiento desde la masculinidad, su objetivo es que el cuerpo se haga irreconocible, que el fantasma cartesiano logre borrar la marca de nacimiento femenina de la máquina que habita, y se homogenice con el corpus del poder: neutral, por tanto, siempre androcéntrico y masculino.

La entrada de Elena Caffarena a esta misma Facultad fue hace alrededor de cien años, de la que se graduó con honores en 1926, lo que la convirtió en la quinceava mujer abogada del país. No es común escuchar sobre su historia en estos pasillos de repeticiones de artículos, discusiones doctrinarias y futuros constructores de la *polis*. Nuestros encuentros con ella son siempre oblicuos o anecdotarios, se enmarcan en aquella línea de tiempo paralela relativa a "la historia de las mujeres", que se ha narrado como aquella que tiene otros ritmos y métricas, que constituye un apartado de la historia de la nación pese a ser la mitad de ella. Quizás fue por esas mismas arritmias históricas que, sin saberlo, las tomas feministas de 2018 que se expandían por los más diversos rincones del país nos encauzaban en el reconocimiento de su gesto político, la importancia de su lucidez en los significados de la interpelación desde el lugar de la mujer.

Hay algo en la historia de Elena Caffarena que la lleva a rebelarse a ser una jurista y abogada "como si" fuese un hombre, una política de desviación ante dicha actuación que se rehúsa a ser reconocida de forma excepcional, a seguir su camino jurídico sin reconocer la desigualdad que portan las mujeres en razón de su cuerpo, que porta ella misma y otras con las distintas dimensiones de clase, las cuales se plasman en su trabajo, en su vivienda, en su posible acceso o no a la educación. De este modo, reconoce el camino trazado por ella y sus pares como parte del surgimiento de subjetividades colectivas. No es la meritocracia de mujeres excepcionales lo que hace que cada una logre objetivos que antes eran reconocidos solo desde el mundo masculino:

> [e]s que las condiciones del ambiente están maduras para ello y existen, no diré cientos sino que miles de mujeres con igual mérito e idénticos derechos para asumir tales cargos y recibir máximas distinciones. Casi podríamos decir que son las primeras por simples factores circunstanciales (…)[118].

No es la falsa modestia ni la intención de inferir un agravio o desconocer los logros de quienes los han alcanzado[119] –nos dice Caffarena–, es la constatación de que no hay nada específico en la condición individual de esas mujeres –incluida ella– que las haga una excepción irrepetible en la historia. Su paso importa en la medida en que abre caminos para quienes siempre han sido negadas.

Si en el ideario patriarcal el objetivo central es ser el sobresaliente que aporta de forma unitaria en la formulación, descubrimiento o invención de nuevos parámetros del conocimiento, el feminismo como apuesta de construcción colectiva pone en valor la reiteración

---

[118] Caffarena Elena. Discurso en la Unión de Mujeres de Chile, 3 de julio de 1953, en honor a la doctora Ernestina Pérez. En: Eltit Diamela. *Crónica al sufragio femenino en Chile*. Valparaíso: Ediciones Libros del Cardo. 2018. 33-34.

[119] *Ibídem.*

y la relectura, la masificación de los logros alcanzados por las luchas propias, la historización pública de las apuestas personales. Frente a la narrativa de ser siempre pioneras en olas que emergen y se retraen en el silencio, el reconocimiento de no ser las primeras, las únicas o excepcionales es un alivio y no una herida narcisista. Así lo vivió Julieta Kirkwood al encontrarse con Caffarena y Olga Poblete:

> Hurgamos en bibliotecas, nos sorprendió profundamente encontrar, ya formuladas, algunas, balbuceantes reivindicaciones. Quisimos saber más; conversamos con algunas de sus creadoras y dirigentas. Entonces descubrimos que había toda una historia de esfuerzos y lucha femenina que jamás fue enseñada en nuestras clases de historia[120].

Así lo vivimos nosotras al encontrarnos con feministas de los años 1980 como Kirkwood y tantas otras, al comprender su forma de situarse frente a los dilemas que las aquejaban, que las mismas calles que hoy caminamos eran calles caminadas[121]. Con la emoción de que aquella rebeldía al "como si" había abierto el camino para que nuestra aparición no quedara enterrada en el mito de ser las excepcionales, y pudiésemos cambiar las concepciones de la regla.

**La lucha por los derechos como subversión feminista del Derecho**

La multiplicidad de feminismos ha diversificado numerosamente las formas en que las feministas se aproximan al Derecho. Si bien por razones de espacio no podré ahondar en cada una de ellas, puede decirse que el feminismo no ha sido nunca indiferente a este, y hasta el día de hoy continúan las discusiones por la incorporación de derechos que han sido negados o no reconocidos, claro ejemplo

---

[120]  Kirkwood Julieta. Boletín N° 5, Círculo de Estudios de la Mujer, Santiago, mayo de 1981.

[121]  Largo Eliana. *Calles caminadas. Anverso y reverso.* Santiago: Dirección de Bibliotecas, Archivos y Museos, Centro de Investigación Diego Barros Arana. 2014.

de ello son los derechos sexuales y reproductivos. La demanda por "aborto legal, libre, seguro y gratuito" ocupa la reivindicación como forma política de resistencia a un ordenamiento jurídico que criminaliza el derecho de las mujeres a decidir sobre su cuerpo y maternidad. Nuestros pañuelos verdes, consignas, manifestaciones, cartas públicas y proyectos de ley continúan, de algún modo, uno de los gestos políticos fundantes del feminismo moderno, el de Olympe de Gouges con la Declaración de Derechos de la Mujer y la Ciudadana. Según Nicolás Ried:

> [m]ediante la producción de una contradeclaración de derechos que cuestiona la pretensión revolucionaria, De Gouges sitúa al feminismo naciente como un movimiento de crítica al poder, pero también como un movimiento de producción normativa en un sentido ultrajurídico: De Gouges no sólo alega la exclusión de las mujeres en la ley revolucionaria, sino que incluye en su propio acto a las mujeres en lo político, comprendiendo lo político como un espacio en que no hay que pedir permisos ni disculpas, pues es simplemente aquel espacio de lucha en que la comunidad aborda sus problemas comunes. De Gouges responde al poder del Derecho de manera jurídica, haciendo de la práctica política una relación jurídica[122].

Siguiendo la lectura de Ried, este gesto reivindicativo instaura la práctica política de la recuperación de la escritura y, por tanto, escritura de ley. Para ello las feministas asumen la necesidad de participación política en las instituciones, el sufragio como derecho al poder legislativo que les pertenece de igual manera que a los hombres. En Chile la lucha por el voto femenino involucra reformas legislativas para su prohibición y, luego, la diferencia de quince años entre el reconocimiento del voto municipal y el presidencial, con un temor

---

[122]  Ried Nicolás. *Los momentos de la resistencia. Tesis para optar al grado de Licenciado en Ciencias Jurídicas y Sociales*, 2016, p. 18.

generalizado de todos los sectores políticos sobre cómo afectaría el incierto comportamiento de las mujeres en la escena política del país. Nos recuerda Elena Caffarena cómo los discursos del entonces presidente Gabriel González Videla intentaban arrebatar del movimiento de mujeres la victoria del voto político, diseñando una higienización de la lucha sufragista que terminará en la forma tradicional de su comprensión actual: en alguna determinada fecha de 1949, un hombre otorgó el derecho al sufragio femenino.

Este discurso de luchas sin movimiento, sin mujeres, de notas al pie de la historia oficial de la ciudadanía, encubre esas extrañas contradicciones de la historia de los movimientos sociales. El mismo González Videla cancela la inscripción de los registros electorales de Caffarena, lo que le prohibiría votar a la dirigenta memchista tres días después del reconocimiento del voto femenino. Poco importaba que no militara en el Partido Comunista (supuesto por el que se le arrebató el derecho a voto), su convicción democrática merecía para el poder la misma guillotina que arrebató de la escritura a Olympe de Gouges:

Creo en el gobierno del pueblo, por el pueblo y para el pueblo. Pienso que todos los habitantes de un país, cualquiera sea su color o raza, su cultura y sexo, su credo político o religioso, tienen derecho a influir en los destinos de su patria[123].

Esa misma convicción que plasma en su documento de apelación al Conservador de Bienes Raíces la acompaña durante toda su vida. En cierta manera, este documento nos muestra la vía que Caffarena delinea como forma política de subversión al Derecho. No es la entrada a un partido político, la lucha institucional, la negación de la institucionalidad o la adopción de la vía armada: es su porfía –pese a

---

[123]    Caffarena Elena. Defender personalmente la causa: documento de apelación presentado por Elena Caffarena en enero de 1949, cuando se le cancela su inscripción en los registros electorales. En: Eltit Diamela, *óp. cit.*, p. 112.

todos los poderes que caían sobre ella– en la reescritura e interpretación de las leyes, su conversión en jurista como camino estratégico.

Es un gran desafío pendiente para las generaciones actuales de feministas vinculadas al mundo del Derecho estudiar detalladamente la obra jurídica de Elena Caffarena y su vinculación con los problemas sociales de la época. Su agudeza e ironía para abordar las discusiones doctrinarias se plasman en una gran cantidad de artículos doctrinarios, proyectos de ley, libros, reseñas y cartas, donde se encuentra una profunda relación con la totalidad compleja y articulada que significan la opresión y explotación del capitalismo patriarcal.

En *El trabajo a domicilio*[124], texto escrito en 1924, aborda las problemáticas de la precarización laboral dada por el *sweating system* (sistema de sudor), un mecanismo de trabajo desde la casa, utilizado por el empresariado para evadir la garantía de los derechos laborales. Abordando la situación específica de las costureras con base en su salario promedio, la insalubridad de su vivienda, sus enfermedades, los niños a su cuidado y su alta carga horaria laboral, la autora enuncia:

> No comprendemos en verdad cómo los de arriba puedan ignorar que la obrera que les fabricó el vestido, el calzado, los objetos de lujo, necesita trabajar catorce horas diarias para recibir un jornal que a veces no les alcanza ni aun para comer. ¿Puede despilfarrar una mujer que recibe $80 al mes?, ¿puede siquiera economizar?[125].

El análisis de esta situación de precariedad enuncia también la imposibilidad de la organización en dichos contextos, es decir, la lectura de las condiciones materiales que hacen imposible pensar en la constitución de sindicatos u otra forma asociativa para la garantía de los derechos de las mujeres trabajadoras. Es por esto que Caffarena

---

[124] Caffarena Elena. *El trabajo a domicilio*. Boletín de la Oficina del Trabajo / Ministerio de Industria i Obras Públicas. Santiago: La Oficina, 1911-1924 (Santiago: Imp. Santiago) 17 v., año XIV, n° 22. 1924.

[125] *Ibídem*, p. 99.

plantea como una necesidad la intervención legal para acabar con la precariedad de este sistema laboral:

> La ley es la única que puede luchar eficazmente contra el *sweating system*. La intervención legal ha sido muy combatida, sosteniéndose que es un atropello a la libertad individual, cuando en realidad lo único que ataca es la libertad de explotar descaradamente. Se dice también que la reglamentación traerá la ruina de la industria. Contra este argumento podemos citar tres hechos que prueban lo contrario: Inglaterra, Australia y Nueva Zelanda tienen una legislación rigurosa sobre el trabajo a domicilio y sus industrias continúan florecientes[126].

El parentesco entre *sweating system* y flexibilización laboral ha acortado el siglo que tenemos de distancia con este texto, a la vez que la consigna "en contra de la precarización de la vida", utilizada por las feministas en la marcha del 8 de marzo de 2018, enuncia los más de cien años de luchas por las condiciones laborales, considerando el género como parte de la complejidad de las contradicciones que vive la clase trabajadora.

> Así como existe una justicia de clase derivada de la circunstancia de que los jueces se reclutan entre los que nacen patrones, así también existe una justicia de sexo, derivada del hecho de que es administrada exclusivamente por varones. El juez al fallar una cuestión de alimentos de una mujer casada sabe que está fallando una causa que puede ser propia, que está fijando una jurisprudencia que puede afectarle personalmente[127].

---

[126] *Ibídem*, p. 106.

[127] Caffarena Elena. *¿Debe el marido alimentos a la mujer que vive fuera del hogar conyugal?* Santiago: Ediciones Universidad de Chile, 1947, p. 12.

No hay en Caffarena una gota de ingenuidad ni de sujeción ante los mandatos del Derecho. Fue precisamente en sus estudios de leyes cuando se percató de la inferioridad de la situación de la mujer, naciendo su vocación como feminista[128]. Quizás ese mismo feminismo, nacido desde el espacio jurídico, fue lo que la llevó a nunca dejar de pensar en la posibilidad de construir una justicia otra, nuestra, nueva.

## La amistad como gesto político

El 8 de marzo de 2019 marca la primera vez en que las feministas chilenas se pliegan al llamado a huelga internacional que comienza desde Argentina en 2017 y se expande a diversas latitudes. La marcha de este 8 fue la más masiva desde la vuelta a la democracia y la Alameda se llenó de agrupaciones de mujeres de los más diferentes espacios y edades. Pocas manifestaciones habían logrado reunir a hijas, madres y abuelas en un mismo sentir común, donde el feminismo fuese, como dijera Kirkwood, "palabra y sentido común".

La preparación de esta huelga feminista significó más de un año de trabajo de las compañeras de la Coordinadora Feminista 8 de marzo, que conllevó la articulación de distintos sectores de mujeres movilizadas, asambleas territoriales y la conformación de espacios de discusión y agitación. Sin duda, una de las intervenciones más emblemáticas de la preparación de la huelga fue el cambio de nombre a las estaciones de metro, por diversas mujeres y feministas de nuestra historia. Universidad de Chile pasó a tener el nombre de Elena Caffarena, y aunque fueron solo algunos minutos los que aguantó el cartel pegado con engrudo antes de la llegada de las Fuerzas Especiales de Carabineros, recuerdo las preguntas de los transeúntes como una invitación al diálogo sobre nuestras memorias: "¿Quién fue Elena Caffarena? ¿Por qué nunca me sonó a algo más que una tienda de calcetines?". No recuerdo exactamente quién fue,

---

[128]  Eltit Diamela. Entrevista a Elena Caffarena en 1992 en *óp. cit.*, p. 99.

pero alguna de las compañeras ahí presentes mencionó la biografía escrita por Olga Poblete, una de sus grandes amigas[129], para comprender mejor las diversas dimensiones de su aporte en la historia y del porqué de nuestra alteración de los nombres en el marco del Día Internacional de las Mujeres Trabajadoras.

En 1981 Michel Foucault dio una entrevista que luego sería publicada con el nombre "De la amistad como modo de vida"[130], en la cual abordó la apertura a formas de relaciones polimorfas que posibilitan la crítica a la heterosexualidad, poniendo en valor las diversas formas de redes de apoyo y confianzas que escapan a las estructuras clásicas del poder signado desde el amor romántico/familiar. A diferencia de lo que probablemente muchos esperaban escuchar, no es la dimensión genitalista de la homosexualidad la que llama su atención, sino la oportunidad de imaginar nuevos modos de relaciones

---


[129]   Poblete Olga. *Elena Caffarena, una mujer.* Santiago: Ediciones La Morada: Cuarto Propio. 1993.

[130]   Entrevista a Michel Foucault con R. de Ceccaty, J. Danet y Jean Le Bitoux, Rev. *Gai Pied*, N° 25, abril de 1981.

humanas, nuevos códigos desde los tejidos amicales. Creo que el gesto escritural de Olga Poblete es una muestra clave de las formas otras de relaciones que se configuraron en aquellas vidas feministas, sus memorias sobre un feminismo que es praxis política, pero que también es modo de vida y cotidianidad, sin caer en una nueva ética de la culpa. Fue en la casa de Caffarena en Seminario 244 donde se realizó el encuentro en 1978 para la preparación del primer Día Internacional de la Mujer en la dictadura. También fue un lugar de apoyo a diversas mujeres que vivían las desesperaciones propias del horror dictatorial. Fue en aquella casa donde se ideó el MEMCH 83 y la esperanza de la lucha feminista por la apertura democrática volvió a ser posible.

En estos tiempos donde los discursos de odio vuelven a hacer sentido, aquella profunda convicción democrática de Elena Caffarena cobra una vigencia ineludible para volver a pensar y también desear la democracia. Caffarena ilustra aquellas vidas donde no solo basta con preguntarse por su obra, porque su vida misma fue construida sobre la base del gesto político de la amistad, de entenderse/entendernos desde las construcciones colectivas. No hay un mundo que vendrá al cual debemos aguardar para repensar nuestras formas de vivir, una vez más las feministas nos vuelven a decir que la vida es "hoy y no mañana".

# EN AMISTAD POLÍTICA: ELENA CAFFARENA Y OLGA POBLETE

OLGA GRAU DUHART[131]

> ¿Se acuerda Ud. de mí? Ya no soy la niña que Ud. conoció.
> Mi cabeza blanquea de canas, pero sigo siempre pensando que el mundo no
> puede permanecer estático y que tiene que caminar hacia adelante.

(Fragmento de carta de Elena Caffarena a su amiga Gabriela Mistral. 27 de abril, 1951)

> Algún día sobre la faz del mundo
> una justicia nueva romperá las viejas normas.

(Cita de Elena Caffarena de unos versos de su gran amigo José Domingo Gómez Rojas en su artículo "Delito de lesa bandera" aparecido en el diario *El Siglo*)[132]

Las tramas políticas que se entretejen entre quienes en una coyuntura determinada empujan el mundo a ser otro distinto, tienen una urdimbre de mucha firmeza. Se dan allí, de manera conjunta, la rebeldía con aquello que se quiere romper y la emergencia de lúcidas y agudas propuestas contestatarias vividas como lucha. Ambas dimensiones, de negación y afirmación al mismo tiempo, portan una

---

[131] Profesora de Filosofía y Doctora en Literatura de la Universidad de Chile, además de diplomada en Filosofía para Niños, Montclaire Estate College (Estados Unidos). Profesora Titular del Centro de Estudios de Género y académica del Departamento de Filosofía de la Facultad de Filosofía y Humanidades de la Universidad de Chile

[132] La primera cita se toma de la carta que puede encontrarse en Memoria Chilena. La segunda, del libro de Olga Poblete, *Una mujer, Elena Caffarena*. Santiago: Editorial Cuarto Propio/La Morada, 1993, p. 23. Este libro es fundamental en la comprensión de la figura de Elena Caffarena y será referencia en varios momentos de este texto. Imagino que lo será también en muchos otros textos de este libro y será interesante ver cómo se refiere desde las distintas lecturas y creaciones textuales que hacen sus autoras.

carga emocional intensa que podríamos caracterizar, en su meollo central, como resistencia e indignación la primera, y como excitación eufórica la segunda. Se dan ligadamente en el proceso colectivo de lograr conexiones y encuentros en la configuración de redes, asociaciones, grupos, desde la pulsión de transformación y la experiencia común de encaminar avances emancipatorios. El componente emocional es insoslayable y se da de manera extensa y variada de acuerdo con los contextos en que las transformaciones se van realizando o encontrando sus atascos. Reverbera en estos movimientos de liberación y búsqueda de justicia una suerte de disposición erótica a la unión entre quienes presionan en el centro y en los bordes de los armazones políticos puestos en cuestión. Y en ese caldo afectivo sustantivo surgen vínculos de importante densidad que se dan como amistad política, de cercanía de talantes, inteligencias y voluntades, de reconocimiento mutuo y complicidad.

Una amistad política entre mujeres fue la de Elena Caffarena y Olga Poblete[133], iniciada en la juventud y continuada hasta la etapa de la vejez. Rebeldías y caminatas una al lado de la otra las unieron por décadas, compartiendo también muchos veranos juntas en la casa de Tongoy de Elena. En uno de esos veranos Olga decide escribir sobre los saberes y compromisos políticos de su extraordinaria amiga y rendirle público reconocimiento en un pequeño libro, *Una mujer. Elena Caffarena*[134], que nos permite conocer en profundidad

---

[133]   Escribiendo este texto, tomo noticia de que Eda Gaviola usa el mismo término: escribió sobre su "amistad política" con Margarita Pisano, dedicándole su texto "Apuntes sobre la amistad política entre mujeres". En: *A nuestras amigas. Sobre la amistad política entre mujeres*. Colonia Nueva Maravilla, Planeta Tierra, segunda edición 2018. Ver en: https://issuu. com/pensarecartoneras/docs/a_nuestras_amigas. Consultado el 11 de agosto de 2019. En los inicios del texto Gaviola usa el concepto con mayúscula y alude de algún modo a sus condiciones de posibilidad: la producción de una genealogía de mujeres y el desasimiento de las rivalidades o envidias que puedan darse, que no son sino, a su juicio, producto de la construcción del imaginario patriarcal. Respeto y horizontalidad serían la posibilidad de tal amistad que implicaría "un esfuerzo cotidiano de deconstrucción" (p. 12) y aprendizajes recíprocos en complicidad (p. 13).

[134]   El libro fue presentado en La Morada el año de su publicación y tuve el privilegio de ser una de las presentadoras, en amistad con Olga Poblete. Le regalé el texto de la presentación impresa, sin tener ahora ni copia ni archivo.

a esta rebelde con causa. El texto nos regala el retrato de su personalidad, la que se entrelaza, desde una perspectiva histórica, con las luchas políticas estudiantiles y, luego, con las batallas feministas junto a otras mujeres; la autora destaca las enormes dotes de Elena como persona, como mujer de izquierda sin filiación partidaria y como feminista.

De sus palabras, juicios y actitudes, trascendía un saber adquirido más allá de estudios y lecturas. Gran parte de esto tal vez procedía de su trato múltiple, en las más diversas circunstancias con gente variada, de distintos estratos sociales, políticos, intelectuales[135].

*Elena Caffarena*          *Olga Poblete*

Refiriéndose a la amistad tan estrecha de Elena Caffarena con Olga Poblete, Fanny Pollarolo expresó en una oportunidad no poder pensarlas sino juntas, una con otra, inseparables, en sus luchas y empeños políticos. Tal amistad, diríamos, se daba en el reconocimiento mutuo, en sus diferencias. De ningún modo una amistad que significara una fusión de personalidades, de "un alma en dos cuerpos", como era el ideal de amistad esencial que Montaigne dejara expresado en su texto *De la amistad*, donde refiere lo que acontece entre él y su amigo esencial La Boétie.

---

[135] Olga Poblete, *Una mujer, Elena Caffarena*. Santiago: Editorial Cuarto Propio/La Morada, 1993, p. 11.

La amistad entre Elena y Olga se daba en diferencia y similitud de rasgos, en sus distintas peculiaridades discursivas y sus estilos propios en la educación política que las animó como educadoras de derechos de las mujeres. En Elena Caffarena la persistencia de un habla jurídica elocuente y de cercanía con la experiencia de las mujeres en la lucha por la realización de sus derechos en un amplio espectro; en Olga Poblete un habla histórica documentada cercana a las experiencias y a la vida común de las mujeres en el empeño de transformar sus condiciones. Ambas en el afán de la toma de conciencia de la exclusión política, social, cultural y económica en que las mujeres habitaban. Elena Caffarena, de gran capacidad oratoria; Olga Poblete, con dificultades iniciales para hablar en público, como ella misma lo afirma, reconociéndose poco apta para la agitación y más hábil para las "exposiciones documentadas y serenas"[136]. Decía la historiadora en una entrevista: "hasta me convertí en oradora, no obstante mi horror por la retórica y la gesticulación de los que hacen discursos"[137]. Recordará la dote de agitadora que tuvo siempre Caffarena, la que le hiciera saber también María Marchant, una de las mejores amigas de Elena, en la época de estudiantes. Un contexto temprano donde ello se expresó fue la reforma universitaria que impulsaron los estudiantes de la FECH en los años 1920, época de convulsiones políticas y de pasión anarquista. Los estudiantes ocuparon el Salón de Honor de la Casa Central. El prorrector, Samuel Lillo, da la orden de desalojo y luego las máximas autoridades hacen entrar la fuerza policial. María relata: "En ese instante subió a la tribuna la señorita Elena Caffarena y dijo: el que no sea hombre que se vaya. No hacen falta cobardes". Olga Poblete acota según ese relato: "Sus palabras causaron inmediata reacción y la oradora fue estrepitosamente aplaudida. María al evocar estos momentos comenta: 'Elena en la testera del Salón de Honor llamó con energía a mantenerse

---

[136] "Elena Caffarena, Olga Poblete. En la batalla por los derechos de la mujer". Folleto al parecer producido por Mujeres por la Vida. No hay referencias. Archivo personal.

[137] En entrevista en la revista *Punto Final* con Alberto Mansilla.

tranquilos. Esta es nuestra casa, compañeros –dijo–. Nos sentaremos y recibiremos a quien venga'"[138].

Un aspecto en que coincidían completamente los caracteres de Elena y Olga, el más notorio, era el de la preocupación por la situación concreta en que las mujeres viven y trabajan y el combate a las ideas que no tienen la inteligencia comprensiva y el conocimiento de esa realidad[139]. Elena Caffarena, en su texto *El trabajo a domicilio*, afirma: "Todas las ideas de moralidad, de honradez –ideas al fin– resultan estériles ante la realidad de un hecho: el hambre"[140]. Se refiere en su artículo a las miserables condiciones en que las mujeres trabajan en el sistema de trabajo a domicilio, a comienzos del siglo XX, postulando que más que terminar con este, "Con lo que hay que terminar es con el *sweating-system*, o sea, con las condiciones vergonzosas en que existe actualmente"[141]. Estudiando las posibles salidas a este sistema, considera los sindicatos obreros y afirma en el año 1914:

Indudablemente este medio sería el más eficaz para terminar con el *sweating-system*[142] si no fuera que su organización parece imposible. La casi totalidad de los obreros a domicilio, está constituido por mujeres, i éstas no tienen educación social, ni espíritu de asociación: son por naturaleza de tendencia individualista.

---

[138] Olga Poblete, *Una mujer, Elena Caffarena*. Santiago: Editorial Cuarto Propio/La Morada, 1993, p. 24.

Habría que decir que no es la primera vez en la historia que las mujeres animan con esa fuerza a sus compañeros hombres a no cejar, a no rendirse, como ocurriera en las batallas por la independencia de nuestras naciones latinoamericanas.

[139] Refiriéndose a organizaciones previas que existían al año de fundación del MEMCH en 1935 afirma: "Del Círculo de Lectura que fundó Amanda Labarca, me informé después. Estaban el Consejo Nacional de Mujeres y la Unión Femenina de Valparaíso, pero no eran instituciones de lucha, tenían más bien un sentido académico. Planteaban el problema de las mujeres, pero no luchaban con fuerza, con energía" (entrevista de Diamela Eltit).

[140] Elena Caffarena, *El trabajo a domicilio*, en Boletín de la Oficina del Trabajo N° 22 Año 1924, Año XIV, p. 102.

[141] *Ibídem*, pp. 97-108. Habría que agregar que Caffarena ya había realizado su memoria, para la obtención de su título de abogada, sobre la explotación del trabajo a domicilio, con una exhaustiva documentación, la que fue aprobada con máximas distinciones.

[142] Elena Caffarena, en *El trabajo a domicilio*, señala que la denominación inglesa de *sweating system* corresponde a "la esplotacion del sudor", p. 98.

Hasta en los oficios en que trabajan juntas en grandes talleres, han sido incapaces de organizarse en sindicatos. ¿Qué puede esperarse por lo tanto de las que laboran separadas i se consideran rivales entre sí? Resulta pues, ilusoria la expectativa de unir a todas las trabajadoras en una acción común[143].

Era una tarea política poder separarse gradualmente de tal ilusión y construir cotidianamente con las mujeres un piso posible para su empoderamiento y para la acción conjunta. Un propósito político, en lo que Elena Caffarena –una "feminista con vocación democrática", como ella misma se declarara[144]–, fue una productora de estudios sólidos y de visibilización de las condiciones de las mujeres, una constructora de vínculos y articuladora de fuerzas con sentido político emancipatorio.

En la reseña que va haciendo Caffarena en su texto sobre las condiciones de las mujeres trabajadoras a domicilio, de lo que ganan, la forma en que distribuyen sus gastos, podría haber formado parte, y calzado completamente, el recuerdo que hace Olga Poblete de su madre costurera: "La recuerdo encorvada de la mañana a la noche en su máquina de coser. Mis primeros paseos por el centro de la ciudad fueron cuando la acompañaba a dejar sus costuras"[145]. La amistad de ambas puede asociarse a los hilados, los tejidos que sus familias respectivas trabajaron duramente con hilos y agujas; en el caso de Elena su familia inmigrante y en el caso de Olga, su madre soltera.

Otro rasgo que unió a Elena y Olga de manera estrecha fue la modestia. Pese a que podían reconocer perfectamente sus valores propios y su empuje político, no hacían ninguna ostentación de conocimientos ni estridencias de lo ya logrado o vivido. Podría decirse que esos rasgos son los que aseguraron una profundidad peculiar en la experiencia de ambas y una dimensión importante de su soste-

---

[143]   *Ibídem*, p. 108.
[144]   Folleto citado, p. 7.
[145]   Entrevista *Punto Final,* ya citada.

nida amistad. Muchos motivos podría haber tenido Elena para una potencial jactancia respecto de sus sólidos estudios, el conocimiento de la realidad de las mujeres y su enorme cultura literaria y artística. No solo quería tener el fundamento de los estudios del derecho para mirar la realidad, sino también embriagarse del arte y la literatura. En un momento de la vida dado por un viaje después de sus estudios universitarios, prefirió leer y conocer la cultura artística por sobre los estudios de posgrado en derecho civil que previamente había considerado. Viajó para "desasnarse", de acuerdo con su propia expresión, y visitó museos, galerías de arte y leyó un libro diario, lo que la hizo conocedora de las grandezas de la literatura y de las artes visuales[146].

Olga comenta un episodio que relata María Marchant, quien le oyó decir:

> *… la vanidad es el peor defecto que puede tener una persona…* –comenta María– me impresionaron sus palabras, jamás las he olvidado. Fue una de las primeras lecciones que recibí de ella y son hasta hoy parte de mi código de vida. No puedo dejar de agregar que teniendo Elena tantos motivos para reconocer sus cualidades, nunca la he visto caer en la debilidad de envanecerse por algo que haya hecho, escrito o descubierto. Cada juicio categórico suyo tiene un sólido fundamento de análisis y raciocinio. Ella lo sabe perfectamente y lo dice sin rastro alguno de vanidad.

Y Poblete confirma:

> Con suma modestia cuenta Elena: "También estuve presente en la fundación del Movimiento Pro Emancipación de la Mujer Chilena MEMCH, 11 de mayo de 1935, del que fui Secretaria General por cinco años". Esta mujer valiente, múltiple, contestataria, fue en realidad 'la' fundadora. Como en toda iniciativa,

---

[146] Olga Poblete, *op. cit.*, pp. 25 y 26.

lo importante no fue sólo el primer impulso, sino la porfía por mantenerse fiel a los principios y tener el valor de seguir creciendo. Conocía claramente la carencia de derechos y oportunidades de las chilenas. Esta convicción animaba a otras jóvenes mujeres para quienes la vida no sólo era faena aislada, individual, sino parte de una complejidad colectiva de cuyas alegrías y pesares nadie escapaba.

En una entrevista con Diamela Eltit, Caffarena afirma que el objetivo del MEMCH era "capacitar a las mujeres, educarlas respecto de sus limitaciones y respecto de su situación. Ante cada congreso el MEMCH organizaba cursillos de capacitación en los que se trataban todos los problemas de la mujer. El MEMCH fue una gran escuela de civismo"[147].

Una peculiar característica que daba hondura a la amistad de Elena y Olga era no solo el hecho de ser combativas, de voluntad política organizativa, sino también el no desestimar el trabajo pequeño, prolijo, de detalles, de correspondencia perseverante con otras mujeres –no solo en un sentido epistolar, lo que también ocurría–, un sentido de deber con lo colectivo, con las luchas sociales, los derechos de las mujeres y las personas pobres. Junto a muchas otras mujeres como Marta Vergara, María Marchant, Flor Heredia, Graciela Mandujano, M.A. Garafulic, Aída Yávar, Aída Parada, Amanda Peroti, Florencia Barrios y otras mujeres profesionales, artistas, sindicalistas, participaron activamente en el Movimiento de Emancipación de las Mujeres de Chile, que articulaba a distintas agrupaciones de mujeres a lo largo de todo el país. Elena Caffarena, además de ser su fundadora reconocida junto a Marta Vergara, era uno de los motores principales en esta lucha por los derechos de las trabajado-

---

[147] Entrevista de Diamela Eltit a Elena Caffarena: "Elena Caffarena, Una mujer de todos los tiempos". En: *Elena Caffarena. Un siglo, una mujer.* Edición, Olga de los Santos Morales. Santiago, Chile: Departamento de Comunicaciones SERNAM, Servicio Nacional de la Mujer, 2003. http://www.memoriachilena.gob.cl/602/w3-article-75739.html. Página consultada 3 agosto 2019.

ras, las madres, las mujeres como ciudadanas[148]. El artículo primero de los estatutos del MEMCH indica que "El Movimiento Pro Emancipación de las Mujeres en Chile es una organización femenina que persigue la emancipación integral y, en especial, la emancipación económica, jurídica, biológica y política de la mujer"[149]. No se ha puesto suficiente énfasis en que el MEMCH tenía en ese tiempo una enorme claridad política respecto de la sujeción del cuerpo de las mujeres a las normas patriarcales que restringen los derechos sexuales y reproductivos. Muchas mujeres memchistas pertenecían a los sectores populares, de tal modo que había en la organización un sa-

[148] En Nota a la Carta N° 1 del *Epistolario Emancipador del* MEMCH (1935-1949), Claudia Rojas Mira y Ximena Jiles Moreno (eds.), Santiago de Chile: Ediciones del Archivo Nacional de Chile, DIBAM, pp. 37 y 38, leemos: "De acuerdo a las investigaciones de Corinne Antezana-Pernet, en *El* MEMCH *hizo Historia* (1997) y acerca de la constitución de este movimiento, el 11 de mayo de 1935, en una sala de la Escuela de Leyes de la Universidad de Chile (Santiago), alrededor de treinta mujeres fundaron el Movimiento Pro Emancipación de las Mujeres de Chile (MEMCH). Respondieron a un llamado de la periodista Marta Vergara y de la abogada Elena Caffarena, ambas profesionales, feministas e ideólogas de la organización, quienes habían tenido acceso a literatura feminista y habían tomado contacto con movimientos de mujeres de avanzada, en el extranjero. Entre las fundadoras cabe mencionar, además, a la profesora de Inglés Graciela Mandujano; a la asistente social Clara Williams de Yungue; a la pedagoga Aída Parada; a Angelina Matte, de la clase alta, que ocupó ulteriormente un cargo en la dirigencia del MEMCH; a la escritora Felisa Vergara y a la entonces estudiante de leyes, Flor Heredia. La académica Olga Poblete se sumaría activamente al movimiento algo más tarde, en 1940". Carta N° 1 Santiago, 28 de mayo de 1935. De: Elena Caffarena (Secretaria General del MEMCH) y M.A Garafulic (Pro Secretaria).

[149] Importa señalar que el MEMCH trascendió la lucha por el derecho a voto. Cito: "Elena miró más allá del sufragismo" —afirma su amiga y compañera de luchas Elena Pedraza. "Estaba convencida que esta era una tarea difícil de conjugar con los planteamientos específicos de las mujeres. ¿Cómo abordarlos en esa época cuando la palabra feminismo era casi desconocida, en medio de una sociedad patriarcal y donde la perspectiva de género, en el terreno de las luchas sociales, había estado siempre ausente? El programa del MEMCH puso su atención en luchar a favor de la emancipación integral de las mujeres, en los aspectos: económico, jurídico, político y biológico. Se pronunciaron contra la carestía de la vida y contra el cohecho. Exigieron el derecho a voto, la igualdad de salarios entre hombres y mujeres, el divorcio, apoyaron el aborto realizado gratuitamente en los hospitales, bajo la atención de un médico, en casos muy fundados, se plantearon a favor de la educación sexual y de la divulgación de los anticonceptivos. También hubo escuelas nocturnas para mujeres, se luchó contra el alcoholismo, debido a los estragos que causaba en la vida familiar, se luchó en favor de la paz, se solidarizó con la infancia española y se crearon consultorios de salud primaria, al amparo de los comités locales en numerosas localidades del país". "Hacia una memoria feminista. Elena Pedraza". Editado por Ximena Jiles Moreno y Claudia Rojas Mira, en Epistolario emancipador del MEMCH. Catálogo histórico comentado (1935-1949), *óp. cit.*

ber próximo de que las mujeres pobres padecían de mayor manera la esclavitud reproductiva. Elena Caffarena afirma: (…) "el feminismo es un fenómeno social… no se origina accidentalmente. Tiene sus fundamentos en la realidad misma, emerge de los acontecimientos y tiene características y leyes propias"[150]. El aborto, los anticonceptivos, fueron, junto con el divorcio, reclamaciones emancipatorias del MEMCH.

Afirma:

Me he aplicado el calificativo de feminista porque lo soy. No figuro entre las que Marta Vergara –feminista bastante olvidada– califica de 'feministas vergonzantes', mujeres que lograron un título universitario, tuvieron o tienen altos cargos en la administración, la política, la vida social y creen que eso es sólo fruto de su talento y esfuerzo, olvidándose que si alcanzaron esas posiciones es porque muchas mujeres de aquí y del mundo, les abrieron el camino arrastrando mil dificultades y hasta persecuciones[151].

En la entrevista con Diamela Eltit, Elena Caffarena cuenta que el término *emancipación de las mujeres* era complejo en esa época, que desde posiciones más conservadoras o temerosas identificaban el término como libertinas. Las luchas por los derechos a la reproducción voluntaria y deseada, como la consideración del aborto como posible decisión de las mujeres, acentuarían tales motes.

Tengo que decir que en la primera reunión se discutió bastante el nombre. En ese tiempo –estoy hablando de hace casi sesenta años– hablar de emancipación era hablar, realmente, de algo que parecía muy obsceno. Bueno, ¿qué querían estas mujeres?, que-

---

[150] Elena Caffarena, *Un Capítulo en la Historia del Feminismo. Las sufragistas inglesas.*

[151] Citado en: Marisol Vera y Olga Grau, "Vanguardias silenciadas: tejidos de la memoria", en: Revista *Nomadías*, N° 11 (2010). Santiago de Chile: Facultad de Filosofía y Humanidades-Editorial Cuarto Propio, pp. 248-249.

rían un verdadero libertinaje. Por el nombre se suscitó una serie de ataques por parte de los sectores conservadores del país. Se suponía que nos íbamos a dedicar al libertinaje. Ser emancipados, en ese tiempo, era una cosa fea[152].

Y Olga Poblete atestigua:

Las luchas del MEMCH eran progresistas y concretas. No tenían nada que ver con organizaciones similares que mostraban un feminismo estrecho y pintoresco. Presionaban por el término a la discriminación de las mujeres en los servicios públicos, por la igualdad de salarios, por el derecho a voto, por la supresión de los impuestos a los alimentos de los niños, etc.[153].

Olga fue llevada al MEMCH por María Marchant, y la característica de Elena, en palabras de Poblete, que podría valer para ambas y para las que trabajaron en el MEMCH en todas las regiones, era la de una "actitud de honesta y real rebeldía frente a toda injusticia y abuso de poder"[154]. Unas y otras que participaron en el MEMCH identificaban su trabajo político en frases que se asemejan a una que se le atribuye a Elena Caffarena: "fue una organización para *desatar energías y capacidades ignoradas y dormidas* de tantas mujeres que hicieron de ese movimiento una fuerza poderosa y destacada de la vida nacional", y a otra atribuida a Olga Poblete: "fue una vía para *desatar energías, capacidades ignoradas y reprimidas*"[155].

---

152    Entrevista de Diamela Eltit, citada anteriormente.

153    Entrevista *Punto Final,* ya citada.

154    Olga Poblete, *Una mujer, Elena Caffarena.* Santiago: Editorial Cuarto Propio/La Morada, 1993, p. 23.

155    Folleto, p. 8. El subrayado es mío. Estas expresiones me hacen recordar que Amanda Labarca afirmaba en un texto publicado en su libro *Feminismo contemporáneo* (pp. 152–153): "Hay entre nosotras un gran potencial de energía que no ha sido liberado, ni encauzado…". Muchas de estas energías se han ido desplegando en el transcurrir del siglo XX y lo que llevamos del XXI, con algunos espaciamientos desde el punto de vista de las luchas feministas visibles y masivas. Las nuevas generaciones de mujeres, lo sepan o no lo sepan,

Lo dormido o lo reprimido, dos expresiones para nombrar lo que no ha emergido: como algo que puede y requiere despertar después de un letargo a través de los tiempos como energía latente que ciertas condiciones hacen emanar; o como aquello que una cultura dominante ha violentado, ahogando la expresión y fuerza de quienes han padecido tal violencia, y que requiere la liberación. El despertar o la liberación han sido siempre palabras referidas o apropiadas por los sectores subordinados, aplastados, que surgen en la escena política para expresar su malestar y sus demandas propias. Los límites se desbaratan en la toma de conciencia, en la acción de despabilarse, remeciendo maneras de pensar y hábitos en el hacer, liberando capacidades y fuerzas que la represión ha mantenido ocultas.

Elena y Olga vivieron su amistad en el transcurrir de un tiempo de mucha potencia emancipatoria, con logros de derechos políticos de expresión y participación, como fuera el sufragio de las mujeres y también la ampliación de la base de la democracia; junto a otras mujeres, permanecieron unidas durante la dictadura militar donde les preocupó la situación de aquellas que padecían la prisión, la tortura, las persecuciones y detenciones, la pérdida de sus familiares y amistades, la situación de precariedad, amenaza y también violencia directa y detención de sus hijas e hijos pequeños. La completa situación de precariedad de la mayoría de las mujeres en términos de sus derechos.

Juntas las encontramos en la década de los años 1980 en las reuniones que se hacían para la construcción de un frente amplio, de una coordinadora general de distintas organizaciones que luchaban por los derechos de las mujeres y por un cambio cultural en plena dictadura. En casa de Elena recuerdo que se conversó sobre las tareas que enfrentábamos y la necesaria articulación de las organizaciones en un gran movimiento. Cuando se conversó sobre el nombre que se le daría a esta coordinadora de organizaciones de

---

encuentran un piso que han dejado como sustento muchas luchadoras que dieron forma a organizaciones y movimientos sociales.

mujeres, Elena y Olga no estaban tan convencidas de la propuesta de darle el mismo nombre MEMCH a esta nueva organización, pero la votación mayoritaria logró convencer a ambas de otorgar en el nombre el sentido de continuidad de las luchas de las mujeres, y la impronta de su actualidad: el MEMCH 83. Ambas se sumaron de manera completa y activa. Sentíamos una gran admiración por estas mujeres que acompañaban estos nuevos procesos, con pasión y trabajo político, y desde su gran amistad a toda prueba.

Si se le volviera a hacer hoy a Elena Caffarena la pregunta que le hiciera en una ocasión su nieta Pamela Jiles[156] sobre las herramientas que tenemos las mujeres para transformar la sociedad, la respuesta de Elena sería la misma tal vez:

Sería un desatino no reconocer que hemos avanzado en esta batalla. Pero el riesgo de convertir en monumento a las mujeres que participamos en esta etapa, es creer, equivocadamente, que la tarea está concluida. En las casas y en las calles hay mujeres bastante más interesantes que yo, que están luchando todos los días y que tienen mucho que decir, de aquí para adelante.

En esto ya no se trata de modestia en Elena Caffarena, sino del saber profundo de lo político, su encarnación en la diversidad de existencias que están cruzadas por sus contextos particulares y las múltiples discriminaciones y violencias que se pueden sufrir, y la necesaria y permanente lucha para revertirlas y ganar mayor justicia y libertad. Ese saber con sentido histórico lo compartía su amiga Olga Poblete:

En otra ocasión, una periodista nos invitó a Elena Caffarena y a mí para que le habláramos del MEMCH a un numeroso auditorio de mujeres jóvenes. Nos miraban como curiosidades históricas.

---

[156]  Pamela Jiles, "Mi abuela cumple cien años". En: *Punto Final.* Edición 539. http://www. puntofinal.cl/539/miabuela.htm Consultada 3 de agosto.

No tenían la menor idea de lo que había sido ese movimiento. Se interesaron en todo lo que dijimos y creo que al final ya no les parecíamos unas antigüedades de izquierda. Elena me dijo después: '¿Por qué no editamos un libro sobre el MEMCH? Puede ser útil para crear un amplio frente de mujeres'. Pusimos manos a la obra. Acudimos a nuestros ahorros, nos ayudaron otras personas y el libro salió. De ahí tomó cuerpo la idea de ese nuevo movimiento del que hablaba Elena. Acudieron mujeres de todos los sectores. Nosotras queríamos ser espectadoras o activistas de pequeñas cosas. Pero ellas nos dijeron 'Ustedes son las que saben'. Hubo largas horas para determinar el nombre del movimiento. Las proposiciones se sometieron a votación democrática hasta que ganó por mayoría la proposición MEMCH 83, porque ese fue el año de la fundación. Nos unimos al Comité de Mujeres por la Vida y organizamos a fines del 83 un acto enorme en el Teatro Caupolicán. Sólo hubo mujeres. *A todos nos pareció que era como una fuerza nueva que tomaba nuestro relevo con más creatividad, con coraje y con mayor amplitud* [157].

Decisivo saber de estas líderes en amistad política, un saber sobre el tiempo con sus propios afanes de emancipación, las tareas de un porvenir, un saber en la generosidad, apertura y disposición a renunciar al pedestal. Elena Caffarena decía:

Yo me convertí en luchadora social porque me identificaba con mis hermanas, las mujeres. Y sobre todo, porque creo en la justicia… Me parece que algo hicimos, pero a ustedes les queda en herencia la mayor parte de esta tarea inconclusa[158].

---

[157] *Ibídem.* El subrayado es mío.
[158] *Ibídem.*

# ELENA CAFFARENA, "UNA FEMINISTA POR VOCACIÓN DEMOCRÁTICA"

CARMEN HERTZ CÁDIZ[159]

Las mujeres arrastran una larga historia de discriminación y desvalorización bajo una mirada sancionadora. Por una parte, aún se les asigna fácilmente la posición de víctimas no responsables de sus actos, versus la concepción del hombre, visto como autónomo y responsable, mientras que lo femenino siempre se pensaba gobernado por una supuesta debilidad. Por otra parte, cualquier negligencia y error en una mujer implica, aun en estos días, una doble falta: contra las leyes humanas y contra la naturaleza, pues existe la idea asentada de que la mujer debe ser naturalmente virtuosa, por lo que sus transgresiones se evalúan moralmente de forma más rigurosa que las del hombre, relacionando lo femenino con las nociones religiosas-moralistas del pecado y la culpa (Juliano, 2009).

Mujer fundamental en quebrar esos prejuicios y discriminaciones, ¿cómo no agradecer a la querida compañera Elena todo lo que hizo, estando siempre del lado de los oprimidos? Siempre contra la corriente, desde joven comenzó a seguir fielmente la enseñanza de Rosa de Luxemburgo, "la libertad se toma, no se pide", y de la manera más perfecta puso su intelectualidad al servicio de la lucha, ya que valientemente no se quedó entre libros y teorías, puesto que toda su genialidad y saber se materializaron en acciones concretas,

---

[159] Abogada de Derechos Humanos. Cumplió importantes labores en la Vicaría de la Solidaridad, en la Corporación Nacional de Reparación y Reconciliación y en la Dirección de Derechos Humanos de la Cancillería, entre otras. Es Diputada del Partido Comunista e integra las Comisiones de Derechos Humanos y Pueblos Originarios, y la de Relaciones Exteriores, además de las Comisiones Especiales Investigadoras sobre casos de violaciones de derechos humanos.

porque supo utilizar de manera exquisita la espada de la justicia y pelear contra la tiranía.

Desde muy joven, impactada por la miseria que descubrió en su labor como inspectora del trabajo femenino, formuló en su tesis para optar al grado de Licenciada en Ciencias Jurídicas que el trabajo a domicilio constituía un enriquecimiento sin causa a expensas del otro, en lo que ella llamó un "sistema de sudor", en que trabajadoras de casa particular, costureras, colchoneras y aparcadoras de calzado ganaban salarios de hambre.

Luego, ya en los años 1930, la brillante abogada no cesaba en su inquietud y fundó el Movimiento de Emancipación de las Mujeres de Chile, que fuera un referente en la movilización femenina en torno a sus derechos como madres, trabajadoras y ciudadanas, organización decidida firmemente a visibilizar la miseria y pobreza estructural en que las mujeres pobres trataban de sobrevivir en la sociedad de la época, tema que permanecía oculto y normalizado en un modelo perverso que fomentaba una sociedad tremendamente clasista.

Reflexionó que durante muchos años las mujeres permanecieron en el hogar cumpliendo allí una especie de deber impuesto por la sociedad, hasta que el desarrollo industrial las saco de allí para lanzarlas a la lucha de la vida. Se podría haber pensado entonces en una emancipación femenina, pero, por el contrario, eso marcó el aparecimiento de un Estado odioso, como lo llamaba ella, en que las mujeres ahora se veían sobreexplotadas, recargadas con las tareas de hogar, la fábrica o la oficina, sin legislación especial que las protegiera y permitiera ejercer sus derechos, sin igualdad en la retribución del trabajo ni posibilidad de hacer efectivas sus decisiones (MEMCH, 1935).

Así, las mujeres fuimos hundidas en un modelo perverso que sin duda Elena combatió con vigor. Consciente del hecho de que el género femenino no podía ser sinónimo de abandono y desprecio, sino que, por el contrario, las mujeres debían ser acreedoras de una legislación que las protegiera pero que también las dignificara, contrajo el compromiso colectivo de luchar por la liberación integral, biológica, económica, jurídica y social.

En ese sentido, inició una lucha por el reconocimiento de derechos civiles y políticos, la igual retribución de sueldos y salarios con los hombres, y la igual posibilidad de acceso a un cargo rentado de los que en ese momento eran excluidas las mujeres.

Respecto a la situación de la mujer que fuere cónyuge y madre, abogó por la igualdad de responsabilidades frente al padre, poniendo énfasis en los derechos de los niños, niñas y adolescentes, pues fue visionaria en la lucha por la igualdad ante la ley de todos los hijos, y su objetivo era terminar con la diferencia entre legítimos e ilegítimos, así como avanzar en la lucha por la investigación de la paternidad y la dictación de un Código del Niño. Además, planteó la necesidad del divorcio como una institución. Por otra parte, manifestó siempre preocupación por las catastróficas consecuencias que el excesivo número de alumbramientos implicaba para la mujer obrera o privada de recursos, que no terminaba sino en prostitución, hambre y abandono, haciendo visible una realidad que hasta el momento se encontraba velada, la de los abortos clandestinos con gravosas consecuencias tanto físicas como emocionales para la mujer, o incluso la muerte del nuevo ser, ya sea por miseria, desnutrición o abandono forzado por las circunstancias. Concluyó así una idea revolucionaria: la mujer tiene el derecho, y no la obligación, a la maternidad, siempre que esta sea consciente y en la medida que las condiciones de salud y económicas se lo permitan.

Se esforzó por hacer comprender que el aborto, que trasciende a la lucha feminista de estos días, es una práctica tan antigua como la diferencia sexual entre hombres y mujeres, una que no siempre fue presa de objeciones morales, pues en la antigüedad se valoraba a la mujer en su capacidad productiva, por lo que parecía lógico que ella controlara su propia fertilidad. Se debe tener presente que se configuró como delito aproximadamente en el siglo VI, con el Código de Justiniano, que lo consideraba un homicidio, aunque la hominización del feto siguió marcando la discusión teológica. La respuesta fue variando en el tiempo, hasta encontrar una única y definitiva, coincidente con la consolidación del Papado como autoridad y la ley canónica, la explicación divina, que consideraba que el aborto atentaba contra el valor del matrimonio, ya que se entendía que tras ello había un pecado sexual, con la gravedad de las relaciones sexuales ilícitas. De todas maneras, la finalidad clara era ejercer un control sobre la sexualidad y capacidad reproductiva de las mujeres (Fríes-Matus, 1999).

Elena Caffarena comprendió a cabalidad que lo femenino se miraba principalmente desde dos perspectivas, desde la intención de controlar la esfera de la sexualidad en la definición y construcción de delitos como adulterio, aborto, estupro, seducción o infanticidio; y desde la necesidad de poner un límite al castigo penal al cuerpo femenino. La imputabilidad femenina se analizaba sobre la base de discutir hipótesis de atenuación, disminución o hasta exclusión de la imputabilidad, acudiendo al antiguo principio de la *infirmitas sexus*, el impedimento debido al sexo, ligado a las nacientes elaboraciones "científicas" sobre la inferioridad natural de la mujer. Parecería que la igualdad frente a la ley de las primeras declaraciones de derechos provocó, con la emergencia de las reivindicaciones femeninas, la carga de la justificación de la persistente ideología de la desigualdad y de sus consecuencias. Si por largos siglos la simple evocación del concepto de *infirmitas sexus*, que perpetúa una especie de minusvalía de las mujeres, parecía suficiente, se consideró en cambio necesario reforzar la estructura (Graziosi, 1993).

Muy tempranamente, ya plasmaba sus ideas en su tesis sobre si debía el marido alimentos a la mujer que vivía fuera del hogar conyugal, defendiendo, por ejemplo, que la obligación de alimentos no cesara cuando acabara la vida en común, y planteaba que ni siquiera se podía negar ese derecho a la mujer que había dado lugar a la separación por su hecho o culpa; máxime cuando no se niega este derecho al marido en la misma situación, lo que fue refrendado después por la jurisprudencia. También, en su tesis sobre si puede usarse la fuerza pública para el cumplimiento de la obligación de los cónyuges de vivir en el hogar común, contenido en el Código Civil, defendió con coherencia la incoercibilidad de las obligaciones personales derivadas del matrimonio.

Llegaba el presidente Aguirre Cerda y con él se abría la esperanza al sufragio femenino, y Elena, junto con otras destacadas juristas, trabajaron incansablemente en el proyecto. Su trabajo tuvo frutos, pero paradójicamente el voto femenino se oficializó con González Videla; así, la alegría de Elena se vería opacada, pues con la Ley Maldita fue proscrita y privada de sus derechos. Vivía en carne propia el abuso de un tirano.

Motivada por la represión política que sufrió, se decidió a hacer un análisis jurídico sobre el abuso por parte de las autoridades en los estados de emergencia constitucional, y la posibilidad de hacer uso del recurso de amparo en estas situaciones. Su trabajo se plasmó en el libro *El recurso de amparo y los estados de emergencia*, en que afirma con elocuencia la plena vigencia y procedencia de la acción de amparo en defensa de la libertad personal durante los estados de excepción constitucional.

Con el paso de los años, instalada la dictadura cívico-militar en Chile, Elena no dimensionaría el aporte invaluable que significaría ese texto jurídico en los tiempos de la más feroz represión, pues ante un vacío al respecto, fue pieza fundamental en complementar la labor de las abogadas y abogados de derechos humanos, que con aquello de lo que disponían hacían frente en los tribunales de justicia al régimen del tirano Pinochet para tratar de salvar la vida de tantos compatriotas víctimas de la política de exterminio y terror que la dictadura cívico-militar sembraba en nuestro país.

Después, en los años 1980, se produjo un gran proceso de desarrollo de la conciencia feminista en las mujeres de esa época, organizadas en torno a la lucha contra las violaciones a los derechos humanos, del que Elena fue protagonista también, pues, como siempre, no se quedó solo en un aporte intelectual sino que tuvo un rol activo en la organización de la resistencia al régimen, poniendo a disposición su propio hogar en un acto verdaderamente heroico y que podía costarle la vida. Tal vez la idea que tenía del mundo se veía reflejada en las conocidas palabras que dirigió a los militares que más tarde allanarían su casa, tan llena de fuerza y valentía, pero también tan comprensiva de la injusta ignorancia que reinaba, y de que la lucha por la educación y la justicia había que darla siempre con compasión y nunca con crueldad: "miren muchachos, yo voy a estar en mi pieza y no quiero ser molestada. Les recomiendo que antes de quemar libros, los lean". Tanta verdad en una sola frase.

Coherente con el trabajo de toda su vida, colaboró en la fundación de la Corporación de Promoción y Defensa de los Derechos del Pueblo (CODEPU), que se erigió como una institución que asistía a las víctimas y familiares de las víctimas de las violaciones a los derechos humanos, y del mismo modo encarnó la lucha contra la impunidad.

También fue socia fundadora de un organismo con un rol fundamental en un tema tan sensible e importante como los derechos de la infancia, la Fundación de Protección a la Infancia Dañada por los Estados de Emergencia, que hasta el día de hoy tiene como objetivo avanzar en la promoción y protección de los derechos humanos de niños, niñas y adolescentes, con un enfoque de derechos que privilegie su desarrollo, formación ciudadana, respeto e inclusión social de la diversidad cultural en comunas con altos índices de población migrante y zonas de conflicto político-social.

En este recorrido he intentado agradecer la labor de Elena, demostrando la importancia de su lucha y su defensa irrestricta a los derechos de las mujeres más necesitadas de justicia, para después evolucionar a una defensa integral y responsable de los derechos humanos en un país en que muchos de sus integrantes estaban siendo desaparecidos. Finalmente, en lo que tiene que ver con el feminismo, no puedo sino reflexionar acerca de que, por una parte, los Estados, a su vez nutridos por múltiples actores, tienen una responsabilidad directa en el incumplimiento de sus obligaciones esenciales en cuanto a garantizar un mínimo ético en el goce efectivo de los derechos civiles, políticos, económicos, sociales, culturales, sexuales y reproductivos de la mujer, lo que sin duda es violencia estructural; y que por otra parte hay una responsabilidad de la sociedad toda, pues en esta cultura patriarcal servil al modelo capitalista se enseña que si una mujer exige sus derechos y escapa del control que se le quiere imponer, debe aceptar ciertas consecuencias, enquistándose en el imaginario colectivo la culpabilidad femenina.

Por todo y por todas, gracias, Elena.

## Referencias

GRAZIOSI M. (1993). *Infirmitas sexus*, la mujer en el imaginario penal. En *Revista Democrazia e diritto*. Vol. 33 (Traducción por Beloff y Courtis).

FRÍES L., MATUS V. (1999). Sexualidad y reproducción, una legislación para el control: el caso chileno. En *Género y Derecho*. Santiago: La Morada.

JULIANO D. (2009). Delito y pecado. La transgresión en femenino. En *Revista Política y Sociedad*. Vol. 41.

MOVIMIENTO DE EMANCIPACIÓN DE LAS MUJERES DE CHILE (1935). Correspondencia. Colección Biblioteca Nacional Digital.

# PALABRA Y HUELLA FEMINISTAS EN LAS CARTAS DE ELENA CAFARENA[160]

RAQUEL OLEA BARRIGA[161]

No conocí a Elena Caffarena. Otras mujeres feministas de mi generación tuvieron entonces –en los años 1980– el privilegio de escucharla, oírla contar sus historias, recibir el don de su palabra pensante desde su propia voz. Yo, aquí, ahora, leo su correspondencia; cuarenta cartas de su "puño y letra" que escriben discontinuamente cincuenta años de su vida política. Es casi como conversar con ella en la escritura, escucharla en lo que fue la pasión de su vida, abrir su mirada sobre la comunidad de las mujeres, las necesidades específicas y propias a su condición social y cultural. Cartas que forman parte de la larga lucha de las mujeres por sus derechos y su ciudadanía.

Es un conjunto breve para dar cuenta de una vida en su totalidad, sin embargo este pequeño archivo sorprende por el tesón particular, el compromiso, la acción insistente y sostenida, la voluntad política que impulsa a salir a lo público por una causa común. Una necesidad y su urgencia se abren paso en la escritura, hablan del recorrido de una conciencia femenina otra, que se construye políticamente. Conciencia feminista de una nueva sujeto social.

Desde1937, tiempo previo a la obtención del voto, hasta 1987, cuando el país vive en plena dictadura, la letra de su autora no para

---

[160] Este artículo hace referencia a la selección de cartas que publica y transcribe esta antología.

[161] Académica, crítica literaria y cultural. Junto a diversos artículos en revistas nacionales e internacionales, ha publicado los libros *Lengua Víbora. Producciones de lo femenino en la escritura de mujeres chilenas* (1997); *Julieta Kirkwood, pensadora y activista del feminismo chileno* (2000); *Como traje de fiesta. Loca razón en la poesía de Gabriela Mistral* (2009); y *Variaciones. Ensayos sobre literatura y otras escrituras* (2019).

su labor, no se detiene en el trabajo político que según los contextos ha ido ampliando temas, propuestas y modos de enfrentar la acción política. Caffarena reconfirma reiteradamente su confianza en la organización de movimiento social como modo de construcción política y pública de discurso feminista.

Elena Caffarena es en estas cartas voz y firma del MEMCH (Movimiento Pro Emancipación de las Mujeres en Chile), lugar desde el que habla y se sitúa como abogada, mujer pensante y luchadora. Sus cartas son por eso archivo de memoria histórica, testimonio de un recorrido que enriquece la historia del feminismo chileno, pero también la trama de la historia de Chile con un hilado faltante. La Historia está hecha de historias como –tan lúcidamente– enunció Julieta Kirkwood en la década de los años 1980, al enfrentarse al desafío de escribir la historia política de las mujeres, la historia del feminismo chileno. Fue entonces que enunció la tensión entre la *Historia* y las historias, apelando al hecho de que no se podría construir la historia del feminismo sin escribir la historia de las vidas de las mujeres, del mismo modo que no se puede escribir la Historia de Chile sin inscribir en ella la historia del movimiento feminista.

Ante mi vista, mecanografiadas, tengo esas viejas copias en papel calco, como se guardaba y archivaba una correspondencia para preservarla del olvido o la destrucción; se leen con dificultad en la transparencia ennegrecida de una tecnología obsoleta, que hoy imaginamos imposible en su precariedad; sin embargo han cumplido fielmente la función de darnos noticia de la memoria y el compromiso político de una mujer feminista que transmite en su contenido y en la forma de su escritura la búsqueda de prácticas estratégicas para elaborar la acción y el discurso con que se ha construido la producción de una conciencia nueva que ha movilizado su condición minoritaria hacia una ciudadanía activa y un empoderamiento cultural. Hablan también de las resistencias del poder a reconocer la legitimidad del discurso que emiten y construyen. Eso ya es sabido. Nada ha sido sin costo para las mujeres en su camino de emancipación.

Esta correspondencia, que podría leerse como parte de la vida privada de Elena Caffarena, es parte de la historia del MEMCH, parte de la historia del feminismo e ineludible lugar de la trama histórica de Chile. Las cartas, signo de una comunicación privada, adquieren aquí el lugar de testimonio político que excede lo personal de quien las firma –en representación de un movimiento colectivo– al haber sido escritas a autoridades y/o personalidades públicas que por su influencia en asuntos de Estado o en la opinión pública –ministros de Estado, directores de medios de comunicación, autoridades de oficinas internacionales dedicadas a asuntos sociales– dan cuenta de una voluntad de poder que demanda intervención social y política: solicitan, denuncian, piden, reclaman, corrigen algo que estuvo mal dicho, que falseó, mal entendió o mal interpretó las posiciones desde las que ella se sitúa.

En el transcurso de cinco décadas sus políticas de escritura responden a los contextos en que fueron escritas, contextos críticos por la desigualdad social que significaba la no ciudadanía de las mujeres en las primeras décadas del siglo XX, por la pérdida total de ciudadanía que significó la dictadura en las décadas que ya anunciaban el fin del mismo siglo.

En las décadas de los años 1930-1940, antes de la obtención del voto pleno, el objetivo central era visibilizar y consolidar en lo público las demandas feministas, con el fin mayor de lograr la obtención del voto; esta será la consigna movilizadora del proyecto político de inserción pública en la década de los años 1940. Posteriormente a la obtención del voto, en los años 1950, hasta la década de los años 1970, periodo que Julieta Kirkwood nombró como silencio feminista, enuncian percepciones de lo social colectivo como el antimilitarismo o señalan urgencias que afectan lo social específico como la salud, la educación de las mujeres y niños/niñas carenciados, pero sobre todo no nombrados en las políticas de Estado. Las últimas cartas escritas en dictadura se comprometen en la recuperación de la democracia: buscan apoyo económico para las víctimas de la represión y retornados del exilio, reclaman contra la TV y la exclusión de mujeres de izquierda de sus programas, responden columnas de opinión, felicitan a los medios de comunicación de oposición, denuncian la prisión e incomunicación de mujeres connotadas, recurren a conocimientos jurídicos, imputan el mal uso de instrumentos legales, como mal uso y abuso de la incomunicación; advierten el peligro que significa provocar al pueblo, "No es conveniente. Es malo, muy malo provocar que el pueblo acumule ira", escriben, asumiendo una voz moral que apela al ministro de turno a pensar los hechos y a reflexionar sobre las enseñanzas de la historia, "no hay ningún régimen por duro que sea que no llegue a su fin".

El conjunto construye un tejido discursivo abierto, en que su palabra se corresponde con su destinatario y en que la suya se desplaza desde una sujeto situada en su condición de mujer a su profesión o a su causa política; su palabra adquiere una altura ética que otorga poder a su escritura.

El feminismo de Elena Caffarena construye la impronta de una nueva sujeto social y política que no podrá ser eludida o soslayada por el poder político; su voz se vuelve fuerte por su constante referencia a problemáticas sociales amplias, que exceden las necesidades de las mujeres o lo específico de una lucha particular; la huella feminista está inscrita y tramada en la multiplicidad de lo social.

Caffarena enuncia su discurso ejemplarmente situada en un compromiso político intransable; sabe que su profesión y su conocimiento jurídico avalan un lugar de emisión discursiva que le dará rango a la debilidad de su voz de mujer, que para ser escuchada debe hablar con la autoridad que le otorga una profesión liberal y masculina, unida al rango político de directora de una institución que cumple con los requisitos que la ley exige. Su firma situada epocalmente, la filia a su cónyuge, mujer casada, la forma de su nombre, Elena Caffarena de Jiles, explicita una posición en la sociedad patriarcal. Elena Caffarena de Jiles se firma como si ese estatus hiciera más audible su palabra, más respetable en el contexto conservador en que irrumpe. No eran todavía los tiempos de la consigna "lo privado también es político", en que esa posesividad enunciada en la preposición "de" fue definitivamente eliminada del uso del nombre propio.

Escritas en nombre de un movimiento social colectivo, escenifican públicamente una referencia político-discursiva que hoy leemos como consolidación de la época histórica en que se funda y trama el *primer feminismo chileno*, marcado por la lucha sufragista. Elena Caffarena sustenta su firma en la organización que fundara junto a Olga Poblete, Elena Barreda y muchas otras, en el inicio de un objetivo específico, su primer paso, lograr la ciudadanía de las mujeres.

Su firma es por tanto política y, como tal, estratégica; así lo denota la formalidad de su escritura, el estricto carácter institucional desde donde escribe, el rigor de sus referencias legales referidas a sus corresponsales y al contexto en el que escribe, el de una sociedad y de autoridades resistentes al proyecto feminista. Por ello sus estrategias discursivas se refieren al modo de nombrar y de nombrarse parte de un movimiento nuevo, a veces lo llama femenino, otras veces feminista, pero siempre situado en los relatos de su época y de la modernidad: demócrata, pacifista, defensora del progreso, su correspondencia marca el primer avance de las mujeres en lo público, en diálogo con el poder. Es en la década de los años 1970 cuando el feminismo en dictadura recoge la huella del sufragismo para volver a levantar *un segundo momento feminista* de inusitada potencia en que el recorrido ya iniciado se detiene en especificar la forma de la democracia que las mujeres desean; la política feminista lucha por recuperar la democracia institucional insistiendo en no separar lo público de lo privado, al exigir *democracia en el país y en la casa*. Un vaivén desde el afuera (público) hacia el adentro (privado) amplía entonces los logros del primer feminismo y los espacios en que el pensamiento y las políticas feministas sitúan sus prácticas políticas y sus reflexiones teóricas, trabajando las significaciones de la cultura patriarcal en las políticas cotidianas.

El feminismo en dictadura pondrá su insistencia tanto en el ejercicio de la ciudadanía y la recuperación de la democracia como en la producción de pensamiento que devele signos culturales, con que el dominio masculino ha legitimado la naturalización de una asimetría de poder entre hombres y mujeres, trabajando la noción de género como constructo cultural.

El feminismo contemporáneo, siguiendo la huella ya trazada, se sitúa en interrogantes a los constructos culturales de la identidad y las identificaciones de clase, género, raza y sexualidad; pluraliza demandas desde especificaciones de intereses e identificaciones que articulan interseccionalmente su trabajo, su pensamiento y sus prácticas.

La actualidad habla de *Feminismos* para nombrar esa pluralidad que hace latir pulsiones ligadas a la autonomía del cuerpo y a estrategias políticas de respuesta al ejercicio de las violencias sexuales y de género con que los dispositivos de poder reprimen libertades y deseos.

Las feministas contemporáneas sabemos que las respuestas y resistencias a las formas actuales con que el biopoder busca controlar los cuerpos tienen una procedencia y tal vez una precedencia en la palabra colectiva del movimiento feminista al que Elena Caffarena supo, en sus inicios, dar cuerpo discursivo.

# ELENA CAFFARENA: JUSTICIAS DE CLASE Y SEXO

KEMY OYARZÚN VACCARO[162]

> El feminismo es un elemento fundamental e indispensable para lograr la democracia…
> existe una justicia de clase derivada de la circunstancia de que los jueces se reclutan
> entre los que nacen patrones y… una justicia de sexo, derivada del hecho de
> que es administrada exclusivamente por varones.
>
> ELENA CAFFARENA

La presencia de Elena Caffarena (Iquique, 1903-Santiago, 2003) en la historia del feminismo chileno nos convoca a repensar las deudas de la democracia con el sistema de sexo y género en tres aspectos de gran relevancia histórica: a) en la representación sufragista; b) en las luchas por el reconocimiento y el derecho civil; y c) en las tareas pendientes de reparación y reapropiación democrática. En ese sentido, hablamos de un impacto que abarca lo más grueso del siglo XX. Elena murió a los 100 años y no cejó en su voluntad y compromiso con las transformaciones sociales y culturales del país. Su contribución más reconocida es al feminismo sufragista de nuestro país a partir de la fundación del MEMCH 35 (Movimiento de Emancipación de la Mujer Chilena), en la organización del Primer Congreso Nacional de Mujeres de 1944, junto a Amanda Labarca y muchas otras feministas, y a partir de su aporte a la forja de la FECHIF, Federación Chilena de Instituciones Femeninas, logro de ese primer congreso. Elena fue una feminista de gran capacidad articuladora a niveles

---

[162] Doctora en Filosofía con mención en Literatura de la Universidad de California, académica de la Universidad de Chile y fundadora del Centro de Estudios de Género y Cultura en América Latina (CEGECAL) de la misma institución. Presidenta de la Asociación de Académicos y Académicas de la Universidad de Chile (ACAUCH).

social y político. Aguda pensadora, su accionar fue pluralista y multidimensional. Ella misma se declaraba "feminista por vocación" al situarse en plena conflictividad respecto de las nuevas subjetividades históricas del siglo XX. Entendió tempranamente la emancipación de las mujeres a niveles jurídico y económico, biológico y político. No es que naturalizara la biología. Todo lo contrario, se dio cabal cuenta de las estratagemas del biopoder sexo-genérico en la reproducción de la especie y de la fuerza laboral. Trabajo y derecho civil, feminismo y democracia, clase y sexualidad fueron los principales ejes de su inquietud investigativa y de su accionar.

Sus luchas por la representación se evidenciaron tempranamente. Fue una de las primeras quince abogadas egresadas de la Universidad de Chile, y la efervescencia de los años 1920 en el Cono Sur marcó su vida estudiantil. Eran momentos profundamente democratizadores: emergían feminismos plurales en las calles y en las ciudadelas universitarias. Una FECH de corte anarco-sindicalista los había propiciado tempranamente. El Manifiesto argentino de Córdoba de 1918 difundía por primera vez en Chile el ideario de Reforma Universitaria a través de la revista *Claridad* de la FECH, poniendo en tela de juicio el primer gobierno de Arturo Alessandri Palma (1920-1925). La sede de la FECH era saqueada y destruida el 21 de julio de 1920. El joven poeta José Domingo Gómez Rojas, acusado de subversivo a raíz de esa protesta, fallecía ese mismo año recluido en el Hospital Psiquiátrico. Otros poetas, como Huidobro y Neruda, se expresaban a favor de la rebeldía bohemia, estudiantil y obrera (Subercaseaux, 2004, p. 76). Elena Caffarena no se quedó atrás: "Estamos pisando sobre una revolución. Estamos viviendo una hora americana... Los dolores que quedan son los dolores que faltan" (Poblete, 1993, p. 20). Dirigenta estudiantil en el contexto de una toma de la Casa Central de la Universidad de Chile por parte del movimiento de Reforma Universitaria de esos años, explicaba: "Esta es nuestra casa, compañeros. Nos sentaremos y recibiremos a quien venga" (Poblete, p. 76). Su vocación pública, tempranamente *interseccional*, tanto en el plano jurídico como laboral y organizacional, articulaba clase y género. Defendía los derechos de las mujeres en la vida cotidiana y en la vida pública, como madres y cónyuges, como trabajadoras y organizadoras, como sufragistas y ciudadanas. En momentos álgidos del debate en torno a la separación de la Iglesia y el Estado de los años 1920, Elena promovía políticas laicas y democráticas que implicaban la soberanía de las mujeres sobre sus vidas y sobre sus cuerpos.

Por esos años Caffarena realizaba trabajos voluntarios en la Oficina de Defensa Jurídica Gratuita de la FECH y proyectaba los derechos civiles a la defensa de las autonomías subjetivas de las mujeres, anticipando los ciclos mundiales por el rescate del reconocimiento y las identidades diversas de los años 1960 en Europa y Norteamérica. Fue precisamente como estudiante de Derecho que dijo haber profundizado en las inequidades de las mujeres frente a la ley, cosa que haría nacer su vocación feminista. En una entrevista que refiere a las influencias epocales que la marcaron, afirmaba: "En ese tiempo se me ocurrió escribir la historia del movimiento femenino chileno… y me encontré con la sorpresa de que el único periódico que trataba este tema era *El Despertar de los Trabajadores* que dirigía Luis Emilio Recabarren. Él fue, precisamente, el iniciador de los centros Belén de Sárraga… grupos pequeños, formados por esposas e hijos de los trabajadores del salitre" (Diamela Eltit, 35).

Elena Caffarena, Amanda Labarca y Eloísa Díaz se convertían en esas primeras profesionales, todas egresadas de la Universidad de Chile. Para 1926 Elena se había graduado con una tesis titulada "El trabajo a domicilio, enriquecimiento sin causa a expensas de otro, en el Código Civil Chileno", en la que denunciaba los horarios sin pausa, las innumerables tareas exigidas y "un sueldo que no puede representar jamás el valor de su trabajo" (Poblete, 60). Ahí nos lega un histórico testimonio sobre la "colchonera" Gumercinda Guinea, quien, dice, "trabaja doce horas diarias, gana 100 pesos mensuales, mantiene a tres personas y paga 50 pesos de alquiler al mes. Invierte al día dos pesos 40 centavos en alimentos y como esta suma mínima sobrepasa sus entradas, ella y los que viven de su sueldo deben quedarse a veces sin comer" (Poblete, 63). Posteriormente, presidiendo el MEMCH, planteará precisamente la importancia de representar a las trabajadoras a domicilio.

En el contexto del feminismo pluralista de los años 1930 se logró impulsar la histórica despenalización del aborto de 1931. Elena Caffarena realizaba una histórica contribución al instalar la "cuestión femenina" en el seno de la "cuestión social". El biopoder eugenista ejercía la sujeción al plantear a las mujeres como *objetos* reproductores, cuya maternidad y mandatos de cuidados parecían obligatorios. Si bien los estatutos y campañas del MEMCH 35 insistían en la carestía de la vida, el analfabetismo, los conventillos, el alcohol, Caffarena no se remitía a la pobreza en los términos deterministas de la época. Vista la incapacidad concreta de conciliar el papel de madre, esposa, trabajadora y ciudadana, Elena y el MEMCH plantearon la histórica lucha por la conciencia, por la "emancipación jurídica, social y biológica de la mujer" (Rojas Mira, 4)[163]. En este sentido, la tensión entre sujeto y sujeción logra con ella una epistémica subversión al concebir la preeminencia del cambio cultural, la conciencia, la lucha de ideas y el devenir *situado* para las autonomías subjetivas en el seno de las concepciones eugenésicas.

Bajo su liderazgo, obreras, campesinas y escritoras, maestras y profesionales dieron cuenta del acceso de las mujeres al ámbito público en luchas radicalmente democráticas. En este sentido, el movimiento se abrió a un amplio espectro de actoras que incluyeron el trabajo académico y la educación popular. Las mujeres educan y se educan; escriben y se escriben; salen a las calles; se encuentran y desencuentran, de Iris a Amanda Labarca. No habría dialogismo si así no fuera. Las mujeres del MEMCH 35 empezaron a descubrir el *sí mismas* en las esferas encubiertas de una *res publica* que aún las negaba *para nosotras y nosotros*. La lucha por una representación su-

---

[163] Otros periódicos dirigidos por mujeres antes del órgano oficial del MEMCH 35 habían sido *La Alborada* y *La Palanca* a comienzos del siglo XX. Véase Elizabeth Hutchinson, El feminismo en el periodismo obrero chileno, FLACSO, 1992, p. 4.

fragista era intensa, pero no lo abarcaba todo. A los poemas de sí y para sí de un gran número de escritoras chilenas se sumaron cartas y autobiografías, debates y asambleas. El autorreconocimiento se fue elaborando en el seno del sufragismo.

En las décadas de los años 1920-1930 las mujeres aspiraron a construir un Estado de Bienestar que brindara "a todos justicia, libertad y democracia" en condiciones de igualdad (Labarca, 1952), y se inauguró el Estado Docente con el primer gobierno radical. Elena convergirá en la construcción de los Frentes Populares, con todas sus complejidades y utopías, pero se verá sometida a sus cazas de brujas y a sus represiones, a sus cargas silentes y falsas disyunciones, a sus censuras y autocensuras. Para 1922 se fundaba el Partido Cívico Femenino ante las incertidumbres de un mundo político androcéntrico que dudaba del "comportamiento electoral" de las chilenas, a quienes se suponía electoralmente conservadoras.

A comienzos de la década de los años 1930 las feministas chilenas consolidaron el ciclo feminista de la lucha por la representación. En 1934 se aprobaba el voto municipal femenino, primer paso en la conquista de derechos políticos para las mujeres. Al año siguiente, en 1935, Elena Caffarena fundaba, junto a otras feministas, el MEMCH 35, "gran escuela de civismo", colectividad de contundente fuerza orgánica, masividad nacional y proyección estratégica, capaz de abarcar objetivos de clase y de mujeres, tanto nacionales como internacionales. Se trataba de luchas vinculadas a una concepción crítica de la subjetivación oligárquica y patriarcal. Elena Pedraza y Elena Caffarena se vieron corriendo por las calles en "traje sastre" y tacones, perseguidas por carabineros montados, munidos de sendos sables. Organizaron sedes del MEMCH en gran parte de las regiones, vinculadas al pensamiento anarco-sindicalista, socialista y comunista, corrientes identificadas con las luchas laborales más que con el profesionalismo académico tecnocrático de hoy, porque la academia era aún concebida de cara a la vida social (Oyarzún, 2019). Elena insistía en la amplitud y la descentralización movimientista, tradición arraigada en los Centros de Mujeres, sindicatos y mancomunales.

Las memchistas se vinculaban entre ellas por una fluida correspondencia desde las sedes a Elena, su presidenta. Que "se preocupara de una sobrina de región perdida por esos días en la ciudad de Santiago", que "concentrara los envíos en apoyo al terremoto del 39 en Chillán", que "se pronunciara a favor de la República y la guerra civil española", le insistían (Rojas, 2017). Elena respondía con esmero. El MEMCH se involucraba en asuntos privados y públicos a medida que la polis ciudadana se ensanchaba. Por su parte, la revista mensual *La Mujer Nueva*, órgano del MEMCH, convocaba a mujeres de diversas tendencias ideológicas, estamentos y clases sociales. Desde una concepción de subjetivaciones autónomas, Elena entendía que si las propias mujeres no luchaban por sus derechos, nadie lo haría por ellas. Mucho más tarde, compartiendo sus memorias, insistirá en que fueron las mujeres quienes prepararon en Chile el terreno para los Frentes Populares que llevarían a Pedro Aguirre Cerda a la presidencia, desde donde se comprometió con su apoyo al sufragio de las mujeres.

Aumentaba en el país el número de mujeres que trabajaban en la industria y el comercio, la administración pública y la cultura. Era ya 1941 y Elena Caffarena redactaba, con Flor Heredia, un proyecto de ley sobre sufragio femenino que no lograría despegar sino hasta 1949, debido al fallecimiento precoz de Aguirre Cerda, entonces presidente. Por esos años Amanda Labarca ya había fundado el Círculo de Lectura y empezaban a surgir algunas diferencias al interior del movimiento feminista. Las distancias entre las organizaciones "de lucha", los salones de lectura y el quehacer académico se intensificaban. El hasta entonces amplio movimiento por el sufragio se enfrentaba ahora a una hegemonía excluyente durante todo el proceso de la llamada Ley Maldita o Ley de Defensa de la Democracia, que dividió al feminismo en un falso binarismo entre "democráticas" o "comunistas", y que deterioró, en consecuencia, la calidad de la democracia. Dentro de la FECHIF había delegadas de distintos partidos políticos: socialistas, radicales, comunistas, independientes. Amanda Labarca y Elena Caffarena se encontraron allí, la una con su filiación radical, la otra con una identidad anarco-comunista. Sin embargo se empezaban a percibir posturas cerradas y hasta opositoras al MEMCH, organización que, según la prensa, "estaba manejada por las comunistas" (Poblete, p. 77). Fue entonces que la FECHIF decretó la expulsión de las delegadas del Partido Comunista, decisión que, según Olga Poblete, habría sido tomada sin acuerdo de mayorías. El MEMCH decidió retirarse, con lo cual se produjo el alejamiento definitivo de Elena Caffarena de la FECHIF y el suspenso de los feminismos pluralistas durante décadas. Los ataques y persecuciones se intensificaron. Las y los comunistas quedaron fuera de la ley; se clausuraron sus diarios y sedes; se relegó a cientos de ellas y ellos. Pablo Neruda escapó al exilio y escribió su *Canto General* fuera del país. Un médico joven, el socialista Salvador Allende, fue detenido en esas campañas. Pisagua, según algunos relatos, se fue cubriendo de ropajes de homosexuales lanzados al agua[164]. Ya estábamos en el punto más álgido de la Guerra Fría y Olga Poblete denunciaba, tajante: "bajo el pretexto de eliminar el peligro comunista, en Chile se han estado cometiendo abusos incalificables como el de cancelar de los Registros Electorales a unas dos mil mujeres, entre las que se encuentran destacadas dirigentas de reconocido prestigio, como Elena Caffarena, que contribuyó en forma tan descollante a la conquista del sufragio de la mujer" (Poblete, p. 22). Finalmente, en 1949, González Videla otorgó el voto a las mujeres en una ceremonia a la que no invitó ni a Elena Caffarena ni a Olga Poblete ni a Elena Pedraza, entre otras muchas excluidas. Para el 27 de abril de 1951 Elena Caffarena le escribió a Gabriela Mistral, que se encontraba en México: "No puede imaginarse la repercusión que ha tenido en Chile su *Palabra Maldita*. Aquí en Chile… vivimos agobiados por la propaganda guerrerista que nos sale al paso a cada instante en la prensa, la radio,

---

[164]   Algunos consideran que este es un mito. Véase http://www.disorder.cl/2010/09/02/mitos-bicentenarios-el-barco-de-ibanez-con-comunistas-y-homosexuales/ y http://www.mums.cl/2011/07/el-mito-de-los-homosexuales-lanzados-en-alta-mar-por-el-general-ibanez/

la revista, el cine, la conferencia; vivimos en estado de emergencia" (Caffarena, 1951). Comenzaba así lo que en la historia del feminismo chileno fue conocido como el periodo del "silencio de las mujeres" (Julieta Kirkwood, 1986), silencio en el que, no obstante, resonaban con fuerza las voces literarias de Marta Brunet, María Luisa Bombal y Gabriela Mistral, entre otras.

A pesar de las campañas en su contra durante esos duros años, la lucha de Elena Caffarena se volcó intensamente a la escritura, campaña personal por el reconocimiento de las mujeres en el derecho civil. Como jurista feminista, siguió realizando importantes aportes para contribuir a "una justa interpretación de la Ley" (Poblete, 122). "El juez" –denuncia en los años 1950– "no es un producto químicamente puro", es un ser que "pertenece a una clase social determinada, con prejuicios, convicciones religiosas e ideología política y además, es un hombre que no está dispuesto a abandonar las prerrogativas de que goza su sexo desde hace ya bastante tiempo" (Poblete, 122). En ese ámbito jurídico también destaca su libro *Capacidad de la mujer casada en relación a sus bienes,* en el que preconiza una noción muy avanzada en la historia del derecho chileno al proponer como mandatoria "para que exista el matrimonio… la obligación de amarse. Sin esto la institución no puede ser realidad", insiste (Poblete, 50). Con ello abrió una dimensión equitativa de género en lo que era una institución frecuentemente concertada para perpetuar el cautiverio femenino, la vida privada. Otros textos de derecho de su autoría son *De las pensiones alimenticias* (1947) y *Regímenes matrimoniales en Latinoamérica* (1948), ambos relacionados con deberes recíprocos entre los cónyuges. El primero de esos textos sostenía que aunque la mujer abandonara el hogar conyugal, tenía derecho a pensión alimenticia, noción contraria a la que sostenía la Corte Suprema de la época. A raíz de este último trabajo le fue otorgado el premio "Ballestero" de la Facultad de Derecho de la Universidad de Chile, y la Corte Suprema cambió su jurisprudencia en el sentido por ella preconizado. En 1957 apareció otro libro suyo acerca *Del recurso de amparo frente a los regímenes de emergencia.*

Su memoria histórica no ceja. Recuerda que en los años de Augusto Pinochet, junto a otras muchas feministas, ella se involucró intensamente en las luchas democráticas. Desde las calles dictatoriales, la carga silente se sacudirá con más ahínco al emerger la consigna "democracia en la casa y en el país", consigna que irrumpe hasta nuestros días contra las dicotomías excluyentes entre lo privado y lo público, al bies de los grandes consensos y exclusiones. Elena volvió a organizar, junto a Julieta Kirkwood y feministas más jóvenes, el MEMCH 1983, llegando a reunir a más de 26 organizaciones (Gaviola, Largo y Palestro, 1992). A su casa de calle Seminario llegaron las esposas, madres y hermanas de presas/os y desaparecidos/desaparecidas. Con su aporte emergió también por estos años el Comité de Defensa de los Derechos del Pueblo (CODEPU) y la Fundación PIDEE, destinada a atender los problemas de los hijos e hijas de los perseguidos (Mansilla, 2003). En 1978, junto a la Coordinadora Nacional Sindical, Elena Caffarena y otras mujeres antipinochetistas realizaron el primer acto de celebración del Día Internacional de las Mujeres en dictadura. Repletaron el Teatro Caupolicán, donde se bailó, por primera vez, la "cueca sola" en conmemoración de los desaparecidos, y las asistentes resistieron más tarde la furia policial al intentar marchar hacia la Alameda. Años después, en 1983, se produjo la marcha "Somos Más", con tres masivas columnas, "disciplinadas y expresivas, simbólicas y unitarias", la primera de las cuales se enfrentaría a una fuerte represión policial (Valdés 1987, 16). Era el comienzo del fin de la dictadura cívico-militar.

Creo que estas relecturas de Elena Caffarena hoy nos invitan a reapropiarnos de la historia de las mujeres en Chile, en plural, con actitud dialógica frente a las diferencias y con un sentido radical de democracia. Caffarena nos insta a una intensa memoria de futuro, autocrítica de estos 30 años de posdictadura, de nuestra modernización neoliberal en silencios modulados, con políticas fácticas (Lechner, 98) y enormes deudas para con las mujeres y las vastas mayorías del país. Para mayo de 2018 los feminismos chilenos habrán tensado la democracia más allá de los pactos sociales vigentes. Son desafíos para resignificar esta larga trayectoria de mujeres como Elena Caffarena, con voluptuosa voluntad articuladora capaz de irradiar contrapropuestas de cuerpos y ciudadanías más allá de los márgenes.

## Referencias

ARCOS CAROL (2008). "Boletines feministas del Círculo de estudios de la mujer, 1980-1983". En Rebeca Errázuriz *et al.*, *Prácticas culturales, discursos y poder en América Latina*, Santiago: CECLA, Universidad de Chile.

CAFFARENA ELENA (1957). *El recurso de amparo frente a los regímenes de emergencia.* Santiago: San Francisco.

_______________ (1951). Carta a Gabriela Mistral. file:///E:/caffarena/carta%20a%20Gabriela%20Mistral.pdf

_______________ (1947): *¿Debe el marido alimentos a la mujer que vive fuera del hogar conyugal?* Santiago: Ediciones de la Universidad de Chile.

_______________ (1944): *La capacidad de la mujer casada con relación a sus bienes.* Santiago, Imprenta Universitaria.

_______________ (1926). *El enriquecimiento sin causa a expensas de otro en el derecho civil chileno.* Santiago, Imprenta Balcells.

ELTIT DIAMELA. "Una mujer de todos los tiempos", en *Un siglo. Una mujer. Entrevista a Elena Caffarena.* file:///E:/caffarena/entrevista%20de%20Diamela.pdf

GAVIOLA EDDA, ELIANA LARGO y SANDRA PALESTRO (1994). *Una historia necesaria: Mujeres en Chile, 1973-1990.* Santiago: Aki & Ahora Ltda.

HUTCHINSON ELIZABETH (1992). *El feminismo en el periodismo obrero chileno*, FLACSO.

KIRKWOOD JULIETA (1986). *Ser política en Chile. Las feministas y los partidos.* Santiago: FLACSO.

LABARCA AMANDA (1943). *Bases para una política educacional*, Editorial Losada, Buenos Aires.

LABARCA AMANDA (1951). "Evolución Femenina, en Desarrollo de Chile en la primera mitad del siglo XX". Ediciones de la U. de Chile, Santiago.

LECHNER NORBERT (2006). *Textos Escogidos,* Vol. I-II. Santiago: LOM.

MANSILLA LUIS (2003). "La huella de Elena Caffarena", http://www.memoriachilena.gob.cl/archivos2/pdfs/MC0058974.pdf .

OYARZÚN KEMY (2019). "Amanda Labarca: feminismo ilustrado y 'Ley Maldita'" en Faride Zerán, ed., *Amanda Labarca. Una antología feminista.* Santiago: Ediciones Universidad de Chile.

_______________ (2004). "Julieta Kirkwood, enunciación y rebeldías de campo", Nelly Richard (ed.), *Utopía(s) 1973-2003. Revisar el pasado, criticar el presente, imaginar el futuro.* Santiago, Universidad Arcis, 2004, pp. 129-142.

POBLETE OLGA (1993). *Una mujer. Elena Caffarena.* Santiago: Editorial Cuarto Propio.

RÍOS MARCELA, LORENA GODOY y ELIZABETH GUERRERO (2003). ¿Un nuevo silencio feminista? La transformación de un movimiento social en el Chile posdictadura. Santiago: CEM/Editorial Cuarto Propio.

ROJAS MIRA CLAUDIA y XIMENA JILES (2017). *Epistolario emancipador del MEMCH. Catálogo histórico comentado* (1935-1949). Santiago: Ediciones del Archivo Nacional de Chile.

SUBERCASEAUX BERNARDO (2004). *Historia de las Ideas y la Cultura en Chile,* Editorial Universitaria, Tomo III.

VALDÉS TERESA (1987). Las mujeres y la dictadura militar en Chile. Material de discusión. Santiago: Programa FLACSO, N 94.

# LA SONRISA DE ELENA CAFFARENA

SANDRA PALESTRO CONTRERAS[165]

Al recordar a Elena Caffarena me vino a la memoria su sonrisa cuando dijo "creo que soy la única mujer que ha visto pasar el cometa Halley dos veces". Y no me pareció raro ese recuerdo, pues al momento de empezar a escribir este texto estábamos de lleno en modo eclipse 2019 y en la grandilocuencia de país capital de la astronomía mundial. Es que hasta su sonrisa era política.

Al contrario del cometa, su paso de cien años por esta tierra dejó un camino por el que hemos transitado varias generaciones de mujeres, muchas sin saber su nombre, porque el relato histórico oficial androcéntrico omite a las mujeres, a todas las mujeres y, peor aún, pone en el resultado de sus luchas la rúbrica masculina. Si no fuera por algunas historiadoras, cuyos textos circulan por fuera de los recomendados o consultados para la elaboración de textos escolares de historia y ciencias sociales, las huellas de las mujeres habrían sido borradas totalmente, y creeríamos que todo se nos ha concedido, que nos fueron a dejar los derechos a la casa.

Como dice Valentina Errázuriz:

…la narrativa de los documentos curriculares determina que 'la mujer' hoy disfruta de los mismos derechos políticos y sociales que los hombres. Se crea la sensación de libertad de acción y de elección tan relevantes para la gobernanza democrática neolibe-

---

165  Activista feminista. Socióloga. Red Chilena contra la Violencia hacia las Mujeres.

ral. En esta fábula se ha alcanzado un consenso, se ha logrado la igualdad y el orden debe prevalecer[166].

En efecto, la situación de las mujeres parece haber cambiado, pero mirando más a fondo vemos que no, más bien el orden da giros sobre sí mismo y su condición secundarizada persiste.

Las mujeres salimos a la esfera pública con nuestro mundo doméstico forjado en milenios de violencia, de manera que la división entre público y privado no necesita un muro divisorio concreto, nos vamos socializando en la supremacía masculina y se naturaliza en nuestro imaginario. Desde temprano nos enseñan cómo debemos ser y los roles que nos fueron asignados, pero la rebeldía siempre puede más. No somos como dicen que somos, o no exclusivamente; negarnos ideas, saberes, ejercicio político era absurdo, ninguna mujer se lo creyó ni total ni permanentemente, necesitaron acudir a la violencia física y simbólica para tratar de aplastar nuestra resistencia al orden establecido.

Se suponía que en sus casas la vida de las mujeres transcurría entre intuiciones, sentimientos, crianza y cuidados familiares, y fuera de ellas campeaba la "razón". Al recorrer los pasajes de la historia de las mujeres queda claro que cuando nuestras antecesoras salieron del mundo privado hacia el mundo público, no buscaban la razón sino la emancipación, pero chocaron con la razón patriarcal. Las educadoras, las librepensadoras, las obreras, las profesionales, las dueñas de casa, fueron a conquistar espacios de libertad y participación, y también llevaron a los lugares masculinos los problemas de donde se reproduce y desarrolla la vida misma, mundo que "pensamos que es íntimo y privado pero que es político también. Es otro lugar donde se piensa y se atraviesa el destino colectivo", dice Rita Segato.

Elena Caffarena, como antes otras mujeres audaces en diversos ámbitos, en 1920, junto a sus amigas María Marchant, Aurora Blon-

---

[166]   Errázuriz Valentina. *Guiones de género en los textos y programas escolares chilenos de historia*. En: Red Chilena contra la Violencia hacia las Mujeres. Nunca más mujeres sin historia. Santiago, Chile, 2018.

det y María Guajardo, todas de 17 años de edad, fueron a plantearles a los dirigentes de la Federación de Estudiantes de la Universidad de Chile (FECH) sus deseos de ingresar a la Federación, y ellos las acogieron con entusiasmo. Cuando preguntaron por las tareas que podían asumir, les encargaron "ocuparse del orden y correcta presentación del local"[167]. Las novatas estudiantes universitarias, ¿qué miradas y sonrisas habrán cruzado entre ellas?

Estas cuatro amigas traspasaron la frontera de lo privado a lo público caminando hacia Agustinas 265 (sede de la FECH), así como antes otras mujeres lo habían hecho para acceder a los espacios de educación superior mediante cartas y reclamos, y otras, en día de elecciones, habían ido a votar y no las dejaron hacerlo, por supuesto.

Pasaron 77 años desde esta osadía para que en 1997 fuera elegida Marisol Prado, primera mujer en la presidencia de la FECH, en un contexto posdictadura cívico-militar. En la actualidad, desde 2010 a 2018, cinco mujeres han presidido la Federación y en 2019, por primera vez una mujer trans[168]. Sin duda, ese grupo de amigas fue pionero en develar que las mujeres, además de asear y ordenar un local, tenemos capacidad para dirigir una organización, pero ¿los jóvenes en la actualidad estarán entendiendo que también tienen que traspasar la frontera en sentido inverso?

Encontramos a Elena Caffarena, en 1925, inscribiéndose como estudiante de Derecho y dirigenta estudiantil en la Asamblea Constituyente de Asalariados e Intelectuales, a raíz del entusiasmo suscitado en diversos sectores, entre ellos "un numeroso contingente de obreros, educadores, estudiantes, empleados y un puñado de feministas".[169] Este puñado de feministas, entre las que se encontraban Amanda Labarca, Graciela Mandujano, Eduvigis de Castro, Ernes-

---

[167] Poblete Olga. *Una mujer, Elena Caffarena*. Editorial Cuarto Propio. Santiago, Chile, 1993 (p. 19).

[168] Camila Vallejo, Melissa Sepúlveda, Valentina Saavedra, Camila Rojas, Karla Toro y Emilia Schneider.

[169] 1925. La Asamblea Constituyente de Asalariados e Intelectuales Chile, 1925: entre el olvido y la mitificación. Sergio Grez Toso. Izquierdas (Santiago) N° 29 Santiago, set. 2016. http://dx.doi.org/10.4067/S0718-50492016000400001

tina Pérez y Berta Recabarren, tuvo una destacada participación en la Asamblea: en la composición de la mesa directiva, en discursos en las sucesivas sesiones y en los acuerdos adoptados como principios constitucionales, entre ellos la "igualdad de derechos políticos y civiles para ambos sexos".

Sin embargo, en el relato histórico de la Asamblea

se destacan propuestas y acciones de protesta al orden social oligárquico de los estudiantes, movimientos de profesores y los intelectuales, suponiendo una composición tácita de sexo en dichos movimientos, lo que resulta en 'invisibilización' de las mujeres en las narraciones históricas sobre procesos que involucran a sujetos colectivos y/o en su visibilidad primaria con la tendencia a fijarse como un 'subtema' del pensamiento histórico de modo paralelo a la historia desarrollada por los varones[170].

La obtención del voto municipal de las mujeres en 1934 fue el resultado de la multiplicación de organizaciones y de su movilización en contra de la opinión de hombres públicos, quienes alertaban que la política apartaría a la mujer de su misión principal, que estaba en el hogar.

Dado el incierto comportamiento electoral de la mujer, se prefirió conceder el sufragio municipal como un ensayo que permitiera observar a quién favorecía con su voto. Por otra parte, la administración municipal –según la opinión de la época– era como la de una casa grande, donde el aseo, la salubridad, el hermoseamiento de los jardines y el abaratamiento de las subsistencias coincidían totalmente con lo que se consideraba que era el rol doméstico tradicional femenino[171].

---

[170] Jamett Pizarro Francia (2011). Aproximaciones a las presencias feministas en la Asamblea Constituyente de Asalariados e Intelectuales (1900-1925). Movimientos Sociales Populares en el siglo xx Chileno. Santiago, julio de 2011.

[171] Gaviola Edda; Jiles Ximena; Lopresti Lorella; Rojas Claudia. Queremos votar en las próximas elecciones. Historia del movimiento femenino chileno 1913-1952. Coedición: Centro

En este contexto desplegaban su acción las feministas, que ya en los inicios del siglo XX exigían participar en las decisiones políticas. Baste recordar las razones que esgrimían distintos sectores para negar estas exigencias de las mujeres:

"La derecha, tanto conservadores como liberales, coincidían en estimar que la naturaleza no había capacitado a la mujer para ejercer ese derecho y se temía que su intromisión en cuestiones políticas pudiera quebrantar el hogar" (*El Mercurio*, enero y febrero de 1910).

"Los radicales estimaban que la mujer por el momento no debía ejercer los derechos políticos, pues no estaba preparada, se encontraba aún muy apegada a las tradiciones emanadas de la religión y carecía de educación suficiente. Suponían además que no tenía interés en asuntos políticos y que su espíritu de asociación había despertado sólo en relación a instituciones de tipo benéfico" (*La Razón*, mayo de 1913).

"En materia de educación, la derecha postulaba que ésta era un buen vehículo para que las mujeres pudieran ejercer en forma más eficiente sus funciones de esposa y madre" (*El Diario Ilustrado*, mayo de 1915).

"La iglesia católica decía, 'la labor social femenina es llevar el respeto solícito de la hija, como el cariño afectuoso de la esposa y la ternura previsora de la madre a los que sin ella no tendrían hogar'... el papel de la mujer es 'predicar el santo evangelio y estar siempre junto a la cuna de su hijo'" (*El Diario Ilustrado*, 18 de mayo de 1922).

"Los socialistas opinaban que la mujer requería de una mayor educación para ejercer adecuadamente los derechos políticos. Estimaban que no era oportuno otorgárselos en ese momento, porque no tenía sentido ejercerlos en un país en el cual la política

---

de Análisis y Difusión de la Condición de la Mujer/La Morada. Fempress/Ilet. Isis. Librería Lila. Pemci/Centro de Estudios de la Mujer. Santiago, Chile, 1986 (p. 59).

estaba manejada por un pequeño grupo social y porque antes era necesario un cambio de la sociedad toda, en el cual la mujer debía participar incorporándose a las organizaciones de tipo reivindicativo" (*El Despertar de los Trabajadores*. Iquique, marzo de 1912 y julio de 1924)[172].

Los hombres no solo omitían las trabas que habían impuesto a la educación de las mujeres; además, frente a tan "razonables" argumentos no dejaban siquiera un resquicio para que ellas pudieran salir de su mundo predeterminado. Pero las mujeres no cejaban, Elena Caffarena y Marta Vergara fundaron en mayo de 1935, junto a otras destacadas dirigentas y una treintena de entusiastas participantes, el Movimiento Pro Emancipación de la Mujer Chilena (MEMCH), con los objetivos de emancipación económica, social y jurídica de las mujeres, y la reivindicación del voto político.

La acción política del MEMCH fue influida mayormente por sus bases obreras; se orientó hacia las injusticias y desigualdades en los salarios de las mujeres y en sus condiciones de vida; la educación sexual y la legislación sobre aborto; el costo de la vida, la desnutrición, el alcoholismo, los conventillos, el analfabetismo, la salud. Se trataba de ampliar las opciones de las mujeres, limitadas casi exclusivamente a la maternidad y el cuidado del hogar familiar. Además sus dirigentas acudían a otras regiones a petición de las memchistas que requerían preparación, pues decían sentirse inseguras en las intervenciones públicas.

Elena Caffarena y Flor Heredia redactaron el proyecto de ley que les permitiría a las mujeres votar en todas las elecciones, el que fue presentado por el presidente Pedro Aguirre Cerda al Parlamento en 1941. Al fallecer el presidente ese mismo año, el proyecto fue archivado; sin embargo la iniciativa de presentarlo y los discursos emitidos en su favor dieron un nuevo impulso a las movilizaciones y a la unidad de las distintas organizaciones de mujeres.

---

[172] Gaviola, *óp. cit.*

La realización del Primer Congreso Nacional de Mujeres (1944), que reunió a cerca de 400 delegadas de todas las regiones del país, entre otras resoluciones, decidió conformar la Federación Chilena de Instituciones Femeninas (FECHIF). La unidad de las mujeres plasmada en este organismo, aunque se debatió en intensos conflictos internos, potenció la fuerza del movimiento, el que se hizo cada vez más visible e influyente. Así, después de más de 30 años de luchas de las mujeres por conquistar sus derechos políticos plenos, desde distintos sectores al parecer empezaban a entender que era justo lo que exigían, por tanto esgrimían poderosas "razones" para otorgarles el derecho a voto:

"El otorgamiento del pleno derecho a sufragio para la mujer se ha abierto camino en la opinión pública por una evidente razón: que no existe constitucionalmente causa alguna para negárselo. Si la ley ha dispuesto que son ciudadanos con derecho a sufragio los chilenos que hayan cumplido 21 años de edad, que sepan leer y escribir y que estén inscritos en los Registros Electorales, no se divisa ninguna razón para privar de este derecho a la mujer que esté en situación de exhibir iguales condiciones" (nota editorial de *El Mercurio*, 16 de septiembre de 1948).

"Pero no nos explicamos por qué nuestro país, uno de los más evolucionados del Continente, donde las posibilidades de cultura y acción de hombres y mujeres marchan a parejas, más que en ningún otro país de nuestra América, se ha retrasado en reconocer ese derecho a las mujeres" (Diario *Última Hora*, 9 de septiembre de 1948).

"Seguramente la intervención de la mujer en los asuntos políticos pueda reportar ciertos beneficios al país; a mi juicio la mujer está capacitada para ejercer derechos y para participar en todas las actividades que constituyan las fuerzas vivas del país, sin más restricción que las que imponen sus deberes familiares. La mujer soltera o la casada sin hijos está en condiciones más favorables para participar en los asuntos públicos que la madre que debe velar por el mantenimiento y educación de su progenie" (Diario *El Sur* de Concepción, 8 de agosto de 1948. Opinión del rector de la Universidad de Concepción, Enrique Molina)[173].

Me habría encantado ver la sonrisa de Elena Caffarena cuando leía las declaraciones de estos caballeros. En ese clima adverso y sin ningún reconocimiento a su larga lucha, las mujeres conquistaron los derechos políticos plenos en 1949 y, ya se sabe, Elena no pudo ejercerlos a raíz de la Ley Maldita.

Los mismos que les fueron arrebatados, y a toda la ciudadanía, con el golpe cívico-militar el 11 de septiembre de 1973, que inició una larga etapa de represión, miseria y muerte en el país. En estos años de dictadura, consecuente con su trayectoria política, Elena Caffarena participó en el origen de la Fundación para la Protección de la Infancia Dañada por los Estados de Emergencia, PIDEE (1979), y en el Comité de Defensa de los Derechos del Pueblo, CODEPU (1980), para apoyar y defender a víctimas y familiares de víctimas de violaciones a los derechos humanos y luchar contra la impunidad.

En 1982, cuando reaparecía el movimiento feminista en Chile, en un evento en el Centro Cultural Estación Mapocho le pidieron que relatara algo de aquellos 30 años de lucha por obtener el derecho a voto. Refiriéndose a la intervención de Elena Caffarena, dice Olga Poblete, "ella anotó con risueña e ingeniosa ironía: 'En este tiempo hemos ido más bien para atrás. Perdimos muchas conquistas las mujeres y, lo que no es menor, perdimos el derecho a voto. Pero en esto estamos acompañadas por los hombres. Por eso siempre repito: a nosotras harto nos costó conseguirlo. Ahora, que los hombres luchen por recuperarlo'"[174].

---

[173] Klimpel Felicitas. *La mujer chilena.* (*El aporte femenino al progreso de Chile*) 1910-1960. Editorial Andrés Bello, Santiago, Chile, 1962.
[174] Poblete, *óp. cit.*

Habían pasado 62 años desde su incursión en la FECH y esta vez ella les enviaba un recado a los hombres. Las vueltas de la vida; al año siguiente el Congreso de la Confederación de Trabajadores del Cobre hizo el primer llamado a paro nacional, que desencadenaría una etapa de protestas hasta el final de la dictadura, en las que participaron de manera protagónica las mujeres.

La rebelión de las mujeres, concretada en la toma de universidades en mayo de 2018, puso en la escena nacional la violencia largamente denunciada y esto lo consiguieron como movimiento feminista, no estudiantil. Estas mozas insolentes se tomaron los sacrosantos centros del conocimiento masculino y de paso le enviaron un mensaje a sus compañeros de ruta.

Se hicieron visibles para la sociedad y eso es lo que sucede cuando conocemos, nos identificamos y valoramos lo que hicieron ayer y lo que hacemos hoy las mujeres. El feminismo es una forma de conocer transformadora, pues al saber la trayectoria de las mujeres en la historia, al juntarnos a conversar de nuestras vidas, al organizar las múltiples acciones que realizamos, al compartir con otras mujeres nuestra visión de mundo, nos damos cuenta de que algo nos va pasando a todas. Empezamos a *ver* a las mujeres, nos sorprendemos al ver que nuestras propias vivencias son parte de esa acción política desplegada en todos los tiempos, entonces nos unimos a la marea feminista y ahí ponemos toda la sabiduría experiencial de nuestros cuerpos, marcados por discriminaciones múltiples.

El gesto feminista –dice Alejandra Castillo– está en el reconocimiento, en la mención, en la cita, pero sobre todo en la filiación genealógica. Es así como se comienza a desorganizar la trama patriarcal (…) Solo así se narran otros cuerpos, se cuentan otras historias[175]. Colectivamente, vamos develando, construyendo nuestro lugar en la historia, nos afirmamos en nosotras mismas,

---

[175] Castillo Alejandra. "De la revuelta feminista, la historia y Julieta Kirkwood". En: Zerán Faride. *Mayo feminista. La rebelión contra el patriarcado.* LOM, 2018.

en nuestra propia diversidad, y somos más en la rebelión contra el patriarcado, el capitalismo, el colonialismo y todas las formas de dominación.

Las mujeres hemos derribado la frontera entre lo público y lo privado, ya lo decía Julieta Kirkwood, son los pequeños gestos de rebeldía cotidianos los que van cambiando la sociedad. También Angélica Illanes se refiere a "la invencible revolución permanente de las mujeres", "que, a diferencia de otras revoluciones sociales, ha resistido en el siglo XX todos los obstáculos, todas las dictaduras e incluso todas las tradiciones… guerreando pacífica y cotidianamente… en la calle, en la casa, en la política, en las universidades, en la prensa[176]". Como dice Rita Segato, la política es una gestión de lo colectivo y eso nosotras lo hemos hecho siempre.

Conocer, valorar, hacer visible nuestra historia nos vincula en esta genealogía de mujeres grandes, como Elena Caffarena, y tantas que nos antecedieron, para seguir abriendo caminos con nuevos y firmes pasos, prefigurando la sociedad en que queremos vivir, construyendo la utopía en esta continua trayectoria de luchas, diversa y plural, sabiendo que cada conquista de las mujeres es un paso adelante que da todo el país.

---

[176] Jamett Francia. "La cultura política feminista en la historia". En: *Red Chilena contra la Violencia hacia las Mujeres. Nunca más mujeres sin historia.* Santiago, Chile, 2018.

# ELENA CAFFARENA. APRENDIENDO DE ELLA Y DE SU VIDA

FANNY POLLAROLO VILLA[177]

Fue en el tiempo de la dictadura cuando muchas mujeres nos acercamos a la admirada Elena Caffarena accediendo a su mítico hogar en Seminario 244. Conocíamos su fama como figura central en la lucha y la conquista del voto universal; sabíamos de su inteligencia, de sus aportes como jurista, de su innegable liderazgo. Ahora era quien nos acogía en tiempos que exigían recuperar la democracia. Una bella mujer, que bordeaba los 70 años y nos recibía trasuntando firmeza al mismo tiempo que bonhomía y tranquilidad.

Elena Caffarena sobresalía por su liderazgo social y político, evidentes en sus acciones, pero también por la persona particular que fue. Descrita siempre con auténtica admiración, gozaba de la confianza de sus amigas, quienes la consultaban confiando en la sabiduría de sus consejos. Siempre serena, facilitaba las interesantes conversaciones y debates de los sábados en su casa, en las que participaba sin intentar coparlas ni ser el centro[178]. ¿Cómo desarrolló Elena su vida en la historia de ese Chile del siglo xx? ¿Es posible acercarse a ella desde esa doble mirada de ser sujeto que construye historia al mismo tiempo que es construido por ella?

---

[177]   Siquiatra de la Universidad de Chile. Académica de la misma institución hasta 1973. Fue diputada durante ocho años, con foco en los derechos de las mujeres, la no discriminación y la infancia vulnerada, problemática social en la que trabaja hasta la actualidad.

[178]   Entrevista a Laura González Vera M. vda de Soria. Junio de 2019.

## I. Solidez y coherencia en su identidad y trayectoria

En el mundo privado de la familia fue el padre, Blas Caffarena, quien desempeñó el papel central, y todo indica que constituyó una figura de gran importancia en el desarrollo y la personalidad de Elena, quien se desenvolvió en un medio familiar que fue nutricio y protector al mismo tiempo que respetuoso de los procesos de autonomía de sus hijos e hijas.

Elena fue una niña inquieta, interesada en conocer y aprender, para quien la escuela fue la oferta que le abrió el mundo de las bibliotecas y los libros y el lugar donde tres adelantadas mujeres de esa época reconocieron y promovieron sus intereses y capacidades. Uberlinda Aguilar, profesora normalista, quien reforzó los hábitos de disciplina y responsabilidad que fueron tan propios de la personalidad de Elena; y Matilde Brandau, directora del Liceo de Iquique, la segunda mujer abogada de nuestro país, quien estimuló ese amor a la lectura que la acompañó a lo largo de su vida. El último año de la secundaria lo cumplió en el Liceo N° 4 de Santiago, en donde una nueva docente, la profesora de Ciencias Políticas Ercilia Díaz, puso de relieve sus capacidades. Y fue allí donde tres nuevas mujeres, ahora sus pares, irrumpieron en la vida de Elena: María Marchant, María Guajardo y Aurora Blondet, con quienes construyó una sólida amistad y una búsqueda compartida de desarrollo intelectual y abordaje de nuevas experiencias. Lectoras entusiastas las cuatro, con ansias de saber y de participar, ingresaron juntas a la Federación de Estudiantes de la Universidad de Chile (FECH), experiencia que se prolongó durante casi toda la década de los años 1920.

Siempre inquieta, exploradora, Elena parecía perfectamente preparada para recibir todo lo nuevo que la época histórica le ofrecía para conocerlo, hacerlo suyo e involucrarse intensamente. Ella y sus amigas fueron las primeras mujeres integrantes de una organización hasta entonces solo masculina, y muy pronto se las vio participar de lleno en debates y toma de decisiones, y llegaron a liderar situaciones de elevado conflicto social en las que Elena mostró su capacidad de liderazgo.

La década de los años 1920 fue el tiempo de las grandes conmociones políticas y sociales y los estudiantes organizados fueron actores y reflejo de los problemas y las transformaciones de la sociedad chilena en los inicios del siglo XX[179]. Elena desarrolló una gran actividad, participando en círculos de discusión política, colaborando en talleres para la educación de mujeres trabajadoras, y ya como estudiante de 2° año, atendiendo la Oficina de Defensa Jurídica Gratuita ofrecida por la FECH, lugar donde se fue haciendo consciente de las injusticias y postergaciones sufridas por las mujeres. Fueron años que parecen haber marcado en Elena ese sentido ético aplicado a la justicia y exigible para la mujer y para la sociedad en su conjunto, valores que estarán presentes en su temperamento y su conducta a lo largo de su vida.

En 1926 se recibió como abogada con una tesis brillante sobre las trabajadoras domésticas, la que también era expresiva de los valores que ya la identificaban. Ganó una beca y decidió partir a Europa aun cuando tenía un novio y había decidido casarse, en un acto de autonomía poco frecuente para esos años. Más sorprendente todavía es que Elena, persona seria y estudiosa, dejó posteriormente la beca y aceptó la ayuda de su padre para permanecer en Europa. Allí recorrió museos, leyó a nuevos autores literarios y estuvo en la tierra de sus padres, donde también pudo conocer a personajes cuyas vidas la inspiraban y enriquecían. Así debió haber sido para Elena su encuentro con Gabriela Mistral y el filósofo y político José Vasconcelos[180].

Partir y luego cambiar el destino son acciones que demandan gran coraje y capacidad de decisión, que nos permiten reconocer una notable solidez de la identidad y el psiquismo de Elena, el que correspondería con lo que algunos llaman autodirección interna.

---

[179]  González Vera: *Cuando era muchacho*, Editorial Universidad de Chile, 19.
[180]  Jiles M. Ximena, *Elena Caffarena Morice*. Editorial USACH, 2019.

Quizás percibió Elena una necesidad de completar una visión más amplia de la vida y del mundo, enriqueciendo y ampliando su identidad aún en construcción. Una decisión que muestra la lucidez y fortaleza de elegir dar un paso previo a la instalación de su plan de vida en Chile, ordenado y activo en relación con el mundo y la sociedad en la que le tocó nacer y vivir.

Al regresar en 1929 se casó e inició un prolongado y estable matrimonio con el respetado abogado Jorge Jiles Pizarro, con quien fueron padres de cuatro hijos, dos hombres y dos mujeres, una de ellas adoptiva. A lo largo de sus vidas compartieron siempre el trabajo profesional y los grandes intereses políticos y sociales. Atendían juntos y gratuitamente a obreros, dirigentes sociales, mujeres trabajadoras, y en el hogar disfrutaban semanalmente de las cenas de los sábados en que interesantes intelectuales, políticos y artistas compartían reflexiones e intercambiaban saberes, en las que las amigas de siempre, muy especialmente María Marchant y su esposo, el destacado escritor José Santos González Vera, participaban regularmente.

Firme en sus palabras y sus gestos, la serenidad y la calma de Elena son rasgos destacados por quienes la describen.

Su nieta Ximena, quien no concebía ausentarse del almuerzo de los sábados, dice: "Nos esperaba callada y calma, con la alegría de recibirnos, también a los amigos, pololos y maridos; aceptando con tranquilidad la ruidosa inquietud de los numerosos nietos o bisnietos más pequeños, diciéndonos que los niños tienen derecho a desordenarse a su gusto"[181].

Esa actitud calma de Elena fue también destacada por otras personas que la conocieron muy de cerca: "Una mujer muy elegante, de una elegancia natural, sobria y refinada. Siempre tranquila, era un encanto estar con ella"[182]. Ese rasgo de serenidad es lo que parece describirla mejor y probablemente sea también la base de esa confianza que sus tres amigas depositaron siempre en ella, a quien

[181]   Jiles M. Ximena *Ibídem.*
[182]   Testimonio. *Ibídem.*

consultaban a través de cartas en las que se comunican regularmente acerca de temas sobre los que necesitaban reflexionar o decidir: "Espero tu opinión" era la frase central de los mensajes y las consultas que se le formulaban. La relación que establecían parece reflejarse bien en este comentario: "Es que a la tía se la respetaba, al mismo tiempo que encantaba".

## II. Elena y el feminismo de la primera ola en Chile

El derecho al sufragio universal fue planteado por primera vez en el siglo XIX, pero había sufrido el desinterés de organizaciones femeninas de la época que priorizaban la educación y sufrían el peso político de los hombres y las mujeres conservadoras, unido a la presión de la Iglesia Católica.

Una afirmación de Elena muestra claramente el papel de su profesión de abogada como el hecho crucial que la llevaba a identificarse como feminista. "Es reconocer la inferioridad legal de la mujer y la necesidad de poner fin a esa discriminación, lo que me hizo feminista"[183], dijo Elena.

Fue en los talleres voluntarios de la FECH para la educación de las obreras y en la Oficina de Defensa Jurídica gratuita donde Elena no solo fue empapándose de la "cuestión social" sino también de lo que se dio en llamar "la doble explotación de la mujer".

Poco se sabe de la participación de Elena en los Círculos Masculinos de Pensamiento Ácrata desarrollados en la FECH, ideología que en los años 1890 y 1930 había incorporado una línea centrada en la liberación sexual llamada "feminismo ácrata[184]", en la que destacaron numerosas mujeres trabajadoras a las que se sumó, entre los años 1913 y 1915, la socialista librepensadora española Belén de Sárraga, quien recibió el apoyo de la masonería chilena, el par-

---

[183]   Poblete Olga. *Una Mujer, Elena Caffarena*. Ed. La Morada. Ed Cuarto Propio.
[184]   Lagos M. M. *Feminismo obrero en Chile*. Ed. Ojoentinta. Ministerio de las Culturas, las Artes y el Patrimonio.

tido radical y muchos librepensadores organizados. Si bien Elena se encontraba solo en el umbral de la adolescencia, su reconocida inquietud lectora y el pensar agnóstico de su padre deben haberle permitido recibir estas nuevas ideas que estuvieron presentes en los debates de la FECH y seguramente también en las tertulias semanales de Seminario 244. No sabemos si en su viaje por Europa Elena pudo recoger otros elementos del feminismo más allá de las actividades de las sufragistas inglesas.

Lo que resulta evidente es que en 1931, a dos años de su regreso y a poco de casada, Elena inició el camino que la convertiría en la lideresa del feminismo de la llamada primera ola en Chile. Ese año acompañó a Amanda Labarca en la creación de la Asociación de Mujeres Universitarias y desde allí concurrió, como delegada, a la Federación de Instituciones Femeninas (FECHIF), organismo que jugó un importante papel en la lucha por el voto universal. Organizada, activa, estudiosa, sus recursos económicos de origen familiar le facilitaron volcar sus saberes y energía a lo que para ella fueron dos ejes que orientaron su vida: la causa de la justicia y el feminismo. Fue así que mientras trabajaba como abogada junto a su marido atendiendo gratuitamente a trabajadores, hombres y mujeres, profundizaba en sus ideas feministas, las que se vieron enriquecidas con una nueva amistad con la periodista Marta Vergara. Iniciada la creativa década de los años 1930 y conquistado el voto femenino en las elecciones municipales, Elena encabezaba un grupo de nuevas y viejas amigas, al principio todas ellas profesionales, cuyo objetivo era crear un movimiento de mujeres centrado en la demanda feminista del sufragio universal. Marta Vergara, periodista, conocedora del mundo y de las ideas feministas europeas, fue quien jugó un gran papel al dar mayor contenido de género a esa organización social extraordinaria de mujeres que se llamó MEMCH, la misma que en mayo de 1935 desarrolló su primer congreso.

Con gran visión política buscaron superar el desinterés de las mujeres que desconfiaban de la política, concibiendo un MEMCH capaz de llegar a todos los rincones del país, sin distinción de ningún tipo, y aunque sus creadoras pertenecían a la élite de mujeres profesionales, Elena procuró activamente el desarrollo y la presencia de trabajadoras asalariadas. Por eso vimos, en el primer número del periódico *La Mujer Nueva*, dos artículos y dos autoras que parecía imposible reunir: "La mujer y el fascismo" de Sofía Maniers, y "La mujer obrera es doblemente explotada", firmada por Eulogia Román (obrera). Elena encabeza una forma profundamente respetuosa de establecer relaciones y trabajar colectivamente y así lo muestran las miles de cartas de las que ella se preocupaba personalmente de responder, incansable en el cumplimiento de un trabajo que persistió durante 24 años y que resulta difícil de imaginar hoy.

El MEMCH ocupó un gran espacio en la sociedad. Asambleas de mujeres que cubrían todas las clases sociales eran capaces de llenar grandes locales, sorprendiendo por la amplitud de la convocatoria y enfrentando por ello campañas groseras e injuriosas.

En medio del auge del movimiento social que culminó con el acceso al gobierno de Pedro Aguirre Cerda, Elena y Flor Heredia escribieron el primer proyecto de ley sobre sufragio universal. Si bien el presidente evidenciaba su simpatía y apoyo al movimiento, en los partidos que encabezan el Frente Popular surgió el temor al voto femenino, con razón percibido como proveniente de un sector conservador. A esto se unió la crítica de elitismo que formulaban sectores del Partido Comunista, que buscaba debilitar el rol de Elena en la estructura del MEMCH. El respaldo alcanzado por su liderazgo y la fortaleza de esta notable organización le permitió enfrentar y superar estas crisis, pero fueron años complejos y contradictorios los que el impacto de la Guerra Fría generó en la política de nuestro país, lo que logró quebrar la alianza de izquierda triunfadora en los tres gobiernos radicales generando, bajo el gobierno de Gabriel González Videla, la persecución política contra el Partido Comunista. Muchas memchistas, incluso la propia Elena, se vieron gravemente afectadas por ello.

Podemos imaginar entonces lo contradictorio que debe haber sido para Elena poder disfrutar de la aprobación de la ley que permitía cumplir un anhelo que había demorado casi un siglo alcanzar y en cuya lucha había participado de manera tan notable el MEMCH, y sufrir al mismo tiempo el absurdo de ver que esta ley se aprobaba bajo un gobierno que desdecía su programa y perseguía a los principales actores que la habían hecho posible. Con su elegante lenguaje jurídico Elena no dudó en hacer presentes públicamente su rechazo y su crítica a un presidente capaz de instalar la Ley Maldita en Chile.

En mayo de 1954 las socias tomaron juntas la decisión de disolver el MEMCH.


## III. Elena y los años posteriores al MEMCH. ¿El intervalo del feminismo en Chile?

Podría decirse que la historia había acompañado a Elena en un movimiento a favor de sus valores societales en el que su inteligencia y liderazgo pudieron abrir caminos e invitar a muchas mujeres a transitar en ellos. Pero el tiempo de la posguerra cambió fuertemente la historia y volvió a estrechar los espacios democráticos también en nuestro país, sumando ahora aspectos tácticos de una política en la que Elena nunca fue militante pero con la que siempre compartió sus anhelos de justicia social. La izquierda chilena, en especial el PC, que fuera muy activo en la primera etapa del MEMCH, elaboró la tesis de la "contradicción secundaria", explicando que una vez conseguido el derecho a elegir los otros derechos negados a la mujer se le asegurarían como consecuencia de la nueva sociedad a la que se aspiraba.

Feministas teóricas como Nancy Fraser[185] muestran que no habría sido eso lo que ocurrió en Europa. Allí fue justamente la posguerra la que marcó el inicio de la segunda ola feminista, la que ella describe como un feminismo que supo integrar los tres principios o dimensiones: la representación (ya que solo se había conquistado el derecho a sufragio); la justicia redistributiva (apoyo al Estado be-

---

[185]   Fraser N. y Honnet A. Editorial Morata-Madrid. 2006.

nefactor); y el reconocimiento (el cambio cultural, la igualdad en la diversidad).

En Chile la situación fue distinta y si bien un número cada vez mayor de mujeres se destacaba y comenzaba a acceder a cargos públicos, incluso al Parlamento, el pensamiento feminista no tuvo expresión hasta la aparición de Julieta Kirkwood, a comienzos de 1970. Se trata de un tiempo que puede ser llamado un "intervalo" del feminismo, ya que al comenzar los años 1980 empezó un nuevo momento en el que las mujeres, las políticas, las luchadoras por los derechos humanos y las feministas, salimos unidas a la calle en la demanda de una democracia "en el país y en la casa".

Y fue también cuando acudimos a Seminario 244 a recibir el pensamiento y el apoyo de Elena Caffarena.

Si antes nos detenemos y miramos a Elena en esas décadas de los años 1950 y 60, la vemos volcando su inteligencia y energía en el campo de lo jurídico, tanto académico como práctico, tanto de reflexión como de acción. A diferencia de su amiga y aliada en el feminismo, Marta Vergara, quien mostró su amargura ante la pérdida de sus ilusiones políticas sintiendo que vivía "el derrumbe de un naufragio"[186], Elena continuó en su amplio quehacer, en lo que nos parece una vida construida sobre bases muy sólidas.

Como abogada, compartiendo el estudio jurídico con su marido, asesoró a organizaciones, defendió a mujeres trabajadoras, sindicatos y dirigentes sociales, siempre a costos económicos bajísimos o inexistentes para ellos. En muchas oportunidades debieron defender a dirigentes encarcelados por participar en huelgas o protestas callejeras[187].

Parte de su tiempo Elena lo dedicó a escribir, produciendo valiosos tratados jurídicos e importantes escritos de debate.

Ya en 1924 se había destacado con su tesis de grado en la Escuela de Leyes de la Universidad de Chile. Posteriormente, en 1944, aun

---

186    www.memoriachilena.cl
187    Testimonio, *ibídem*.

cuando la actividad del MEMCH mantenía una alta intensidad, publicó su valioso libro *Capacidad de la mujer casada en relación a sus bienes*, obra en la que evidencia claramente su visión de género, mostrando una forma de subordinación que se prolongó hasta la cercanía del siglo XXI, y que afectaba a las mujeres de todos los sectores sociales. Posteriormente, un nuevo libro de Elena se hizo famoso por el premio recibido y el impacto producido a nivel de la jurisprudencia: *¿Debe el marido alimentos a la mujer que vive fuera del hogar conyugal?*, publicado en 1947, de enorme significado para mujeres que dependían de manera absoluta de sus maridos. En 1952, y como publicación MEMCH, escribió *Un capítulo en la historia del feminismo*, dedicado al sufragismo inglés. Importante y en alguna medida premonitoria fue la publicación, en el año 1957, del estudio *El recurso de amparo frente a los regímenes de emergencia*, prologado por Patricio Aylwin A., profesor de derecho en esa época. Conocido también es su alegato al apelar, en enero de 1949, ante el Conservador de Bienes Raíces encargado del Registro Electoral, por la injusta aplicación de la ley que despojaba del derecho a sufragio a todos quienes fueran militantes del Partido Comunista. Con elegancia e ironía aprovechó la oportunidad para mostrar públicamente su rechazo a quien era en ese momento presidente, Gabriel González Videla.

Muchas otras actividades ocuparon la inteligencia y el sentido práctico de Elena, y quizás la más importante para ella fue la tarea encargada por el presidente Pedro Aguirre Cerda al nombrarla su representante en el creado Consejo de Defensa del Niño con el título de directora *ad honorem*, tarea que mantuvo con gran dedicación hasta el año 1974. Allí mostró siempre su especial preocupación por la infancia, en especial la excluida de los beneficios y protección social que ellos requieren.

## IV. En los años de la dictadura

Ya cumplidos sus 70 años de edad, nuestro país vivió la herida de un quiebre profundo, que lo sometió al terror de una dictadura feroz. Se trata de un nuevo y ahora trágico momento de nuestra historia al que Elena respondió con la serenidad de siempre, convirtiendo su hogar en un espacio de acogida y a ella misma una mujer capaz de escuchar y alentar.

Serán las mujeres valientes de las Agrupaciones de Familiares de Detenidos Desaparecidos y de Ejecutados Políticos las que necesitarán, antes que nadie, contar con ella. Muy luego aparecieron los hijos y nietos de estas mujeres, quienes requerían un soporte emocional que ellas no podían darles. Elena se reunió con todas ellas, redactó estatutos, ayudó a buscar firmas y, con el apoyo del gobierno sueco, puso en marcha el Programa por la Infancia Dañada en los Estados de Emergencia (PIDEE), el que se mantuvo hasta la llegada del gobierno democrático, brindando atención médica y psicosocial a los niños, niñas y adolescentes vulnerados por la dictadura.

Elena y su hogar se convirtieron en sinónimo de permanente protección. Muy importantes fueron las cartas a los jueces y las presentaciones a tribunales que ella hiciera. Gran valor alcanzó su reproche a ministros de la Corte que abusaban de la incomunicación, prolongándola excesivamente. Y Seminario 244 fue muchas veces el lugar que acogía a quien debía tomar "medidas de seguridad" y abandonar el hogar propio.

Ella y Olga Poblete visitaron permanentemente a las mujeres encarceladas por la dictadura. Tanto en la lucha por la defensa de la vida como en las movilizaciones públicas que demandaban democracia y que comenzaron con mayor fuerza en el año 1983, las mujeres se mostraron organizadas y en movimiento, especialmente dispuestas a aparecer en la calle. Surgió entonces una gran actividad en Seminario 244. Las ideas feministas se habían integrado al objetivo democrático que guiaba al movimiento Mujeres por la Vida, el que muy rápidamente asumió las banderas de un feminismo que exigía "democracia en el país y en la casa".

La presencia de Elena, la historia del trabajo del MEMCH, de una lucha vigorosa que nos había antecedido y que parecía estar plasmada en ese lugar donde hoy se vivía un nuevo y dramático momento de la historia, daba especial profundidad al doble sentido feminista y republicano de nuestra tarea en Mujeres por la Vida. El primer acto público de mujeres en el Teatro Caupolicán de Santiago fue en gran medida organizado en su casa, contando con su apoyo y entusiasmo, junto con el de Olga Poblete, con quien asistió al acto corriendo todos los riesgos previsibles en esa época. Fue en Seminario 244 donde nació también una nueva organización, el MEMCH 83, que ha desarrollado una importante tarea, siempre ligada a organizaciones de base, que se prolonga hasta la actualidad.

La década de los años 1980 estuvo marcada también por la fuerte aparición del feminismo de la llamada segunda ola, y Elena buscó escuchar a quienes lo impulsaban. Ya en 1981 Julieta Kirkwood[188] había plasmado en distintos números del *Boletín del Círculo de Estudios de la Mujer*, creado en el año 1979, su pensamiento feminista, el que se vio enriquecido con el retorno de mujeres que habían partido al exilio en Europa, y que además posibilitó la creación de centros de estudio y de apoyo tales como Isis y La Morada, entre otros. Ya en 1984, como dice Julieta en su libro[189], la discusión estaba abierta y el debate entre feminismo y política sería un tema que llevaría, más adelante, a discusiones de mayor complejidad. Elena estuvo interesada en todo ello, visitaba dichos centros y conversaba con mucho interés sobre las nuevas tesis y debates que se abrían. Era evidente la satisfacción que experimentaba con esta vuelta de la historia, que si bien aparecía tan negra en lo político, era luminosa en lo que tocaba a uno de los aspectos centrales en su vida: la emancipación de la mujer.

---


[188]    www.memoriachilena.cl

[189]    Kirkwood Julieta. *Tejiendo rebeldías*. www.memoria chilena.cl

## V. Algunas reflexiones recordando a Elena

Elena fue una mujer que se vinculó muy tempranamente y con fuerza con el quehacer político y social del país, el que en sus 100 años de vida evidenció crisis y rupturas que afectaban anhelos de justicia muy fuertes en ella. Desde esta mirada de sujeto que hace y se hace en la historia, destaca la solidez de Elena, la fuerza y coherencia que mostró a lo largo de su trayectoria, siempre en armonía con sus ricos intereses. Fue una mujer integral e íntegra, generosa y solidaria, una feminista adelantada, con autonomía y capacidad para desplegar su identidad en el ámbito público y en el privado. Tal podría ser la base de la armonía y serenidad que trasuntaba. No son raros, entonces, la admiración y también el cariño que siempre produjo y que hoy experimentamos al recordarla.

Una segunda reflexión apunta a que si bien ella fue relevante en la historia del país, su vida y obra no son almacenajes del pasado sino una producción para operar en el presente[190]. Desde allí cabe preguntarnos de qué manera Elena Caffarena nos ilumina para enfrentar las preocupaciones e inquietudes que hoy nos acechan.

De las muchas riquezas que nos mostró en sus 100 años de vida, quizás la que me resulta más notable y más pertinente para enfrentar las problemáticas de hoy es su capacidad para articular e integrar ideas y acciones. Lo mostró en su forma de ser y de vivir. Así lo evidenció al cambiar el sentido de su viaje a Europa; también en la notable amplitud con que concibió el MEMCH; en la independencia de su mirada política. Su actuar fue siempre sistémico: unió lo académico y las leyes con el desarrollo de la conciencia feminista y con la estructura requerida para articular y construir el necesario poder político. Todo esto la separó de la rigidez racionalista y la acercó a ese pensar holístico que recién comenzaba a germinar en la primera

---

[190] Piper Isabel. "Procesos de memoria colectiva en la posdictadura chilena", en *Derechos humanos, pedagogía de la memoria y políticas culturales*, Editorial LOM, 2011.

mitad del siglo XX, una cuestión que hoy representa un gran desafío para nuestro actuar.

Por último, sobre el feminismo de Elena también tendríamos que reflexionar mucho más. Pareciera más justo definirla como una adelantada de la segunda ola feminista, puesto que ella y el MEMCH apuntaron permanentemente mucho más allá del sufragismo, a los problemas sociales y económicos concretos de miles de mujeres e incorporando incluso a los niños, sin que Elena temiera por ello debilitar su mirada de género. Por ello es que si seguimos a la autora ya citada, diríamos que Elena fue capaz de entretejer las tres dimensiones de la injusticia de género: la económica, la cultural y la política.

Recordar a Elena puede ser entonces un estímulo para un feminismo integrador que hoy se escucha en el mundo y radica la autoría de las injusticias de género no solo en el patriarca sino también en el capitalismo concentrador de la riqueza, cuyos efectos destructivos se aprecian en múltiples niveles de la vida, también en hechos tan dramáticos como la destrucción del planeta. Se trata de las visiones feministas sobre una sociedad más justa que impulsan la urgencia de urdir redes para la construcción de una mejor manera de vivir para todas y todos.

Quizás sea esta la mirada feminista que mejor se acerca a lo que la memoria de Elena, su vida y su persona, pareciera decirnos sobre cómo actuar en este confuso presente nuestro.

# ELENA CAFFARENA,
## MÁS ALLÁ DE LA LUCHA POR EL SUFRAGIO FEMENINO

EMMA DE RAMÓN ACEVEDO[191] Y MARÍA ANTONELLA CAIOZZI APABLAZA[192]

El día 8 de enero de 2019 se cumplieron 70 años desde la conquista del sufragio femenino, hito sin duda trascendental en la historia de nuestro país, pues significó que las mujeres chilenas al fin pudimos participar en la vida democrática. En este contexto, es inevitable recordar a Elena Caffarena Morice (1903-2003), quien ha sido ampliamente reconocida como una de las precursoras de la lucha por el voto para las mujeres en la primera mitad del siglo XX. Si bien su rol en el sufragismo chileno es incuestionable, creemos que su legado comienza, pero de ninguna manera termina allí. Elena Caffarena fue una mujer preocupada por todos los tipos de injusticia hacia las mujeres, una feminista que buscó transformar estructuralmente la sociedad y una defensora de los derechos humanos en sentido amplio.

Desde los inicios de su vida universitaria Elena Caffarena manifestó una honda inquietud social. Así, en 1922, cursando el segundo año de la carrera de Derecho en la Universidad de Chile, se inscribió en la Oficina de Defensa Jurídica Gratuita de su Facultad, dedicándose a defender a quienes no tenían dinero. El mismo año, ella y sus amigas María Marchant y Aurora Blondet se unieron a la Federación

---

[191] Licenciada en Teoría e Historia del Arte de la Universidad de Chile; Licenciada en Estética y Doctora en Historia de la Pontificia Universidad Católica de Chile. Durante su gestión como coordinadora del Archivo Nacional Histórico, impulsó la creación del Archivo Mujeres y Géneros. Hoy es Subdirectora Nacional de Archivos y Conservadora del Archivo Nacional.

[192] Licenciada en Historia de la USACH; Profesora de Educación Media en Historia de la Pontificia Universidad Católica de Chile. Actualmente, estudiante de Magíster de Historia en USACH y encargada del Proyecto Archivo Mujeres y Géneros del Archivo Nacional Histórico.

de Estudiantes de la Universidad de Chile (FECH), "convirtiéndose en las primeras mujeres en formar parte de ese círculo con ideas claramente ácratas"[193]. Respecto a esos años, Caffarena recordaba:

En la Universidad había mucha influencia anarquista. Algunos venían de Argentina y daban conferencias en la Federación de Estudiantes. Era una cosa vaga pero muy libertaria, muy de cambiar las cosas[194].

Más tarde, y siendo aún estudiante universitaria, realizó la labor de inspectora del trabajo femenino, junto a Elvira Santa Cruz Ossa, en la Oficina del Trabajo. En este contexto, en 1924 publicó un informe sobre el trabajo a domicilio, donde exponía una severa crítica a las condiciones en que las obreras desarrollaban este trabajo, destacando los exiguos salarios que recibían, la jornada de trabajo excesiva y la insalubridad de sus talleres caseros. En dicho artículo Caffarena exhortaba a las autoridades a reglamentar este tipo de trabajo, realizado principalmente por mujeres. Más aún, lanzaba un duro cuestionamiento a la clase dominante:

Los hombres de fortuna, los que han triunfado, atribuyen este estado de miseria a la natural desidia (expresión muy socorrida) de nuestra mujer de pueblo. 'Ella es la culpable —dicen— porque si despilfarrase menos y economizara más tendría para vivir con relativa holgura'. Estas palabras, que hemos leído recientemente en un órgano de la prensa de Chile, tienen un quemante sello de injusticia. No comprendemos en verdad cómo los de arriba puedan ignorar que la obrera que les fabricó el vestido, el calzado, los objetos de lujo, necesita trabajar catorce horas diarias para recibir un jornal que a veces no les alcanza ni aun para comer.

[193] Memoria Chilena, "Elena Caffarena". En: http://www.memoriachilena.gob.cl/602/w3-article-100606.html#presentacion

[194] Eltit Diamela, *Crónica del sufragio femenino en Chile* (Santiago de Chile: SERNAM, 1994), pp. 97-99. Entrevista realizada por Diamela Eltit en 1992.

¿Puede despilfarrar una mujer que recibe por su trabajo $80 al mes? ¿Puede siquiera economizar?[195].

En 1926 se tituló de abogada con su memoria "Enriquecimiento sin causa a expensas de otro en el Código Civil chileno". Basándose en una figura jurídica ideada por el jurisconsulto Zacharioe y empleada por el *Manual de Derecho Francés*, argumentaba que aunque el Código chileno no consagraba explícitamente este principio, "son tantos los casos de restitución por enriquecimiento sin causa por él contemplados que no puede dudarse de la intención del legislador de aceptarlo"[196]. Y concluía:

> Cada vez que una persona se enriquece sin derecho a expensas de otra, esté el caso contemplado o no por una disposición legal, el que se ha empobrecido tiene una acción en contra del que se ha beneficiado injustamente para obtener la restitución del monto del enriquecimiento. ¿En virtud de qué? en virtud del principio superior que ordena dar a cada uno lo suyo, en virtud del principio de equidad[197].

En 1931, junto a Amanda Labarca, creó la Asociación de Mujeres Universitarias, institución a través de la cual aportó a la promoción de la educación y la profesionalización de las mujeres. Según consta en sus estatutos, se trató de una "corporación cultural, social y cívica" cuyos objetivos eran: "a) Establecer lazos de amistad y de cooperación cultural entre las universitarias; b) Extender y mejorar las oportunidades culturales, económicas y sociales de la mujer pro-

---

[195]    Caffarena Elena, "El trabajo a domicilio", *Boletín de la Oficina del Trabajo* N° 22, año 1924, p. 103. Disponible en Archivo Mujeres y Géneros, Fondo Elena Caffarena, Caja 1.

[196]    Caffarena Elena, "Enriquecimiento sin causa a expensas de otro en el Código Civil Chileno", Memoria de prueba para optar al grado de Licenciada en la Facultad de Leyes y Ciencias Políticas de la Universidad de Chile, Santiago de Chile, 1926, p. 33. Disponible en Archivo Mujeres y Géneros, Fondo Elena Caffarena, Caja 1.

[197]    Caffarena Elena, "Enriquecimiento sin causa a expensas de otro...", p. 95.

fesional; c) Elevar la condición de la mujer en general, especialmente en sus aspectos cultural, económico y cívico"[198].

Asimismo, en 1935 participó en la fundación del Movimiento Pro Emancipación de las Mujeres de Chile (MEMCH), organización de gran alcance territorial que tuvo comités locales de Arica a Magallanes, convirtiéndose en la agrupación femenina más masiva y con más fuerza en la primera mitad del siglo XX. Pero el MEMCH no solo reivindicó el derecho a voto para las mujeres sino que, bajo el influjo de Elena Caffarena, se propuso como horizonte "la conquista de su liberación integral, o sea, su emancipación jurídica, económica y biológica"[199]. Así, además del logro de derechos políticos y civiles para las mujeres, las memchistas levantaron demandas como la legalización del divorcio, la paridad entre hijos legítimos e ilegítimos, la igualdad de salarios para el hombre y la mujer, la protección de la maternidad y la niñez obrera, el abaratamiento de la vida, la garantía de una vivienda sana y barata, la divulgación de métodos anticoncepcionales, la reglamentación del aborto clandestino, la lucha contra el fascismo y la guerra, entre otras.

Más aún, fue una organización compuesta por mujeres de todos los estratos socioeconómicos, siendo el pluralismo de clases uno de los principios defendidos con más ahínco por Elena Caffarena en su rol como secretaria general del MEMCH. Así, en una carta de 1939 dirigida a Ester de Irazábal, del recién constituido comité de Antofagasta, Elena advertía:

Ud. sabe que aquí en Santiago hemos logrado realizar el milagro de hacer trabajar juntas y en muy buena armonía a mujeres de todas las clases sociales. (…) hay que hacer esfuerzos por realizar esta misma fusión de clases también allá. El elemento obrero y el de la clase media e intelectual son indispensables. Las primeras

---

[198] *Estatutos de la Asociación de Mujeres Universitarias de Chile*, Prensas de la Universidad de Chile, 1939, p. 3.

[199] Programa del MEMCH, año 1936. Disponible en Archivo Mujeres y Géneros, Fondo Elena Caffarena, Caja 7.

para formar la masa, el número, y porque, además, hay entre ellas luchadoras de un empuje y de una abnegación, unida a una inteligencia natural extraordinaria, las segundas para que sostengan económica y socialmente a la institución y tomen a su cargo el trabajo de culturización de las primeras[200].

Respecto a este mismo punto, Elena Caffarena recordaba en 1992:

El MEMCH fue una institución pluralista. Se llamó a las mujeres de todas las clases sociales y de todos los niveles económicos. Teníamos universitarias, empleadas, obreras, campesinas, empleadas domésticas, profesionales, dueñas de casa y a todas nos unía una cosa en común: luchar por la emancipación de la mujer, económica, social y jurídica[201].

Una vez logrado el derecho a voto para las mujeres, Elena Caffarena publicaba en 1952 su libro *Un capítulo en la historia del feminismo. Las sufragistas inglesas*, donde repasaba la trayectoria del sufragismo inglés y exponía sus críticas al estado presente del movimiento, cuestionando su carácter exclusivamente burgués y su abandono de los ideales revolucionarios en pos de la integración de la mujer al sistema.

El feminismo con sus propósitos y afanes de emancipación nació bajo un signo de combate. Pero la ideología de sus grupos dirigentes más connotados, reconocidos en la historia como los precursores, no fue jamás revolucionaria; es decir, no trató de transformar profundamente la sociedad, sino tan solo de incorporar activamente a la mujer a la sociedad existente[202].

---

[200]  Carta de Elena Caffarena, Secretaria General del MEMCH, a la Sra. Ester de Irazábal, de Antofagasta, 13 de septiembre de 1939. Disponible en Archivo Mujeres y Géneros, Fondo Elena Caffarena, Caja 1.

[201]  Eltit Diamela, *Crónica del sufragio femenino en Chile* (Santiago de Chile: SERNAM, 1994), p. 101. Entrevista realizada por Diamela Eltit en 1992.

[202]  Caffarena Elena, *Un capítulo en la historia del feminismo. Las sufragistas inglesas*, Ediciones del MEMCH, 1952, p. 12.

A través de la acción y con el correr del tiempo, el feminismo fue tomando variadas orientaciones. A medida que la mujer adquiría sus derechos políticos, adhería y se distribuía entre los partidos existentes. Hoy, en el campo estrictamente burgués, las organizaciones femeninas demuestran una evidente esterilidad. (…) Conseguido el voto, más algunos cargos diplomáticos y otros de figuración, parece como si el estímulo por las grandes causas que fueron la razón de ser del feminismo, hubieran perdido toda savia[203].

Para Elena Caffarena, en cambio, el feminismo debía propender a la integración de clases y, sobre todo, a la transformación profunda de la sociedad:

Yo siempre sostengo que el feminismo es uno solo, pero hay distintas orientaciones; el feminismo reformista que persigue únicamente la igualdad de la mujer frente a la ley. Tenemos el feminismo radical que pone el acento en el problema de sexo. Después hay un tercer grupo que sostiene que la mujer va a lograr su emancipación con un cambio de la estructura social. Yo estoy con esa última tendencia y pienso que además de cambios en la estructura social, tiene que haber cambios en la mentalidad, tanto del hombre como de la mujer[204].

Asimismo, Caffarena defendió la creación de un movimiento femenino autónomo e independiente de los partidos políticos y del poder. Al respecto, señalaba:

A las organizaciones femeninas les incumbe el papel de una central encargada de mostrar, por el conjunto de medios a su alcance, todo cuanto reclame reajuste o creación. De ahí, los partidos

---

[203]  Caffarena Elena, *Un capítulo en la historia del feminismo. Las sufragistas inglesas,* Ediciones del MEMCH, 1952, pp. 13-14.

[204]  Eltit Diamela, *Crónica del sufragio femenino en Chile* (Santiago de Chile: SERNAM, 1994), p. 107. Entrevista realizada por Diamela Eltit en 1992.

políticos podrán recibir sus mensajes a través de sus respectivas afiliadas. Porque no deben estas organizaciones pretender suplantar a los partidos o prescindir de ellos convirtiéndose en partidos políticos femeninos. En esa forma se disgrega, confunde y aísla a la mujer. (…) De nada vale tampoco conservar el nombre de organización que se dedica exclusivamente a los problemas de la mujer, si la acción sigue estrechamente una bandera partidaria de cualquier color o aún, lo que hoy es más grave, los pasos de un gobierno. El interés de la mitad de un pueblo es de mayor importancia y permanencia, que la inmediata cercanía del poder. Necesitan las agrupaciones cierta independencia para emitir sus juicios y sus críticas; de esta única manera se hacen respetar y establecen el principio de que la ayuda gubernamental debe existir gratuitamente, sin necesidad de comprarla con tributos palaciegos o inadmisibles claudicaciones[205].

Además, Elena Caffarena fue una defensora acérrima de la democracia. En este sentido, rechazó enérgicamente la Ley de Defensa Permanente de la Democracia, promulgada por el radical Gabriel González Videla en 1948, y participó activamente en la campaña para obtener la libertad de las mujeres y los niños que se encontraban detenidos en el campo de concentración de Pisagua, lo que le valió no ser invitada al acto oficial de promulgación del voto femenino, así como también ser privada de sus derechos cívicos. Así, en su carta de enero de 1949, titulada "Defender personalmente la causa", apela formalmente a la cancelación de su inscripción en los registros electorales, aprovechando además la ocasión para condenar la llamada Ley Maldita por "desprestigiar y destruir los principios básicos de la democracia en lo político"[206].

---

[205] Caffarena Elena, *Un capítulo en la historia del feminismo. Las sufragistas inglesas*, Ediciones del MEMCH, 1952, pp. 16-17.

[206] Eltit Diamela, *Crónica del sufragio femenino en Chile* (Santiago de Chile: SERNAM, 1994), p. 109. "Defender personalmente la causa", Documento de apelación presentado por Elena Caffarena en enero de 1949, cuando se le cancela su inscripción en los registros electorales.

Su profundo compromiso con la democracia quedó también de manifiesto luego del golpe de Estado de 1973. Durante la dictadura cívico-militar Elena Caffarena fue una de las fundadoras del Comité de Defensa de los Derechos del Pueblo (CODEPU) y de la Fundación para la Protección de la Infancia Dañada por los Estados de Emergencia (PIDEE). Más aún, su casa de la calle Seminario se convirtió en lugar de reunión para el movimiento feminista, que durante el régimen militar luchó por recuperar la democracia "en el país y en la casa". Y es que para Elena Caffarena la democracia y el feminismo eran inseparables:

> Muy importante sería que la oposición chilena se compenetrara que el feminismo está estrechamente ligado al proceso social de cambios y que, por lo tanto, es un elemento fundamental e indispensable para lograr la democracia[207].

Con el término de la dictadura militar en 1990 Elena Caffarena no bajó la guardia y siguió acompañando a las nuevas generaciones de feministas en sus luchas por la legalización del divorcio y la despenalización del aborto. Así, Elena publicaba en 1994 una columna en la revista *Punto Final* donde refutaba los argumentos de los sectores conservadores de la sociedad chilena en contra del divorcio:

> En estos días comenzará a discutirse en nuestro Parlamento la ley que reglamenta esta institución jurídica, lo que ha desatado una fuerte campaña en su contra de parte de la Iglesia Católica y de los sectores más conservadores de nuestra sociedad, quienes pronostican que su aprobación sería funesta para la estabilidad familiar. Tal afirmación significa confundir la causa con el efecto. La ley de divorcio con disolución del vínculo no destruye la

---

[207] Elena Caffarena, artículo escrito en 1989 con ocasión del Día Internacional de la Mujer, citado en: Olga Poblete, *Una mujer, Elena Caffarena* (Chile: Ediciones La Morada- Editorial Cuarto Propio, 1993), p. 99.

familia. Se limita a reglamentar algo que en el hecho ya ha fracasado, algo que ya está roto. Conviene recalcar que nadie está obligado a entablar la acción de divorcio[208].

El mismo año, en otra publicación en *Punto Final*, Elena Caffarena constataba la gran cantidad de abortos que se realizaban en Chile, defendía el buen criterio de las mujeres a la hora de decidir hacerlo y reivindicaba la necesidad de impartir educación sexual y de divulgar los métodos anticoncepcionales entre los y las adolescentes:

Hay que llegar a la conclusión que si la mujer se expone a perder su vida, a sufrir serios trastornos de salud, a perder su libertad y a afrontar sanciones sociales y religiosas es porque se ve obligada por fuertes motivos que la llevan al aborto. El quid del problema está en el embarazo no deseado y, en consecuencia, la única manera de terminar con el aborto o, por lo menos, disminuirlo es mediante una amplia y desprejuiciada educación sexual (especialmente entre los adolescentes), aceptar y divulgar la planificación familiar y los métodos anticoncepcionales[209].

En síntesis, Elena Caffarena nos legó mucho más que el voto femenino. Fue una mujer cuyo pensamiento y praxis feminista fueron más allá del igualitarismo, pues pretendió cambiar la estructura global de la sociedad chilena, reivindicando una sociedad justa, democrática y respetuosa de los derechos humanos de hombres y mujeres.

---

[208] "Divorcio con antifaz", por Elena Caffarena de Jiles. En: *Punto Final* N° 321, 24 julio-6 agosto, 1994. Disponible en Archivo Mujeres y Géneros, Fondo Elena Caffarena, Caja 9.

[209] "Aborto en Chile", por Elena Caffarena de Jiles. En: *Punto Final* N° 319, junio-julio, 1994. Disponible en Archivo Mujeres y Géneros, Fondo Elena Caffarena, Caja 9.

# LA VIGENCIA DE ELENA CAFFARENA Y LA DISPUTA FEMINISTA POR EL DERECHO

BÁRBARA SEPÚLVEDA HALES[210]

> Que toda aquella que ha contemplado y sentido en carne propia
> el dolor de la mujer en esos casos de irritante injusticia a la que la someten
> las costumbres y legislación actual, luche por el programa expuesto,
> sea cual sea su convicción política.
>
> ELENA CAFFARENA como Secretaria General del MEMCH, 1935

Ser abogada y feminista en Chile significa vivir rodeada de constantes contradicciones. Y cómo no, si la herramienta de trabajo de una abogada es el mecanismo de opresión estatal por antonomasia, si la palabra justicia resuena en nuestro oído como inalcanzable mientras vemos que, en su nombre, día a día en los tribunales se dictaminan las cuestiones más inverosímiles. De las pocas mujeres que pueden acceder a la justicia, la mayoría de ellas verá que en los tribunales las causas sobre violencia de género se transforman en juicios sobre su vida íntima, sobre su comportamiento sexual, sobre sus elecciones y desaciertos. El foco que debiese estar en la agresión se desvía hacia el juicio moral de quien pudo haber "provocado" que la violentaran, que la acosaran, que la violaran. Las víctimas se transforman así, como por arte de magia, en culpables de su propia desgracia. Esta

---

[210] Abogada y Magíster en Derecho Público de la Universidad de Chile, y Magíster en Género de la London School of Economics. Profesora de Derecho Constitucional de la Universidad Alberto Hurtado. Directora Ejecutiva de ABOFEM, Asociación de Abogadas Feministas.

es la realidad con la cual convive una abogada feminista. Este es el derecho que debe administrar.

Elena Caffarena fue una abogada que puso su conocimiento a disposición de la causa feminista. Fue una adelantada a su época por analizar el derecho con perspectiva de género cuando las teorías jurídicas críticas no tenían aún eco en Chile, y pasarían aproximadamente 50 años para que la teoría feminista del derecho se situara en el ámbito académico como una epistemología validada. Su libro *¿Debe el marido alimentos a la mujer que vive fuera del hogar conyugal?* (1947) es una nutrida argumentación jurídica a fin de establecer que es un derecho de la mujer separada el recibir una suma de dinero en razón de los alimentos que se deben los cónyuges. Este libro cambió el curso de la jurisprudencia, es decir, modificó la forma de razonar y fallar de los tribunales superiores de justicia respecto de un derecho que le era reconocido a los hombres, mas no a las mujeres.

La sociedad en que vivió Elena Caffarena era distinta en muchos sentidos, pero mantuvo una similitud con la nuestra en relación con la realidad de las mujeres. A pesar de que la condición jurídica de la mujer ha ido evolucionando positivamente hacia un modelo que le reconoce cada día mayor autonomía y derechos, aún persisten en Chile profundas desigualdades que el derecho reproduce y muchas veces justifica, y que, en el caso de las mujeres, las someten a una discriminación constante. Y es que el derecho está configurado desde una óptica masculina y el hombre es el centro de la norma jurídica, la vara con que se miden los derechos y las subjetividades. La fórmula "el buen padre de familia" ha sido la medida para el comportamiento socialmente aceptado, es la idea del *pater familias*, el patriarca. Asimismo, el lenguaje del derecho mantiene la denominación de las mujeres de forma indirecta a través del género masculino, lo que constituye una forma de negar su subjetividad propia. Como el derecho también es una construcción lingüística, tiene su propia forma —el lenguaje jurídico— y según ella se expresa respecto de los sujetos y objetos de la vida social. Sin embargo el lenguaje jurídico no está exento de la influencia de elementos externos, culturales, económicos, históricos y sociales, entre otros. Estos elementos se entienden asimismo incorporados en el lenguaje de uso común, y si el lenguaje jurídico es una construcción posterior (lógica y temporal) a ese lenguaje común y a las diversas realidades que norma o sanciona, difícilmente no contendrá dichos elementos. En este proceso de recepción de la realidad para luego traducirla al lenguaje jurídico, el derecho recoge términos y conceptos inevitablemente dotados de un contenido previo. Es decir, el lenguaje recoge la cultura patriarcal y perpetúa una manera sexista de ver el mundo. Los hombres configuran así un sujeto único y las mujeres se conciben sujetos en tanto pertenecen a ese concepto genérico. El reflejo cultural de esta forma de asimilación de las mujeres a los hombres como parámetro ha resultado en el entendimiento de que los intereses de los hombres son los comunes a la humanidad, lo que invisibiliza los intereses de las mujeres o simplemente los cataloga como especiales y, por lo tanto, excepcionales o fuera de la norma.

Hoy son vastas las críticas a la profesión jurídica, a esta carrera a la que inocentemente se ingresa con el anhelo de trabajar para hacer justicia, y en la que luego, con la práctica y el ejercicio profesional, se comprende que el derecho no lo era todo ni tenía todas las respuestas. Su majestuoso atractivo se diluye a medida que se adquiere conciencia de que el derecho es un mundo altamente masculinizado, donde las mujeres son objeto de discriminaciones de diversa índole, las que se producen tanto dentro del ámbito académico, a nivel legislativo, en las posibilidades de acceso al mundo laboral, así como dentro de los espacios de trabajo, tanto en el sector público como en el privado. Además, entre tanta injusticia social que requiere respuestas urgentes, ante las que el derecho poco y nada puede hacer con sus herramientas judiciales, los tribunales también se fueron desmitificando y mostrando su verdadera naturaleza kafkiana.

A Elena le preocupaba la situación social de las mujeres y tenía un profundo sentido de la justicia, de la verdadera justicia. El derecho fue su herramienta y parte importante de su militancia feminista. De hecho, cuando Diamela Eltit, en su entrevista, le pregunta a qué se dedicó después de la obtención del voto femenino, Caffarena respondió que nunca dejó de ser feminista, que se dedicó al derecho y escribió libros que aportaban a la comprensión de los fenómenos discriminatorios contra la mujer, especialmente en el ámbito del derecho civil y de familia. Ella concebía la lucha por el derecho no de forma meramente reformista, como algunos sostienen, sino como una herramienta para la transformación social, porque para ella el cambio debía ser estructural.

Pensar el derecho como una herramienta para la erradicación de la violencia de género no ha sido la elección más popular en el movimiento feminista; es más, las feministas se han debatido históricamente sobre el rol del derecho y si es o no útil para la disputa por la emancipación. Algunas feministas han postulado que, dado su carácter intrínsecamente patriarcal y jerárquico, el derecho y el Estado son formas de dominación que no pueden ser subvertidas ni transformadas, particularmente si lo que se utiliza para ello es el mismo derecho. Esto es lo que subyace a la idea de Audrey Lorde cuando poéticamente manifestaba que "no se puede desmantelar la casa con las herramientas del amo". De esta manera, el feminismo ofrece una lectura realista del derecho, una perspectiva crítica cuyos aportes se basan en constatar lógica y empíricamente las contradicciones fundamentales relativas a cómo el derecho se muestra y lo que realmente es. O, en otras palabras, el feminismo tiene la capacidad de develar que el discurso jurídico aparenta igualdad en su forma, pero encubre situaciones de inequidad social y en otras ocasiones, incluso, las legitima. En este sentido, un análisis feminista sirve para evidenciar que el derecho ha discriminado históricamente a las mujeres, que además ha servido como herramienta para la perpetuación de sesgos y estereotipos, que mantiene privilegios para los hombres en desmedro de las mujeres, y que ha contribuido a reforzar la estructura social patriarcal.

Otras feministas han señalado que no es que el derecho sea en sí mismo patriarcal, lo que pasa es que de hecho está masculinizado, es decir, parafraseando a Tamar Pitch, no es lo mismo el género del derecho que el género en el derecho. Las normas jurídicas reflejan un género específico, tomando al hombre como centro, referencia y contenido de la regulación de nuestras relaciones sociales. Esto es lo que conlleva un efecto negativo para las mujeres y para los cuerpos feminizados. Además, como dice Catharine MacKinnon, la mayoría de las reglas que rigen la vida de las mujeres no está en los códigos de derecho ni en las leyes, sino que escritas en otras páginas. Las vidas de las mujeres son gobernadas por normas prejurídicas cuya base es la jerarquía de la supremacía masculina, blanca y heterosexual. Estas reglas son parte de un entramado discursivo y fáctico que reproduce la desigualdad en la sociedad patriarcal. Para las feministas que sostienen que es posible utilizar el derecho como una herramienta de cambio dadas las condiciones materiales y sociales propicias, la manifestación patriarcal del derecho es completamente superable. Asimismo, plantean que no es posible ignorar los efectos educativos que tienen las normas jurídicas, especialmente aquellas que conllevan una sanción. Sin caer en el exceso del punitivismo, es posible reconocer que el hecho de que algo esté sancionado jurídicamente tiene un efecto simbólico que altera nuestro comportamiento y redefine la frontera entre lo antisocial y lo socialmente aceptado como correcto. Pero, además, con la configuración normativa se espera una respuesta acorde por parte de la institucionalidad. En este sentido, si el Estado no exige la responsabilidad de los agresores ante el derecho, si los actos violentos quedan en la impunidad, entonces es el mismo Estado el que está enviando un mensaje de tolerancia a la violencia de género que termina promoviendo la naturalización de la misma. Y más allá de la operación simbólica de la manifestación escrita de las conductas que como sociedad no toleraremos, este enfoque obliga al Estado a impetrar las medidas para prevenirlas, en concordancia con los convenios internacionales de derechos humanos de las mujeres.

Esto que diagnosticamos como un derecho patriarcal tiene su origen político en el desarrollo mismo del derecho moderno. Con las revoluciones modernas, las sociedades de los siglos XVIII y XIX se estaban transformando según los nuevos patrones democráticos, y entonces se volvía cada vez más difícil argumentar la desigualdad entre hombres y mujeres. A fin de mantener las instituciones lo menos alteradas posible, y para construir las nuevas mediante las codificaciones legales post revolucionarias, se requería un fundamento de subordinación y subyugación de las mujeres, el cual no fue otro que el argumento natural. Para poder sustentar esta relación de desigualdad y darla a entender como esencial y constitutiva, la filosofía y la biología de la Ilustración entregaron los fundamentos que Rousseau, Schopenhauer, Kierkegaard, Hegel y Nietzsche compartieron como principales defensores de las formas de vida tradicionales, desarrollando teóricamente una redefinición del papel de las mujeres en la sociedad. La Ilustración y la secularización del pensamiento filosófico aportaron a la creación de las diferencias sociales basadas en el sexo con los discursos científico, médico, psicoanalítico y económico. Todos estos discursos operaron en la creación y la reafirmación de que las diferencias de género son naturales, inherentes a los seres humanos, interpretando la biología hasta el punto de transportar sus premisas "científicas" a la sociedad misma, donde la diferencia devino desigualdad. Estos discursos no solo hicieron que llegáramos a dar por sentadas estas diferencias sino que, lo que es aún más importante, convirtieron el ideal de las diferencias naturales en algo natural. Como bien señala Amelia Valcárcel, tanto la Ilustración como su respuesta intelectual, el Romanticismo, jugaron un rol principal para sostener el discurso que excluiría a las mujeres del ámbito político y jurídico. Valcárcel explica que a la misoginia romántica le interesó exceptuar a las mujeres de la ciudadanía desde el inicio, exclusión que argumentó mediante lo que la autora denomina "la creación fantasmática de una esencialidad femenina pre cívica".

En esta construcción de la diferencia de género el derecho ha tenido un papel importante. Por un lado, el derecho ha servido como herramienta fundamental para consolidar la distinción entre espacio público y privado, lo cual reproduce los roles que históricamente han asumido hombres y mujeres en la vida social y política, los hombres al espacio público y las mujeres al privado. Además, una de las principales características de este sujeto moderno individual y público es la racionalidad, por tanto la vulnerabilidad, las debilidades y las necesidades básicas humanas deben dejarse fuera del espacio público y ser atendidas en el espacio privado, familiar. Al ser asociados a lo femenino, estos últimos valores son la base de los roles femeninos tradicionales y la concepción de las mujeres como cuidadoras débiles, irracionales y naturales, todo lo cual fue reforzado por el binario público/privado. Por ejemplo, si bien a principios del siglo XX la incorporación masiva de las mujeres al trabajo industrial fue reafirmada por un fuerte movimiento de mujeres, el periodo de posguerra marcó un declive del movimiento feminista. Al volver de la guerra los hombres, comenzó una fuerte campaña estatal para incentivar a las mujeres a regresar a sus hogares. Los medios de comunicación y las políticas gubernamentales se dedicaron a enaltecer los valores conservadores sobre el rol de la familia y la maternidad, de tal forma que los hombres pudieran ocupar los lugares que durante su ausencia ocuparon las mujeres, tanto en las fábricas como en la sociedad. El soporte de la privación de derechos a las mujeres, así como de su pertenencia a la ciudadanía, estaba en una negación aún más radical, la de su individualidad. Se utilizaba *la mujer* como un concepto que abarcaba a todas las mujeres, en homogeneidad y abstracción genérica. Lo que se dijera de una era entonces válido para todo el colectivo: *la mujer* era la otredad absoluta. Como señala MacKinnon, la teoría feminista impugnó este enfoque abstracto del derecho frente a los sujetos jurídicos al considerar a las mujeres como concretas, marcadas, definidas y controladas por su género. Todas las consideraciones que se crearon en la Modernidad en torno al individuo estaban inicialmente ausentes respecto de las mujeres.

Por otro lado, a pesar de no haber sido consideradas como individuos legítimos ante la vida y el derecho, el discurso individualista fue permeando a medida que las mujeres iban alcanzando progresivamente los derechos civiles, las formas y contenidos de sus reivindicaciones. La paradoja del énfasis puesto en el reconocimiento de las mujeres como individuos reside en que postergó el debate acerca de su reconocimiento como sujeto político colectivo, desplazando las consideraciones sobre los derechos sociales y colectivos a un segundo plano. Las teorías liberales que primaron en los debates jurídicos de la segunda mitad del siglo XX también influyeron en las concepciones feministas del derecho, que si bien fueron críticas de las ideas formalistas del liberalismo jurídico, luego terminarían reproduciendo el formalismo como estrategia para la igualdad de género. El discurso de igualdad formal del derecho pretende incorporar las diferencias de género mediante estrategias de asimilación que funcionan sobre la premisa de una igualdad cuya forma es androcéntrica y patriarcal, que esconde el hecho de que las mujeres no son todas iguales y que la identidad y orientación sexual, la clase, la etnia o raza, situación de discapacidad, edad, entre todas las categorías que intersectan en ellas, las han constituido también como sujetos diferenciados, cuyo lugar en la sociedad puede llegar a ser completamente diferente dependiendo de cada caso.

Ahora, si comprendemos que el derecho es un espacio de poder que debe ponerse al servicio de la emancipación de las personas y de la igualdad de derechos de quienes no tienen acceso a ese espacio, resulta necesario integrar un enfoque feminista en el derecho, tanto en su generación, a través de los procesos legislativos, su enseñanza, así como en su aplicación en tribunales y en el contenido de las políticas públicas. A fin de promover estos cambios, las feministas debemos desechar la idea de que el derecho tiene una naturaleza patriarcal infranqueable y concebirlo como un terreno en disputa.

Nos hacen falta más Elenas Caffarena, más abogadas feministas, más activistas por los derechos de las mujeres que demuestren que el derecho, reconociendo sus límites, sí puede ser una herramienta que contribuya a la transformación social, que garantice los avances en derechos de quienes son culturalmente discriminadas, y que contribuya a que las relaciones sociales se desarrollen en condiciones de dignidad, libertad, igualdad, justicia material y sustantiva para todas las personas.

# UNA VIDA EN FOTOGRAFÍAS
## SELECCIÓN DE IMÁGENES

Retrato de Elena Caffarena. Fondo Elena Caffarena Morice, Archivo Mujeres y Géneros, Archivo Nacional de Chile.

Elena Caffarena en Francia. 1926. Fondo Elena Caffarena Morice, Archivo Mujeres y Géneros, Archivo Nacional de Chile.

Elena Caffarena en Francia. 1926. Fondo Elena Caffarena Morice, Archivo Mujeres y Géneros, Archivo Nacional de Chile.

Retrato de Elena Caffarena extraído del libro *Actividades femeninas en Chile: obra publicada con motivo del cincuentenario del decreto que concedió a la mujer chilena el derecho de validar sus exámenes secundarios* (datos hasta diciembre de 1927). Guerin de Elgueta Sara (Comp.). *Actividades femeninas en Chile*. Obra publicada con motivo del cincuentenario del decreto que concedió a la mujer chilena el derecho de validar sus exámenes secundarios (datos hasta diciembre de 1927). Santiago, Chile. Imprenta y Litografía La Ilustración, 1928. Colección General. Archivo Central Andrés Bello, Universidad de Chile.Santiago, Chile. Imprenta y Litografía La Ilustración, 1928. Colección General. Archivo Central Andrés Bello, Universidad de Chile.

Retrato de Elena Caffarena. 1929. Fondo Elena Caffarena Morice, Archivo
Mujeres y Géneros, Archivo Nacional de Chile.

Elena Caffarena en la recepción a las delegaciones femeninas del Primer
Ministro de la República Popular China Chu En-lai y Chu Tel en el Palacio
de Gobierno. 25 de junio de 1959. Fondo Elena Caffarena Morice, Archivo
Mujeres y Géneros, Archivo Nacional de Chile.

Elena Caffarena visitando la comuna popular 1° de Julio en Shangai. Junio de 1959. Fondo Elena Caffarena Morice, Archivo Mujeres y Géneros, Archivo Nacional de Chile.

Elena Caffarena en la recepción en la Federación de Mujeres en Shangai. Junio de 1959. Fondo Elena Caffarena Morice, Archivo Mujeres y Géneros, Archivo Nacional de Chile.

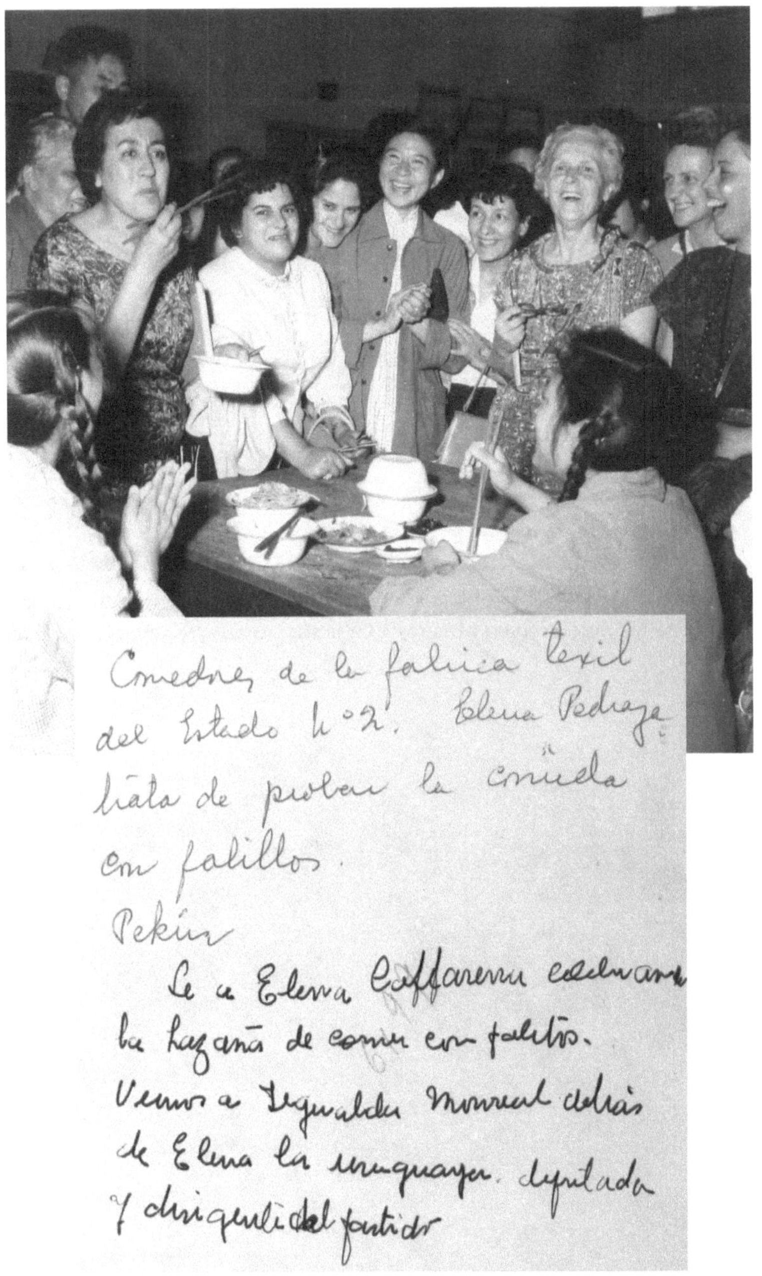

Elena Caffarena en los comedores de la Fábrica Textil del Estado Nº 2 en Pekín.
Elena Pedraza trata de probar la comida con palillos. Fondo Elena Caffarena
Morice, Archivo Mujeres y Géneros, Archivo Nacional de Chile.

Elena Caffarena, Olga Poblete y señora viuda de Inzunza. Fondo Elena Caffarena Morice, Archivo Mujeres y Géneros, Archivo Nacional de Chile.

Té de Graduación. Escuela de Derecho, 1926. Elena Caffarena al centro.

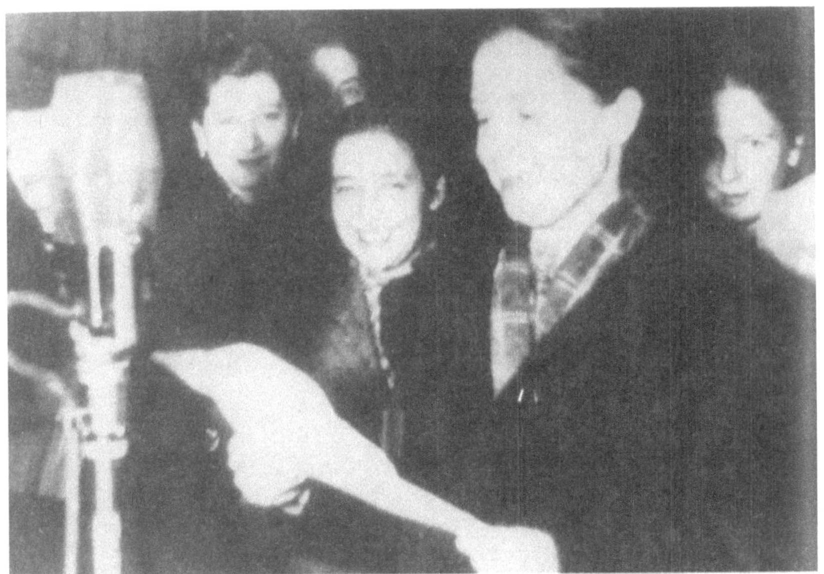

Elena Caffarena. Campaña radial del MEMCH. Radio Nacional, 1938.

Elena Caffarena. Campaña presidencial Pedro Aguirre Cerda. 1939.

# ENTREVISTA[211]
# ELENA CAFFARENA: EL DERECHO A VOZ, EL DERECHO A VOTO[212]

## DIAMELA ELTIT GONZÁLEZ[213]
## (1993)

Estoy convencida de que la emancipación de la mujer y la conquista de cada una de sus reivindicaciones, sólo pueden ser obra de la lucha tenaz de las mismas mujeres y de sus organizaciones.

(Entrevista a Elena Caffarena realizada en los años 1940 por G. DURAND)

A mí me ha gratificado lo que he escrito. Creo que son obras importantes y que han sido un aporte serio a la literatura jurídica de la época. Creo también que han ayudado al movimiento femenino. He escrito algunos libros, he aclarado la situación en la que vive la mujer. Más no he podido hacer porque no he tenido las condiciones.

(Entrevista a Elena Caffarena realizada por DIAMELA ELTIT en 1992)

---

[211] La entrevista se reproduce de manera idéntica a como fue publicada en el libro *Elena Caffarena: el derecho a voz, el derecho a voto* de Cuadernos Casa de Chile /50, Ediciones Casa de Chile en México, publicado en 1993.

[212] Nota en el original: La edición de este texto se enmarca en la conmemoración del "Día Internacional de la Mujer", que realiza Casa de Chile en México. Quisiera agradecer a su Director General, el distinguido académico Galo Gómez y a la Subdirectora, mi querida amiga Sonia Daza, así como al conjunto de los funcionarios de esta institución por la publicación de estos materiales (Diamela Eltit)

[213] Escritora. Sus últimas publicaciones son *Réplicas: escritos sobre literatura, arte y política* (Planeta, 2016) y la novela *Sumar* (Planeta, 2018). Es profesora titular de la Universidad Tecnológica Metropolitana y Global Distinguished Professor de la Universidad de Nueva York. Ocupó la Cátedra Simón Bolívar en la Universidad de Cambridge, Inglaterra. Recibió el Premio Iberoamericano José Donoso, el Premio Manuel Montt y, en 2018, el Premio Nacional de Literatura.

## Presentación

Esta publicación recoge algunos aspectos de la trayectoria de la abogada y feminista Elena Caffarena. Conocer y dialogar con Elena Caffarena, ha constituido un enorme privilegio, pues me facilitó el acercamiento a una mujer extraordinaria, como extraordinario es su intelecto y su lúcida revisión en torno a la época en la cual se luchaba por el voto político para la mujer.

Dentro del marco de una investigación realizada junto a Lotty Rosenfeld sobre el sufragio femenino en Chile, he podido tener acceso a múltiples sucesos sociales de la primera mitad del presente siglo, en donde la participación activa de las mujeres en organizaciones, ha ido construyendo paulatinamente modificaciones y ampliaciones para conseguir mejores condiciones en los espacios privados y públicos.

No cabe duda de que Elena Caffarena es una figura clave y ya histórica dentro de los movimientos de mujeres, aquellas mujeres que han buscado terminar con las disparidades al interior de la sociedad. Aunque ella no se define como un ser político –en el sentido tradicional de la militancia política–, el modo como va elaborando sus acuerdos o divergencias con los fenómenos sociales, permite atisbar la perspicacia de una persona atenta a la totalidad de los signos políticos que han cruzado la sociedad chilena.

Su vida, centrada en la lucha por la emancipación de la mujer, permanece aún en una cierta opacidad frente al saber público, al igual que difuso aparece el hacer de otras sufragistas e intelectuales de la primera mitad del siglo, como Amanda Labarca, cuyo empeño estuvo marcado por la voluntad de cambio frente a situaciones menoscabadoras o francamente lesivas para el libre desarrollo de la mujer como sujeto civil y familiar.

Tener la oportunidad de acceder al discurso de Elena Caffarena y compartir el recorrido por su memoria para organizar esta publicación, contribuye, en parte, a reparar el silencio público que ha rodeado su figura y, a la vez, se puede rescatar con ella a un tiempo cruzado por la búsqueda de reformas a los antiguos hábitos que ponían a la mujer en un lugar despojado de los instrumentos legales para ejercer su potencial humano y social.

Secretaria General del MEMCH, Movimiento Pro Emancipación de las Mujeres de Chile, entre los años 1935 y 1941 y escritora de importantes textos jurídicos, Elena Caffarena sigue meditando hoy con idéntica pasión y rigor en los cambios sociales que la mujer requiere frente a lo que ella denomina como "una sociedad patriarcal". En el transcurso de las conversaciones sostenidas, entre los años 1989 y 1992, ha sido materia detallada en cada una de las entrevistas el pasado reciente, el presente y el futuro de la mujer en la sociedad chilena. No obstante, dado que la intención de esta publicación es recoger, especialmente, su desempeño durante el tiempo en que se debatía el voto político para la mujer, me he ceñido a aquellos aspectos que lo enmarcan.

Quisiera señalar que Elena Caffarena posee un amplio espíritu crítico, propio de una inteligencia abierta y moderna. Es su espíritu crítico, quizás, la pieza más valiosa de su personalidad, pues la hace adscribirse sólo a los dictados de su pensamiento y a los de su conciencia, sin caer jamás en complacencias transparentes e inútiles que terminan por debilitar el rigor de cualquier discurso. Es, pues, una voz que puede parecer polémica y con la que, tal vez, surjan acuerdos o desacuerdos pero jamás cabe dudar de la honestidad de las premisas que la movilizan.

El gran riesgo que acecha a la mujer es la dificultad para encontrar un lugar público en el que depositar su historia y la historia de su palabra cultural y política, como no sea el espacio del drama o del anecdotismo sentimental. Y esto constituye una pérdida. Hoy, con la puesta en movimiento de una nueva etapa democrática, en la cual los conceptos de pluralidad y de flexibilidad se establecen como centrales en el discurso social y político, se abre un importante territorio que se presenta propicio para ensayar renovadas formas de relaciones sociales. Y encontrar esas nuevas formas de diálogo, pasa por reparar algunos olvidos en la memoria histórica de hombres y mujeres. Pues los movimientos históricos son producto de un plural encadenamiento de sucesos que, en su multiplicidad, organizan el devenir social de una comunidad. Constituye entonces una obligación democrática, democratizar el pasado al ampliar la memoria social, para así hacer legible el presente y más habitable el futuro.

Por último, quisiera cerrar esta presentación diciendo que los materiales que aquí se presentan, provienen de diversas fuentes y han sido escogidos a la manera de una muestra, con el fin de permitir una mirada a una época clave signada por la decisión de las mujeres de incidir en el destino político chileno. Si ejercer el derecho a voto es uno de los instrumentos más apreciados por el sistema democrático, esta publicación quiere acentuar ese rasgo y reconstruir la memoria de la lucha de la mujer por su propia democratización social, como es el arduo tiempo de la obtención del voto político. Pues votar implica inscribir la voz en el interior de la sociedad. Elena Caffarena es una de las protagonistas y, a la vez, testigo de esa época. Volver a poner en circulación su palabra, espero que contribuya a incrementar el acervo sobre la participación de la mujer en el interior de los movimientos de la historia.

DIAMELA ELTIT

# TRAYECTORIA DE ELENA CAFFARENA

Elena Caffarena nació en la ciudad de Iquique, el año 1903. Cuando su familia se trasladó a Santiago, terminó sus estudios secundarios en el Liceo N° 4 de Niñas. Posteriormente estudió leyes en la Universidad de Chile y obtuvo su título de abogado en 1926.

Desde los inicios de su vida universitaria, se comprometió con los problemas de la mujer y fundó variadas organizaciones femeninas como la "Asociación de Mujeres Universitarias", en la cual se desempeñó como Vicepresidenta en varios periodos. Su colaboración más importante a la causa de la mujer fue la fundación del "Movimiento Pro Emancipación de las Mujeres de Chile" (MEMCH) institución de la cual fue la Secretaria General desde 1935 hasta 1941. Además fue fundadora y Vicepresidenta de la "Federación de Instituciones Femeninas de Chile" (FECHIF) y Consejera del "Consejo de Defensa del Niño", desde 1940 hasta 1973, institución a la cual donó un edificio para la atención de cuarenta párvulos. En 1979, fue Vicepresidenta y fundadora de la "Fundación para la Protección de la Infancia Dañada por los Estados de Emergencia", (PIDEE). Ha escrito además importantes textos jurídicos.

# ELENA CAFFARENA, UNA MUJER DE TODOS LOS TIEMPOS

**¿Qué importancia le concede usted al llamado "Decreto Amunátegui", dictado en 1877?**

Una gran importancia. De tal manera que cuando se habla del movimiento femenino hay que partir del "Decreto Amunátegui". Es lo que permite la entrada de la mujer a la Universidad.

**¿Fue a partir de sus estudios de leyes cuando usted adquirió conciencia de la problemática de la mujer?**

Mire, yo fui la abogada número quince en Chile. Fue, precisamente, el conocimiento que obtuve en mis estudios de leyes, cuando me percaté de la inferioridad en que se encontraban las mujeres frente a la ley. Eso hizo nacer mi vocación feminista. Cuando yo era estudiante, escribí un artículo en el que señalaba todas las diferencias que había en relación a la mujer. Este artículo se publicó después en un libro que se llamaba *Actividades Femeninas* y que se editó para conmemorar el cincuenta aniversario del "Decreto Amunátegui". También influyó –creo yo– el ambiente mismo de la época en que me tocó estudiar. Usted tiene que tomar en cuenta que yo estudié en los años veinte, cuando había gran efervescencia estudiantil, esto daba un espíritu libertario. En cuanto a mis compañeras eran muy pocas, no había más de cuatro o cinco y la verdad es que no se interesaban mucho por los problemas sociales. Salvo una chica que se llamaba Flora Heredia y que después fue "memchista". Nosotras redactamos un proyecto de ley de voto femenino que fue el que se le presentó a Pedro Aguirre Cerda, aunque ese proyecto no fue el que se aprobó después en la Cámara.

**Durante su formación, ¿encontró impedimentos familiares para realizar sus actividades?**

Mi familia, afortunadamente, nunca puso ningún obstáculo, ninguna imposición. Mi padre, emigrante, se había formado en Estados Unidos, entonces él tenía un criterio mucho más amplio y mucho más moderno en relación a lo que era una mujer. La verdad es que mi padre, en ese tiempo recién empezaba a instalarse con su taller textil. La mía era una familia de esfuerzos.

### ¿Qué recuerdos tiene de la Universidad?

En la Universidad había mucha influencia anarquista. Algunos venían de Argentina y daban conferencias en la Federación de Estudiantes. Era una cosa vaga pero muy libertaria, muy de cambiar las cosas. Conocí a Pablo Neruda cuando recibió su premio por la "Canción de la Fiesta" del año veintidós. Era un tipo muy callado, muy introvertido, pero lo veía especialmente en las oficinas de *Claridad*, el periódico que teníamos en la Federación de Estudiantes.

En esa época las mujeres no iban mucho a la Universidad y las pocas que lo hacían, por lo general, seguían la carrera de pedagogía. Yo tenía interés en estudiar, tenía vocación por ser médico, pero no me atreví porque no me sentí capaz de seguir las clases de anatomía donde había que trabajar con cadáveres. Me decidí por las leyes quizás porque la directora del liceo donde estudiaba era doña Matilde Brandau, una de las primeras mujeres que obtuvo el título de abogado en Chile.

### ¿Qué piensa usted sobre las distintas organizaciones de mujeres previas a 1935?

Yo me vine a informar sobre instituciones cuando ya estaba en el MEMCH. En ese tiempo se me ocurrió escribir la historia del movimiento feminista chileno y con ese objeto, empecé a revisar la prensa para ver qué decían de la actividad femenina en este país.

Ahí me encontré con la sorpresa que el único periódico que trataba este tema era *El Despertar de los Trabajadores* que dirigía Luis

Emilio Recabarren. Él fue, precisamente, el iniciador de los centros Belén de Zárraga. Eran grupos pequeños, formados por esposas e hijas de los trabajadores del salitre. Se preocupaban de organizar a la mujer desde el punto de vista cultural. Del "Círculo de Lectura" que fundó Amanda Labarca, me informé después. Estaba el "Consejo Nacional de Mujeres" y la "Unión Femenina de Valparaíso", pero no eran instituciones de lucha, tenían más bien un sentido académico. Había mujeres de cierto nivel intelectual. Planteaban el problema de las mujeres, pero no luchaban con fuerza, con energía.

### ¿Qué recuerdos tiene de Amanda Labarca?

En realidad yo conocí a Amanda Labarca el año 1935 cuando fundamos la Asociación de Mujeres Universitarias. En esa ocasión se eligió como presidenta a la doctora Ernestina Pérez. Amanda fue elegida primera vicepresidenta y yo segunda vicepresidenta. A Amanda Labarca la vine a conocer más y a tratar como amiga el año 44 en la FECHIF. Dentro de la FECHIF, tuvo una actitud muy democrática y muy pluralista. Ella actuó bien, claro que la perjudicó el pertenecer al Partido Radical, pero ella misma era una persona de gran sentido democrático, dejaba actuar y dejaba trabajar a la gente con bastante libertad. Yo tengo por ella gran admiración. Siento que las mujeres hemos sido injustas, porque no se la ha destacado como se merece.

### ¿Cómo se forma el MEMCH?

Las instituciones se forman no porque un grupo de mujeres se reúnan. Tienen que confluir una serie de factores; económicos, políticos y sociales que son los que hacen emerger a las instituciones y que además las hacen duraderas. Porque si no, las instituciones son fugaces. Estos factores, precisamente, se produjeron con el nacimiento del MEMCH en la década del 30. Ya estaba en desarrollo la idea del Frente Popular, existía gran agitación de los grupos progresistas. Además, en ese momento, había bastantes mujeres con títulos universitarios. Había aumentado el número de mujeres que trabajaba en la industria, en el comercio, que trabajaban en la administración pública. Eso contribuyó a que con un grupo de mujeres se formara una institución que defendiera sus derechos.

Tengo que decir que en la primera reunión se discutió bastante el nombre. En ese tiempo —estoy hablando de casi sesenta años— hablar de emancipación era hablar, realmente, de algo que parecía muy obsceno. Bueno, ¿qué querían estas mujeres?, querían un verdadero libertinaje. Por el nombre se suscitaron una serie de ataques por parte de los sectores conservadores del país. Se suponía que nos íbamos a dedicar al libertinaje. Ser emancipadas, en ese tiempo, era una cosa fea.

### ¿Qué definía al MEMCH?

El MEMCH fue una institución pluralista. Se llamó a las mujeres de todas las clases sociales y de todos los niveles económicos. Teníamos universitarias, empleadas, obreras, campesinas, empleadas domésticas, profesionales, dueñas de casa y a todas nos unía una cosa en común: luchar por la emancipación de la mujer, económica, social y jurídica. La verdad es que al MEMCH sólo llegaron las mujeres más avanzadas.

### ¿Cómo llegó a ser la primera Secretaria General?

El MEMCH en su primera reunión me designó. Me imagino que fue porque en las reuniones preliminares había demostrado tener un conocimiento bastante amplio sobre la situación de la mujer en Chile. Pero, debo decir, que ser Secretaria General no tenía mayor importancia. A mí me correspondía firmar la correspondencia y aparecer como la representante de la institución hacia el exterior. Pero, dentro de la institución, yo era igual a cualquier miembro. Me eligieron Secretaria General y estuve en el cargo cinco años y renuncié el 41. En parte porque no soy amiga de las presidencias eternas, vitalicias.

**¿Cuál fue la recepción pública ante la formación del MEMCH?**

Dentro del MEMCH hubo bastante homogeneidad, pero, en cambio, afuera, había grupos conservadores. Estos grupos consiguieron elegir tres regidoras en las elecciones municipales, ellas eran conservadoras y tenían una posición cerrada y, por cierto, le hicieron una gran oposición al MEMCH y hasta publicaron en la prensa que había que tener cuidado con esta institución porque estaba manejada por comunistas.

**El MEMCH organizó dos congresos muy exitosos. ¿Cuáles eran los objetivos de esos congresos?**

Los congresos del MEMCH tenían dos objetivos; primero dar cuenta de lo que se había hecho. Enseguida analizar y pensar las campañas futuras. Pero, sobre todo, el objetivo era capacitar a las mujeres, educarlas respecto a sus limitaciones y respecto a su situación. Antes de cada congreso el MEMCH organizaba cursillos de capacitación en los que se trataban todos los problemas de la mujer. El MEMCH fue una gran escuela de civismo.

**Se dice que el retardo en aprobar el derecho a voto político de la mujer provino de todos los partidos, tanto de izquierda como de derecha.**

En realidad no tenían mucho interés en aprobar el voto político para la mujer, pues para los partidos, la respuesta electoral de la mujer era una incógnita, a pesar de que el voto municipal era un antecedente. Mire una cosa curiosa: el voto municipal se obtuvo después de un año de lucha, mientras que el voto político después de más de veinte años. ¿Por qué concedieron el voto municipal?, porque los partidos querían ver el comportamiento de las mujeres frente al sufragio. Además tener una gran cantidad de votantes significaba mayor trabajo, mayor trabajo de captación. Trataron por todos los medios de retardar la dictaminación de la ley, pero al final no les quedó más remedio que aceptarlo por la presión de las mujeres de muchos años.

**¿Con quién mantuvo usted, durante la época del MEMCH, una buena interlocución intelectual?**

Mire, yo creo que a mí me influyó mucho la gran feminista chilena —que permanece desconocida— Marta Vergara. Ella había estudiado, en cambio nosotras, éramos feministas por instinto, pero la teoría feminista no la conocíamos y Marta Vergara nos la enseñó. Ella influyó mucho en el tono feminista que tenía el MEMCH.

**¿Qué relación mantuvo el MEMCH con María de la Cruz y el partido femenino?**

El partido femenino fue una institución de vida muy fugaz y no dejó ninguna influencia. Y era sencillamente porque era un partido que no tenía principios. Podría perfectamente haberse llamado "Partido María de la Cruz". Si usted examina la historia del partido femenino, éste no hizo ningún aporte a la reivindicación de las mujeres. María de la Cruz era una mujer de gran carisma, que tenía una condición muy rara en las mujeres chilenas, era buena oradora, arrastraba mucha gente, pero sus discursos eran sin consistencia. Ella hablaba y después no se podía hacer una síntesis de lo que ella había dicho. El MEMCH había organizado un acto conmemorativo del Día Internacional de la Mujer y había conseguido el salón del Ministerio de Educación. María de la Cruz intervino para que no nos prestaran la sala. Eso, naturalmente fue muy desagradable, pero ese fue nuestro único contacto con María de la Cruz.

**¿Cómo se fundó la FECHIF?**

La FECHIF nació del Primer Congreso Nacional de Mujeres, no sólo por iniciativa del MEMCH, sino por un grupo grande de mujeres. Tenía por objeto, como su nombre lo indica —Federación de Instituciones Femeninas— luchar por los derechos de las mujeres. Durante el primer Congreso se eligió como presidenta a Amanda Labarca que se desempeñó —como ya lo he dicho— de manera brillante y democrática.

**Durante la época de la FECHIF se rompe la coexistencia entre las organizaciones de mujeres. ¿Por qué?**

La verdad es que los problemas surgieron cuando llegó al poder Gabriel González Videla. Entonces empieza una gran campaña en contra de los sectores populares y a esa política se adhirió el grupo radical que estaba en la FECHIF, tanto, que obtuvieron la expulsión de las delegadas del Partido Comunista. Dentro de la FECHIF había delegadas de distintos partidos políticos, del Socialista, del Radical, del Comunista. No me gustó la decisión de la FECHIF de echar a las comunistas. Por lo demás se había tomado el acuerdo sin mayoría. En esa sesión no había estado el MEMCH y era un error, porque las comunistas hacían un buen papel en la campaña por el voto. El MEMCH decidió retirarse y con ellas me retiré yo. A mí no me gusta pelear. Prefiero retirarme de donde no me quieren.

**¿Qué costo social tuvo para usted ser la Secretaria General del MEMCH?**

Bueno, tuve que sufrir un cierto rechazo porque jamás me dieron la posibilidad de ocupar ningún cargo. En realidad se desperdiciaron un poco mis capacidades, porque en ese tiempo yo era una mujer muy estudiosa y esforzada. Podría haber realizado muchas cosas, pero el hecho de estar tildada como una persona de extrema izquierda me quitó muchas posibilidades.

**Usted, ¿se considera una persona de extrema izquierda?**

No, yo nunca he sido una persona de extrema izquierda. Soy, podría decir, una socialista moderada. Pienso en una sociedad que, dentro del respeto a la libertad y el respeto a los derechos humanos, asegure a la población educación y salud gratuitas, habitación y alimentación adecuadas.

**¿Usted nunca militó?**

No, no milité.

**¿Y, cómo lo logró?. Era muy difícil no militar.**

Siempre he sido una persona independiente. Quizás influyó la tendencia anarquista de la primera época de mi formación de estudiante. Eso de no querer someterme a un mandato, a la restricción que puede imponer un partido.

**¿Podría referirse a la paradoja de que días después de que se concede el derecho a voto político a la mujer, a usted se le cancela su inscripción en los registros electorales?**

En realidad, la cancelación de mi inscripción en los Registros Electorales fue algo injusto y arbitrario. No había una razón, absolutamente ninguna, para que se me privara de mis derechos con la Ley de Defensa de la Democracia, autorizada para cancelar de los Registros Electorales a los miembros del Partido Comunista. Yo sencillamente no pertenecía a ese partido ni a ningún otro. Me parece que la medida se tomó, en cierta manera, como venganza porque yo había participado en forma muy activa en la campaña para obtener la libertad de las mujeres que se encontraban detenidas en el campo de prisioneros de Pisagua. Se recordará que allí llevaron más o menos a cuarenta mujeres y lo más dramático es que no sólo llevaron mujeres sino que a los niños. Había casi cien niños que estaban en una situación deplorable. Nosotras hicimos una campaña no sólo nacional sino que internacional. Se produjo un verdadero escándalo por este hecho. A mí me parece que esto motivó la cancelación de mi inscripción. Afortunadamente la ley establecía la posibilidad de apelar, y yo, naturalmente, hice mi reclamo y defendí personalmente mi situación.

**¿Dónde estaba usted cuando se promulgó la ley?**

Cuando se promulgó la ley del voto femenino, se hizo un acto extraordinario al que asistieron el Presidente de la República, los Ministros de Estado, el Cuerpo Diplomático, todas las grandes personalidades del país. Y lo curioso es que a mí, que había luchado tanto por el voto, no me invitaron. Gabriel González Videla lo único que hizo fue promulgar la ley, como corresponde a todos los presidentes cuando se aprueba en la Cámara. Pero lo hizo con gran aparato, de tal manera que todavía hay gente que dice que Gabriel González Videla nos concedió el voto. Y la verdad no es esa. El voto se obtuvo con la lucha de más de veinte años que sostuvieron miles de mujeres chilenas. Así es que ese día yo estaba en mi casa. Soy una persona que no va a ninguna parte donde no la invitan.

**¿Por qué en momentos tan pujantes como fueron los años cincuenta y sesenta, usted no emprendió una carrera política teniendo tantas capacidades intelectuales y habiendo sido una ideóloga del MEMCH?**

La verdad es que yo no he tenido nunca una vocación política. Quizás influyó en mí una experiencia que tuve al inicio de mi carrera feminista. Yo había sido secretaria de la organización del Comité de la candidatura de don Pedro Aguirre Cerda. Resultó que él fue elegido Presidente. La gente supuso que yo era influyente. Entonces empezaron a llegar a mi casa muchas personas para que las apoyara para determinados cargos. Eso a mí no me gustó. Esa es la verdad y yo quedé como alérgica. Es cierto que otras mujeres del MEMCH siguieron una carrera política, como Julieta Campusano, pero ella pertenecía a un partido político desde antes, pero a las "memchistas" apolíticas no se les dio ningún cargo.

**Pero, ¿no le parece que las mujeres tienen que estar en los estamentos de poder?**

Mire, yo soy realista. Reconozco que las instituciones femeninas tienen que ser autónomas y, dentro de la situación de autonomía, tienen que llegar a ciertas esferas de poder para realizar sus conquistas. Pero, las mujeres dentro de los partidos tienen que seguir una línea determinada y eso les impide tener independencia para plantear sus problemas.

**Después de conseguir el voto político se produce una baja en la actividad de las mujeres. Lo que Julieta Kirkwood llama "el silencio de las mujeres".**

Aunque se produce una baja siguen funcionando algunas instituciones bastante importantes como fue la "Unión de Mujeres de Chile" o el "Comité Femenino de Unidad". Hubo actividades, pero más disminuidas.

**En los años posteriores a la obtención del voto femenino, ¿en qué trabajó usted?**

Yo nunca dejé de ser feminista. Y la prueba es que cuando empecé a ejercer la profesión, me dediqué al estudio del derecho. Escribí algunos libros que tocan el problema de la mujer. Uno de mis libros se llama *La capacidad de la mujer casada en relación a sus bienes*. El título es bastante largo y da cuenta del contenido del libro; la situación de la mujer dentro del régimen de sociedad conyugal, en el que la mujer aparecía como totalmente incapaz.

El otro fue un libro sobre pensiones alimenticias, en el cual sostuve la tesis que aunque la mujer abandonara el hogar conyugal, tenía derecho a pensión alimenticia, tesis que no sustentaba la Corte Suprema. La Corte Suprema había declarado en numerosas oportunidades que la mujer que salía del hogar conyugal, no tenía derecho a pensión alimenticia. Yo escribí el libro para demostrar que estaban equivocados. El libro tuvo bastante éxito, en primer lugar, porque me dieron el premio Ballestero de la Facultad de Derecho de la Universidad de Chile, en seguida porque la Corte Suprema cambió su jurisprudencia y entonces empezó a aceptar mi punto de vista.

Tengo también un libro sobre el Recurso de Amparo, donde sostengo la tesis que durante el Estado de Sitio, el Presidente de la República tiene la facultad de detener, pero que los Tribunales de Justicia tienen la facultad para juzgar esta medida del Presidente, que esté conforme a derecho y conforme a los hechos. Este libro está prologado por Patricio Aylwin, quien es actualmente Presidente de la República, quien además reconoció que mi tesis era justa. Este libro fue muy usado durante los últimos años, aunque no fue aceptado por los Tribunales de Justicia.

**¿Qué otras actividades públicas realizó usted después de la disolución del MEMCH?**

Estuve en el Consejo de Defensa del Niño, donde afortunadamente me siguieron eligiendo. De acuerdo con los estatutos el Presidente de la República puede nombrar a dos representantes. Don Pedro Aguirre Cerda me eligió, también me eligió Juan Antonio Ríos. Después cuando llegó Gabriel González Videla, pidió que me dejaran fuera. Dijo Oscar Gajardo, que era presidente del Consejo: "Si quiere usted retirar a la Sra. Caffarena, sáquela usted, pero yo, no". Entonces se nombró a dos delegadas distintas. Y como el Consejo podía nombrar a dos representantes, me nombraron a mí. Yo quedé ahí hasta el año 73, en donde se le dijo al Presidente del Consejo de ese tiempo que si yo seguía ahí no darían más recursos al Consejo. Entonces yo le dije al Presidente: "¿Dónde está el problema?. Me voy. ¿Cómo voy a perjudicar a la institución?". Pero me dolió, le juro que me dolió, porque yo hacía una labor seria, me gustaba mucho lo que hacía. El Consejo se manejaba de una manera muy científica, atendiendo a los niños en todos sus aspectos, salud, educación, vestuario.

**Señora Elena, ¿con qué corriente del feminismo se identifica usted actualmente?**

Yo siempre sostengo que el feminismo es uno solo, pero hay distintas orientaciones; el feminismo reformista que persigue únicamente la igualdad de la mujer frente a la ley. Tenemos el feminismo radical que pone el acento en el problema del sexo. Después hay un tercer grupo que sostiene que la mujer va a lograr su emancipación con un cambio de la estructura social. Yo estoy con esa última tendencia y pienso que además de cambios en la estructura social tiene que haber cambios en la mentalidad, tanto del hombre como de la mujer. Porque hay muchas mujeres que son machistas. Últimamente, por ejemplo, me ha tocado leer algunas entrevistas de mujeres que tienen altos cargos en la economía y aún en el gobierno, y que se declaran antifeministas. Bueno, eso tiene que cambiar. Pero costará muchos años, los mismos años, quizás, que ha durado el sistema patriarcal.

**Para terminar, ¿cuáles son las cosas que la han gratificado en su vida?**

A mí me ha gratificado lo que he escrito. Creo que son obras importantes y que han sido un aporte serio a la literatura jurídica de la época. Creo que también han ayudado al movimiento femenino. He escrito algunos libros, he aclarado la situación en la que vive la mujer. Más no he podido hacer porque no he tenido las condiciones.

# SELECCIÓN DE TEXTOS DE ELENA CAFFARENA[214]

[214] Los textos seleccionados se reproducen de manera idéntica a la que fueron publicados en los años 1944 y 1952.

# CAPACIDAD DE LA MUJER CASADA CON RELACIÓN A SUS BIENES (1944)

Advertencia

Consideraciones generales

Régimen de comunidad o sociedad conyugal

    a) Bienes comunes o sociales

    b) Bienes propios del marido

    c) Bienes propios de la mujer

    d) Bienes de administración separada de la mujer

    e) Bienes reservados de la mujer casada

Régimen de separación de bienes

La solución

## Advertencia

Parecería lógico que una de las reivindicaciones femeninas que se reclamasen con más insistencia e imperio, fuese la de obtener la capacidad plena de la mujer casada. Y, sin embargo, no ocurre así.

Por lo menos, no conozco de parte de las organizaciones femeninas ni de las secciones femeninas de partidos políticos, ninguna campaña seria y sostenida para cambiar el régimen legal ordinario del matrimonio y, como consecuencia, terminar con la incapacidad de la mujer casada, ya que no pueden considerarse ni son bastantes las simples declaraciones contenidas en sus programas o estatutos.

¿Significará esto que las mujeres casadas están conformes con el régimen jurídico ordinario que las rige, que este régimen está de acuerdo con las necesidades sociales o corresponde al ritmo de la vida chilena?

Indudablemente, no. La gran mayoría de las mujeres casadas vive bajo el régimen de comunidad o sociedad conyugal, lo cual significa que no tienen capacidad para ejecutar acto alguno con relación a sus bienes, salvo los que han adquirido con su trabajo personal durante el matrimonio, situación esa última que por tratarse de casos de excepción –dentro de lo que es normal para la ley–, impone a la mujer tales engorros para acreditarla, que en la práctica es bien poco el beneficio que le reporta.

¿Qué otro motivo podría influir entonces para determinar esta aparente apatía de la mujer para terminar con su incapacidad legal dentro del matrimonio?

Mi ya larga actuación dentro del movimiento feminista me ha hecho formarme el convencimiento de que si las mujeres y organizaciones femeninas no han presionado en forma enérgica para obtener la capacidad plena de la mujer casada, de que si no han sostenido campañas y hecho peticiones con la decisión con que han solicitado, por ejemplo, el voto político, la igualdad de tratamiento de la mujer con relación al hombre dentro de la Administración Pública, etc., es por el desconocimiento que las mujeres tienen del estatuto que las rige y, al mismo tiempo, por la dificultad para formular la institución jurídica que vendría a reemplazar a la actual.

Por lo demás, estas fallas son perfectamente explicables y justificadas.

Pocas materias hay en nuestro derecho más complejas que el régimen matrimonial de sociedad conyugal o comunidad, complejidad que ha aumentado con las modificaciones introducidas por la Ley N° 5521, aunque hay que reconocer, en honor a la verdad, que esta ley tuvo el laudable propósito de paliar en parte los inconvenientes derivados de la incapacidad de la mujer casada.

Para estudiar su complicado régimen legal, las mujeres disponen del texto mismo de la ley, que indudablemente está fuera del alcance de los profanos, ya que se trata de preceptos diseminados en toda extensión del Código Civil, o bien, de tratados jurídicos, como la admirable obra de don Arturo Alessandri Rodríguez y algunas memorias de Prueba de alumnos de la Escuela de Derecho, los que por lo mismo que profundizan la materia, la estudian en todos sus aspectos y la analizan en todas sus interpretaciones posibles, resultan demasiado extensos y complicados para personas que no han hecho estudios especiales de derecho.

Y si es difícil a las mujeres conocer el estatuto legal que las rige, más difícil aún para ellas materializar sus aspiraciones de reforma. Establecer la capacidad civil plena de la mujer casada significa modificar numerosos artículos y aun capítulos completos del Código Civil. Un proyecto de ley que contemple el cambio del régimen ordinario de matrimonio para establecer otro que dé plena capacidad civil a la mujer casada, sólo podría ser realizado por técnicos, por personas que conocieran a fondo el derecho civil chileno.

¡He aquí una hermosa tarea que podrían realizar las mujeres que se han dedicado al estudio del derecho y he aquí también una hermosa finalidad que por sí sola justificaría una Asociación de Mujeres Abogados!

Pero la realidad es que las mujeres a quienes la sociedad les ha concedido el privilegio de poder hacer estudios superiores de derecho, no se han preocupado de este problema –¿para qué entrar a escudriñar los motivos?– y, por otra parte, para las organizaciones femeninas es una tarea superior a su capacidad y posibilidades.

El propósito que me ha guiado al redactar estas páginas no ha sido otro pues, que el de dar a las mujeres una explicación clara y sucinta de su estatuto legal dentro del matrimonio. No tienen ellas pretensión alguna. Los abogados, las personas con conocimientos superiores de derecho no encontrarán nada original ni nuevo. Me he limitado a exponer en la forma más concisa y sencilla que me ha sido posible, los distintos regímenes matrimoniales a que pueden estar sujetas las mujeres casadas en nuestro país, enfocándolos especialmente desde el punto de vista de la capacidad o incapacidad de la mujer y de las interpretaciones comúnmente aceptadas por los tratadistas y la jurisprudencia. He reservado mis dudas, que algún día, si se presenta la oportunidad, expondré en artículos de crítica jurídica.

Me sentiré satisfecha si logro –dentro de la complejidad de la materia a tratar– hacer un resumen fácilmente comprensible, que dé a las mujeres una idea clara de su verdadera situación jurídica dentro del matrimonio en lo que a sus bienes se refiere, y si, este conocimiento de su estatuto legal, así como las ideas que insinúo para reformarlo –ideas que, por lo demás, no son una creación, sino que ya están incorporadas a la legislación positiva de muchos países, aún países americanos– las ayuda en una futura, pero próxima campaña, para terminar con su incapacidad civil y establecer como régimen matrimonial ordinario, el de participación en los gananciales, régimen que no sólo da a la mujer mayores garantías con relación al marido y la libera de su sujeción que muchas veces es injusta e irritante, sino que, también, le permite actuar sin trabas en los negocios y con la expedición que exige el ritmo de la vida moderna.

## Consideraciones generales

Ya que de capacidad e incapacidad se trata, comenzaremos por precisar estos conceptos.

Se entiende por capacidad la aptitud legal que tiene una persona para ejercer derechos y contraer obligaciones y, en general, para realizar actos jurídicos por sí sola sin necesidad de la autorización o del ministerio de otra. Por la inversa, se entiende por incapacidad, la imposibilidad en que se encuentra una persona para ejecutar actos jurídicos por sí misma, sin el ministerio o autorización de otra.

Incurriendo en una redundancia, diremos que la mujer casada es capaz cuando puede realizar actos jurídicos por sí sola, sin necesidad de la autorización del marido o de la justicia, en su caso, y es incapaz, cuando de conformidad a la ley no puede celebrar válidamente actos de la vida civil, sino autorizada o representada por su marido o la justicia.

Cuando se dice que la mujer casada es incapaz, se dice la verdad, pero "no toda la verdad ni nada más que la verdad" como lo exige el juramento de los testigos en algunos países. Se dice la verdad, porque lo corriente, lo normal, la regla general dentro de la legislación chilena, es que la mujer casada sea incapaz. Hay, sin embargo, mujeres casadas que son plenamente capaces y, hay otras, que son incapaces para realizar actos jurídicos con relación a otros bienes. Por eso, quien desee expresarse con corrección debe hacer discriminaciones.

Para determinar si una mujer casada tiene o no capacidad jurídica, hay que empezar por atender al régimen matrimonial bajo el cual vive, es decir, si está casada bajo régimen de comunidad de ganancias o sociedad conyugal o lo está bajo el régimen de separación de bienes. Determinado el régimen matrimonial es menester, además en el caso de las mujeres casadas bajo el régimen de comunidad de ganancias o sociedad conyugal proceder a distinguir entre diversas clases de bienes, respecto de los cuales tiene la mujer casada una capacidad diferente.

Basta lo expuesto para demostrar lo complejo del estatuto legal que rige a la mujer casada en lo que a su capacidad se refiere y las dificultades que encontrará para desenvolverse en las diversas actividades comerciales, industriales o profesionales. Es casi imposible que quien contrate con una mujer casada conozca, si previamente no lo consulta con un letrado, cuando aquélla es hábil para obligarse, lo que le hará inhibirse de contratar con ella; y, por otra parte, la mujer en cada operación que realice o proponga, estará obligada a acreditar su situación de capacidad.

Es indudable que este estatuto no armoniza con la época en que vivimos. Pudo haber servido en el siglo pasado, cuando se dictó el Código Civil, en los tiempos en que se viajaba en carreta y la base de la fortuna la constituían los bienes raíces, pero no sirve para el siglo de la velocidad, del automóvil, del avión, del teléfono y la radio y en el que la base de la fortuna está constituida principalmente por la industria, el comercio, las acciones y, en general por los valores mobiliarios que exigen la realización de operaciones con un máximo de rapidez.

Las reformas de la Ley N° 5.521 que conquistó tantos aplausos al punto de que vulgarmente se llama "la ley que iguala a la mujer chilena ante el derecho", en la práctica, como luego lo demostraremos, no ha mejorado gran cosa la situación de la mujer casada en lo que a su capacidad se refiere. No significa esto una crítica a los redactores de la reforma ni el deseo de no reconocer a ella mérito alguno. No se puede negar que los miembros de la Comisión designada por la Facultad de Ciencias Jurídicas y Sociales de la Universidad de Chile, que elaboró el proyecto, estuvieron inspirados en el mejor de los propósitos de aminorar los inconvenientes derivados de la incapacidad de la mujer y que obtuvieron lo más que se podía conseguir dentro del procedimiento seguido de no modificar la estructura del Código Civil y ni siquiera el orden de sus artículos

Aunque parezca un poco grosero el símil, podríamos decir que las reformas de la Ley 5.521 corresponden a una carreta que tratara de equiparse con un motor, pero conservando su pesada estructura de madera y sus llantas de fierro. Y la verdad que lo que se necesita es un buen automóvil aerodinámico.

Perdóneseme esta digresión y entro de nuevo en materia.

Hemos dicho que para determinar si una mujer casada es capaz o incapaz, es menester, en primer lugar, precisar el régimen matrimonial bajo el cual vive.

Nuestra legislación admite sólo dos regímenes matrimoniales: el de comunidad de ganancias o sociedad conyugal y el de separación de bienes.

El régimen de comunidad de ganancias o sociedad conyugal constituye en nuestro país el régimen legal u ordinario del matrimonio, o sea, es el que rige cada vez que los contrayentes o los cónyuges no pactan expresamente el régimen de separación de bienes, no se decrete éste por sentencia judicial o no se produzca *ipso jure* en los casos previstos por la ley. Este régimen de comunidad o sociedad conyugal, como su nombre lo indica, da origen a una comunidad o sociedad de bienes entre los cónyuges a la cual ingresan —salvo excepciones— todos los bienes.

El régimen de separación de bienes, por el contrario, es un régimen de excepción que sólo rige en los casos expresamente previstos por la ley y en él no se forma patrimonio común, sino que cada cónyuge conserva sus bienes.

Vamos a analizar en capítulos distintos cada uno de estos regímenes, pero limitándonos sólo a aquellas características y aspectos que sean indispensables para determinar y aclarar la capacidad de la mujer.

Empezaremos por el régimen de comunidad o sociedad conyugal que es el régimen a que están sujetos la gran mayoría de los matrimonios de nuestro país.

## Régimen de comunidad o sociedad conyugal

El régimen de comunidad de ganancias o sociedad conyugal, como ya se ha dicho, constituye en Chile el régimen legal del matrimonio, es decir, que es el estatuto que regla, por el solo ministerio de la ley, los intereses pecuniarios de todo matrimonio que se celebra en el país, sea entre chilenos o extranjeros, salvo los casos de excepción taxativamente previstos por la ley en los que impera el régimen de separación de bienes.

Están sujetos al régimen de separación de bienes sólo los siguientes matrimonios:

1° Aquéllos en los que los esposos acuerdan expresamente la separación total de bienes en las capitulaciones matrimoniales, entendiéndose por tales la convención, el contrato que los esposos celebran antes de contraer matrimonio para reglar sus intereses económicos. Estas capitulaciones matrimoniales, para que tengan valor, deben hacerse por escritura pública e inscribirse al margen de la respectiva partida de matrimonio. El Código Civil no permitía pactar la separación total de bienes en las capitulaciones matrimoniales. Esta reforma fué introducida por el Decreto Ley N° 321, llamado también Decreto Ley Maza, porque fué obra del entonces Ministro, don José Maza, e intercalada en el texto mismo del Código Civil por la Ley N° 5.521.

2° Aquellos en que los cónyuges, después de celebrado el matrimonio, pactan la separación total de bienes. Este pacto, lo mismo que el anterior, debe reducirse a escritura pública e inscribirse al margen de la partida de matrimonio y no puede hacerse en perjuicio de los derechos válidamente adquiridos por terceros. El Código Civil establecía la irrevocabilidad del régimen matrimonial, es decir, que celebrado un matrimonio bajo el régimen de comunidad, este régimen no podía modificarse por acuerdo entre los cónyuges: la única manera de cambiar el régimen matrimonial aceptado por el Código Civil era la resolución judicial dictada dentro del respectivo juicio de separación de bienes o divorcio perpetuo. La Ley N° 5.521, que tantas reformas introdujo en el estatuto de la mujer, mantuvo esta situación. Sólo a fines del año pasado, en octubre de 1943, por Ley N° 7.612 se reconoció a los cónyuges el derecho de cambiar el régimen de comunidad o sociedad conyugal por el de separación total durante el matrimonio. Esta reforma constituía una de las reivindicaciones femeninas más importantes y es una omisión imperdonable que las organizaciones femeninas no hayan expresado su gratitud a los impulsores de esta reforma. Para el marido, esta innovación tiene también ventajas: le evitará el desdoroso papel de tener que aceptar su estado de insolvencia, a que muchas veces se sometía voluntariamente dentro del juicio de separación de bienes, para resguardar los intereses de su mujer y el bienestar de sus hijos.

3° Se produce por el ministerio de la ley, en el caso de matrimonios de extranjeros que han contraído matrimonio en el extranjero y que pasaren a domiciliarse en Chile, siempre que de conformidad a las leyes bajo cuyo imperio se casaron, no haya habido entre ellos sociedad de bienes (sería el caso, por ejemplo, de los matrimonios contraídos bajo el régimen dotal, tan corriente en Francia).

4° Se produce también por el ministerio de la ley, en el caso de matrimonios en que uno de los cónyuges sea condenado por sentencia ejecutoriada por el delito que contempla la ley N° 5.750 sobre Abandono de Familia y Pago de Pensiones Alimenticias, es decir, por dejar transcurrir tres meses sin cumplir, teniendo los medios necesarios, una pensión alimenticia a la que se está obligado con respecto al otro cónyuge por resolución judicial ejecutoriada.

5°  En el caso en que el juez, a petición de la mujer, decrete la separación de bienes y esta sentencia se inscriba al margen de la partida de matrimonio. La resolución judicial de separación sólo puede fundarse en la insolvencia del marido, en el mal estado de sus negocios o en la administración fraudulenta del mismo. Puede también la mujer obtener la separación de bienes, cuando habiendo sido el marido declarado en interdicción por demencia, prodigalidad o sordomudez o hallándose ausente e ignorándose su paradero y siendo la mujer mayor de 21 años, no pueda o no desee tomar sobre sí la administración extraordinaria de la sociedad conyugal ni someterse a la dirección del curador del marido nombrado al efecto.

6°  Por sentencia de divorcio perpetuo inscrita al margen de la partida matrimonial. Se sabe que en nuestro país el divorcio no disuelve el matrimonio, sino que deja vigente el vínculo matrimonial y las partes conservan el carácter de cónyuges. Produce, sin embargo, efectos importantes en los bienes: disuelve la sociedad conyugal y empieza el matrimonio a regirse por el régimen de separación de bienes. Pero adviértase que el divorcio debe ser perpetuo; el divorcio temporal no produce efecto alguno en el régimen de bienes.

La regla general, pues, es que el matrimonio se rija por el régimen de comunidad o sociedad conyugal y la excepción es que esté reglado por el régimen de separación de bienes. En otras palabras, todo matrimonio se entiende celebrado y sometido al régimen de comunidad de bienes mientras no se pruebe que se ha pactado la separación de bienes con las solemnidades legales, que se ha dictado la correspondiente sentencia en juicio de separación de bienes o de divorcio perpetuo y estas sentencias se han sub-inscrito al margen de la inscripción matrimonial, o se han producido las circunstancias para que el régimen de separación de bienes se produzca automáticamente, o sea, por el ministerio de la ley.

Por lo mismo que se trata de casos de excepción, el número de matrimonios sujetos al régimen de separación de bienes es escasísimo.

No corresponde a la índole de estas páginas dar cifras estadísticas. Sin embargo, se podría adelantar, si se considera el número de separaciones de bienes pactadas en capitulaciones matrimoniales y el número de juicios afinados sobre separación de bienes, por datos proporcionados por la Dirección General de Estadística, y se estima con criterio prudencial los casos en que la separación se produce por el ministerio de la ley (sobre estos últimos casos no hay estadísticas), que la proporción de matrimonios sujetos al régimen de separación de bienes es aproximadamente de 6 en cada mil matrimonios.

Insistiendo sobre lo ya dicho, repetiremos que la mujer se entiende casada bajo el régimen de comunidad conyugal, a menos que se pruebe lo contrario.

¿Cuál es la situación jurídica de la mujer dentro de este régimen a que están sujetas 994 mujeres de cada mil que han contraído matrimonio?

Podríamos decir que es incapaz, que no puede realizar acto jurídico alguno sino autorizada o representada por su marido, o por la justicia en subsidio, pero al hacerlo no nos expresaríamos con sujeción a la estricta verdad.

Para ser exactos será menester previamente estudiar y clasificar cinco distintas clases de bienes que nuestra legislación prevé y respecto de los cuales la mujer casada tiene una capacidad distinta. Estos bienes son: a) Los bienes comunes o sociales; b) Los bienes propios del marido; c) Los bienes propios de la mujer; d) Los bienes de administración separada de la mujer, y e) Los bienes reservados de la mujer casada.

Cada una de estas clases de bienes forma un patrimonio especial, independiente el uno del otro, con un pasivo y un activo exclusivo, y sujetos a distinto régimen jurídico.

Estudiaremos separadamente cada uno de estos patrimonios, insistiendo particularmente en las facultades que respecto de ellos tiene la mujer.

### a) *Bienes comunes o sociales*

Bienes comunes son los que pertenecen a la sociedad conyugal.

Empezaremos por indicar qué bienes son comunes o sociales.

La regla general es que dentro del régimen de sociedad conyugal los bienes sean sociales; la excepción es que un bien sea propio de uno de los cónyuges, de administración separada de la mujer o reservado de la mujer.

Es por eso que valiéndonos de una fórmula negativa podríamos decir que son bienes sociales todos aquellos, ya sea que figuren a nombre del marido o de la mujer, que no se pruebe que son bienes reservados, de administración separada de la mujer ni propios de cualquiera de los cónyuges.

Ahora, si aplicamos una fórmula positiva y de acuerdo con la enumeración que hace el Código Civil, podemos decir que son bienes comunes o sociales los siguientes:

1° Todos los bienes muebles aportados por el marido o la mujer al matrimonio (por ejemplo, dinero, joyas, acciones, mobiliario, etc.).

2° Todos los bienes muebles adquiridos durante la vigencia de la sociedad conyugal por el marido o la mujer, sea a título gratuito (por ejemplo, donación, herencia, legado), sea a título oneroso (ejemplos: compra-venta, permuta, ganancias del juego, lotería, etc.).

3° Los bienes raíces adquiridos por el marido o la mujer durante la sociedad conyugal a título oneroso.

4° Los frutos (por ejemplo, intereses, rentas, dividendos) producidos durante el matrimonio por los bienes sociales o por los bienes propios de los cónyuges.

5° El producto del trabajo del marido.

En cuanto al producto del trabajo de la mujer, aunque genéricamente es un bien social, está sujeto a un régimen jurídico especial del que nos ocuparemos al tratar de los bienes reservados de la mujer casada.

El patrimonio común o social formado por los bienes que acabamos de enumerar y, además, gozando del privilegio de presumirse pertenecer a él todo bien, ya sea que figure a nombre del marido o de la mujer, mientras no se acredite otra cosa por quien tiene interés en ello, no tiene una existencia real, tangible, durante la vigencia de la sociedad conyugal. Estos bienes se confunden con los bienes propios del marido, como si ellos y los suyos propios formaran un solo patrimonio.

Durante la vigencia de la sociedad conyugal, el marido no sólo administra los bienes sociales, sino como dice don Arturo Alessandri R., ES SU DUEÑO.

El marido, en consecuencia, no sólo puede disponer libremente de los bienes muebles que él poseía en el momento de contraer matrimonio, de los bienes muebles que adquiera a cualquier título, de los bienes raíces que adquiera a título oneroso durante la sociedad, y de los frutos que le produzcan estos bienes, sino que, además, ES DUEÑO y, como tal, puede arrendar, transformar, vender, hipotecar, empeñar y, en general, enajenar y disponer de los bienes muebles que su mujer poseía en el momento de contraer matrimonio o que adquiera a cualquier título durante la sociedad, de los bienes raíces que la misma adquiera a título oneroso durante su vigencia y de los frutos de estos bienes, sin necesidad de la autorización de la mujer y AUN CONTRA SU VOLUNTAD.

Durante la vigencia de la sociedad conyugal la mujer no tiene derecho alguno sobre los bienes sociales. Tiene una simple expectativa que la faculta para poder disponer de la parte que le corresponde por acto testamentario. Pero no participa en la administración de esos bienes ni puede pedir que se le entregue la parte que le va a corresponder a su disolución.

El derecho de la mujer sobre los bienes sociales nace sólo en el momento de disolverse la sociedad conyugal. Esta no termina únicamente con el matrimonio, como serían los casos de muerte de uno de los cónyuges o sentencia de nulidad de matrimonio. Puede ocurrir también que el matrimonio continúe y, en cambio, termine la sociedad conyugal, como en los casos de sentencia de divorcio perpetuo o separación de bienes, pacto de separación de bienes acordado por los cónyuges o la separación de bienes producida *ipso jure*.

Disuelta la sociedad conyugal, la mujer recupera su capacidad y puede, en consecuencia, realizar actos jurídicos libremente lo mismo que si fuera soltera.

En cuanto a los derechos de la mujer casada sobre los bienes sociales una vez disuelta la sociedad conyugal, varían según se trate de bienes muebles que la mujer aportó al matrimonio o adquirió durante su vigencia a título gratuito y los demás bienes sociales que ya hemos enumerado.

En el primer caso, la mujer tiene derecho para exigir devolución de esos bienes, pero sólo por el valor que tenían en el momento del aporte o de la adquisición. La mujer goza del beneficio de poder retirar estos valores antes que el marido y si no hay bienes sociales o son insuficientes, puede pagarse con los bienes propios del marido y, en caso que éste no los tuviere en el momento de la disolución, puede hacer efectivo su crédito aún sobre los bienes que el marido pueda adquirir en el futuro.

Si el marido tiene otros acreedores, la mujer, para la restitución de los bienes de su propiedad que el marido ha administrado, goza de preferencia para ser pagada con anterioridad a aquéllos, siempre que concurra con acreedores valistas o no privilegiados y no prueben éstos que la deuda cedió en utilidad personal de la mujer.

Con relación a los demás bienes sociales, que forman lo que se llama propiamente los gananciales, la mujer tiene derecho, una vez disuelta la sociedad conyugal, a la mitad de ellos, cualquiera que sea el monto de sus aportes y aunque sea ella sola la que ha aportado bienes.

Hay un caso en que no obstante disolverse la sociedad conyugal, la mujer pierde sus gananciales y no puede retirar sus aportes y bienes propios, que quedan en poder del marido. Esta situación se produce cuando la sociedad conyugal se disuelve por sentencia de divorcio perpetuo y éste es decretado por adulterio de la mujer.

¡Curiosa compensación! Y más curiosa aún si se considera que en caso de adulterio del marido, la mujer no goza de un consuelo semejante.

Se impone la supresión de este arcaico precepto, de este indigno negocio que el hombre hace de su situación de marido engañado. Es de esperar que en una próxima revisión del Código Civil se derogue esta disposición.

Los gananciales, a la inversa de los bienes sociales a que ya nos hemos referido, sí que están afectos al pago de las deudas sociales o del marido.

Por lo general para determinar los gananciales, se deducen previamente las deudas y por eso se dice que *gananciales* es el residuo que queda después de pagar las deudas y de retirar cada cónyuge sus respectivos haberes.

Pero si las deudas no se han pagado por olvido o por cualquiera otra circunstancia, los acreedores pueden cobrarlas indistintamente a la mujer o al marido. La mujer, sin embargo, goza de lo que se llama el *beneficio de emolumento* que consiste en el derecho de no responder de las deudas sociales sino hasta concurrencia de su mitad de gananciales, para lo cual le bastará probar el exceso de contribución que se le exige con el inventario y tasación que se hizo para liquidar la sociedad conyugal o con cualquier otro documento auténtico.

Tampoco responde la mujer de las deudas sociales si renuncia a los gananciales, ya sea en las capitulaciones matrimoniales o al disolverse la sociedad. Es éste un privilegio de que goza exclusivamente la mujer —el marido no puede renunciar a los gananciales— que la deja a salvo de los acreedores del marido y de la sociedad conyugal. Pero en este caso la mujer pierde los frutos de sus bienes propios y el mayor valor adquirido por sus aportes de carácter mueble: sólo puede retirar sus bienes propios, los bienes muebles aportados al matrimonio o adquiridos durante su vigencia a título gratuito por el valor que tenían en el momento del aporte o de la adquisición y conservar sus bienes reservados, como lo veremos al estudiar especialmente estos últimos.

En resumen y para terminar repetiremos *que la mujer casada bajo el régimen de comunidad o sociedad conyugal es, respecto de los bienes comunes o sociales, incapaz, pues no puede realizar con relación a ellos acto jurídico alguno,* a menos que actúe como mandataria del marido.

Esta situación está en plena vigencia y no ha sido modificada por la Ley N° 5.521 de la que suele decirse "que iguala a la mujer chilena ante el derecho".

## *b) Bienes propios del marido*

Son bienes propios del marido:

1°  Los bienes raíces aportados por el marido al matrimonio o adquiridos durante su vigencia a título gratuito;
2°  Los vestidos y muebles de uso personal necesario; y
3°  Los muebles excluidos de la comunidad en las capitulaciones matrimoniales o donados o legados bajo condición de que no ingresen a la comunidad.

Estos bienes, como se ha dicho, se confunden con los bienes sociales y el marido los administra y dispone de ellos con entera libertad.

Sobre estos bienes la mujer, durante la vigencia de la sociedad, no tiene derecho alguno. Se aplica la regla general de considerarla *incapaz y, en consecuencia, no puede realizar por sí sola con relación a ellos acto jurídico alguno.*

Más que incapaz se podría decir que la mujer es con respecto a estos bienes una extraña, un tercero.

Una vez disuelta la sociedad conyugal, la mujer puede, sin embargo, como ya lo hemos visto, hacer efectivo, sobre los bienes propios del marido, su crédito para la restitución de los valores por bienes de su propiedad que el marido administró, gozando, además, de preferencia con relación a los acreedores valistas o no privilegiados.

c) Bienes propios de la mujer

Son bienes propios de la mujer los siguientes:

1°  Los bienes raíces que la mujer poseía en el momentos de contraer matrimonio y los que adquiera durante la vigencia de la sociedad conyugal a título gratuito;
2°  Sus vestidos y muebles de uso personal necesario: y
3°  Los muebles excluidos de la comunidad en las capitulaciones matrimoniales y los donados o legados a la mujer bajo condición de que no ingresen a la comunidad.

Estos bienes que constituyen el patrimonio propio de la mujer, no ingresan a la sociedad conyugal o comunidad. La mujer conserva su dominio sobre ellos, pero, el marido, como jefe supremo dentro del matrimonio, los administra y los frutos que producen ingresan al haber social.

Las facultades administratorias del marido sobre estos bienes son amplísimas: no tiene más limitación que la de no poder dar en arriendo los predios rústicos de la mujer por más de ocho años ni los urbanos por más de cinco. La contravención a esta prohibición no produce la nulidad del contrato; más aun, produce pleno efecto respecto del marido. Sólo la mujer no está obligada a respetar el contrato de arrendamiento por el tiempo que exceda al plazo legal.

Tratándose de facultades no ya de administración sino de disposición, es decir, que signifiquen la enajenación o gravamen de los bienes propios de la mujer, la ley ha impuesto al marido serias cortapisas como una protección al patrimonio propio de la mujer.

El marido no puede enajenar o gravar los bienes muebles propios de la mujer, sin el consentimiento de ella o, en caso de encontrarse la mujer imposibilitada para dar su consentimiento, (por ejemplo, en caso de enfermedad, demencia, menor edad, ausencia) con el de la justicia en subsidio.

Tratándose de bienes raíces aportados por la mujer al matrimonio o adquiridos durante la vigencia de la sociedad a título gratuito, el marido necesita, además del consentimiento de la mujer, decreto judicial dictado con conocimiento de causa, el que sólo se otorgará en caso de necesidad o utilidad manifiesta de la mujer o facultad concedida para ello en las capitulaciones matrimoniales.

El consentimiento de la mujer debe constar del acto mismo de enajenación o gravamen, concurriendo la mujer por sí o por medio de mandatario, o, por lo menos, debe constar del escrito en que se pide autorización judicial. Un consentimiento dado verbalmente no tendría ningún valor. No obstante, este consentimiento puede ser suplido por el juez, si la mujer se hallare imposibilitada para manifestar su voluntad. Pero, la justicia, en ningún caso, puede suplir la voluntad de la mujer si ésta se negare a dar su consentimiento.

Queda entregado al criterio del juez apreciar la necesidad o utilidad de la mujer que es el antecedente forzoso para dictar el decreto autorizando la enajenación. Cabría dentro de los casos de necesidad o utilidad manifiesta de la mujer, por ejemplo, la urgencia de cancelar deudas personales de la mujer, la necesidad de reparar un edificio de propiedad de la mujer o edificar un sitio que le pertenece, la de atender a los gastos de enfermedad de la mujer, etc. En cambio, no sería bastante para justificar la enajenación de un bien de la mujer, por ejemplo, la necesidad de pagar deudas que afectan al marido o a la sociedad conyugal, la necesidad de dar mayor desarrollo a los negocios del marido, la compra de alhajas o muebles de lujo, etc.

Siempre con relación a los bienes propios de la mujer, el marido no puede sin el consentimiento de su cónyuge repudiar las asignaciones y donaciones que se hagan a la mujer, aunque podría aceptarlas por sí solo; ni puede tampoco provocar la partición de bienes en que la mujer tenga parte, ni nombrar partidor de esos mismos bienes, sin la voluntad de la mujer.

La mujer casada bajo régimen de comunidad no tiene sobre sus bienes propios facultad alguna de administración o de disposición. No participa en la administración que de ellos hace el marido y los frutos que producen ingresan al haber social, de cuyos bienes, como se ha dicho, el marido es dueño. El máximo que la ley le concede a la mujer es la de ser consultada para la enajenación de los bienes y el no poder realizarse esta enajenación sin su voluntad.

Si la mujer desea realizar por sí misma actos de administración con relación a sus bienes propios o de disposición de bienes muebles del mismo carácter, necesita de la autorización del marido y, tratándose de enajenación de bienes raíces, necesita, además, decreto judicial.

La autorización del marido debe darse por escrito o bien interviniendo el marido directamente en el acto. Sólo en el caso de que el marido niegue sin justo motivo esta autorización, o bien, estuviere imposibilitado para darla por ausencia, enfermedad u otra causa y de esta negativa o demora se siguiere perjuicio para la mujer, la autorización marital puede ser suplida por el juez.

En resumen, *la mujer casada bajo el régimen de comunidad o sociedad conyugal es incapaz con relación a sus bienes propios. No puede realizar acto jurídico alguno que los afecten sino con autorización del marido y, además, decreto judicial si se trata de un bien raíz.*

Disuelta la sociedad conyugal, la mujer puede retirar inmediatamente sus bienes propios, sin que queden afectos al pago de las deudas sociales, ya que, como hemos dicho, estos bienes no ingresan a la sociedad y la mujer conserva la propiedad de ellos.

*d) Bienes de administración separada de la mujer*

Dentro del régimen de comunidad o sociedad conyugal existen bienes de administración separada en los siguientes casos:

1°  Cuando se dona o lega a la mujer bienes bajo la condición precisa de que no los administre el marido; y

2°  Cuando en las capitulaciones matrimoniales se reserva la mujer una parte de sus bienes para administrarlos con independencia del marido.

Se trata de un patrimonio de excepción que, aunque genéricamente son bienes propios de la mujer, están sujetos a un régimen jurídico especial.

Los bienes de administración separada de la mujer, lo mismo que los bienes propios de la mujer, no ingresan al haber social, pero a diferencia de estos últimos, la mujer los administra y puede disponer de ellos, sean muebles o bienes raíces, con entera libertad, sin necesidad de la autorización del marido o de la justicia.

Los frutos de los bienes de administración separada de la mujer no ingresan, tampoco, a la sociedad conyugal durante su vigencia. Estos, así como los bienes que con ellos adquiera, pertenecen a la mujer y los administra y puede disponer de ellos libremente, con independencia del marido.

Al disolverse la sociedad conyugal, la mujer puede retirar inmediatamente los bienes de administración separada, lo mismo que los propios, pero los frutos y los bienes que con ellos se han adquirido entran en la partición de los gananciales, a menos que la mujer o sus herederos renuncien a los gananciales del marido.

Esta última restricción de considerar gananciales los frutos de los bienes de administración separada de la mujer, no existía en el Código Civil. Se trata de un precepto introducido en el año 1934 por la Ley N° 5.521, a la que ya nos hemos referido en varias oportunidades, como de una ley cuyos redactores estuvieron inspirados en los mejores propósitos de mejorar la situación de la mujer.

Según lo expresó la Comisión de Legislación del Senado, al discutirse esta ley en el seno de la comisión, esta modificación que iguala la situación jurídica de los bienes de administración separada a los bienes reservados de la mujer se hizo "para someter a un solo estatuto a todas las separaciones parciales, sean legales o convencionales, y simplificar nuestra legislación".

Es de lamentar que este propósito de simplificar la legislación no haya inspirado todas las concepciones de los que redactaron y dictaron la Ley N° 5.521. Quienes tengan la paciencia de leer estas páginas, podrán comprobar, a pesar de mi esfuerzo por hacer una exposición clara y concisa, que el principal defecto de la legislación en lo que a los derechos patrimoniales de la mujer casada se refiere, es su complejidad, la existencia de un sinnúmero de diferencias sutiles (por ejemplo: el establecer diverso régimen jurídico a las cosas donadas o legadas a la mujer bajo condición que no ingresen a la comunidad, de las donadas o legadas bajo condición que no las administre el marido; los primeros son bienes propios, los segundos son bienes de administración separada de la mujer). Esta diversidad de reglas hace que sean muy pocas las personas que conozcan el estatuto legal de la mujer casada y convierten en un verdadero escarnio el precepto jurídico de que "la ley se presume conocida de todos" y que "nadie puede alegar ignorancia de la ley".

En todo caso, cualesquiera que sean las razones que tuvieron los legisladores para considerar gananciales los frutos de los bienes de administración separada de la mujer, es un hecho que en esta materia, la Ley N° 5.521, lejos de mejorar la situación de la mujer, la empeoró.

Por otra parte, como los bienes de administración separada de la mujer constituyen un patrimonio de excepción y la mujer tiene respecto de este patrimonio también una capacidad de excepción, necesitará acreditar en cada caso cuando realice actos jurídicos que digan relación con estos bienes o sus frutos de que se trata de bienes de administración separada. De no hacérsele esta exigencia a la mujer, los terceros que han contratado con ella podrían verse obligados a soportar el peso de la prueba si el marido o los herederos de la mujer sostuvieren que tales bienes no eran de administración separada, sino propios de la mujer o sociales.

Resumiendo, *la mujer casada es plenamente capaz respecto de los bienes de administración separada: puede realizar con relación a ellos cualquier acto jurídico, sin necesidad de la autorización del marido o de la justicia. Pero como se trata de una capacidad de excepción, si ésta es negada, deberá probar la capacidad quien la alegue.*

## e) Bienes reservados de la mujer casada

Se entiende por bienes reservados, los que la mujer obtiene dentro del matrimonio con su trabajo, separado del marido, y lo que con ellos adquiera.

En consecuencia, para que haya bienes y patrimonio reservado es menester que la mujer, durante la vigencia del matrimonio, ejerza o haya ejercido un trabajo lucrativo, separado del del marido.

Esto nos lleva a plantear una cuestión muy importante: ¿Puede la mujer casada bajo el régimen de comunidad ejercer libremente un empleo, oficio, profesión, industria o comercio?

En esta materia, la Ley N° 5.521 introdujo una modificación importante al Código Civil y al Código de Comercio y puso fin a una situación de irritante justicia, aunque en verdad pudo ir aún un poco más lejos.

Hasta la dictación de la referida ley, o sea, hasta 1934, la mujer casada para ejercer una profesión, industria, empleo o comercio, necesitaba de la autorización del marido. Cierto es que esta autorización podía ser tácita y se subentendía cuando la mujer las ejercía públicamente sin que el marido reclamara o protestara en forma general, o, por lo menos, ante el que contrataba con la mujer. Pero, si el marido reclamaba, la mujer quedaba inhibida para ejercer un oficio, profesión, industria o comercio y no tenía ni siquiera la posibilidad de recurrir ante la justicia para corregir esta determinación arbitraria del marido.

La Ley N° 5.521 autorizó a la mujer casada bajo el régimen de comunidad de bienes, para dedicarse libremente al ejercicio de un empleo, oficio, profesión o industria sin necesidad de la autorización del marido. Sin embargo, este derecho de la mujer no es absoluto. El juez puede, a petición del marido y con conocimiento de causa, prohibir a la mujer el ejercicio de un determinado trabajo.

Aunque la ley misma no señaló las causales que autorizaban al juez para prohibir a la mujer una profesión o trabajo, al discutirse ella en la Comisión de Legislación del Senado, se dejó expresa constancia para efectos de su interpretación, que debería tomarse especialmente en cuenta la situación y condiciones del hogar doméstico. Así, por ejemplo, el juez deberá considerar, las entradas con que cuenta la familia, el número de hijos, las posibilidades de atenderlos debidamente, etc.

En el fondo, la diferencia entre la situación que prescribía el Código Civil y la que establece su actual texto reformado por la Ley N° 5.521, es que antes el marido no necesitaba sino de su voluntad para prohibir a la mujer el ejercicio de un trabajo y en la actualidad la oposición y prohibición del marido debe contar con la aprobación del juez, quien califica los motivos y la justicia de la prohibición.

¿Por qué sencillamente no se estableció que el ejercicio de un trabajo por parte de la mujer casada era de su resorte exclusivo? Se dice que para que haya orden en una sociedad, es menester que alguien mande y que en el matrimonio el que manda debe ser el hombre. Por mi parte, poco creo en el orden basado en la autoridad; creo sólo en el orden basado en las normas democráticas, en la disciplina que resulta del entendimiento mutuo y de las mutuas concesiones. Un matrimonio que tiene que recurrir al arbitrio de un juez para determinar si la mujer puede o no trabajar, es un matrimonio en el que seguramente habrá divergencias de otra índole. En la práctica, este derecho del marido, servirá sólo de instrumento de venganza en matrimonios desavenidos.

Para que la resolución judicial que acepta la oposición del marido a que la mujer se dedique al ejercicio de un empleo, oficio, profesión o industria, tenga efecto respecto de terceros, es menester que se publique en un periódico del departamento en que tuvieren su domicilio los cónyuges, se inscriba en el Registro de Interdicciones y Prohibiciones del Conservador de Bienes Raíces y, en el caso de la mujer comerciante, se inscriba, además, en el Registro de Comercio.

Pero si la ley N° 5.521 significó, como hemos visto, un pequeño avance sobre la situación que prescribían los Códigos Civil y de

Comercio, mantuvo, en cambio, la limitación, en cuanto la mujer casada no puede, sin autorización especial del marido, participar en una sociedad colectiva, en comandita o de responsabilidad limitada.

Hemos deslindado cuáles son los derechos de la mujer y del marido en lo que respecta al ejercicio de un trabajo por parte de la primera. Ahora vamos a determinar cuál es la situación jurídica del fruto del trabajo de la mujer.

Dentro de nuestro Código Civil, el fruto del trabajo de la mujer no constituía un patrimonio especial, sino que ingresaba al haber social y era, en consecuencia, administrado por el marido con las más amplias facultades.

Esta situación se mantuvo hasta el año 1925, fecha de la dictación del decreto-ley N° 328, al que nos hemos referido con el nombre de "Decreto-Ley Maza", que prescribió que la mujer casada se consideraría como separada de bienes para la administración de aquellos que fueran fruto de su trabajo profesional o industrial. En otras palabras, creó en nuestra legislación el "patrimonio reservado".

Desgraciadamente, este decreto-ley adolecía de los defectos propios de toda la legislación dictada apresuradamente durante los gobiernos de facto, e incurrió en omisiones, uso de términos impropios y errores de redacción que dieron lugar a toda suerte de interpretaciones contradictorias e hicieron ilusorios sus beneficios.

El mérito fundamental de la Ley N° 5.521 estriba en haber reglamentado en forma efectiva el patrimonio reservado, corrigiendo los defectos, aclarando los conceptos y llenando los vacíos del Decreto-ley N° 328, ya que, como luego lo comprobaremos, la situación jurídica de la mujer, aún después de las reformas introducidas por esta ley, no ha mejorado en forma que esté en consonancia con el ritmo actual de la vida de los negocios.

De acuerdo con esta reglamentación, para que un bien ingrese al activo del patrimonio reservado y sea considerado como tal, se requiere:

1°   Que el bien tenga su origen en el trabajo de la mujer o sea fruto de esos bienes;

2°   Que provenga de un trabajo realizado *durante* el matrimonio; y

3°   Que el trabajo que ejerce la mujer sea separado del marido.

En consecuencia, no son reservados y no están sujetos al régimen jurídico de los bienes reservados, los siguientes:

1°   Los que la mujer adquiera por otro medio que no sea su trabajo, en cualquier época (por ejemplo, los que adquiera por donación, herencia, legado, en el juego, etc.);

2°   Los bienes adquiridos por el trabajo que la mujer realizó antes del matrimonio; y

3°   Los bienes adquiridos en un trabajo en común o en colaboración con su marido.

Con relación a los bienes que forman el patrimonio reservado, la mujer casada bajo el régimen de comunidad o sociedad conyugal es plenamente *capaz,* es decir, *puede realizar por sí sola y válidamente cualquier acto jurídico, sea de simple administración o de disposición.* Pero si la mujer casada es menor de edad, o sea, menor de 21 años, se equipara su situación a la de las solteras menores de edad y se prescribe que no puede gravar o enajenar sus bienes raíces sin decreto judicial dictado con conocimiento de causa.

Sobre los bienes reservados, el marido no tiene poder ni facultad de ninguna especie, a menos que obre como mandatario de la mujer.

Esto que en teoría aparece como una conquista apreciable y un avance digno de elogio, en la práctica tiene un valor muy mediocre.

En efecto, como la plena capacidad de la mujer casada en relación con su patrimonio reservado, deriva del hecho de ejercer o haber ejercido durante el matrimonio un trabajo remunerado separado del que ejerce su marido, será menester acreditar esta circunstancia especial cada vez que se sostenga la validez de un acto celebrado por ella dentro del giro de sus negocios o trabajo o en relación con bienes de su patrimonio reservado, ya que esta capacidad de la mujer casada es una capacidad de *excepción* y de acuerdo con un principio universal de derecho "la prueba incumbe al que sostiene una proposición contraria al orden normal".

Aquí estriba el principal defecto del régimen jurídico adoptado por la ley N° 5.521, o sea, el considerar como circunstancia excepcional la capacidad de la mujer casada y su incapacidad como regla general o circunstancia normal.

Hay que reconocer sí que para establecer la capacidad de la mujer casada como regla general, hubiera sido menester modificar toda la estructura jurídica del régimen matrimonial ordinario y aún hacer una revisión completa del Código Civil. Sólo personas con conocimientos profundos de derecho podrían abocarse a una tarea semejante. Es de lamentar que la Comisión de Reforma del Código Civil de la Facultad de Leyes, que preparó el proyecto de ley más tarde aprobado por las Cámaras y promulgada bajo el N° 5.521, formado por las más altas cabezas jurídicas de nuestro país, no se decidiera a emprender una reforma sustancial, en vez de limitarse a "hacer desaparecer las dudas y dificultades del Decreto-Ley N° 328 y ponerlo en armonía con el resto de las disposiciones del Código".

Comprendiendo los legisladores que esta capacidad de excepción de las mujeres casadas retraería a los terceros a tener relaciones de negocios o a contratar con ellas para no verse obligados a sufrir el peso de la prueba si el marido, la mujer, sus herederos o cesionarios, negaban la capacidad de la mujer y alegaban la nulidad del acto fundados en su incapacidad, crearon una presunción de derecho de la capacidad de la mujer casada en virtud de la cual no se admite prueba en contrario ni reclamación alguna fundada en la circunstancia de no ejercer o haber ejercido la mujer un trabajo remunerado separado del de su marido, siempre que, celebrado el acto por escrito, en él se inserte o se deje constancia de instrumentos públicos o privados que acrediten que la mujer ejerce o ha ejercido un empleo, oficio, profesión, industria o comercio separados de los de su marido.

Aunque la omisión de estos requisitos no acarrea la nulidad del acto, sino que, únicamente, hace recaer el peso de la prueba de la capacidad de la mujer sobre la persona que contrató con ella, es indudable que esta última, para evitarse dificultades futuras, exigirá que la operación o negocio conste por escrito y en él se haga referencia o se inserte dos instrumentos públicos o privados que prueben que la mujer ejercía o había ejercido un trabajo remunerado separado del de su marido.

Es éste el caso preciso en que se puede aplicar el adagio vulgar de que "el remedio es peor que la enfermedad". En efecto, la exigencia del Código Civil de la época en que se hablaba de la "mujer esclava de la ley" y que obligaba a la mujer casada a obtener la autorización del marido para realizar cualquier acto, se ha reemplazado por la exigencia de tener que dejar constancia escrita de todas sus operaciones y negocios y de tener que proveerse de documentos públicos o privados en los que consten su dedicación a un trabajo remunerado separado del de su marido.

Apreciando las leyes no por las declaraciones teóricas que encierran, sino por las facilidades prácticas que otorgan, ¿qué diferencia hay en beneficio de la mujer entre tener que cumplir con los requisitos indicados u obtener la autorización marital?

Si se lucha por la capacidad plena de la mujer casada, no es por la simple vanidad de ser independientes, no es tampoco por no depender del marido cuya autoridad en los tiempos que corren, salvo excepciones, no es del todo pesada, sino por simplificar sus relaciones de negocios, por facilitar su acción en la lucha por la vida.

El ritmo actual de la vida exige rapidez, expedición y frente a ella la mujer casada comerciante o profesional se ve entrabada por este sistema engorroso y formulista.

Al decir, pues, que la reforma de la ley N° 5.521 tiene en la práctica un valor mediocre, no importa en manera alguna una exageración.

Pero esto no es todo ni lo más grave.

Esta exigencia de tener que dejar la constancia por escrito de todo acto comercial o jurídico y la necesidad de proveerse de documentos que acrediten el ejercicio de un trabajo separado del que realiza el marido, es engorroso y muchas veces bastante difícil, como en los casos de la mujer que gana su vida en actividades ocasionales o de aquella que ha dejado largo tiempo de ejercer su profesión. Sin embargo, por molestas que sean estas dificultades, pueden subsanarse, ya que tratándose de una prueba preconstruída es posible, en último caso, fabricarla ad hoc.

Una traba aun mayor para la actividad comercial o profesional de la mujer casada es que esté obligada a acreditar, si el acto versa sobre un bien suyo, además del dominio, el *origen* del bien, es decir, que lo adquirió precisamente con el producto de su trabajo o con el fruto de esos bienes.

La presunción de derecho a que nos hemos referido garantiza sólo que la mujer casada es capaz, que puede realizar el acto sin necesidad de autorización marital, pero no garantiza que el bien sobre que versa el acto sea reservado. Es una presunción de capacidad, pero no del origen y del dominio del bien.

Así por los menos lo sostiene en forma categórica don Arturo Alessandri Rodríguez, autor del "Tratado Práctico de las Capitulaciones Matrimoniales, de la Sociedad Conyugal y de los Bienes Reservados de la Mujer Casada" y miembro de la comisión redactora de la Ley N° 5.521 y, dado el peso que las opiniones del señor Alessandri tienen en nuestro ambiente jurídico, seguramente esta interpretación de la ley se generalizará.

En consecuencia, los que contratan con una mujer casada no sólo exigirán que el acto conste por escrito y en él se inserte o se haga referencia a dos documentos que acrediten que la mujer ejerce o ha ejercido un trabajo separado del de su marido, es decir, que se cumplan los requisitos necesarios para que opere la presunción de derecho de la capacidad de la mujer, sino que, además, si el contrato versa sobre un bien de la mujer, le exigirán que acredite su dominio y el origen, o sea, que lo adquirió precisamente con el producto de su trabajo o con el fruto de esos bienes.

¿Es fácil esta prueba?

Habrá casos en que esta prueba es sencilla, como el caso de la mujer comerciante que lleva libros de contabilidad o el caso de una mujer que adquiere un bien raíz por intermedio de una Caja de Previsión y lo paga con dividendos que son descontados de su sueldo.

Pero la vida de los negocios no es tan sencilla. La multiplicidad de las operaciones hará imposible en la mayoría de los casos seguir la cadena de cada una de las inversiones hechas a través de decenas de años, con el producto del trabajo de la mujer, máxime cuando la comunidad de vida, de consumos y de intereses con el marido y con los hijos, hace que sea casi imposible que de hecho no se produzcan confusiones entre el patrimonio de la mujer y el del marido o de la sociedad conyugal.

La condición excepcional del patrimonio reservado significa para la mujer, no sólo el verse entrabada en sus negocios por la necesidad de tener que proporcionar antecedentes sobre el origen del bien sobre que versa el contrato, sino que, además, significa que pesa sobre ella la obligación de probar en juicio la calidad de bien reservado cada vez que un tercero o el marido le nieguen tal calidad. Así, por ejemplo, si un acreedor del marido embarga un bien reservado de la mujer, alegando que pertenece a la sociedad conyugal, la mujer no sólo tendrá que acreditar que ejerce o ha ejercido una profesión o industria separada del marido, sino que el bien lo adquirió con el producto de su trabajo o con frutos de su patrimonio reservado. Igual prueba tendrá que rendir la mujer con relación a su marido o los herederos de éste, en el caso de renuncia de los gananciales, como lo veremos al ocuparnos de la disolución de la sociedad conyugal.

Aun cuando la Ley N° 5.521 estableció que correspondía a la mujer acreditar tanto respecto del marido como respecto de terceros el dominio y el origen de los bienes reservados, es indudable que tal prueba sólo pesará sobre la mujer cuando sea ella quien sostenga y afirme que el bien es reservado; pero si, por el contrario, es la mujer, sus herederos o cesionarios, o el marido, quienes sostienen que el bien materia de la discusión no es reservado sino de la sociedad conyugal o propio de la mujer, es indudable que es el tercero que sostiene la calidad de bien reservado a quien le corresponde probar que la mujer lo adquirió con su trabajo separado del de su marido o con el fruto de esos bienes.

La disposición de la Ley N° 5.521 que admite para acreditar la calidad de un bien reservado la prueba testimonial, cualquiera que sea la cuantía del bien (se sabe que de acuerdo con nuestra legislación no se puede probar con testigos los actos o contratos que contengan la entrega o promesa de una cosa que valga más de doscientos pesos) ha atenuado la dificultad de la prueba, pero no la ha obviado.

Si para la mujer resulta embarazoso el tener que probar o proporcionar antecedentes sobre el origen de sus bienes reservados, es de imaginarse las dificultades que tendrá un tercero. Es seguro que en la mayoría de las ocasiones esta prueba será imposible de rendir.

Hasta ahora, como se trata de una institución nueva y poco conocida aún por los abogados, no se han presentado dificultades en cuanto a la exigencia sobre el origen del bien. Pero cuando andando el tiempo se presenten casos ante los Tribunales y éstos, aceptando la interpretación ya explicada, acojan reivindicaciones de bienes vendidos por la mujer como reservados y que luego el marido, sus herederos o cesionarios aleguen que no tenían tal carácter, resultará que muy pocos serán los que se arriesguen a adquirir bienes reservados de la mujer, o, en el mejor de los casos, para alejar en parte este peligro, obligarán que el marido concurra al acto y declare expresamente que el bien no es social. Se llega así a punto de partida, es decir, que nada se ha variado con la dictación de la Ley N° 5.521. Ahora, como antes, el marido tendrá que concurrir al contrato de la mujer: en el primer caso, por imposición de terceros, para declarar que el bien no es social y, en el segundo, por disposición de la ley, para autorizarlo. Distintas fórmulas, pero en el fondo lo mismo.

Hemos visto cómo las facultades que la Ley N° 5.521 otorga a la mujer casada respecto al fruto de su trabajo constituyen simples declaraciones teóricas de capacidad, pero que en la práctica se traducen en una verdadera maraña que entraba su acción dentro de la vida de los negocios y de las relaciones jurídicas.

Mayor será aún la desilusión de las mujeres que lean estas páginas cuando se impongan de las disposiciones de la Ley N° 5.521 con respecto a los bienes reservados, una vez disuelta la sociedad conyugal.

El patrimonio reservado sólo existe mientras hay sociedad conyugal. Disuelta ésta, cesan las facultades de la mujer sobre los bienes adquiridos con su trabajo, los que entran a formar parte, junto con los demás bienes sociales, de la masa partible, de los gananciales que se dividen por la mitad entre los cónyuges y quedan afectos al pago de las deudas sociales.

Los bienes reservados, pues, aunque durante la vigencia de la sociedad conyugal forman un patrimonio específico y la mujer puede, por lo menos en principio, administrar y disponer de ellos libremente, en el fondo, salvo excepciones, son simples bienes sociales, sometidos a un régimen especial.

Sólo excepcionalmente la mujer puede conservar la totalidad de sus bienes reservados al disolverse la sociedad conyugal, pero para ello debe renunciar a los gananciales provenientes de la administración del marido.

En apoyo de este precepto, la Comisión de Legislación de la Cámara de Diputados, expresa en su informe: "… porque si la mujer tiene derecho a la mitad de los bienes ganados por éste, es justo que el marido participe también de los adquiridos por ella".

Sin embargo, la solución no es tan equitativa como parece a primera vista y lo expresa el Informe. En primer lugar, porque los gananciales no están formados exclusivamente por los gananciales del marido y, en segundo lugar, porque la mujer para conservar sus bienes reservados necesita probar su dominio y su origen, si el marido o los acreedores de éste, se los discuten.

En muchas ocasiones puede ocurrir que los gananciales estén formados en su totalidad o en su mayor parte por el fruto de los bienes propios de la mujer o por el mayor valor que adquirieron sus bienes muebles aportados al matrimonio o por inversiones de capitales de la mujer (se sabe que el marido sólo está obligado a devolver los bienes muebles aportados al matrimonio o adquiridos durante su vigencia a título gratuito por el valor que tenían en el momento del aporte o de la adquisición) y sin embargo, ella tiene que optar entre dividir con su marido o sus herederos sus bienes reservados o renunciar y perder el fruto de sus bienes propios o las utilidades de las inversiones de su dinero.

En otras ocasiones ocurrirá que no obstante convenirle a la mujer la renuncia de los gananciales por ser sus bienes reservados de un valor muy superior a aquéllos, se verá en la imposibilidad de hacer esa renuncia por carecer de los medios de prueba para acreditar el origen de sus bienes, es decir, que los adquirió precisamente con el producto de su trabajo separado del que ejerce su marido o con el fruto de estos bienes.

La dificultad de una prueba de esta naturaleza, dada la multiplicidad de las operaciones comerciales que se realizan a lo largo de la vida de una persona, la complejidad de los negocios en los precipitados tiempos que corren, la transformación constante de los bienes y de los capitales, colocará muchas veces a la mujer en situación de perder sus derechos exclusivos sobre sus bienes reservados o parte de ellos, si los deudores del marido le niegan el carácter de reservados o la mujer se determina a aceptar los gananciales, comprendiendo la imposibilidad en que se halla de rendir tal prueba.

Con esto terminamos un breve esbozo del régimen de comunidad o sociedad conyugal que, como ya hemos dicho, rige 994 casos de cada mil matrimonios y del que aparece que por *regla general la mujer casada es incapaz y que sólo excepcionalmente puede realizar actos jurídicos por sí sola con relación a sus bienes de administración separada o a su patrimonio reservado.*

## Régimen de separación de bienes

Como ya dijimos, muy escasos son en nuestro país los matrimonios sujetos al régimen de separación de bienes. Es éste un régimen de excepción que rige sólo en los casos taxativamente previstos por la ley y que enumeramos en detalle al ocuparnos del régimen de sociedad conyugal.

Nada tiene de extraño que nos refiriéramos a los casos de separación de bienes dentro del capítulo de la Sociedad Conyugal porque este régimen constituye la regla general y aquél la excepción. Todo matrimonio se presume regido por el régimen de sociedad conyugal, a menos que se pruebe que está comprendido en uno de los casos de separación de bienes. Era indispensable, entonces, señalar estos casos para llegar por eliminación a determinar cuando se aplica el estatuto de comunidad de bienes o sociedad conyugal.

Como consecuencia de lo dicho, resulta que un matrimonio estará sometido al régimen de separación de bienes sólo si se ha pactado expresamente la separación de bienes antes del matrimonio en las capitulaciones matrimoniales o durante el matrimonio, por escritura pública inscrita al margen de la partida respectiva en el Registro Civil; si se ha inscrito en el mismo registro la correspondiente sentencia en juicio de separación de bienes por insolvencia del marido, mal estado de sus negocios o administración fraudulenta del mismo, o bien, a petición de la mujer en los casos de interdicción del marido por demencia, prodigalidad o sordomudez, o ausencia del marido, ignorándose su paradero; si se ha inscrito al margen de la partida de matrimonio la correspondiente sentencia de divorcio perpetuo; si se trata de un matrimonio de extranjeros que han contraído matrimonio en el extranjero bajo otro régimen que no sea el de comunidad de bienes; o si, por último, uno de los cónyuges es condenado por dejar transcurrir 3 meses sin cumplir una pensión alimenticia a la que está obligado con respecto al otro cónyuge.

El régimen de separación de bienes puede, como se ve, iniciarse junto con el matrimonio o bien puede éste empezar con el régimen de comunidad o sociedad conyugal y cambiarse durante su vigencia por el de separación de bienes.

Producida una causal sobreviniente de separación, termina la sociedad conyugal y debe procederse a su liquidación. Cada cónyuge retira entonces sus bienes propios o de administración separada, se paga de los bienes que aportó al matrimonio y que ingresaron a la sociedad conyugal y el saldo, si es que hay residuo después de pagarse las deudas, se divide por mitad entre los cónyuges.

Si el matrimonio se inicia con el régimen de separación, no se forma patrimonio común: cada cónyuge conserva el dominio de los bienes que poseía en el momento de contraer matrimonio y los que durante él adquiera.

La situación de la mujer dentro de este régimen, sea que se inicie con el matrimonio o se produzca con posterioridad, es de *plenamente capaz*.

El marido no tiene la representación legal de la mujer ni la administración y usufructo de sus bienes. La mujer puede, en consecuencia, dedicarse libremente al ejercicio de cualquier empleo, profesión, industria o comercio, ejecutar por sí sola, sin necesidad de la autorización ni del ministerio de nadie, cualquier acto jurídico con relación a sus bienes, sean actos de administración o de disposición, ya se refieran a sus bienes muebles o raíces.

Lo único que necesitará la mujer será acreditar con las respectivas inscripciones, escrituras públicas o copias autorizadas de que se encuentra en uno de los casos de excepción en que la ley prevé la separación de bienes.

La mujer separada de bienes tiene, sin embargo, una limitación, mantenida por la Ley N° 5.521, en homenaje seguramente al "tabú" de la Potestad Marital, y es la de no poder, sin autorización especial del marido, celebrar contrato de sociedad colectiva, en comandita o de responsabilidad limitada.

Dentro de este régimen, cada cónyuge responde con sus propios bienes de las deudas que ha contraído personalmente. No obstante, el marido responde de las obligaciones contraídas por la mujer, a prorrata del beneficio que hubiere reportado de ellas, comprendiendo en este beneficio el de la familia común, en la parte en que él esté obligado a proveer a las necesidades de ésta.

Ni el marido ni la mujer tienen en este régimen derecho alguno sobre los bienes del otro y si algo se adeudan, estarán en la misma situación de un tercero, de un acreedor cualquiera. Pueden celebrar entre sí cualquier contrato, salvo el de compra-venta y permuta que la ley prohíbe expresamente entre cónyuges, con excepción de los divorciados perpetuamente.

Hemos visto que celebrado un matrimonio bajo el régimen de comunidad o sociedad conyugal, puede cambiarse por el de separación de bienes. Por el contrario, no todo régimen de separación puede terminarse y pasar el matrimonio al régimen de comunidad. Este cambio sólo puede producirse en dos casos: cuando la separación de bienes tiene su origen en una sentencia de divorcio perpetuo, la reconciliación de los cónyuges pone fin a la separación de bienes y restablece la sociedad conyugal, y cuando los cónyuges lo solicitan de común acuerdo al juez, siempre que la separación haya tenido su origen en una sentencia de separación de bienes fundada en el mal estado de los negocios del marido.

En ambos casos, el restablecimiento del régimen de comunidad y de la administración del marido, vuelve las cosas al estado anterior al divorcio y separación de bienes como si no hubieran existido.

Fuera de los casos indicados, la separación de bienes es irrevocable.

Este estatuto bastante liberal del régimen de separación de bienes que acabamos de esbozar a grandes rasgos, no ha existido siempre en nuestra legislación. Se ha conseguido a través de modificaciones introducidas al Código Civil por el Decreto Ley N° 328, llamado también Decreto Ley Maza, por la Ley N° 5.521, tan poco feliz, como ya lo vimos, en sus reformas al régimen de comunidad o sociedad conyugal y por la Ley N° 7.612, dictada solamente en el año 1943.

Así, el texto primitivo del Código Civil prohibía pactar en las capitulaciones matrimoniales o durante el matrimonio la separación total de bienes y en cuanto a la mujer separada de bienes por sentencia judicial y a la que lo era por el ministerio de la ley en el caso de la extranjera que había contraído matrimonio en el extranjero bajo otro régimen que el de comunidad, le otorgaba una capacidad restringida: le permitía administrar libremente sus bienes muebles, dedicarse libremente al comercio, siempre que la mujer fuera mayor de edad y se inscribiera la sentencia de separación de bienes en el Registro de Comercio, pero no podía comparecer en juicio sin la autorización del marido ni aún en las causas concernientes a su administración separada y respecto al ejercicio de un empleo o profesión civil y a la enajenación de bienes raíces, como el Código nada decía, los autores y la jurisprudencia opinaban uniformemente que debían aplicarse las normas generales y que, en consecuencia, necesitaba de la autorización del marido para desempeñar un empleo o profesión que no fuera el comercio y en cuanto a la enajenación de bienes raíces era menester, además de la autorización del marido, decreto judicial dictado con conocimiento de causa que no podía ser otra que la facultad concedida para ello en las capitulaciones matrimoniales y la necesidad o utilidad manifiesta de la mujer.

Sólo a la mujer divorciada perpetuamente daba el Código Civil plena capacidad, aunque no faltaban quienes sostuvieran que no podía enajenar libremente sus bienes raíces, sino que necesitaba de la autorización judicial.

Las primeras reformas a esta situación se deben al Decreto Ley N° 328 que permitió pactar la separación total de bienes en las capitulaciones matrimoniales, facultó a la mujer separada de bienes para ejercer libremente una profesión u oficio y le dio capacidad para comparecer en juicio, sin necesidad de la autorización del marido.

La Ley N° 5.521 dio un nuevo paso equiparando en su capacidad a la mujer separada de bienes pde la divorciada perpetuamente y dándole a esta última en forma expresa la facultad de enajenar y gravar libremente sus bienes raíces sin necesidad de la autorización del marido ni de la justicia.

Las mujeres casadas bajo el régimen de separación de bienes deben, pues, a la Ley Nº 5.521 su plena capacidad y con ello no sólo se ha reparado una injusticia, sino que también ha simplificado y facilitado toda una serie de relaciones jurídicas y operaciones comerciales, lo cual tiene mucha importancia si se considera el ritmo actual de los negocios.

La última reforma fué introducida por la Ley Nº 7.612, que permitió cambiar durante el matrimonio el régimen de comunidad o de separación parcial de bienes por el de separación total de bienes.

Constituye esto una reforma importantísima y cuya necesidad se hacía sentir grandemente. Es así como los cónyuges que se daban cuenta que el régimen de separación era el que convenía a sus intereses y a sus modalidades de carácter, se veían obligados a simular juicios de separación de bienes en los que el marido debía pasar por la situación bastante incómoda de insolvente.

El legislador, al aceptar el pacto de separación de bienes durante el matrimonio, no ha hecho sino captar una necesidad social.

Es una lástima, sin embargo, la redacción dada al precepto, pues hubiera sido más útil si se hubiera prescrito en términos generales la mutabilidad del régimen matrimonial y que tanto pudiera pasarse del régimen de comunidad al de separación –como actualmente lo establece la ley– cuanto del régimen de separación al de comunidad.

Al proponer la solución a este problema de la situación jurídica, personal y de los bienes de la mujer casada, veremos que el principio de la mutabilidad del régimen matrimonial durante el matrimonio por acuerdo de los cónyuges, debe ser un complemento indispensable e inseparable de la reforma sustancial.

## La solución

Hemos visto que en el aspecto patrimonial dos son los regímenes a que están sujetos los matrimonios en nuestro país: el de sociedad conyugal o comunidad que constituye el régimen legal del matrimonio, lo normal y lo ordinario para el legislador, y el de separación de bienes que se aplica en los casos de excepción previstos expresamente por la ley.

En el primero, de sociedad conyugal, el matrimonio da origen a una sociedad de bienes a la que ingresan, salvo excepciones, todos los bienes que los cónyuges poseen en el momento de contraerlo y los que adquieren durante la vigencia de la sociedad, cuya administración corresponde al marido, quien, además, tiene el usufructo de ellos.

En el régimen de sociedad conyugal la mujer es, por regla general, incapaz; no puede ejecutar acto jurídico alguno sino autorizada por su marido o por la justicia, ni puede administrar ni disponer de sus bienes, salvo los de administración separada o los reservados.

Al disolverse la sociedad, se devuelve a cada cónyuge sus bienes propios y sus aportes y el resto, después de pagadas las deudas sociales, se divide por mitad entre ellos.

En el segundo régimen adoptado por nuestra legislación, o sea, en el régimen de separación de bienes, por el contrario, no se forma sociedad de bienes: cada cónyuge conserva, administra y goza de los suyos, ya sean adquiridos antes o después del matrimonio, y en él la mujer es plenamente capaz.

Cada cónyuge responde de las deudas que ha contraído personalmente y al disolverse el matrimonio ninguno de los cónyuges tiene derecho alguno sobre los bienes del otro.

En el régimen de sociedad conyugal, la mujer tiene la situación de un menor, de irritante subordinación con respecto al marido, y aun cuando éste no haga valer sus derechos ni abuse de ellos, se encuentra amarrada por un estatuto complejo, lleno de distingos y sutilezas que dificultan su acción y hacen desconfiar y retraerse a los terceros que contratan con ella.

Pero, no porque en el régimen de separación de bienes la mujer sea plenamente capaz y en él actúe con la más completa libertad, ha de abogarse por la implantación de este régimen, con el carácter de estatuto legal o común, aplicable a todos los matrimonios que se celebren en el país en el silencio de las partes, como lo proponía un proyecto presentado a las Cámaras en 1922.

Cierto es que el régimen de separación es aconsejable y muy ventajoso para las mujeres que posean una gran fortuna personal en el momento de contraer matrimonio, que puedan recibir durante su vigencia herencias cuantiosas o que ejerzan una profesión u oficio extraordinariamente lucrativo. Con este régimen no sólo dejan a salvo su fortuna de posibles dilapidaciones del marido, sino que pueden actuar sin trabas en la vida de los negocios, y los frutos y rentas que producen sus bienes y los que obtengan con su trabajo, incrementan su propio patrimonio, en lugar de ser, como en el caso del régimen de comunidad o sociedad conyugal, considerados gananciales y repartidos por mitad al momento de disolverse el matrimonio o la sociedad.

Pero, para la mujer modesta, sin fortuna personal y que, además, no tiene profesión u oficio, este régimen de separación la perjudica, pues no tiene derecho a participar en los gananciales del marido.

Aun cuando aumenta día a día el número de mujeres que participan en la vida económica de nuestra nación, todavía queda un gran porcentaje que se dedica exclusivamente a la atención de los hijos y del hogar y es el marido quien con su trabajo forma la fortuna que al término del matrimonio o de la sociedad pasarían a éste o a sus herederos de existir el régimen de separación de bienes, con lo cual la mujer quedaría en una situación desmedrada.

En consecuencia, aunque el régimen de separación de bienes y el de comunidad puedan servir y adaptarse a las necesidades, a las condiciones económicas o de carácter de ciertas parejas en determinados casos, ninguno de los dos es aconsejable y constituyen el desiderátum como régimen legal matrimonial de derecho común.

En algunos países, como Méjico por ejemplo, la legislación no prevé un régimen legal y los cónyuges, en el momento de contraer matrimonio, tienen la obligación de indicar el régimen matrimonial a que desean someterse.

Es indudable que en nuestro país, donde no es costumbre discutir o referirse siquiera a los problemas económicos antes del matrimonio, no podría convenirnos un sistema en el que no se previera un régimen legal, aplicable a los casos en que los contrayentes nada deciden sobre el régimen patrimonial del matrimonio.

Sin perjuicio entonces de dejar vigentes los regímenes de separación de bienes y de sociedad conyugal para los casos en que los esposos los elijan al contraer matrimonio o los cónyuges los pacten durante su vigencia, es menester establecer un régimen legal que sin tener los inconvenientes derivados de la incapacidad de la mujer, dé a los cónyuges participación mutua en la fortuna adquirida durante el matrimonio, especialmente a la mujer sobre los bienes ganados por el marido, como una compensación por el trabajo, sacrificio y ayuda que significa la dirección del hogar y la crianza de los hijos.

Afortunadamente, este problema del régimen matrimonial, que no es exclusivo de nuestro país, ya ha sido resuelto por los juristas. Han logrado ellos crear una institución que soluciona el problema de los derechos patrimoniales dentro del matrimonio de una manera práctica, en forma que sin menoscabar la dignidad de la mujer ni entrabar su acción dentro de los negocios, está de acuerdo con la naturaleza del matrimonio y la comunidad de vida y de intereses que crea entre los cónyuges.

Este sistema ha sido llamado por los autores *régimen de participación en los gananciales* y constituye una mezcla, una hibridación feliz de los regímenes de separación de bienes y de comunidad o sociedad conyugal.

Como en el régimen de separación de bienes cada cónyuge conserva el dominio y administra independientemente los bienes que posee en el momento de contraer matrimonio y los que con posterioridad adquiere.

La mujer es plenamente capaz: puede comparecer libremente en juicio y administrar y disponer de sus bienes sin necesidad de autorización marital ni licencia del juez.

Pero, a semejanza del régimen de comunidad, en éste de *participación en los gananciales*, al disolverse el matrimonio, se forma una comunidad, que podríamos llamar de simple contabilidad, para el solo efecto de liquidarla y dividir entre los cónyuges los gananciales, o sea, lo que resta después de retirar cada cónyuge los bienes que aportó al matrimonio o adquirió durante su vigencia a título gratuito.

En este régimen cada cónyuge responde con sus bienes de las deudas que personalmente ha contraído, salvo las concernientes a satisfacer las ordinarias necesidades del hogar común o de la crianza, educación y establecimiento de los hijos, respecto de los cuales responden solidariamente ante terceros y proporcionalmente entre sí.

El sistema que se propone no es, pues, una creación de quien esto escribe. No constituye ni siquiera una novedad para quienes han estudiado estas materias.

Ernesto Rouguin, en su obra "El Régimen Matrimonial", de principios de siglo, bosquejó a grandes rasgos el *régimen de participación en los gananciales* y el famoso civilista francés Henri Capitant lo propició en su conferencia "El Mejor Régimen Matrimonial", dada en París en 1924, en el local de la Liga de los Derechos de la Mujer.

En nuestro país, don Arturo Alessandri Rodríguez, en su monumental obra "Tratado Práctico de las Capitulaciones Matrimoniales, de la Sociedad Conyugal y de los Bienes Reservados de la Mujer Casada", sin pronunciarse abiertamente por la implantación de este régimen, lo describe con una simpatía que no puede ocultar y después de señalar los inconvenientes de los regímenes de separación de bienes y de comunidad, agrega: "En el *régimen de participación en los gananciales* ambos inconvenientes desaparecen. Junto con asegurar la completa igualdad de los cónyuges durante el matrimonio en lo concerniente a la propiedad, administración y disposición de sus bienes, les permite participar en la mitad de los gananciales adquiridos por el otro".

El régimen de participación en los gananciales está incorporado en la legislación positiva de varios países. Rige con ligeras variantes en Suecia, Costa Rica, Honduras, Colombia y la Unión Soviética.

En Francia, cuya legislación establece la más absoluta libertad en materia de capitulaciones matrimoniales, el régimen de participación en los gananciales se pactó con bastante frecuencia en los últimos tiempos, tanto que se presentó al Parlamento un proyecto de ley para adoptarlo como régimen ordinario. Fué precisamente de este proyecto que el legislador colombiano tomó las bases para la Ley 28 de 1932, que rige en ese país.

Las legislaciones que han adoptado el régimen de *participación en los gananciales* siguen dos tendencias.

En Costa Rica, Honduras y Colombia, durante el matrimonio existe entre los cónyuges una separación de bienes absoluta: cada cual administra con entera independencia los bienes que poseía en el momento de contraer matrimonio y los que adquiere con posterioridad, sean a título gratuito o a título oneroso.

En Suecia y en la Unión Soviética la situación es distinta. Cada cónyuge administra y dispone libremente de los bienes que posee en el momento de contraer matrimonio y de los que adquiere durante su vigencia a título gratuito.

En cuanto a los bienes adquiridos durante el matrimonio a título oneroso, forman lo que se llama los bienes conyugales o comunes.

En Suecia estos bienes conyugales son administrados libremente por el cónyuge propietario, pero tratándose de bienes raíces, del mobiliario común, de instrumentos de trabajo o de uso personal de los hijos no pueden ser enajenados ni gravados sin el consentimiento de ambos cónyuges o de la justicia.

En la legislación de la Unión Soviética se prevé que el marido y la mujer administren y dispongan en conjunto de los bienes adquiridos durante el matrimonio a título oneroso, sin perjuicio de la libertad que tiene cada cual para disponer libremente de sus salarios.

Estas dos tendencias tienen su pro y su contra. El sistema de Colombia, Costa Rica y Honduras es mucho más simple: no hace distingos de ninguna especie, al marido o a la mujer le bastará acreditar el dominio para poder disponer de un bien. Es expeditivo, pero tiene el inconveniente de que en caso de desaveniencias entre los cónyuges, puede uno enajenar sus bienes para perjudicar al otro en el momento de la disolución del matrimonio. Este peligro no existe en las legislaciones de Suecia y de la Unión Soviética.

En resguardo de los intereses del cónyuge que actúa con seriedad y honradez, la legislación sueca establece, además, que si uno de cónyuges descuida sus intereses pecuniarios, comete abusos en la administración de los bienes conyugales o incurre en cualquier otra falta, el otro cónyuge tiene derecho a recompensa sobre los bienes conyugales y, si éstos son insuficientes, puede hacer efectivos sus derechos sobre los bienes propios del cónyuge deudor, siempre que con ello no se lesione los derechos de terceros.

Sin pretender que debamos copiar a la letra el texto de las legislaciones a que nos hemos referido, la implantación del *régimen de participación en los gananciales* como régimen legal del matrimonio a virtud de una ley debidamente estudiada en la que se tomen todas las medidas que sean necesarias para salvaguardiar los intereses de los terceros y se garantice el derecho de los cónyuges sobre los bienes adquiridos con el esfuerzo común o la común colaboración, no sólo dignificará y beneficiará a la mujer sacándola de su situación de incapaz y poniéndola a salvo de los abusos de la administración del marido, no sólo vendrá a dar satisfacción a las aspiraciones de las mujeres de tener su plena capacidad y pondrá el régimen jurídico en concordancia con el rol que a la mujer le corresponde en la sociedad moderna, sino que simplificará una serie de operaciones comerciales con beneficio general, ayudará a la limpieza de títulos de dominio, acercará a la sociedad en el ideal de equidad, porque da a cada cual lo suyo, todo esto sin olvidar que la comunidad de vidas produce comunidad de intereses.

El régimen de *partición en los gananciales* se implantaría como estatuto de derecho común, aplicable a los matrimonios que se celebran sin que los contrayentes nada convinieran sobre sus cuestiones patrimoniales, sin perjuicio de que éstos puedan en las capitulaciones matrimoniales o durante el matrimonio pactar el régimen de sociedad conyugal o el de separación de bienes si así lo desean.

Los principios de *libertad* para pactar en las capitulaciones matrimoniales el régimen que los esposos consideren más conveniente a sus intereses y el de la *mutabilidad* para cambiar durante el matrimonio por voluntad de los cónyuges el estatuto matrimonial, son fundamentales.

En realidad no puede decirse de una manera absoluta cuál es el mejor régimen matrimonial, aunque sí puede determinarse cuál es el mejor para determinada pareja. Ello dependerá de las condiciones de carácter de los cónyuges, de su espíritu de trabajo o de economía, de sus condiciones morales, de la fortuna que posean en el momento de contraer matrimonio, de la expectativa de adquirir bienes por herencia durante él, y hasta de la concepción que cada cónyuge tenga de la vida. Es precisamente después del matrimonio, cuando los cónyuges con el trato diario pueden llegar a tener un conocimiento cabal mutuo de sus caracteres, de sus condiciones de empresa y seriedad, y a saber con precisión cuál es el régimen matrimonial que les conviene. Es por eso que debe establecerse en forma amplia el principio de la mutabilidad del régimen matrimonial, sin perjuicio de que se tomen cuantas medidas sean necesarias para evitar la burla de los acreedores.

En resumen se propone:

I. El establecimiento como régimen legal del *régimen de participación en los gananciales*, en lugar del actual régimen de sociedad conyugal que establece el Código Civil.

II. El régimen de comunidad o sociedad conyugal se mantendría para los casos que los esposos lo pactaran en las capitulaciones matrimoniales o los cónyuges lo acordaran después del matrimonio.

Se derogaría el art. 171 del Código Civil que establece que la mujer casada bajo el régimen de comunidad que hubiere dado causa al divorcio por adulterio, pierde todo derecho a gananciales y el marido conserva la administración y usufructo de sus bienes propios.

III. El régimen de separación de bienes se mantendría para los mismos casos en que actualmente la ley lo prevé.

IV. Se establecería en forma amplia el principio de la mutabilidad del régimen matrimonial.

Para terminar, sólo me resta hacer votos para que las mujeres y organizaciones femeninas de Chile soliciten del Ejecutivo la designación de una comisión formada por técnicos para que redacte un proyecto de ley que establezca la plena capacidad de la mujer casada dentro del régimen de participación en los gananciales y no den término a su campaña hasta obtener su aprobación como ley de la República.

# UN CAPÍTULO EN LA HISTORIA DEL FEMINISMO. LAS SUFRAGISTAS INGLESAS (1952)



## Advertencia

Hace algún tiempo, la institución femenina a que pertenezco, el Movimiento pro Emancipación de las Mujeres de Chile (M. E. M. Ch.), me pidió dictara un cursillo sobre "Historia del Feminismo". Aunque tengo a mi haber algunas décadas de labor en el movimiento feminista chileno, no me sentía en condiciones de cumplir esta tarea sin documentarme previamente. Grande fué mi desilusión al constatar que el rubro "Feminismo" en los ficheros de nuestras bibliotecas era de una pobreza franciscana y, mayor aún mi sorpresa, cuando amigas mías residentes en el extranjero, a quienes me había dirigido en demanda de libros que pudieran ilustrarme, no pudieron satisfacer mi pedido y me aseguraron que tal tipo de obras no existía en el comercio librero.

Fué así como me vi obligada a obtener el material necesario extrayéndolo en su mayor parte de datos aislados contenidos en diarios y revistas. Es de suponer, por lo tanto, que lo reunido está lejos de ser completo y puede adolecer de errores.

Pero esta misma escasez de literatura sobre historia del feminismo, me ha determinado a publicar los datos que he logrado reunir, a pesar de estar consciente de las fallas y omisiones que necesariamente debe presentar un trabajo realizado en las condiciones que señalo.

Lo que ahora se publica es sólo una parte del material reunido: la referente al movimiento sufragista inglés. Le he dado preferencia tanto porque cronológicamente es el primero que aparece como porque en esta etapa del feminismo están contenidas sus características más permanentes y donde se reflejan de un modo más directo las circunstancias que dieron origen al movimiento femenino en cuanto a fenómeno histórico de la época contemporánea.

Para su justa interpretación, esta compilación de datos sobre el sufragismo inglés, exigía un capítulo preliminar dedicado al planteamiento teórico del feminismo. No he necesitado darme el trabajo de redactarlo porque ya está hecho, aunque no publicado. El que inserto, a manera de exordio, es una síntesis de estudios emprendidos en distintas épocas por socias del M. E. M. Ch. y como parte del propósito fundamental de la institución de educar y capacitar a la mujer. Se trata de un esfuerzo colectivo, forma peculiar de trabajo en la institución, y en el que he tenido una participación muy modesta, al lado de Olga Poblete, Aída Parada, Marta Vergara, Victoria Miranda, Eliana Bronfman, Aída Waissbluth, Olga Urtubia y tantas otras.

Constituye para mí una satisfacción ligar este trabajo al nombre de mis compañeras del Movimiento pro Emancipación de las Mujeres de Chile a quienes debo tantas enseñanzas y estímulo para la acción.

## A manera de exordio

El feminismo es un fenómeno social. Como tal no se origina accidentalmente. Tiene sus fundamentos en la realidad misma, emerge de los acontecimientos y posee características y leyes propias.

De la misma manera que no han sido los líderes obreros los que crearon la organización del proletariado, el movimiento feminista no ha nacido porque relevantes figuras, en un momento determinado, centraran en él su acción, o porque las instituciones trabajaran por la liberación de la mujer. La acción organizada de la mujer, fué la expresión de una realidad ya existente. De ahí que todas las formas de la violencia, hasta las más brutales, ejercidas para reprimir las primeras manifestaciones del feminismo, no fueran capaces de acallarlo o detenerlo en su desarrollo. La mujer ha impuesto finalmente, gracias a una limpia y sostenida lucha contra los que deseen formas estáticas y limitadas de vida, que se reconozca al movimiento femenino como una nueva fuerza social.

Fué la revolución industrial la que, al aventar a la mujer de su casa para incorporarla al gran trabajo productor, originó tal cúmulo de situaciones desconocidas en la colectividad, que concluyó por crear finalmente una mujer nueva, con diferente conciencia de su posición y de sus posibilidades.

Desde que el maquinismo comenzó su gigantesca absorción de mano de obra barata, la mujer sintió que entraba en un mundo que no se acomodaba en absoluto para recibirla. Su vida, en cambio, se había transformado profundamente al duplicarse sus responsabilidades: a sus obligaciones domésticas se juntaba ahora su nueva actividad de productora fuera del hogar. Esta situación contradictoria la empujó, a veces tímidamente, otras con desesperación, pero muchas también con serenidad, hacia las fuerzas nuevas que nacían de la sociedad industrial y comenzaban a plantear sus reivindicaciones. La reacción intentó rescatar a las mujeres hinchando el manto de la caridad. Sistemas pseudo-filosóficos se encargaron de cultivar en ellas el sentimiento de inferioridad respecto al hombre, recalcando que dicha condición estaba arraigada en la naturaleza misma de las cosas. Gran número de mujeres se restaron a la lucha por el peso de los prejuicios, por el lastre de actitudes decantadas en siglos de sujeción y por el falso embrujo de teorías apadrinadas por pensadores y hombres de ciencia. Muchas cedieron al llamado que se esconde bajo el lema, más emotivo que verdadero, de "reina del hogar". Estas mujeres, al sumarse a las fuerzas conservadoras, entorpecieron obstinadamente la marcha creciente del movimiento femenino. Pero el axioma de que cuanto es socialmente verdadero, es invencible, se cumplió aquí una vez más. La lucha por los derechos de la mujer nutría su vigor más permanente en la vida dura de todas aquellas que, lanzadas en las distintas actividades del trabajo, encontraban una organización social siempre pronta a explotarlas y posponerlas, organización fría, feroz, inexorable, dentro de la cual a la agotadora actividad frente a la máquina del taller, o en la oficina, se sumaba al final del día, la tarea del hogar, junto al fogón de la cocina.

El feminismo con sus propósitos y afanes de emancipación nació bajo un signo de combate. Pero, la ideología de sus grupos dirigentes mas connotados, reconocidos en la historia como los precursores, no fué jamás revolucionaria; es decir, no trató de transformar profundamente la sociedad, sino tan solo de incorporar activamente a la mujer a la sociedad existente.

Las feministas de la época heroica creían, sinceramente, poder perfeccionar dicha sociedad al obtener derechos y responsabilidades, no sólo porque la conquista del voto ampliaría las bases del proceso democrático, sino también porque estimaban en mucho el valor de su pureza social, como fuerza no contaminada con la corrupción política o administrativa.

Es preciso señalar además tres circunstancias fundamentales para comprender el carácter y las limitaciones con que nació el movimiento feminista. El primer lugar la situación capital de estar la dirección del feminismo, en los pueblos de habla inglesa, en manos de sufragistas acomodadas, emparentadas muchas veces a los miembros del mismo gobierno que las perseguía. Enseguida, el error de los partidos socialistas de dejar el movimiento entregado a su propia suerte, como consta de los acuerdos del Congreso de Sttutgart en 1907. Finalmente, no fué menos importante, la falta de una participación más intensa de las obreras, en las etapas iniciales de la lucha por el voto, motivada en la imposibilidad para actuar en que muchas se encontraban, ante el agobio de sus problemas económicos y domésticos.

Pese a estos hechos, al impacto de fuerzas poderosas que configuraban la realidad, se moldeó un movimiento femenino con características definidas, profundo y superior, más allá de la fugitiva racha de histerismo que se creyó ver en él en el primer instante y al cual se pretendió sofocar con crueles medidas represivas.

A través de la acción y con el correr del tiempo, el feminismo, fué tomando variadas orientaciones. A medida que la mujer adquiría sus derechos políticos, adhería y se distribuía entre los partidos existentes. Hoy, en el campo estrictamente burgués, las organizaciones femeninas demuestran una evidente esterilidad. Toda acción toma un marcado acento de parodia. Conseguido el voto, más algunos cargos diplomáticos y otros de figuración, parece como si el estímulo por las grandes causas que fueron la razón de ser del feminismo, hubieran perdido toda savia. Los centros de lucha de otros tiempos, son ahora escenarios de festejos. Si todavía un pequeño grupo conserva el fuego sagrado de otra época, estudia los problemas y opina que aún hay mucho por solucionar, aparece en estos círculos como duendes que rondan por los sitios que fueran teatro de pasadas glorias.

Por distinto camino se han ido las que creen que la emancipación de la mujer no puede realizarse completamente, sin la participación de otros sectores, sin nuevos acomodos colectivos que modifiquen la ambigua situación actual. La sociedad le debe aún a la mujer protección integral como madre, en su persona y en la de su hijo, e igualdad con el hombre, como trabajadora. Pero no igualdad a cualquier nivel, y ahí está quizá la mayor y fundamental diferencia con la feminista de otros tiempos. Esta última, al desarraigarse de su hogar por fuerzas superiores, miró al hombre como a su enemigo. Por su limitación para aspirar entonces a mayores cambios sociales, por su incapacidad para encontrar las verdaderas causas del sometimiento y explotación de que era víctima, cayó en acusaciones de las que éste emergía como el grande y único culpable. Contrariamente a esta posición, la mujer de hoy ha madurado lo suficiente como para aspirar y encaminarse hacia esa etapa de armonía de la pareja humana que debe ser requisito indispensable de toda sociedad en ascendente progreso. La competencia de sexos y la desintegración del matrimonio son propias de sociedades en las que no existe seguridad económica y cuya imperfecta democracia mantiene la co-existencia de grupos privilegiados e indefensos.

Los caminos que pueda haber tomado, bajo diversas condiciones, el movimiento femenino o lo que pretende de tal, no desvirtúa en modo alguno su timbre original. El doble rol asumido por la mujer, desde su incorporación a la vida económica de la gran sociedad industrial y mecanizada, la ha hecho sufrir con mayor rigor el embate de los problemas colectivos. De ahí que el movimiento femenino esté ligado desde sus comienzos a la conquista de los derechos democráticos y la defensa de la seguridad. No es casual, ni mera preocupación de damas ociosas, el que se haya multiplicado en nuestro tiempo, tanta asociación femenina por la libertad y contra la guerra. Sus campañas por la defensa de la infancia, de la madre trabajadora, por la extensión de las oportunidades de capacitación y de los derechos individuales, no son sino expresiones específicas de la creciente claridad con que la mujer contemporánea comprende el problema de la democracia y de la paz.

El movimiento femenino tiene pues sus características propias. Querer desconocerlas, desvirtuarlas o ignorarlas simplemente, expone el movimiento mismo a un grave riesgo.

La necesidad vital que tiene la mujer de mejorar su status integral, va unida así, en una cadena, a múltiples problemas. Las soluciones, sin embargo, no parecen las mismas a las interesadas y van, por lo tanto, a buscarlas en distintas tiendas. Ahí están para ello, los partidos políticos en evidente profusión. Pero hay, con todo, necesidades inmediatas, carencias que son sólo suyas y que los partidos, abrumados de quehaceres y compromisos, no acogerán con urgencia o entusiasmo, sino una vez que grandes grupos de interesadas hayan exteriorizado sus aspiraciones.

A las organizaciones femeninas les incumbe el papel de una central encargada de mostrar, por el conjunto de medios a su alcance, todo cuanto reclame reajuste o creación. De ahí, los partidos políticos podrán recibir sus mensajes a través de sus respectivas afiliadas. Porque no deben estas organizaciones pretender suplantar a los partidos o prescindir de ellos convirtiéndose en partidos políticos femeninos. En esa forma se disgrega, confunde y aisla a la mujer.

De nada vale tampoco, conservar el nombre de organización que se dedica exclusivamente a los problemas de la mujer, si la acción sigue estrechamente una bandera partidaria de cualquier color o aún, lo que hoy es lo más grave, los pasos de un gobierno. El interés de la mitad de un pueblo es de mayor importancia y permanencia, que la inmediata cercanía del poder. Necesitan las agrupaciones cierta independencia para emitir sus juicios y sus críticas; de esta única manera se hacen respetar y establecen el principio de que la ayuda gubernamental debe existir gratuitamente, sin necesidad de comprarla con tributos palaciegos o inadmisibles claudicaciones. Basta meditar cuán corto es, mirado a la distancia, el tiempo en que va el poder de una a otras manos, o sea de una a otra política gubernamental. Si la acción impresa al movimiento femenino está sujeta a tales cambios, irá naturalmente a la deriva hasta caer en cualquier momento en iniciativas equivocadas, como son por ejemplo, a nuestro juicio, las leyes protectoras.

Por cierto que las fuerzas tradicionalistas que operan en la vida colectiva buscan por todos los medios, sustraer el máximo de mujeres a una posición de combatividad. Saben bien cómo ellas representan un rico aporte a las fuerzas progresistas que habrán de demoler el reaccionarismo y las discriminaciones. Por eso es que desde estos sectores se multiplican los llamados a los sentimientos, a la dignidad femenina, a la femineidad, a las virtudes hogareñas. Son las mismas armas que en el siglo pasado se esgrimieron para denigrar, desfigurar, y escupir a las valerosas inglesas que conquistaron para las mujeres del mundo los primeros escalones en el camino de su liberación.

Sabemos cómo existe hoy en nuestro país una urgente necesidad de conglomerar el movimiento femenino, sobre una línea sincera y clara de acción. La realización de esta tarea implica sin embargo, reconocer errores, enmendar rumbos, abocarse al estudio reflexivo y asumir responsabilidades con valentía y ánimo elevado.

Las mujeres no debemos olvidar que cada conquista en el movimiento femenino ha sido lograda a través de una lucha sostenida.

Este mero recuerdo debería darnos mayor prestancia y seguridad; este convencimiento debería ser nuestra mejor defensa contra las tendencias que buscan confundirnos para restarnos al proceso democrático general.

Mil problemas urgentes nos aguardan, problemas que reclaman una acción mancomunada de todos los grupos femeninos, y que de realizarse con amplitud y sinceridad, repercutiría hondamente en nuestra vida colectiva. Empecemos por las tareas más inmediatas. Pero empecemos ya y sin temor. "Kaiser Wilson –decían los letreros de las feministas norteamericanas en plena guerra de Estados Unidos contra Alemania en 1917– Ud. no puede salir a defender la libertad al exterior si ella no existe en su país". Hay una perenne enseñanza en las actitudes asumidas por las mujeres en sus luchas, en nuestro país, como en otras tierras y en otras generaciones. Sepamos aprovecharla.

## I. El sufragismo militante inglés en el espacio y en el tiempo

En el año 1906, las sufragistas inglesas agrupadas en la institución feminista llamada Unión Social y Política de las Mujeres (Women's Social and Political Union), más conocida por su sigla W. S. P. U., y dirigidas por Mrs. Pankhurst, iniciaron las tácticas militantes, que consistieron en un principio, en el empleo de recursos sensacionales destinados a llamar la atención para obligar a la opinión pública a preocuparse e interesarse en favor de la campaña por los derechos políticos de la mujer.

Las sufragistas, a medida que aumenta la resistencia y el ensañamiento con que son perseguidas, activan su campaña con tanto calor que su agresividad en el curso del año 1913 y en los primeros meses de 1914, hacen vivir a Inglaterra, casi el clima de una guerra civil. Pero, al estallar la conflagración europea, en agosto de aquel año, las sufragistas que habían sido acremente criticadas por sus violencias y combatidas por sus ideas, se incorporan, con el beneplácito de su gobierno y del mundo de la órbita de los Aliados, a la verdadera guerra.

Las mujeres inglesas, reciben en 1918, el pago de sus servicios guerreros, pues se les otorga, sin lucha, parte de sus derechos políticos.

Flora Drummond, compañera de Mrs. Pankhurst en la dirección de la W. S. P. U., dijo: "Hayamos ganado el voto por nuestra agitación, como lo creo yo; o por otras razones, como dicen ciertas personas, me imagino que muchos miembros de la nueva generación tendrán dificultad para creer en la furia y en la brutalidad despertada por nuestra reclamación del voto para la mujer hace menos de 30 años" (Escrito en 1937) y Virginia Woolf, la gran escritora y pacifista inglesa, que se suicidó porque no pudo soportar las violencias de la segunda guerra mundial, citando a Flora Drummond, agrega: "Puede presumirse que la nueva generación está tan acostumbrada a la furia y a la brutalidad que despiertan las reclamaciones de libertad que no les queda emoción disponible para este caso particular. La lucha por el voto es mencionada, todavía, en términos de agria disminución... "y las mujeres... no habían comenzado la campaña de quemazones, latigazos y cortes en los cuadros que finalmente iba a probar a todos los partidos que merecían tener el voto" (Reflexiones y Memorias, por sir John Squire, pág. 10). La nueva generación puede ser disculpada si cree que no hubo nada heroico en una campaña en la que sólo se rompieron unas ventanas, se lastimaron unas pantorrillas y se dañó, aunque no en forma irreparable, con un cuchillo, el retrato de Henry James, por Sargent. Parecería que las quemazones y los cortes en los cuadros sólo llegan a ser heroicos cuando se cumplen en gran escala, por hombres armados de ametralladoras"[215].

Pero la opinión de Virginia Woolf no es la usual.

Los diarios y revistas de la época aparecen llenos de acusaciones en contra de las sufragistas por actos de violencia y de sabotaje. Se las hacía aparecer como marimachos, viejas y feas e impulsadas por un fanatismo exacerbado. Esta leyenda se ha conservado a través

---

[215]   Del libro "Tres Guineas". Ed. Sur, pág. 134.

de casi cuarenta años, tanto que las organizaciones femeninas y sus líderes no sólo cuidan de destacar su ninguna vinculación con el sufragismo inglés, sino que se creen con derecho a agregar algunas paletadas de ignominia. Una verdadera "perla" en la materia son los siguientes párrafos del libro "La razón de mi vida" de la señora Eva Duarte de Perón:

"Confieso que el día que me vi ante la posibilidad del camino "feminista" me dió un poco de miedo. ¿Qué podía hacer yo, humilde mujer del pueblo, allí donde otras mujeres, más preparadas que yo, habían fracasado rotundamente?".

"¿Caer en el ridículo? ¿Integrar el núcleo de mujeres resentidas con la mujer y el hombre, como ha ocurrido con innumerables líderes feministas?".

"Ni era soltera entrada en años, ni era tan fea por otra parte como para ocupar un puesto así... que, por lo general, en el mundo, desde las feministas inglesas hasta aquí, pertenece, casi con exclusivo derecho, a las mujeres de ese tipo... mujeres cuya primera vocación debió ser indudablemente la de hombres".

"Creían incluso que era una desgracia ser mujeres... Resentidas con las mujeres porque no querían dejar de serlo y resentidas con los hombres porque no las dejaban ser como ellos, las "feministas", la inmensa mayoría de las feministas del mundo en cuanto me es conocido, constituían una rara especie de mujer... ¡Que no me pareció nunca del todo mujer!".

"Y yo no me sentía muy dispuesta aparecerme a ellas"[216].

Si he reproducido estos párrafos a pesar de su extensión y de sus repeticiones, es porque expresa y explica muy bien la actitud de ciertas mujeres a quienes no puede honrárselas con el calificativo de feministas ya que son simples aprovechadoras del movimiento social femenino. Ellas desean ocupar situaciones y capitalizar política-

---

[216] Ob. cit., pág. 265.

mente el natural impulso de las mujeres en pro de su emancipación, pero sin que ni siquiera la sombra de las luchas pasadas malogre su prestigio social o entrabe el camino de la ambiciosa meta que se han propuesto.

Dejando a un lado las interpretaciones seudo psicológicas de la sufragista, como la que acabo de transcribir, cabe preguntarse: ¿Se funda en hechos la generalizada opinión que sobre ella existe? ¿Son efectivas las violencias y actos de sabotaje que se atribuye al movimiento sufragista inglés?

No he podido verificar si alguna de las instituciones o mujeres que intervinieron en las luchas sufragistas se dieron el trabajo de dejar constancia en algún informe o libro de qué actos fueron verdaderamente realizados por las sufragistas y cuáles son el fruto de provocaciones policiales o atribuidos a ellas por la imaginación de los periodistas o por la propaganda interesada. Posiblemente existen. En mis rastreos por diarios y revistas he encontrado referencias a las obras "My Own Story", de Emmeline Pankhurst, la jefe indiscutida del sufragismo militante; "The Cause", de Ray Strachey dirigente, según creo, de la Women's Freedom League; y "I Have Been Young" de H. M. Swanwick; pero ninguno de estos libros me ha sido posible consultar.

En estas condiciones, sin contar con fuentes informativas de primera mano y a esta distancia de los acontecimientos, sin otras referencias que las que he podido encontrar desparramadas en diarios y revistas, es imposible llegar a conclusiones exactas; sin embargo, aún sin mayor examen, muchos de los actos de violencia atribuídos a las sufragistas despiertan sospecha por su notable parecido con otros actos de sabotaje de simple papel de imprenta tan de moda en el Chile de nuestros tiempos[217].

---

[217] Si se revisan los diarios chilenos de los años 1948 y 49 se encontrarán no menos de doscientos actos de sabotaje a ferrocarriles, plantas eléctricas y empresas industriales atribuidos a los comunistas. Aún cuando en los días de su publicación pudieron ser considerados efectivos por alguna gente crédula para quienes las Informaciones de prensa son palabra santa y hasta sirvieron para crear un clima propicio para la dictación de la Ley 8.987, llamada

Por otra parte, así como sería descabellado tratar de aplicar al actual movimiento feminista las tácticas de las sufragistas inglesas, es también absurdo y tiene que llevarnos a conclusiones equivocadas el pretender juzgarlas sin considerar la época y el medio ambiente en que actuaron.

Situado el sufragismo inglés en el espacio y en el tiempo, fácil es levantar la negra lápida que sobre él pesa.

Las sufragistas no dieron un tono agresivo a su campaña porque sí, por gusto o porque tocara la casualidad que se reunieran en ese momento un grupo de histéricas exaltadas. Con Mrs. Pankhurst y sus hijas Christabel y Sylvia, o sin ellas, con Mrs. Drummond o sin ella, con Miss Lenox o sin ella, con Miss Emily Davidson o sin ella, el movimiento feminista inglés tenía que caer fatalmente en esa forma de lucha.

Todo lo nuevo encuentra siempre resistencia y es en Inglaterra y en los Estados Unidos, donde aparece primeramente el movimiento feminista. Tampoco aparece en ellos por simple casualidad o porque lo quisieran Bárbara Leigh Smith, Emily Davies, Susan B. Anthony, Elizabeth Cady Stanton, Millicent Fawcett o la tremebunda Mrs. Pankhurst, por citar sólo a las más destacadas. Inglaterra y los Estados Unidos, países esencialmente industriales, son los iniciadores de esa nueva forma de producción que impuso el maquinismo, y la gran industria no sólo dió origen a las luchas del proletariado sino que, conjuntamente con ellas, hace nacer la lucha de sexos.

El movimiento obrero y el movimiento feminista son, pues, hermanos gemelos, aunque suelen no reconocerse entre sí. El hecho es que las mujeres arrancadas por el régimen capitalista de su hogar, o más exactamente, –ya que la mujer ha trabajado siempre–, del taller familiar, soportaban condiciones aún más precarias que el hombre y no tenían ni siquiera derecho a disponer de sus salarios. Entonces

de Defensa Permanente de la Democracia, hoy nadie cree en tales sabotajes y se sabe que fueron elaborados por cierta oficina oficial de prensa. En cuanto a casos de provocación policial tenemos como ejemplo típico el llamado "Del Puente del Maipo", durante el gobierno del general Ibáñez.

empieza la pugna por lograr la igualdad de derechos con el varón y es lógico que se piense que para reformar las leyes hay que participar en el Parlamento y disponer del voto político.

Podrá argumentarse que hay diferencias entre el feminismo inglés y el norteamericano y que este último fué notablemente más moderado. Esto es cierto pero, no lo es menos, que las condiciones fueron también distintas, pues el movimiento feminista inglés encontró mayor resistencia y un medio ambiente más adverso: en Inglaterra las condiciones eran más duras que en los Estados Unidos, porque mientras este último nace a la vida como país capitalista, saltándose la etapa del feudalismo, Inglaterra no obstante de ir a la cabeza en la nueva forma económica de producción, mantiene su estructura política y soporta el lastre de su tradición feudal.

No hay que olvidar que a las feministas inglesas les tocó actuar bajo el influjo de la era victoriana, época que podría llamarse de "viudez colectiva" y que imprimió a las modas, a la literatura y a las costumbres, un inconfundible sello de mojigatería.

La reina Victoria abominaba de las sufragistas. En la biografía novelada de esta reina, escrita por Lytton Strachey encontramos lo siguiente: "En 1870, habiendo caído casualmente en sus manos el resumen de una reunión verificada en favor del sufragio de las mujeres, dejó desbordar su disgusto en una carta dirigida a Mr. Martin. La reina, dice, desea vivamente enrolar a todos los que saben leer y escribir en la lucha contra esta culpable locura llamada los derechos de la mujer y todos los horrores que la acompañan: el pobre sexo débil olvida todo sentimiento femenino y todo sentido de las conveniencias. Lady... merecería una tanda de azotes. Este asunto causa a la reina tan grande irritación que no es capaz de contenerse. Dios creó a la mujer diferente del hombre; entonces que cada uno se quede en su sitio. Tennyson escribió versos admirables sobre la diferencia entre el hombre y la mujer. La mujer se transformaría en un ser odioso, malvado y repulsivo si se le permitiera perder su sexo y ¿en qué quedaría entonces la protección que el hombre está llamado a dar a la mujer?".

Así pensaba la reina Victoria de "la locura llamada los derechos de la mujer..." y no hay que olvidar que sus opiniones tuvieron en su país y en su época un extraordinario peso y autoridad.

La influencia de la era victoriana se hace sentir en Inglaterra, hasta la primera guerra mundial. Esta guerra trae un cambio radical en las costumbres. En el año 1914, cuando el movimiento sufragista está en su apogeo, los ingleses discuten seriamente sobre la moralidad del tango y la posibilidad de prohibirlo[218]. Esto nos da la medida del medio ambiente.

Otra pincelada que nos bosqueja la época, es la circunstancia de que cause verdadero escándalo y toda clase de comentarios malévolos en contra de la feminidad[219] de las sufragistas militantes, la adopción por éstas, contrariando la moda imperante, de una falda amplia y para colmo de la audacia ¡con bolsillos! colocados en la misma posición que los de los trajes masculinos[220].

Si a esto se agrega que por espacio de más de medio siglo se presentaron año a año al Parlamento proyectos de ley sobre voto femenino, que eran sistemáticamente rechazados o bloqueados, no puede causar extrañeza que se colmara la paciencia de las sufragistas y cayeran éstas en actos de desesperación. Las tácticas militantes de las sufragistas fueron, pues, la reacción lógica y fatal frente a la cerrada oposición que encontraron a sus legítimas aspiraciones.

En efecto, si seguimos el movimiento feminista inglés a través de su historia y evolución, se verá con claridad meridiana que las tácticas de las W. S. P. U. fueron el resultado ineludible de una triste experiencia de largos años de inoperantes peticiones respetuosas, de largos años de hacer antesalas sin ser oídas y, muchas veces, ni siquiera recibidas; de ser, por largos años, objeto de escarnio y de

---

[218] Cablegrama fechado en Londres y publicado en "El Mercurio" de Santiago, del 6 de Enero de 1914

[219] No ignoro que de acuerdo con el Diccionario de la Lengua debe escribirse "femineidad". Sin embargo, me siento liberada de usar tan cursi término, ya que en Chile y creo que también en toda América "feminidad" se ha incorporado al lenguaje corriente

[220] Información insertada en "El Mercurio" de Santiago, el día 7 de Diciembre de 1913.

burlas. Los hechos son claros: las sufragistas no tomaron la iniciativa en la violencia. Los vidrios rotos y los actos de sabotaje de las sufragistas son sólo su respuesta a la más despiadada y torpe de las represiones.

Un cartel encontrado en poder de una sufragista, durante la campaña de 1914, refleja muy bien cómo las tácticas militantes fueron el fruto de la desesperación y del convencimiento de que se encontraban frente a un enemigo implacable, y esto fué creando en ellas un estado de exaltación morboso. El cartel estaba redactado así: "Estamos dispuestas a morir antes que a rendirnos; hemos tratado de obtener nuestros derechos por todos los caminos; hemos sido demasiado señoras hasta ahora, pero en adelante vamos a pelear y ustedes podrán permitir que se nos mate, pero otras se levantarán a ocupar nuestros puestos, porque todas estamos unidas en esta guerra"[221].

En todo caso, por poco elegantes que hayan sido los recursos y las formas de lucha de las sufragistas inglesas, no puede negarse su eficacia. Se sabe que las mujeres francesas se negaron sistemáticamente a recurrir a las tácticas militantes. Cuando en 1928 se agitó en Francia el problema del voto femenino a raíz de haberse aprobado el proyecto respectivo por la Cámara de Diputados, María Verona, la conocida abogada francesa y dirigente de la campaña, declaró enfáticamente que las mujeres francesas no recurrirían a la violencia porque contaban con un arma más efectiva aún: "Mataremos a nuestros enemigos con el ridículo. Nos serviremos de la ironía", dijo. Pero el Senado francés demostró ser invulnerable a tales armas y rechazó el proyecto, lo mismo que lo había hecho en 1924[222]. Fué así como las mujeres francesas tuvieron que esperar casi 30 años mas, o sea, hasta 1947 para obtener el voto político. Este les fué concedido después de la segunda guerra mundial, en

---

[221]  Noticia publicada en "El Mercurio" de Santiago, del 4 de Junio de 1914

[222]  Sobre esta derrota hicieron comentarios muy interesantes en la prensa chilena Gabriela Mistral ("El Mercurio, 17 de Junio de 1928) y Roxane ("El Mercurio", 18 de Junio de 1928)

el corto período en que dominaron los partidos de extrema izquierda, como un reconocimiento a la cooperación prestada por la mujer en las luchas de la resistencia.

Para las sufragistas inglesas la entrada de su patria en la guerra de 1914 significó la paz; pero fué indudablemente una paz negociada. Las organizaciones feministas se disuelven, la Asociación de Resistencia contra el pago de los impuestos da la orden de reanudar su pago, las sufragistas ponen su experiencia y práctica oratoria al servicio de la campaña de reclutamiento y se incorporan a todos los trabajos necesarios para la defensa; pero el Gobierno, por su parte, otorga en favor de ellas una amnistía general y son puestas en libertad todas las que se encontraban procesadas o condenadas.

En 1917, o sea, antes del término de las hostilidades, el ministro Asquith, el más recalcitrante enemigo de las sufragistas, al proponer una revisión de la ley electoral expresó: "Un nuevo orden de cosas ha nacido de esta guerra; negar a las mujeres el derecho que ellas han conquistado para hacerse oir, sería contrario al espíritu de justicia que debe animarnos".

Asquith cumplió, pues, su compromiso, pero lo cumplió parsimoniosamente. Su proyecto, convertido el 6 de Febrero de 1918 en la "Representation of the People Act" no otorgó a las mujeres inglesas la igualdad política con el hombre.

En efecto, de conformidad a esta ley las mujeres no podían ser elegidas y se les otorgaba la gracia de poder sufragar por un varón sólo a las mayores de 30 años que tuvieran la calidad de electora para las administraciones locales o estuvieran casadas con un elector para las administraciones locales. Para tener tal calidad se necesitaba acreditar que con seis meses de anterioridad se era propietario o arrendatario de una heredad o habitación cualquiera ubicada dentro de la respectiva administración.

Posteriormente, por ley de 6 de noviembre de 1918 llamada "Parliament (Qualification of Women) Act" se permitió a las mujeres ser elegidas a la Cámara de los Comunes. Como esta ley no hacía restricción alguna con relación a la edad, resultó el hecho curioso que las mujeres podían ser elegidas a los 21 años y sólo podían votar a los 30.

El año 1919 el Parlamento inglés aprobó una ley, "Sex Disqualifications (Removal) Act", en virtud de la cual se suprimía toda discriminación en razón del sexo para el acceso a las funciones públicas. En virtud de esta ley las mujeres inglesas pudieron ingresar al poder judicial y en ella se basó la Comisión de privilegios de la Cámara de los Lores para permitir el ingreso de las mujeres a esa Corporación.

La igualdad de franquicias electorales para hombres y mujeres ingleses, sólo se logra el 18 de junio de 1928 por la "Representation of the People (Equal Franchise) Act".

## II. *Precursores*

El sufragio universal no existía en Inglaterra, cuando las mujeres empezaron a incorporarse a la industria a principios del siglo XIX. En esa época ni siquiera todos los varones tenían derecho a participar en las elecciones.

Se dice que de acuerdo con una ley medioeval, las mujeres nobles propietarias de tierras tenían virtualmente derecho a voto, pero parece ser que nunca ejercieron este derecho.

En 1835 al dictarse el "Reform Bill", que reglamentó la participación en la cosa pública, y como ya empezaba a hablarse de los derechos de la mujer, para que no cupiera duda alguna, se agregó el adjetivo "varón" a la palabra "persona" empleada por la ley, con lo cual las mujeres quedaban expresamente excluidas del sufragio que, por lo demás, como se ha dicho, era restringido a cierta categoría de hombres.

En esa época no existía un movimiento feminista propiamente tal, aunque hacía más de cuarenta años que Mary Wollstonecraft había escrito su libro "Defensa de los Derechos de la Mujer".

Mary Wollstonecraft, nacida en 1759, era de origen judío. Su vida fué un tanto azarosa. Muy joven, con motivo de la muerte de su madre y de contraer su padre nuevas nupcias, se ve obligada a ganarse la vida y a abandonar el hogar paterno. Trabaja primero como institutriz y luego inicia su carrera literaria con una novela, "Mary: A Fiction". En 1792, publica su obra ya citada "Vindication of the Rights of Women", que dedica a Talleyrand, naturalmente que al de la Revolución, al presidente de la Asamblea Nacional y no al Talleyrand del Imperio o de la Restauración. Ese mismo año visita París para observar los progresos de la Revolución Francesa, lo que nos da la medida de sus miras frente a la lucha social, confirmada con la publicación de otro libro "Defensa de los derechos del hombre" (Vindication of the Rights of Men) en 1793. A la lista de sus obras tenemos que agregar "Aspectos Históricos y Morales de la Revolución Francesa" (Historical and Moral Views of the French Revolution).

En Francia, convive con el norteamericano, Capitán Gilbert Imlay, tratándose como marido y mujer, pero sin contraer matrimonio. Adviértase, sin embargo, que ésto ocurría en los momentos más álgidos de la Revolución, cuando caían trastocados conceptos e instituciones. De esta unión nace una hija, Fanny. Divergencias con el capitán Imlay la hacen volver a Inglaterra en 1795. Este le escribe ofreciéndole una pensión para ella y su hija. Mary Wollstonecraft contesta altivamente: "De Ud. yo no recibiré nada".

El librero y filósofo William Godwin, autor de "Political Justice" obra destinada a atacar la institución del matrimonio, a pesar de sus ideas, le ofrece hacerla su esposa. Por esta razón es que si se busca el nombre de Mary Wollstonecraft en la Enciclopedia Británica no se le encontrará, pero si nos habla de Mrs. Godwin. Su matrimonio duró poco, pues falleció en 1799, al dar a luz a su hija Mary, quien pasando el tiempo llegó a ser la mujer del poeta Percy Bysshe Shelley, y ella misma escritora distinguida.

En las muchas biografías noveladas de Shelley o de su amigo Lord Byron se encontrarán extensas referencias sentimentales y humanas de Godwin, Mary y su hermana materna Fanny.

Godwin conservó por su mujer una tierna admiración y escribió una memoria sobre su vida.

La suerte de los precursores, y la de los que no se contentan con lo establecido, no es nunca halagüeña mientras viven. De Mary Wollstonecraft dijo Horace Walpole que "era una hiena con enaguas". Las mujeres, sus deudoras, no le han levantado un monumento, pero su retrato por John Opie figura —y no por los méritos del pintor— en la National Gallery de Londres.

En 1838 encontramos mencionado el derecho a voto para las mujeres en la Carta de Derechos y Libertades (Peoples's Charter) del movimiento cartista inglés, hecho que merece destacarse porque, sin lugar a dudas, es él el primer movimiento independiente de la clase obrera.

En sus discursos hacen mención a los derechos de la mujer Richard Cobden, Robert Owen, Joseph Hume y Disraeli. Pero, el más decidido y leal defensor de estos derechos, en contraposición al antifeminismo de su padre, fué el liberal —en el verdadero sentido de la palabra— John Stuart Mill. En 1867, siendo miembro de la Cámara de los Comunes, patrocinó una moción para suprimir el adjetivo "varón" agregado a continuación de la palabra "persona" en el Reform Bill de 1835. Al defender su moción en el Parlamento dijo: "No es posible colocar a la mujer entre los niños, los idiotas y los locos", frase que se ha repetido en todos los países y en todas las campañas por el voto femenino.

La interesante Autobiografía que escribiera Stuart Mill nos muestra un ser que vivió sólo para leer y elucubrar en abstracto, dedicado exclusivamente a la especulación libresca, pero con una sola nota tierna: su devoción por la que, después de 20 años de amistad, llegó a ser su mujer: Mrs. Taylor. Con relación a ella y al libro que escribiera en 1869 en defensa de los derechos femeninos, escribe: "Lo que yo debía a ella en los adelantos de mi desarrollo mental es cosa que no puede sospechar ni siquiera remotamente quien no esté bien informado del asunto. Puede suponerse, por ejemplo, que he adoptado o aprendido de ella mis profundas convicciones sobre la completa igualdad de las relaciones legales, políticas, sociales y domésticas que debe existir entre el hombre y la mujer. Esto está muy lejos de ser lo ocurrido, puesto que aquellas figuraban entre los primeros resultados obtenidos por la aplicación de mi espíritu a los asuntos políticos, y precisamente al vigor con que los sostuve creo yo que fué, más que otra alguna, la causa originaria del interés que ella sintió por mí. Lo cierto es que, hasta que la conocí, esta opinión era en mi espíritu poco más que un principio abstracto. No veía razón más poderosa para que las mujeres estuvieren en esclavitud legal que para que lo estuvieren los hombres. Estaba seguro de que sus intereses requerían tanta protección como los de los hombres y tenían tan pocas probabilidades de obtenerla si no tenían igual voz para hacer las leyes que habían de obligar. Pero sólo me penetré de las grandes consecuencias efectivas de la incapacidad de las mujeres que se expresan en el libro la "Esclavitud Femenina", gracias principalmente, a sus enseñanzas".

La obra a que se refiere Mill cuyo título inglés es "The Subjection of Women", figura entre las obras clásicas del feminismo y fué traducida al castellano con el nombre de "La Esclavitud de la Mujer" por la precursora del movimiento feminista chileno, señora Martina Barres de Orrego[223].

La moción patrocinada per Stuart Mill, la primera que se presenta al Parlamento, fué gestionada por el primer comité femenino para el sufragio, Women's Suffrage Society fundado en 1865 y que resultó, a su vez, del Kesigton Ladies' Discussion Society[224]. Este comité logró reunir mil quinientas firmas en apoyo de la moción. Se destacan en este grupo: Bárbara Leigh Smith, más tarde Mme. Bo-

---

[223] Esta traducción no la hemos encontrado ni en la Biblioteca Nacional ni en la del Congreso. El dato lo obtuve del artículo "Labor literaria de las mujeres chilenas", de doña Graciela Sotomayor de Concha. (Actividades Femeninas en Chile, 1927), y en un interesantísimo artículo "El voto femenino", de la misma señora Barros (Revista Chilena, 1917-18, pág. 390). En este artículo cuenta la señora Barros que esa traducción le trajo el alejamiento de todo el sexo femenino: "Las niñas me trataban con frialdad y con esa reserva que nos impone todo ser que no comprendemos y las señoras con la desconfianza con que se mira una niña que se estima peligrosa…"

[224] En Chile también tuvimos nuestra Sociedad de Debates: el Círculo de Lectura, que agitó el ambiente en favor de la emancipación femenina en 1915. Esta es la primera institución feminista de la capital, ya que Iquique y Antofagasta se adelantan a Santiago con sus Centros Femeninos "Belén de Zárraga", desde 1913

dichon, notable educacionista, fundadora de una escuela abierta no sólo a los diferentes sexos y clases sino también a los distintos credos, católicos, judíos y alumnos procedentes de "familias de avanzada libertad de pensamiento"; Emily Davies, también educacionista, que con la ayuda de la anterior creó un colegio para mujeres que más tarde pasó a Cambridge como Girton College; Elizabett Garret y Bessie Rayner Parkes, esta última, más tarde, Mme. Belloc.

Como curiosidad y porque es interesante conocer la actitud de los fundadores del socialismo científico frente al feminismo, transcribo un párrafo de la carta que por esa misma época, 1868, y precisamente desde Londres, envió Carlos Marx al dirigente alemán Kugelman y en la cual inserta un recado para la mujer de éste: "De todos modos las damas no pueden quejarse de la Internacional, porque ésta ha elegido a una dama, Madame Law, como miembro del Consejo General. Bromas aparte, en el último Congreso de la "Labour Union" norteamericana se evidenció un gran progreso en el hecho de que, entre otras cosas, trató a las obreras con completa igualdad. En tanto que a este respecto los ingleses, y aún más los galantes franceses, están abrumados por espíritu de limitación mental. Cualquiera que conozca algo de historia sabe que los grandes cambios sociales son imposibles sin el fermento femenino. El progreso social puede medirse exactamente por la posición social del sexo débil (Incluso las feas)"[225].

Desde 1867 hasta 1883 se presentan año a año en Inglaterra proyectos en pro del voto femenino, los que son rechazados de plano sin mayor agitación. Las feministas algo hacen sin embargo: en 1874 presentan una petición con 445.000 firmas.

En 1884 durante la discusión para ampliar el sufragio masculino y modificar el "Reform Bill", las sufragistas estuvieron muy activas y parecía que los partidos accederían a su petición de incluir en la reforma el sufragio femenino, pero el ministro Gladstone se opuso tenazmente haciendo fracasar la moción.

---

[225] Carlos Marx y Federico Engels. Correspondencia-Editorial Problemas, S. A., pág. 274.

## III. *Sufragismo constitucional y sufragismo militante*

En 1897 surge una institución femenina, la Unión Nacional para el Sufragio de las Mujeres (National Union of Women's Suffrage), que fusionó algunos de los grupos existentes. Según su programa, "tenía por objeto ganar para las mujeres el voto en las mismas condiciones que el hombre y, una vez obtenido, establecer reglas uniformes para los dos sexos en materia jurídica y económica y, en fin, trabajar por la prosperidad de la comunidad".

Presidía esta institución Mrs. Henry Fawcett, antes de su matrimonio Millicent Garret (1847-1929), que tenía una larga trayectoria en el movimiento feminista: fué una de las primeras mujeres que habló en público sobre el sufragio femenino, en 1867. Este hecho se comentó en el Parlamento en los siguientes términos: "Dos damas, mujeres de miembros de esta Casa, se han deshonrado a sí mismas hablando en público".

No obstante la organización de la Unión Nacional y su justa declaración de principios, el movimiento feminista sigue marcando el paso; y aunque no puede desconocerse la participación de esta institución en la obtención del voto, su acción se caracteriza por su tono moderado, que mantiene aún en los momentos más álgidos de la campaña.

En la sección "Noticias del Exterior" de "El Mercurio" de Santiago de fecha 28 de julio de 1913, se da cuenta de una colosal manifestación de estas sufragistas pacíficos o, como dice la información, "de las que no se ocupan de cometer delitos y atropellos". Miles de sufragistas que caminaban a pié formando caravanas llegaron a Londres desde todas las ciudades y pueblos de Gran Bretaña. Después de asistir a un servicio religioso en Saint Paul se dirigieron a Hyde Park. Presidía esta manifestación Mrs. Fawcett. Días después fueron recibidas por el jefe del gabinete, Mr. Asquith, quien las felicitó por su actitud "constitucional que forma notable contraste con la conducta antipatriótica de las sufragistas militantes, que desprestigian su causa con actos de violencia criminal". Pero el Ministro no prometió nada a las que formaban la comisión, limitándose a manifestarles que si lograban convencer al pueblo inglés de la necesidad de conceder el voto a las mujeres, el Gobierno no podría oponerse a ello.

Mientras Mrs. Fawcett estrechaba la mano del primer ministro, la tremebunda y "antipatriota" Mrs. Pankhurst acababa de ser puesta en libertad a raíz de una huelga de hambre que puso en peligro su vida. Pero cuando hubo de levantarse un monumento, en 1930, para recordar la epopeya de la lucha por el voto femenino, el pueblo inglés se pronunció, recordando a esta última.

La Unión Social y Política de las Mujeres (Women's Social and Political Union o simplemente W. S. P. U.), institución rival de la anterior, surge en 1903 y la preside desde su fundación Mrs. Emmeline Pankhurst. En su directiva figuraban, además, las hijas de Emmeline, Sylvia y Christabel, Mrs. Drummond, más conocida como "la generala Drummond", Miss Annie Kenney y Mrs. Pethick Lawrence. Esta última era, además, directora del periódico "Vote for Women".

El movimiento sufragista se divide así en dos fuerzas principales y rivales que luchan con distintas tácticas, pues mientras la Unión Nacional encauza lo que se llamó el movimiento sufragista constitucional, la W. S. P. U. se decide por las tácticas militantes.

Pero no son éstas las únicas instituciones que luchan por el voto.

Actuando con igual energía que la W. S. P. U. y usando también las tácticas militantes, se destaca la Women Freedom League, presidida por Mrs. Despard, a quien más tarde corresponderá el honor de presidir los funerales de la mártir de la causa feminista, Miss Emily Davidson. Esta dirigente, después de obtenido el voto y a los noventa años de edad, ingresa al Partido Comunista.

Existió también una Asociación de Resistencia contra el Pago de los Impuestos, formada por sufragistas que hacían campaña para que las mujeres se abstuvieran de pagar impuestos mientras no se le concediera el voto. "El que paga debe votar", era su consigna.

Cabe citar, además, la Unión Liberal Avanzada para el Sufragio de la Mujer, la Asociación Conservadora y Unionista para el Sufragio, la Liga Irlandesa para el Sufragio Femenino, la Liga Sufragista de Mujeres Escritoras, la Liga Sufragista de Mujeres Artistas, la

Liga Sufragista de Actrices. Las ideas sufragistas se habían infiltrado, pues, en todas las tendencias políticas, ocupaciones y clases sociales y la campaña era llevada activamente no sólo en Londres sino también, en todas las ciudades del Reino Unido, especialmente en Manchester, Bristol, Edimburgo y Birminghan.

Dentro de las instituciones sufragistas actuaban también las obreras, pero he encontrado una sola referencia a la participación de ellas, no ya individualmente sino como organización. En junio de 1914, en circunstancias que se encontraban detenidas y en huelga de hambre Mrs. Emmeline Pankhurst y Mrs. Walker y las sufragistas habían perdido toda esperanza de ser recibidas por el primer ministro y por el rey, o sea, en los momentos en que era más dura la persecución policial en contra de las sufragistas, un grupo de obreras de East End, acompañadas del diputado socialista Lansbury, solicita y obtiene una entrevista con Mr. Asquith para presentar un memorial relativo a reformas legislativas para mejorar la condición política y jurídica de la mujer.

Aunque estas obreras no pertenecían a los grupos sufragistas, éstos celebran la obtención de la audiencia como una capitulación del gobierno y mientras se realiza la audiencia una muchedumbre de mujeres se aglomera en la calle.

La información expresa que Mr. Asquith escuchó atentamente la lectura del memorial y terminada ella respondió que sentía tener que declarar que el gobierno no estaba de acuerdo con las apreciaciones de las sufragistas y que no cambiaría su determinación de no presentar proyecto alguno sobre voto femenino.

Respecto a las peticiones relacionadas con las sufragistas en prisión, prometió conferenciar con el Ministro del Interior sobre la posibilidad de poner en libertad a Mrs. Pankhurst y Mrs. Walker y de arreglar el sistema de alimentación forzada en forma de hacerlo lo menos violento posible.

Aunque la W. S. P. U. desde su nacimiento expresa su decidido espíritu de lucha, en realidad sólo se emplea a fondo cuando, después de varios años de campaña, va recibiendo negativas sucesivas, unidas a un trato descomedido, grosero y cruel.

Así, desde 1903 hasta 1906, la W. S. P. U. se limita a hacer peticiones respetuosas en favor de los derechos de la mujer.

En 1906, cuando el Partido Liberal sube al poder, las mujeres se creen con derecho a preguntarle cuál será su actitud respecto del sufragio femenino. Christabel Pankhurst, hija de Emmeline, y Annie Kenney, encargadas de transmitir la petición en una reunión que el Partido Liberal celebra en Manchester, son arrojadas a la calle por los empleados del edificio donde la reunión se verificaba y, ante las protestas del grupo que afuera las esperaba, son detenidas por la policía por obstrucción de tránsito y, más tarde, condenadas. Esto exaspera a la W. S. P. U. que contesta inagurando la táctica de llenar de peticiones los Ministerios y el Parlamento y asistir a todas las reuniones políticas, las que interrumpían con gritos cuando no se les permitía exponer sus peticiones. Cada una de estas reuniones terminaba indefectiblemente en arrestos y condenas, casi siempre fundadas en violación de los reglamentos del tránsito público.

En 1907, el rey, en su Mensaje al Parlamento, no hace mención del sufragio femenino. Las mujeres realizan entonces su primera demostración pública. Más de tres mil mujeres acompañan a la delegación encargada de hablar con el primer ministro Asquith, pero no alcanzaron a llegar a la casa de gobierno, ya que son disueltas, violentadas por la policía y detenidas en gran número.

Queda, pues, en claro que la iniciativa en el terreno de las violencias correspondió al Gobierno y no a las sufragistas.

Un gran sector de la opinión pública protestó por el trato dado a las sufragistas y por el desconocimiento del incontestable derecho de petición. Hasta hubo una interpelación en el Parlamento y el Gobierno se defendió diciendo que no había dado orden de impedir a las sufragistas llegar hasta la casa de Gobierno sino sólo de "hostigarlas". El exceso de celo de la policía parece ser, pues, un vicio universal.

Pero las sufragistas no acobardaron e idearon el recurso de atarse con cadenas a las rejas de la residencia oficial, de manera que no fuera fácil a la policía separarlas de allí.

Días después de estos incidentes, Lord Asquith se ve obligado a recibir en audiencia a las sufragistas, pero su tono fué altanero y declaró perentoriamente que el Gobierno no estaba dispuesto a conceder el voto a las mujeres.

No obstante, si parte de la opinión pública se expresaba a favor de las sufragistas o, por lo menos, en contra de los atropellos de que se las hacía víctima, había también grupos de decidida oposición. Hasta se forma una Asociación Nacional contra el Sufragio de las Mujeres. En 1908 publica un manifiesto que fué apoyado por 250.000 firmas. En la directiva de esta Asociación figura lo más granado de la nobleza: Lord Cromer, Lord Curzon, Lord Balfour; no faltan tampoco los hombres de iglesia: el obispo anglicano de Manchester; ni los políticos: Joseph y Austen Chamberlain; ni los hombres de letras: el imperialista Kipling; y ni siquiera las mujeres: Mrs. Humfry Ward, que, según dicen, encarnaba el alma del movimiento. ¿Quién era Mrs. Humfry Ward? Preciso es confesar mi ignorancia. La Enciclopedia Británica afirma que era escritora y da una larga lista de sus obras, pero no hace mención a su actividad anti-sufragista. Seguramente, el tiempo demostró que tal actividad no contribuía a su prestigio.

Ser sufragista no debe haber sido muy lisonjero ni ayudaba al prestigio social. No puede, por lo tanto, causar extrañeza que durante todo el curso de la campaña sufragista surgieran grupos de mujeres que se manifestaran en contra. Así, en 1914, en los momentos más duros de la lucha por el sufragio, la Federación Liberal de Mujeres reunida en Congreso aprobó una moción que no sólo condenaba la conducta de las sufragistas militantes sino que incitaba al Gobierno a tomar severas medidas para reprimir "la acción criminal de las sufragistas".

Lady Carlisle pronunció en esa ocasión un discurso en el que expresó que "los desmanes de las sufragistas eran una afrenta y que era necesario terminar de raíz con la manía de violencias y de criminalidad que estaba haciendo cada día mayores prosélitos entre hombres y mujeres de sentido moral extraviado". Damas como Lady Carlisle existen en todos los países y en todos los tiempos.

El sufragismo inglés no sólo fué atacado en su propio país sino que también por el movimiento feminista internacional. La Alianza Internacional Femenina que venía celebrando congresos internacionales desde 1904, al reunirse en su Sexto Congreso en Budapest en el año de 1913, después de una borrascosa sesión, se negó a fijar como sede del próximo Congreso a Londres, por estimar que la campaña inglesa había sido llevada con exceso de violencia. Pero esta misma institución no tuvo empacho alguno en reunirse diez años después, en Roma, en un Congreso que inaugura personalmente Benito Musolini. La Alianza Internacional Femenina estuvo presidida desde su fundación hasta hace muy pocos años por la norteamericana Mrs. Carrie Chapman Catt.

Sobre las violencias cometidas en contra de las sufragistas que hacían uso del derecho de reunión para reclamar sus reivindicaciones, Berta Ayrton, testigo ocular de uno de los tantos apaleos, nos cuenta lo siguiente: "Después de la famosa sesión organizada en Caxton Hall por la W. S. P. U., el 8 de noviembre de 1910, un grupo de manifestantes se reunió a lo largo de Victoria Street y se puso en marcha hacia la Cámara de los Comunes. Las delegadas de la Unión querían ser recibidas por el primer ministro. Nuestro grupo, antes de poder acercarse al Parlamento, teniendo a la cabeza a Mrs. Pankhurst, Mrs. Garret Anderson y yo, se encontró ante un tumulto de agentes de policía disfrazados de mendigos, los cuales, secundados por policías con uniformes, nos apretaban las unas contra las otras hasta ahogarnos. Cuando Mrs. Pankhurst y Mrs. Anderson lograron pasar, casi me desvanecí, pero esta última se devolvió para ayudarme a pasar. La señora Salaman fué arrastrada por el suelo. Otras fueron literalmente pasadas de un agente a otro hasta que se desmayaron. Otra fué pateada en el suelo por un agente. Un desconocido se acercó a socorrernos y nos dijo: "Toda la vida he sido antisufragista, pero después de esto espero que ustedes obtengan el voto". Y dirigiéndose al agente agregó: "Usted no es un hombre, es un bruto"[226].

---

[226] Del libro "Cinq femmes contre le monde", de Margaret Goldsmith, pág. 194; Edit. Gallimard.

El mitin que nos relata Berta Ayrton debe haberse celebrado con motivo del acuerdo de la Cámara de los Comunes sobre el proyecto Schackleton que acordaba el voto a las mujeres jefes de familia o que pagaran una renta de arrendamiento determinada. Después de ser discutido el proyecto dos días, la Cámara, por 290 votos contra 190, acordó llevar el asunto a segunda discusión en una comisión formada por toda la Cámara. Los líderes de la oposición al proyecto fueron Lord Asquith y Lloyd George: las sufragistas tenían, pues, justa razón para sostener que la oposición al voto femenino partía del Gobierno mismo y para responsabilizar a éste del bloqueo al proyecto.

Por otra parte, las sufragistas han tenido que sentirse naturalmente indignadas por el acuerdo de segunda discusión, que significaba que no sería tratado dentro del año y, por lo tanto, de conformidad con el sistema inglés, quedaba virtualmente rechazado. O sea, que al rechazo se agregaba la burla.

En 1911 Asquith presentó un proyecto de reforma electoral para substituir el sufragio restringido por el universal, pero no comprendía el voto femenino. Las mujeres contestan con una reunión en Capitol Hall y una marcha hacia el Parlamento, rompiendo a su paso los vidrios de White Hall y de algunos órganos de prensa, que azuzaban la campaña en su contra. Decenas de sufragistas son detenidas.

En los años 1912 y 1913 se presentan nuevos proyectos patrocinados por Arthur Henderson y Ramsay Mac Donald, los que son nuevamente bloqueados. Las manifestaciones de las sufragistas se suceden y mientras más dura es la persecusión, éstas contestan con formas más violentas de lucha.

Empieza entonces una verdadera guerra, empleándose por uno y otro bando medios violentos, aunque por parte de las sufragistas, hasta comienzos de 1913, las violencias se reducen sólo a romper algunos vidrios. Hay que reconocer, sí, que sus reuniones públicas eran deliberadamente estridentes, teniendo ellas un arte extraordinario para encontrar recursos espectaculares.

Así, una sufragista, haciéndose pasar por miembro de la familia real, obtiene una comunicación telefónica con el rey en persona y le hace una peroración en favor del voto femenino. Este recurso, que a mentes republicanas parecería ingenioso, es comentado por la prensa inglesa poco menos como un desacato, como un delito de lesa majestad. El rey se siente tan molesto que hace retirar el teléfono de sus habitaciones.

En otra ocasión, la gente sensata del reino se estremece cuando sabe que las sufragistas han tenido la osadía de invadir los jardines de la mansión real en Balmoral y colocado banderas con la consabida inscripción: "Voto para las mujeres".

Los medios de propaganda, hay que reconocer, no eran siempre felices. Así, remitían cartas sin franqueo para obligar al destinatario a pagar la multa. En el interior de ellas se encontraban consignas feministas y la advertencia de que se librarían de la molestia de pagar esas multas si la ley sobre sufragio femenino era aprobada.

Para poder entrar al Parlamento se disfrazaban de hombres o se valían de otras estratagemas y luego provocaban desórdenes, lanzando gritos y volantes y hasta polvos para hacer estornudar a los diputados.

Contra los policías que las apaleaban y disolvían sus manifestaciones, las sufragistas se vengaban lanzándoles paquetes con materias colorantes que manchaban sus uniformes. Al ser detenidas, se negaban a caminar, arrojándose al suelo y obligando así a los policías a llevarlas en peso.

El Gobierno, por su parte, desencadena la represión más brutal. En las manifestaciones públicas llovían los palos y centenares de mujeres eran apresadas. En las prisiones, las sufragistas eran vejadas y recibían un trato inhumano, más riguroso aún que el de las detenidas por delitos comunes. Fué por eso que las sufragistas se vieron obligadas a recurrir a la huelga de hambre.

Fué Miss Wallace Dunlop, en julio de 1909, la primera sufragista detenida que se declaró en huelga de hambre. Después de cinco días sin comer ni beber, ante el peligro de muerte inminente, las autoridades tuvieron que ponerla en libertad. Catorce sufragistas siguen inmediatamente su ejemplo.

En los años que siguen y, especialmente en los años 1913 y 1914, en los que la campaña sufragista se hace dramática, el recurso de la huelga de hambre, de sed y hasta de sueño se generalizó entre las sufragistas que llenaban las cárceles inglesas.

El personal de prisiones estaba de tal manera recargado de trabajo que se manda al Parlamento un proyecto de ley para darles una gratificación especial.

Para contrarrestar la huelga de hambre el Gobierno da orden de alimentar forzadamente a las detenidas. Esto obliga a usar violencias y, como tampoco da resultado, se recurre al narcótico.

Las sufragistas tratan de denunciar estos maltratos al primer Ministro y al Ministro del Interior, pero no son ni siquiera recibidas. Piensan, entonces, recurrir al rey, con igual resultado. Se verá más adelante todos los frustrados esfuerzos de las sufragistas para obtener la intercesión del soberano. Era tal la tensión de las sufragistas frente a los sufrimientos de sus compañeras encarceladas que, en una ocasión, dos jóvenes se amarraron con cadenas a los barrotes de la verja del Palacio de Buckingham –para evitar ser arrancadas de allí con facilidad– y comenzaron a vociferar y a proclamar a gritos las torturas de que eran objeto en las prisiones sus compañeras, con la esperanza de ser escuchadas por el rey. Este no podía escucharlas ni las escuchó después cuando fué informado del incidente, y las jóvenes, naturalmente, fueron a hacer compañía a las sufragistas detenidas.

En el colmo de la desesperación y, como siempre ocurre cuando no hay manera de obtener justicia de las autoridades, las sufragistas recurren a la acción directa y deciden castigar a los que intervienen personalmente en los malos tratos infligidos en las cárceles. Una pandilla de mujeres armadas de látigos de montar ataca al médico Pearson de la cárcel de Holloway y le dan una ejemplar paliza. Días después le toca el turno al jefe de la misma prisión. La prensa pone el grito en el cielo, pero cuando una sufragista arremete contra el médico Devon, comisionado de prisiones de Escocia, éste, con el aplauso de la misma prensa, "derribó a la asaltante con un formidable puñetazo" ("El Mercurio", 7 de marzo de 1914).

En las cárceles la situación era insostenible; a pesar de todas las violencias, resultaba dificilísima la alimentación forzada, pues las sufragistas se mostraban indomables y dispuestas a morir. Por otra parte, un gran sector de la opinión pública no ocultaba su repugnancia ante estos manejos. Fué así cómo el Parlamento se vio obligado a aprobar una ley especial llamada vulgarmente "del gato y de la laucha" (Cat and Mouse Act) que permitía dar a las huelguistas de hambre una licencia temporal mientras se restablecían, para volverlas a detener en seguida para el cumplimiento de la condena.

La nerviosidad de la policía ante la campaña sufragista se revela en la siguiente información publicada en la prensa chilena de la época: "Se produjo un gran alboroto frente a Downing Street con motivo de que numerosos automóviles cargados con mujeres que ostentaban los colores sufragistas desfilaron por dicha calle para detenerse frente a la residencia particular de Lord Asquith. La policía se apresuró a intervenir para obligar a las mujeres a retirarse, pero fué notificada de que se trataba de una compañía teatral que había contratado coristas para tomar una impresión cinematográfica" ("El Mercurio", 19 de marzo de 1914).

La policía usó contra las sufragistas sus recursos de siempre y que siempre parecen nuevos. Además de los palos, maltratos y detenciones, menudeaban los allanamientos y los "hábiles interrogatorios".

En el libro de Teodoro Joran[227], premiado por la Academia de Ciencias Morales de París y escrito con el propósito confesado de combatir el feminismo, se dice que en el allanamiento del local de la W. S. P. U. se encontraron las siguientes especies: 15 litros de líquido corrosivo; 5 juegos de instrumentos para cortar hilos telegráficos; serruchos de todos tamaños, piedras, cordeles, placas falsas para automóviles y un libro que consignaba pagos de diversos sabotajes.

---

[227] "Le suffrage des femmes". Puede consultarse en la Biblioteca del Congreso.

Esta versión no la he encontrado entre los cables de nuestra prensa. En cambio, "El Mercurio" del 10 de junio de 1914 nos informa de un allanamiento al local de la W. S. P. U. que tenía por objeto, según se expresa, "apoderarse de documentos que pudieran probar la culpabilidad de las sufragistas en los últimos atentados incendiarios y otros de carácter criminal cometidos por ellas. En este allanamiento se recoge gran cantidad de libros, folletos, documentos y cartas que se espera arrojarán luz sobre la responsabilidad que afecta a las sufragistas". Pero dos días después un nuevo cable nos hace saber que el allanamiento no ha dado el resultado que se esperaba. Ni siquiera se encontró la lista de los contribuyentes a la campaña, en la que figuraban, según se susurraba, altos personajes de la Corte, miembros de la familia real y hasta el Príncipe de Gales. Naturalmente que este último rumor es desmentido categóricamente.

El mismo Joran, quizá con excesiva imaginación, nos cuenta que la policía logró establecer, después de interrogar al impresor del diario "Sufragista" y a un químico, que existía un complot para destruir por el fuego varios ministerios. Denuncia, igualmente, la existencia de una sociedad secreta llamada "Muchachas de Sangre Ardiente" (The Young Hot Blood") formada exclusivamente por solteras –¡qué novelesco!– a la que se le confiaba las tareas más peligrosas.

Por último, para completar el cuadro, Joran nos revela que los fondos de la W. S. P. U. se encontraban depositados, según la policía, en París. Naturalmente estaban allí porque no se conocía todavía el oro ruso.

A propósito de fondos es interesante conocer el monto de las contribuciones recibidas por el movimiento sufragista, ya que puede dar la medida del apoyo de la opinión pública. Virginia Woolf, en su obra "Tres Guineas", incidentalmente señala que en el año 1912 la entrada de la W. S. P. U. fué de 42.000 libras esterlinas y la de la Women's Freedom League de 26.772, lo que hace un total de 68.772 libras, suma realmente importante si se considera que la entrada de los años 1913 y 1914, de mayor actividad sufragista, ha debido ser superior.

En cuanto a los actos de violencia y de sabotaje atribuidos a las sufragistas es casi materialmente imposible transcribirlos.

En el libro de Joran, ya nombrado, se enumeran los siguientes: el 7 de abril de 1913 incendiaron una tribuna de 400 sillas en el Hipódromo de Ayr; el 14 de abril, tentativa de incendiar la escuela municipal de Shicopte en Gateshead; 25 de abril, tentativa de incendiar un tren en una estación; el 3 de mayo, incendio de un ala de la escuela pública de Ashley; incendio de la bella iglesia moderna de Santa Clara, cerca de New Cross; tentativa de hacer volar un hotel por medio de una bomba en la que se había colocado una etiqueta: "Voto para la mujer".

Un perro que había sido premiado en una exposición canina fué envenenado. Su dueño recibió una carta informándole que el envenenamiento era obra de las sufragistas.

El 15 de mayo se lanzan bombas, que no estallan, contra el presidente del tribunal que juzga a las sufragistas.

El 20 de junio se encontró en Birmingham una excavación al lado del canal Yardley. Si se hubiera consumado el atentado las aguas del canal hubieran arrasado el valle. Naturalmente, al lado de la excavación se encontraron inscripciones que decían: "Las mujeres deben votar".

¿Qué hay en esto de verdad? Como dije al comenzar, no tengo antecedentes de primera mano que me permitan sentar conclusiones precisas. Cabe sí hacer notar que es curioso que las bombas no estallen y los cargos más graves no pasen de "tentativa", lo que es típico en la provocación policial. En cuanto a los incendios los ha habido siempre y es fácil atribuirlos a quien se quiere perjudicar. Por otra parte, las acusaciones de la policía son tan burdas, que cuando un incendio destruye la vieja mansión de Mrs. Pankhurst en Knighbridge, el siniestro es atribuido también a las sufragistas.

Para verificar las violencias y sabotajes señalados por Joran revisé la prensa chilena en las fechas que él indica y, cosa curiosa, encontré muchos cargos contra las sufragistas, pero diferentes a los mencionados por él.

Sin embargo, en la maraña de informaciones, cuya redacción no ocultan el propósito preconcebido de desprestigiar la causa sufragista, se desliza, como por equivocación, un sugestivo cablegrama que prueba los abusos cometidos por las autoridades: Miss Emerson, la famosa feminista norteamericana, detenida y acusada por haber atacado a un policía, fué absuelta por estimar el magistrado que la juzgaba que "de haber atacado a un policía éste hubiera acudido a declararlo" ("El Mercurio", 24 de diciembre de 1913). O sea que se procedía con la más completa arbitrariedad para procesar a las sufragistas, sin que ni siquiera se estableciera previamente el cuerpo del delito.

En el período comprendido entre abril y julio de 1913 la prensa chilena publica las siguientes noticias con relación a la campaña sufragista:

19 de abril. Las sufragistas celebran un gran mitin en Hyde Park, pronunciando violentísimos discursos. La reunión terminó en un colosal desorden en el que la policía intervino, apaleando a las sufragistas.

26 de abril. Las sufragistas intentaron incendiar la iglesia de Minsterintanet, la más antigua del reino, en la cual se guardan las reliquias de la Reforma. Agrega el cable que la policía les impidió hacerlo.

10 de junio. Las sufragistas incendiaron las tribunas del hipódromo de Hurst y gran parte de él fué destruido por el fuego, incluso la tribuna real.

El mismo día, en Walthanstow, barrio suburbano al norte de Londres, incendiaron una casilla de botes, y en Middlessex, los hermosos pabellones de la cancha de tenis.

Hay que advertir que la noticia de estos actos de violencia vienen en el mismo cable que da cuenta de que las autoridades están considerando la conveniencia de prohibir los solemnes funerales que se preparan a Emily Davidson, de cuya trágica muerte me ocuparé más adelante.

12 de junio. Mr. Laurence Mervin, partidario del voto de las mujeres, arrojó, desde la galería de la Cámara, un saco de harina sobre Mr. Asquith, dejándole enteramente blanqueado. Lo hizo, según explicó, para demostrar lo fácil que era arrojar una bomba a los ministros desde la galería.

23 de junio. Las sufragistas incendiaron el órgano de la iglesia de Saint John.

5 de julio. Una sufragista arrojó un objeto al carruaje real: resultó ser una petición a favor del voto femenino. Se alcanzó a temer que se tratara de un atentado.

7 de julio. Se anuncia que las sufragistas incendiaron la iglesia metodista de Pwihell, en el país de Gales, y que intentaron incendiar el tabernáculo baptista de la citada ciudad, sin conseguirlo.

9 de julio. Las sufragistas incendian una casa desocupada cerca de Bolton. En el lugar del siniestro se encontraron los consabidos carteles con inscripciones en favor del voto femenino.

12 de julio. Miss Jolly, secretaria de la W. S. P. U., rompió los vidrios del carruaje real en Liverpool. El público trató de castigar a la sufragista, pero un grupo de hombres y mujeres se interpuso, dando origen a una verdadera batalla campal.

Ese mismo día, en la Cámara de Diputados, en los momentos en que hacía uso de la palabra Mr. Simon, un sufragista gritó: "Justicia para las mujeres" y disparó un balazo al aire. Otro arrojó un manojo de volantes.

29 de julio. En la Plaza Trafalgar se realizó una gran manifestación de las sufragistas militantes, pronunciándose violentísimos discursos. La policía intervino, deteniendo a 25 manifestantes, entre ellas a Sylvia Pankhurst.

Reproducir los incidentes de la campaña sufragista en los meses que siguen del año 1913 y en los del año 1914 anteriores a la declaración de guerra, exigiría cientos de carillas.

No podemos, sin embargo, dejar de destacar los hechos más dramáticos y espectaculares de la lucha del sufragismo inglés, y especialmente aquellos que mayor repercusión tuvieron en la opinión pública, como son: el caso de Emily Davidson, los daños causados en obras de arte y el hostigamiento a los soberanos.

**Emily Davidson.** El 3 de junio de 1913, en el Hipódromo de Epson, durante la tradicional reunión hípica del Derby, en circunstancias que el caballo Anmer, de propiedad del rey, doblaba la curva de Tattenham Corner, la sufragista Emily Davidson se precipitó a la pista, y asiéndolo fuertemente de las bridas, lo hizo rodar, rodando ella también entre las patas de la bestia.

Miss Davidson resultó horriblemente herida, falleciendo días después.

El incidente causa sensación y los diarios comentan que es doblemente lamentable por la circunstancia de haberse producido en presencia del rey y de la reina Mary, "a quienes ha debido producir una penosa impresión esta muestra de desafecto y de irrespetuosa y trágica protesta que es algo realmente insólito en el pueblo británico".

Posteriormente se estableció, por testigos presenciales, que sólo por casualidad el atentado recayó en el caballo del rey, puesto que, dada la velocidad vertiginosa que traía, Miss Davidson no habría podido distinguirlo.

Por otra parte, la W. S. P. U. negó categóricamente que el atentado fuera premeditado o que fuera siquiera conocido por la organización o por un grupo de dirigentes.

El capitán Davidson, hermano de la víctima, declaró ante la Corte de Justicia que su hermana no era loca ni había tratado de suicidarse y que sólo había pretendido demostrar públicamente su abnegación por la causa de las sufragistas y atraer la atención del rey y de los gobernantes sobre las peticiones que ellas formulaban para reformar su situación legal y política.

Las sufragistas consideraron a Emily Davidson como la primera mártir de la causa y resolvieron que sus funerales tuvieran los caracteres de un homenaje grandioso. Acordaron enviar al rey el siguiente telegrama: "Usando medios constitucionales para acercarnos a nuestro rey, nos dirigimos a V. Majestad, en los momentos en que Miss Davidson ha sacrificado su vida para llamar la atención hacia las apasionadas demandas de igualdad y de justicia para las mujeres, para rogarle que se digne otorgar seria atención a las solicitudes feministas" ("El Mercurio", 11 de junio de 1913).

Las autoridades consideraron la posibilidad de prohibir los funerales y los diarios prepararon el clima propicio publicando noticias de nuevos desmanes cometidos por las sufragistas. Pero no se atrevieron.

De todos los puntos del país llegaban trenes repletos de gentes para presenciar o concurrir a los funerales.

Más de seis mil sufragistas formaron la columna del cortejo, llevando estandartes e inscripciones alusivas.

La policía había notificado a las organizaciones que no permitiría el paso del cortejo por las calles principales, pero las sufragistas se desentendieron de la orden y desfilaron silenciosa y solemnemente por el centro de la ciudad. No hubo desórdenes que lamentar, excepción hecha de un ligero incidente provocado por algunos hombres y muchachos que intentaron una manifestación de hostilidad. Las sufragistas sólo contestaron con exclamaciones de: ¡Cobardes!

Mrs. Emmeline Pankhurst, en libertad provisional, intentó presidir el duelo, a pesar del estado de suma postración en que se encontraba a raíz de su tercera huelga de hambre, pero fue detenida al salir de su casa.

Mrs. Drummond, otra de las principales dirigentes, tampoco pudo concurrir por encontrarse enferma de cuidado.

El discurso central estuvo a cargo de Mrs. Despard, presidenta de la Women Freedom League. Sus últimas palabras fueron: "Tengo la esperanza de que su sacrificio ilumine una llama en el corazón de los hombres y los determine a poner fin a esta tremenda situación (L'Illustration Francaise, 14 de junio de 1913).

Precisamente pocos días antes de la muerte de Miss Davidson, tres sufragistas, miembros de la Women Freedom League, fueron arrestadas por la policía en circunstancias que arengaban al público frente al palacio de Saint James, donde se verificaba la Conferencia de los delegados de los países balkánicos para el restablecimiento de la paz. Las oradoras sostenían que era ridículo que el Gobierno de Gran Bretaña se preocupara de la paz en el extranjero, cuando era incapaz de mantener la paz en el interior del país.

En los momentos de su fallecimiento, Miss Davidson tenía treinta y cinco años y hacía siete que había ingresado al movimiento feminista. Se dice que fué ella quien en una ocasión intentó abofetear a un pastor baptista por haberlo confundido con Lloyd George, enemigo acérrimo del voto femenino. En tres ocasiones, valiéndose de subterfugios, se introdujo en la Cámara de los Comunes para producir perturbaciones durante las sesiones. Nueve veces fué detenida y nueve veces también hizo huelga de hambre. Cuando se trató de alimentarla a la fuerza se parapetó en su celda; las autoridades carcelarias extremaron su brutalidad, forzándola a salir con manguerazos de agua y Emily se arrojó entonces desde lo alto de una escalera.

Era, indudablemente, un espíritu exaltado. Con todo, merece ser recordada entre las heroínas del movimiento feminista.

**Daños causados por sufragistas a obras de arte.** Los daños causados por las sufragistas a los cuadros La Venus de Velásquez en la National Gallery y el retrato de Henry James por Sargent, son hechos que no tienen justificación, actos realmente vandálicos y que han tenido que impresionar desfavorablemente a la opinión pública inglesa y del mundo entero.

Pero, si no tienen justificación, pueden explicarse como actos de una guerra abierta en la que ambos contendientes rivalizan en el uso de armas vedadas.

Cuando el 11 de marzo de 1914, Miss Richarson desgarra la Venus de Velásquez en la National Gallery, las sufragistas pasaban por un momento de agudísima tensión: Mrs. Pankhurst había sido detenida y muchas sufragistas habían resultado heridas en una verdadera batalla campal provocada por la policía sin motivo alguno.

Sobre este incidente la prensa chilena da dos versiones que se publican el mismo día, 10 de marzo, en "El Mercurio" y "Las Ultimas Noticias" de Santiago. Según el primero, la refriega se produjo cuando la policía trató de detener a Mrs. Pankhurst, que intentaba unirse a una manifestación pública encabezada por la norteamericana Miss Emerson, la misma que meses antes había sido detenida injustamente y procesada sin que se estableciera previamente el cuerpo del delito. "Las Ultimas Noticias", en cambio, informa que Mrs. Pankhurst fué detenida mientras arengaba a sus compañeras en un mitin. La policía, en su intento por detenerla, se encontró con una masa humana que cercaba la tribuna y que presentó resistencia. Por último, cuando la policía logró llegar a la tribuna, se encontró atrapada en una barrera de alambres de púas, cuidadosamente disimulados bajo guirnaldas y flores, logrando después de muchos esfuerzos apoderarse de la "famosa agitadora".

Ninguna de las dos versiones informa que las sufragistas estuvieran cometiendo acto ilícito alguno. Se trataba de una manifestación pública, perfectamente legítima dentro del régimen institucional inglés. La provocación de la policía salta, pues, a la vista.

Ahora bien, para las sufragistas la detención de Mrs. Pankhurst significaba un serio golpe: ellas sabían que una nueva huelga de hambre haría peligrar su vida. Sólo hacía tres meses que había sido puesta en libertad, después de la cuarta huelga de hambre del año 1913, y su salud estaba seriamente quebrantada.

Miss Richarson, entusiasta y activa militante, estaba consternada. La justificación que da de su acto, calificada por la prensa de "descarada", es perfectamente explicable desde su punto de vista y estado de ánimo. "He querido, dijo, destruir el retrato de la mujer más hermosa de la historia de la mitología, como protesta contra el Gobierno que intenta destruir a Mrs. Emmeline Pankhurst, el carácter más hermoso de la historia contemporánea" ("El Mercurio", 11 de marzo de 1914).

El periódico feminista "Vote for Women", al comentar el atentado de Miss Richarson, junto con condenar el hecho, señala que los verdaderos culpables son Mr. Asquith y los demás miembros del Gobierno, "que han enseñado a las mujeres a desentenderse de toda noción de equidad y justicia y de todas las tradiciones de libertad de Gran Bretaña" ("El Mercurio", 14 de marzo de 1914).

La destrucción del cuadro de Sargent durante la inauguración de la exposición de la Real Academia, ocurre dos meses después, el 5 de mayo. Los diarios chilenos no dan detalles del hecho, salvo que la autora del destrozo era la sufragista Mrs. Wood, una mujer de edad, con el pelo completamente blanco y más conocida con el nombre de "la mujer con voluntad de hierro".

Quizá pueda explicar este atentado la circunstancia de que en esos días el Parlamento rechazaba el proyecto de ley de voto femenino.

**Las sufragistas y los soberanos.** Desesperadas las sufragistas de la persecución de que eran objeto y, sobre todo, del trato dado a sus compañeras y convencidas de que el recurrir a los ministros sería como clamar en el desierto, se hicieron la ilusión de que su soberano podía escucharlas y hacerles justicia. Los diarios de enero y febrero de 1914 informan de repetidos intentos de las sufragistas para conseguir una audiencia, sin lograr resultado. Es, pues, perfectamente justificado que intentaran comunicarse con el rey en los actos públicos en que éste asistía.

El primero de estos intentos ocurre el 17 de marzo de ese año a raíz de una nueva detención de Mrs. Pankhurst y en circunstancias en que el rey y la reina concurrían a una fiesta de beneficencia en el Music Hall. Los hechos ocurren en la siguiente forma, según los términos textuales de la información: "En los momentos en que la orquesta tocaba el Good Save the King, cayó sobre el palco real una lluvia de papeles y al mismo tiempo una sufragista se puso de pie y alcanzó a decir: Majestad, Mrs. Pankhurst está encarcelada y yo... cuando la policía se apoderó de ella y la sacó fuera de la sala" ("El Mercurio", 18 de marzo de 1914). Demás está decir que este hecho es calificado como un nuevo desmán sufragista y una falta de respeto a los soberanos.

Un incidente análogo ocurre durante la exposición de caballares en el Pabellón Olimpia y la autora es igualmente sacada violentamente de la presencia real ("El Mercurio", 9 de junio de 1914).

Otra sufragista lanza al interior del automóvil real un memorial que va a dar a la cara del chofer ("El Mercurio", 1° de mayo de 1914).

Hechos como los descritos se repiten en diversas oportunidades, en las que el rey aparece en actos públicos y la prensa comenta que es la nueva consigna de las sufragistas no dejar "en paz a los soberanos".

Entre los muchos intentos de hacer llegar sus quejas al rey, indudablemente el más patético, el que produjo mayor expectación pública, se desarrolla el 6 de junio de 1914 durante una recepción en el Palacio Real y de la que es protagonista Miss Mary Blomfield, relacionada con los altos círculos sociales de Inglaterra.

Colocándonos para juzgar en la época en que ocurre el hecho y aun tomando en cuenta la rigurosa etiqueta de la Corte inglesa, es injustificable el escándalo que se promueve en torno de él y la forma cómo reaccionan los soberanos. Sólo el prejuicio y la inquina que caracterizó la acción del Gobierno contra las sufragistas, explica que los soberanos y la Corte no se sintieran emocionados frente a la súplica de esta muchacha que, sensible a la injusticia y al maltrato de que se hacía víctimas a las sufragistas, no trepidara en sacrificar su situación social y en afrontar el desprecio del mundo oficial.

La policía había sido advertida que las sufragistas se preparaban para dirigirse al rey aprovechándose de la recepción y se tomaron todas las medidas para que no pudiera introducirse nadie que no fuera del círculo de los que tienen admisión en las ceremonias de la Corte.

Ahora bien, Miss Mary Blomfield era hija de Lady Sara Luisa Blomfield, viuda a su vez de Sir Arthur Blomfield, personas muy relacionadas con los altos círculos sociales, y obtuvo por conducto oficial su tarjeta de admisión.

Un testigo ocular de la escena refiere que no duró más de diez segundos y que Miss Blomfield no tuvo más tiempo que el necesario para postrarse a los pies de los soberanos y exclamar: "Sus majestades, por amor a Dios..." cuando se apoderaron de ella varios invitados que estaban cerca de los reyes y la sacaron de allí, aunque no sin que alcanzase a completar la frase con las palabras: "que no se use la fuerza contra las sufragistas", mientras era transportada a través de los salones" ("El Mercurio", 6 de junio de 1914).

Una seria investigación se levantó de inmediato. Se estableció que la madre y la hermana nada sabían de los propósitos de Miss Mary y la conclusión fué que, aunque no había motivo para seguir una acción judicial, ésta sería excluida para siempre de las recepciones de la Corte.

Los diarios clamaron a escándalo, la familia Blomfield se sintió deshonrada y todos se conmovieron ante la noticia de que los reyes estuvieran a punto de sufrir "una seria postración nerviosa". El tradicional Garden Party en el parque del Palacio de Buckingham del día siguiente fué suspendido y la reina Mary anunció que si las sufragistas continuaban causándole molestias abandonaría Inglaterra en viaje al continente, dejando al rey Jorge terminar solo la temporada.

El carácter de la campaña por el voto femenino no varió. Las autoridades continuaron con su inútil y torpe política de mano de hierro, con sus apaleos en las calles, sus detenciones en masa y maltratos en las cárceles. Las sufragistas, por su parte, no cejaban en sus métodos militantes, hasta que en agosto de 1914 la guerra exterior trajo la paz interna.

## IV. La familia Pankhurst

No podría terminar sin dedicar algunas líneas a Mrs. Emmeline Pankhurst, la indiscutida líder máxima del sufragismo militante, y a sus hijas, Sylvia y Christabel.

El nombre de soltera de Mrs. Pankhurst era Emmeline Goulden. Nació el 14 de julio de 1858 en Manchester y a sus correligionarias les gustaba destacar que su nacimiento coincidía con el día del aniversario de la caída de la Bastilla.

Estudió en la Escuela Normal de París. Esta educación francesa y, más tarde, la influencia de su marido, determinaron indudablemente su posición progresista y de avanzada –juzgada con relación a la época– dentro del movimiento social.

Muy joven casó con Richard Marsden Pankhurst, abogado, y feminista convencido y entusiasta. Fué redactor de uno de los primeros proyectos de ley sobre voto femenino. En 1865 había contribuido a fundar la Women's Suffrage Society y, años después, con su mujer y Mrs. Wolstenholme Elmy y Mrs. Jacob Bright, la Women's Franchise League. Colaboró igualmente en el Comité que impulsó la dictación de la "Married Women's Property Act" (1893) que permitió a las mujeres casadas adquirir bienes y administrarlos personalmente con independencia del marido.

Emmeline Pankhurst nunca sufrió privaciones. Nació en un hogar acomodado y estuvo rodeada de cariño. Fué feliz en su matrimonio: a ella no le venía aquello de "la insurrección de las mal casadas" con que se motejaba a las primeras feministas. Falló también respecto de ella el proverbio de que no hay gran hombre para su ayuda de cámara: sus hijas Christabel y Sylvia la admiraban profundamente y la secundaron con decisión y valentía en la lucha por sus ideales.

Al enviudar, en 1899, desempeñó los cargos de inspectora de la Ley de Pobres y oficial del Registro de Nacimientos y Muertes. En el desempeño de estos cargos pudo palpar las horribles condiciones en que vivían muchas mujeres y esto acentuó sus convicciones feministas en las que ella creyó encontrar una fórmula de mejoramiento social.

Debo destacar el hecho de que no cayó en el error muy frecuente entre las feministas de formar un partido político femenino. Siempre aconsejó a las mujeres abstenerse de constituirse en grupos políticos apartes y estimaba que "su misión en beneficio de la humanidad en general sería favorecer con sus votos a los mejores candidatos, fueran hombres o mujeres" (Discurso pronunciado en Chicago, "El Mercurio", 3 de noviembre de 1913).

En política, aunque nunca militó activamente, fué versátil. Comenzó en el Partido Liberal; en 1892 se afilia al Partido Laborista Independiente y en las postrimerías de su vida –ya logrado el voto femenino– figuró como candidata a diputado del Partido Conservador.

Era una oradora de gran arrastre. Para hablar nunca usaba apuntes ni sus discursos daban la impresión de haber sido planeados. Ella decía: "Si no podéis hablar desde lo profundo de vuestro corazón es mejor que no articuléis palabra". Evelyn Sharp, en un artículo publicado en "The Nineteenth Century" (marzo de 1930) expresa: "No era ella una oradora nata como Mrs. Pethick Lawrence, ni tenía el humorismo y la ruda lógica combativa de su hija Christabel, pero arrastraba al auditorio con el magnético poder que emanaba de su fuerte personalidad".

"Tenía simpatía personal, era atractiva y poseía una hermosa voz. Era imposible mirarla y escucharla sin sentir que en esta frágil y graciosa mujer, con facciones finas y manos maravillosamente expresivas, estaba incorporada una pasión y un fuego de determinación para ganar libertad y redención a las generaciones futuras", continúa recordando Evelyn Sharp, coincidiendo con la periodista Thelma Cazalet (Revista "Hoy", año 1936, N° 217, pág. 62) que la describe como una mujer afable, de rostro bondadoso, bien vestida, esencialmente femenina, con gran dignidad y dominio de su persona.

La individualidad física y moral de Mrs. Pankhurst es, pues, precisamente lo contrario de lo que la tradición y el prejuicio configura como la sufragista-tipo.

Pero el relato de su vida, por escueto que sea, lleva al convencimiento de que su materialidad fina y suave encerraba una voluntad de fierro y una tal decisión de lucha que sólo se encuentra en los seres que forjan la historia e impulsan la humanidad hacia adelante.

Como ya dije, al fundarse la W. S. P. U. en 1903, Mrs. Emmeline Pankhurst asume la presidencia, cargo que desempeña hasta que la institución se disuelve en 1914.

Mrs. Pankhurst no era de esos jefes que planean las batallas y dejan que otros reciban los proyectiles. Ella era el general en jefe en esta guerra feminista, pero era también el primer soldado.

Durante muchos años el solo nombre de Mrs. Pankhurst causaba horror. Ella presidió los mítines, encabezó los desfiles, dirigió los apedreos callejeros y los desórdenes en el Parlamento. En una ocasión fué herida gravemente en un pie.

En 1908 sufre su primer arresto en circunstancias que, frente a una columna de sufragistas, se dirigía hacia la casa de Gobierno para entrevistarse con el ministro Asquith. Fué condenada a seis semanas de prisión y se la somete al régimen carcelario de las criminales de delito común. Mrs. Pankhurst recurre a la huelga de hambre, obligando así a las autoridades a ponerla en libertad; pero, a fines de ese mismo año, vuelve a conocer la prisión de Holloway. Las detenciones se suceden varias veces en cada uno de los años 1909, 1912 y 1913. Esta última vez fué condenada a tres años de trabajos forzados (penal servitude) por habérsele responsabilizado de una bomba puesta en la casa de Lloyd George, que no alcanza a estallar ni causa daño alguno. El jurado, no obstante dar el veredicto de "culpable", pidió indulgencia en atención a "la pureza de los móviles".

Cuatro huelgas de hambre repetidas en menos de un año ponen en peligro su vida. Se forma entonces un gran movimiento de opinión para obtener su libertad. Las sufragistas amenazaban con tomar serias represalias si se producía el deceso y todos los días se reunían frente a la prisión y entonaban el himno "Marcha de las Mujeres". Altas personalidades, principalmente literatos y sociólogos, se dirigen al rey solicitando su indulto. Así obtuvo su libertad el 26 de julio de 1913.

A mediados de agosto de ese año, apenas repuesta, salió al extranjero. Visita París, donde expresa que las sufragistas "no descansarán hasta que no se les haga justicia".

La feminista francesa Louli Sanua, en su obra "Figures Féminines" ha relatado la siguiente anécdota de Mrs. Pankhurst, que debe haberse producido durante esta estada en París, aunque no lo podría asegurar, pues la cronista no precisa la fecha y la sufragista inglesa visitó esa ciudad varias veces. Mrs. Pankhurst trataba de justificar las tácticas militantes de la W. S. P. U. y advertía que la situación de la mujer francesa era completamente diferente a la de su patria puesto que, no obstante no tener derecho a sufragio, influía en el gobierno del país. "La mujer francesa tiene una influencia política decisiva", afirmó categóricamente, y luego bajando la voz y con un tono despectivo que no podía ocultar, agregó, "pero una influencia de entretelones (backstairs)". Aguda y fina observación, pues no ha faltado quien diga que era una influencia de alcoba.

En septiembre de ese mismo año Miss Pankhurst es invitada por la Unión Política de las Mujeres de los Estados Unidos para que se traslade a ese país en jira de conferencias.

Las mujeres se preparaban para hacerle una recepción grandiosa. En la reunión que tuvo por objeto acordar los detalles de la acogida, después de un largo cambio de opiniones se resolvió "aprovechar la oportunidad de la visita de Mrs. Pankhurst para glorificar el amor a la libertad y rendir una vez más los grandes honores que se merecen los rebeldes que luchan contra las tiranías. Y así como los norteamericanos recibieron cordialmente a Parnell en los días de la revolución de Irlanda y reciben con simpatía a los revolucionarios rusos que luchan contra la tiranía del zar, de la misma manera y animada de igual espíritu la "Unión Política" rendirá homenaje a la mujer que dirige la rebelión contra la tiranía y brutalidad del gobierno británico" ("El Mercurio", 8 de septiembre de 1913).

Pero las autoridades de los Estados Unidos resolvieron otra cosa y, al desembarcar Mrs. Pankhurst el 18 de octubre de 1913 en Nueva York, es detenida y trasladada a Ellis Island por estimarla "elemento no deseable". Hay que repetir con "El Despertar de los Trabajadores" de Iquique: "¡Y esto ocurre en el país de las libertades!".

Mrs. Pankhurst no se amilana y anuncia que interpondrá el recurso de "habeas corpus" que garantiza la libertad individual de nacionales y extranjeros. Por otra parte, los sectores feministas preparan y anuncian mítines de protesta y el Gobierno norteamericano, dándose cuenta de que si no retrocede tendrá que habérselas con un clima de revuelta, pone en libertad a Mrs. Pankhurst después de dos días de detención, declarando que se reserva el derecho para detenerla nuevamente y deportarla cuando lo estime conveniente.

Se inicia entonces en contra de Mrs. Pankhurst una campaña de intrigas en la que la prensa colabora gustosa. A grandes titulares anuncian el fracaso del mitin organizado en Madison Square Garden, al que asistieron, según afirman, sólo tres mil personas, cuando se esperaban quince mil. Pero eso no es todo. Levantan un escándalo en torno al hecho de que en la citada reunión se vendiera un periódico editado en París en el que aparece un artículo de Christabel Pankhurst –¡oh horror!– sobre problemas sexuales. Hasta se anuncia que la policía ordenará el comiso de tales impresos.

Así consiguen que algunas mujeres se pronuncien en contra de Mrs. Pankhurst. Pero ésta, imperturbable, cumple su programa de jiras por varias ciudades de la Unión. A pesar de los titulares de los periódicos y las declaraciones de las opositoras –entre ellas una tal Anna Show– logra reunir la suma de veinte mil dólares que destina a la campaña en Gran Bretaña y que prueba el éxito de su misión.

Un hecho sugestivo demuestra que Mrs. Pankhurst no era una exaltada fanática. Al analizar las condiciones de la lucha feminista de los Estados Unidos, puntualiza que no existían allí las razones que obligaban a las sufragistas inglesas a usar medios violentos y que siendo las condiciones diferentes debían limitarse a una propaganda tranquila, aunque tenaz y enérgica ("El Mercurio", 3 de noviembre de 1913).

En los primeros días de diciembre de ese año emprende el viaje de regreso a su patria. Las autoridades inglesas, siguiendo su política de provocación, se aprestan para detenerla a su llegada. Por su parte, las sufragistas informan de ello por telégrafo a Mrs. Pankhurst y anuncian que organizarán una escolta armada para impedir su arresto.

Los diarios chilenos no informan si las autoridades inglesas lograron su propósito el mismo día del arribo de Mrs. Pankhurst o si, para evitar disturbios, la detienen algunos días después, pero en las ediciones del 7 de diciembre se publican cables con la noticia de que Mrs. Pankhurst se encuentra en estado de suma gravedad en la cárcel de Exeter a consecuencia de la huelga de hambre que declaró desde su ingreso. Una afección cardíaca imposibilita a las autoridades carcelarias a alimentarla forzadamente, lo que obliga al Gobierno, ante el peligro inminente de muerte, a ponerla en libertad.

En otra ocasión al ser puesta en libertad un médico certificó que presentaba contusiones, rasguños y evidencias de alto grado de maltratos a que ella había sido sometida (The Nineteenth Century, marzo de 1930).

Pero ni insultos ni violencias quebrantaban sus propósitos. "Yo probaré", expresó en un discurso pronunciado en Cardiff, "en mi propia persona que castigos impuestos con injusticia a individuos que no tienen participación en la confección de las leyes, no pueden ser cumplidos".

En total, Mrs. Pankhurst conoció diez veces la prisión y diez veces también hizo huelga de hambre. Los cortos períodos de libertad eran para Mrs. Pankhurst muy parecidos a la cárcel. Su casa de Grosvenor Square estaba siempre custodiada; la policía la vigilaba estrechamente, dispuesta a detenerla en cuanto intentaba salir. Cerca ya de sus sesenta años, Mrs. Pankhurst se las arreglaba para huir por los tejados, cuando algún mitin, congreso o sesión exigía su presencia. En una oportunidad, gravemente enferma, llegó a una sesión en silla de ruedas.

Cuando en agosto de 1914 estalla la primera guerra mundial, Mrs. Pankhurst influye para que la W. S. P. U. se disuelva y abandone la campaña militante. Dedica, entonces, sus dotes oratorias y su energía a la propaganda de reclutamiento. Creía así servir a su patria y demostrar que las sufragistas eran dignas de la ciudadanía que reclamaban.

La familia Pankhurst –admirable familia– sufre con la guerra su primer requebrajamiento. Sylvia, la hija menor, la lugarteniente más decidida de Emmeline, con nutrida hoja de detenciones, iniciadora de la huelga de sueño, agregada a la de hambre, feminista ardiente y al mismo tiempo, convencida pacifista, no acompaña a su madre en su nueva actitud, pronunciándose con su vehemencia característica contra la guerra y por la paz. Su justa posición feminista y pacifista se resume en esta frase de uno de sus muchos artículos periodísticos:

"Sé que la mujer no obtendrá la igualdad de sus derechos sociales sobre la misma base que los de su compañero, el hombre, mientras la raza humana no haya puesto definitivamente fuera de la ley a la guerra y no haya entrado en la era de la paz universal (Zig-Zag, 25 de agosto de 1933).

En 1920 Sylvia fué condenada por la "Defence of the Realm Act", que imagino será una especie de ley de "Defensa de la Democracia", hecho que menciono en su honor. No puede causar sorpresa, entonces, que más tarde se convierta en luchadora antifacista y sea de las primeras que, con notable clarividencia, señale los peligros que para la suerte de la emancipación femenina y la paz del mundo tenía el régimen hitleriano. Coincidiendo con esta posición antifacista, durante la guerra civil española puso su pluma al servicio de la República.

La actitud de Christabel Pankhurst frente a la guerra de 1914 es completamente diferente.

La conflagración la sorprende en Francia reponiéndose de las consecuencias de una huelga de hambre, pero regresa inmediatamente a su país y emprende al lado de su madre una ardorosa campaña en favor de la guerra. A título de curiosidad reproduzco una información sobre una conferencia suya en Carnegie Hall y que el cable transmite llamándola no ya la "audaz" o "exaltada" sino "la famosa sufragista". El tema de la conferencia era "El Feminismo y la Guerra Europea" y el resumen dado por la prensa es el siguiente: "Bismark se enorgullecía de que Alemania era una nación eminentemente masculina. Los hechos han probado que esto trae males. La mujer tiene en Alemania sobrado poco poder y de ahí proviene que haya provocado esta espantosa guerra. Si Alemania triunfara —que no triunfará— sería un golpe tremendo para el feminismo. No queremos que una nación masculina domine al mundo. Sostengo que los Aliados luchan por los principios internacionales, que los pensadores alemanes califican de afeminado amor a la paz y que reinan en los Estados Unidos y Gran Bretaña" ("El Mercurio", 26 de octubre de 1914).

Después de la guerra y ya obtenido el voto, Christabel Pankhurst se retiró a la vida privada.

Como se sabe, Inglaterra concedió el voto a las mujeres mayores de 30 años en febrero de 1918 y a fines de ese mismo año, una nueva reforma legal les permitió ser elegidas. Sólo en 1928 se concede a hombres y mujeres completa igualdad electoral.

Las primeras mujeres diputados fueron la irlandesa vizcondesa de Markievicz, que nunca asumió el cargo, y la vizcondesa de Astor, que había contemplado las luchas sufragistas desde un balcón.

Emmeline Pankhurst nunca fué diputado, pero después de su muerte, ocurrida en 1928, se alzó un monumento en su honor en las cercanías del Parlamento, en los mismos lugares donde tantas veces fuera maltratada y vejada por la policía.

Al inaugurarse su efigie, el 6 de marzo de 1930, o sea, antes de dos años de su muerte, el ministro Baldwin dijo: "Mrs. Pankhurst ha conquistado para siempre un sitio en el templo de la fama".

Con estas palabras, el Gobierno inglés, por boca de su primer ministro, reconocía oficialmente sus errores y las injusticias cometidas en contra de las sufragistas.

Pero es una mujer, Evelyn Sharp, quien mejor expresa el significado de las luchas de la admirable Mrs. Pankhurst: "De la historia de su vida, dice, puede deducirse que consideró la campaña por la emancipación de las mujeres como la gran batalla por la libertad, que nunca termina."

En la batalla por la libertad que nunca termina, la personalidad de Mrs. Pankhurst constituye un ejemplo de tenacidad, audacia y abnegación que las mujeres no deben olvidar.

## *V. La opinión pública chilena frente al sufragismo*

Podrá discutirse si es la prensa la que influye en la formación de la opinión pública o si a la inversa, es la opinión pública la que determina la posición de la prensa, pero es un hecho que ella expresa, con pequeñas variantes, el tono de la opinión en los sectores donde circula. Es por eso que es interesante verificar cuál fué la reacción de la prensa chilena frente a la campaña del sufragismo militante.

Revisando "El Mercurio" del año 1913, o sea, en el período más álgido de la lucha, aparte del servicio cablegráfico se encuentran sólo dos artículos sobre sufragismo. Uno, es una correspondencia de don Carlos Silva Vildósola, enviada desde Lausanne, y quizá por eso mismo, sin datos concretos de interés: se limita a hacer consideraciones generales sobre el voto femenino, aceptándolo en principio; a dar algunas explicaciones bastante atinadas sobre el por qué de la aparición del movimiento feminista precisamente en Inglaterra y a condenar las formas violentas de lucha del sufragismo inglés (17 de julio de 1913). El otro, es un largo artículo de información, sin firma, al parecer una traducción. Se intitula: "El Movimiento Sufragista en Inglaterra" y como subtítulo agrega: "Agotados los argumentos han sido reemplazados por la tea incendiaria y la bomba explosiva en una cruzada del sexo débil para obtener derecho a votar". Hay en él bastantes datos sobre "el reino del terror" implantado por las sufragistas militantes. La siguiente frase resume el espíritu del artículo: "Hay en esta campaña que toma a veces un sesgo trágico y otras cómico un propósito tan firme y decidido que no es raro que siga su marcha triunfante en vez de disminuir" (27 de julio de 1913). En cuanto al servicio cablegráfico de "El Mercurio" no se indica la empresa que lo presta. Todos los cablegramas en relación con la campaña sufragista están escritos en términos que no ocultan su desaprobación y desprecio. Todos ellos censuran acremente a las sufragistas y son corrientes las expresiones "audaces asaltantes", "desmanes", "campaña descabellada y atrabiliaria", "fanatismo", "audacia verdaderamente inconsciente", "perturbación de criterio", "ratas", "descaro", "vandalismo" y otras por el estilo.

"El Mercurio" de 1913 informa pues sobre las sufragistas de la misma manera que informaría "El Mercurio" de hoy si las luchas sufragistas se libraran en estos momentos.

El "Zig-Zag", revista de bastante circulación en la época, no hace mención alguna en sus ediciones del mes de junio de 1913 ni siquiera del caso de Miss Emily Davidson, de tanta resonancia mundial. Su posición frente al sufragismo la encontramos al pie de una fotografía de la inauguración de la estatua de Juana de Arco en París. "La ley de los contrastes", dice. "Mientras las sufragistas en Londres cometían toda clase de desmanes, en París se prosternaba el pueblo ante otra mujer" (21 de junio de 1913).

Pasaré, ahora, a señalar cuál era, frente al feminismo, la posición de la revista "Familia", órgano de publicidad dedicado a las mujeres y que insertaba todo lo que se suponía (y se sigue suponiendo en las revistas femeninas de hoy) interesaba a éstas: modas, recetas de cocina, vidas de nobles y de príncipes, novelitas románticas, etc.

En el número correspondiente al mes de marzo de 1913, un artículo intitulado "Mujeres Excepcionales", destinado a elogiar a una mujer de negocios: la norteamericana Mrs. Fisher, comienza inexplicablemente así: "Mal que pese a las respetables damas que estimulan el movimiento "feminista", la opinión así en Europa como en el resto del mundo se ha pronunciado abiertamente contra la tendencia de que la mujer abandone el hogar para combatir al hombre en el Foro, en la Medicina, en el Arte y en general en todas las profesiones reservadas a los hijos de Adán".

Incuestionablemente, son de un interés extraordinario, para tomar el pulso de la opinión pública frente al problema del feminismo, dos notables comentarios del erudito sacerdote Omer Emeth (Emilio Vaisse) que se publican en los números correspondientes a los meses de junio y agosto de 1913 de la revista "Familia".

El primero de los referidos artículos supone una conversación o discusión entre el autor y un caballero que debe estar vivo aún porque se le encuentra a diario pontificando sobre los problemas del momento: paz, guerra, huelgas, comunismo, "imperialismo soviético", etc., con esa misma voz campanuda que se escucha a través del vivo y chispeante estilo del sacerdote–crítico. El típico caballero chileno, "a quien sus años y la tolerancia de sus allegados autorizan para hablar dogmáticamente", se expresa así:

—"Admiro mucho la paciencia de los gringos. Aquella missis y sus endiabladas partidarias incendian hoy un museo, mañana "dinamitan" un palacio, y en cualquier momento de descuido policial quiebran ventanas en las calles más centrales de la ciudad. En audacia vencen a los anarquistas. Además, apenas les echa el guante la policía, los jueces las condenan a prisión y ellas, con sólo ayunar, consiguen que aquellos babiecas las suelten para luego volver a sus andadas".

—"¿Cree Ud. señor que aquí, en esta tierra del buen sentido, habrá juez para admitir que una Pankhurst, sólo con ayunar cinco o seis días, consiga su libertad? ¡Vaya que nó! ¿Quieres morir ayunando? –le dirían– ayuna, pues, y te enterraremos oportunamente. ¿No le parece a Ud. que así sucedería?".

Omer Emeth se atreve a hacer algunas débiles objeciones que ponen fuera de sí al caballero de marras y, como luego se verá, a otros, pero que no dejan mejor paradas a las feministas. Sostenía él que se trataba de "locas", que no es posible permitir que "una loca se muera de hambre" y terminaba así: "No quise prolongar la discusión pero hube de declarar, antes de despedirme de aquel tirano y de sus humildes vasallos, que no soy feminista, que verdaderamente juzgo locas a las sufragistas, pero agregué que en mi opinión más locos son los que, admitiendo las premisas del sufragismo, no admiten las conclusiones que de ellas deducen con respecto al voto femenino, Mrs. Pankhurst y sus secuaces".

Pero la mentalidad colonial imperante se rebela contra el cauto Omer Emeth, quien, en el número correspondiente a agosto del año ya citado, comenta una carta en la que se le hacen los siguientes cargos: 1º Que es incomprensible que defienda la conducta de las sufragistas inglesas; 2º Que es intolerable que quiera fomentar en Chile la propagación de las ideas feministas; y 3º Que es absurdo en un hombre, pretendidamente instruido, la creencia en la igualdad de aptitudes políticas masculinas y femeninas.

Omer Emeth se indigna y se defiende. Sostiene que de su artículo no pueden deducirse tales cargos. Y su posición, así como la de la revista "Familia", en la que desempeña el papel de director espiritual, queda a salvo de toda sospecha de contaminación feminista con las siguientes rotundas declaraciones: "¿He alabado la conducta de las famosas sufragistas? ¿No he dicho, muy al contrario, que las hazañas de aquellas descarriadas mujeres son verdaderos crímenes? ¿No he declarado que esas acciones reprochables postergarán quien sabe hasta cuándo la realización de ambiciones femeninas en cuya justicia creo?".

Sorprende, en cambio, aunque ello no debiera ocurrir a quienes conocen la intuición genial de Luis Emilio Recabarren, la manera cómo enfoca la campaña sufragista la modestísima hojita "El Despertar de los Trabajadores" que se publicaba en la ciudad de Iquique para servir de información y orientación a los obreros de la pampa salitrera.

Si se revisan las ediciones de "El Despertar" del año 1913, llama la atención el que en todas ellas aparezca el aviso de citación del Centro Femenino "Belén de Zárraga" (se reunía todos los jueves a las 8.30 P. M.) y no pasa semana sin que se inserte un artículo de fondo sobre los derechos de la mujer. Luis Emilio Recabarren, fundador y director de "El Despertar", no sólo es el pionero de la organización sindical del proletariado chileno sino también un pionero destacado del movimiento feminista. Es una lástima que sus biógrafos olviden este aporte de Recabarren al desarrollo social de Chile.

Ignoro qué empresa de cables servía a "El Despertar". Pero el hecho es que el texto de ellos da constancia objetiva de la campaña sufragista, sin contener expresiones despectivas o condenatorias, como ocurre con los del servicio de "El Mercurio".

Un ejemplo permitirá darse cuenta de la manera cómo informaban ambos diarios.

Cuando la sufragista Emily Davidson se precipita a la pista en el Derby de Epsom, "El Mercurio" da la siguiente información: "… Una sufragista, ya famosa por sus desmanes, Miss Emily Davidson, aprovechó esta ocasión para demostrar una vez más su fanatismo y la abnegación de las que defienden la causa del sufragismo femenino, en uno de esos actos de audacia verdaderamente inconsciente y de raro espíritu de sacrificio de que ha sido teatro la Gran Bretaña últimamente... El tumulto que se produjo entre los asistentes no es para descrito. El incidente ha sido doblemente lamentado por la circunstancia de haberse producido en presencia del rey Jorge y de la reina Mary, a quienes ha debido producir penosa impresión esta muestra de desafecto y de irrespetuosa y trágica protesta que es algo realmente insólito en el pueblo británico… Ha sido reconocida como la misma sufragista que en Aberdeen intentó cruzar con un látigo la cara de un pastor baptista a quien confundió con el ministro de Hacienda, Mr. Lloyd George" (5 de junio de 1913).

"El Despertar de los Trabajadores", en cambio, encabeza el cablegrama con el siguiente título: "Heroísmo Femenino" e informa: "Miss Emily Davidson, una de las sufragistas más entusiasta ..." y agrega enseguida escuetamente los detalles del hecho, (6 de junio de 1913).

Pero en "El Despertar" no sólo el texto de los cablegramas está redactado en términos que demuestran la simpatía por la causa, sino que cada uno de ellos trae al final un comentario de la redacción del periódico con reflexiones en favor de la campaña, ya expresando su simpatía, ya estimulando a las mujeres en general a luchar por su emancipación.

Así, al final del cable sobre el caso de la infortunada Emily Davidson, hace el siguiente comentario: "¡Cuántas desgracias está ocasionando la tenacidad injusta de los hombres"!

La edición del día 10 de julio de 1913, al dar cuenta de la detención de tres sufragistas que arengaban frente al Palacio de Saint James, hace el siguiente comentario: "Es bien ridículo el proceder de los hombres de obstinarse en someter a la inferioridad a las mujeres, siendo que la naturaleza no ha hecho superior a un sexo sobre otro".

En el número correspondiente al 31 de julio de ese mismo año, al informar sobre la reunión sufragista realizada en la Plaza Trafalgar, que terminó en una verdadera batalla y en la que fueron detenidas muchas sufragistas, entre ellas "la joven líder Sylvia Pankhurst", se hace el siguiente comentario: "¡qué mujeres más hermosas estas que saben luchar por librarse de la opresión masculina!".

El mismo "Despertar" nos informa que Mrs. Emmeline Pankhurst en octubre de 1913 se dirigió a Estados Unidos invitada por las instituciones femeninas de ese país para que explicara las razones de las tácticas militantes, pero fué detenida por las autoridades de inmigración al desembarcar en Nueva York y trasladada a Ellis Island. La frase de comentario es lapidaria: "¡Y esto ocurre en el país de las libertades!".

Cuando esta misma dirigente es puesta en libertad después de una huelga de hambre que puso en peligro su vida, "El Despertar" se hace la siguiente reflexión: "En Chile la habrían dejado morirse de hambre".

Al pie de otro cable puede leerse lo siguiente: "La perseverancia da el triunfo y las valientes mujeres inglesas que persiguen el sufragio triunfarán por su perseverancia y dan un ejemplo que aún no piensan imitar muchas".

Don Salvador Barra Woll, colaborador de "El Despertar" en esa época, me cuenta que había recibido encargo de Recabarren de escribir estimulando a las mujeres a organizarse y luchar por su emancipación. Estos artículos los firmaba con seudónimo femenino: Dora Vals. Recuerda que en el local de la imprenta había un gran cartel en el que aparecía una sufragista montada en un caballo blanco. Es indudable que esta figura corresponde a la "Generala Drummond", miembro del directorio de la W. S. P. U., y llamada así porque encabezaba los desfiles sufragistas montada en un caballo blanco. Recuerda igualmente que Recabarren repetidamente señaló como ejemplo digno de imitarse por los obreros chilenos la tenacidad, el empuje y la abnegación de las sufragistas.

La prensa obrera posterior a Recabarren ha seguido la línea de estimular la labor de las organizaciones femeninas. Sin embargo, en la apreciación del sufragismo en sí, ha solido desconocer su carácter de fenómeno inevitable de hecho fatal derivado de condiciones económicas, sociales y políticas de la época. La propaganda reaccionaria de cuarenta años ha adentrado demasiado el prejuicio de sufragista, feminista-vieja chiflada.

# ELENA CAFFARENA Y EL PENSAMIENTO PÚBLICO
## SELECCIÓN DE CARTAS

# ÍNDICE DE CARTAS

a la guerra de Corea. 8 de noviembre de 1950. Fondo Elena Caffarena Morice, Archivo Mujeres y Géneros, Archivo Nacional de Chile.

396    Carta de Elena Caffarena, Olga Poblete y Aída Parada dirigida al director de *El Mercurio* en respuesta a una alusión que se hace del MEMCH bajo el epígrafe "aspiraciones comunistas". 1 de julio de 1951. Fondo Elena Caffarena Morice, Archivo Mujeres y Géneros, Archivo Nacional de Chile.

400    Carta de Elena Caffarena y Olga Poblete dirigida a Clara Williams de lunge, presidenta del Comité cooperador de la Comisión Interamericana de Mujeres, a propósito de la labor de la representación chilena en la séptima reunión de la C.I.A. de M. 30 de julio de 1951. Fondo Elena Caffarena Morice, Archivo Mujeres y Géneros, Archivo Nacional de Chile.

410    Carta de Elena Caffarena dirigida al director del diario *Democracia* comentando la editorial del 8 de marzo en relación a la jubilación de la mujer a los 25 años. Agosto de 1951. Fondo Elena Caffarena Morice, Archivo Mujeres y Géneros, Archivo Nacional de Chile.

416    Carta de Elena Caffarena y Olga Poblete dirigida a la Presidenta de la Federación de Instituciones Femeninas de Chile denunciando los propósitos reales del pacto militar entre Chile y Estados Unidos. 14 de abril de 1952. Fondo Elena Caffarena Morice, Archivo Mujeres y Géneros, Archivo Nacional de Chile.

420    Carta de Elena Caffarena y Olga Poblete dirigida a María Maluenda en apoyo por su despido de la firma comercial Atkinsons en represalia por su participación en la lucha contra el pacto militar. 19 de julio de 1952. Fondo Elena Caffarena Morice, Archivo Mujeres y Géneros, Archivo Nacional de Chile.

422    Carta de Elena Caffarena y Olga Poblete dirigida a la firma Comercial Atkinsons expresando su protesta por la represalia contra María Maluenda. 19 de julio de 1952. Fondo Elena Caffarena Morice, Archivo Mujeres y Géneros, Archivo Nacional de Chile.

424    Carta de Elena Caffarena dirigida al Presidente del Colegio Médico de Chile A.G. señalando su complacencia por el homenaje a la doctora Eloísa Díaz. 2 de diciembre de 1982. Fondo Elena Caffarena Morice, Archivo Mujeres y Géneros, Archivo Nacional de Chile.

426    Carta de Elena Caffarena dirigida al director de la Revista *Ya* comentando lo sucedido en el programa de televisión "La quinta pata del gato" y rectificando los dichos de Carmen Sáenz sobre la obtención del voto femenino. 28 de diciembre de 1983. Fondo Elena Caffarena Morice, Archivo Mujeres y Géneros, Archivo Nacional de Chile.

428    Carta de Elena Caffarena dirigida a la publicación *Nos-Otras* agradeciendo la reproducción de una entrevista de hace 30 años sobre

la relación de los partidos políticos y las reivindicaciones femeninas. 28 de marzo de 1985. Fondo Elena Caffarena Morice, Archivo Mujeres y Géneros, Archivo Nacional de Chile.

430    Carta de Elena Caffarena dirigida a Norma Mogrovejo, Celeste Cambría y Celena con motivo de la inauguración de la biblioteca feminista Adela Montesinos. 19 de junio de 1985. Fondo Elena Caffarena Morice, Archivo Mujeres y Géneros, Archivo Nacional de Chile.

432    Carta de Elena Caffarena dirigida al Ministro Germán Valenzuela Erazo por la incomunicación decretada contra la doctora Fanny Pollarolo. 15 de octubre de 1987. Fondo Elena Caffarena Morice, Archivo Mujeres y Géneros, Archivo Nacional de Chile.

434    Carta de Elena Caffarena dirigida a Alejandro Halles, presidente del Colegio de Abogados, con motivo del sistema de incomunicación que sufre Karen Eitel. 21 de noviembre de 1987. Fondo Elena Caffarena Morice, Archivo Mujeres y Géneros, Archivo Nacional de Chile.

436    Carta de Elena Caffarena dirigida al director de *La Época* felicitándolo por la publicación íntegra del fallo del Tribunal Constitucional que afecta a Clodomiro Almeyda. 24 de diciembre de 1987. Fondo Elena Caffarena Morice, Archivo Mujeres y Géneros, Archivo Nacional de Chile.

438    Carta de Elena Caffarena dirigida al director de la revista *Análisis* comentando el testimonio del general Bachelet y la entrevista al general Leigh sobre las torturas realizadas en dependencias de la FACH. 1 de marzo de 1988. Fondo Elena Caffarena Morice, Archivo Mujeres y Géneros, Archivo Nacional de Chile.

440    Carta de Elena Caffarena y Olga Poblete dirigida a Roberto Matta solicitando apoyo para la corporación destinada a apoyar y atender a mujeres afectadas por la represión. 14 de abril de 1988. Fondo Elena Caffarena Morice, Archivo Mujeres y Géneros, Archivo Nacional de Chile.

442    Carta de Elena Caffarena dirigida a P. Moreno solicitando apoyo económico para ayudar a mujeres afectadas por la represión. 23 de junio de 1988. Fondo Elena Caffarena Morice, Archivo Mujeres y Géneros, Archivo Nacional de Chile.

444    Carta de Elena Caffarena dirigida al director de *La Época* sobre las faltas de respeto publicadas por el diario y la editorial de Hernán Lange. 28 de marzo de 1989. Fondo Elena Caffarena Morice, Archivo Mujeres y Géneros, Archivo Nacional de Chile.

446    Carta de Elena Caffarena dirigida a Emilio Filippi, director del diario *La Época*, reclamando contra la columna "Faldas al poder" de Diógenes Estrada. 8 de junio de 1989. Fondo Elena Caffarena Morice, Archivo Mujeres y Géneros, Archivo Nacional de Chile.

Santiago, Marzo 12 de 1957.

Señor
don Eduardo Cruz Coke
Ministro de Salubridad
Presente

Señor Ministro:

Informadas por la prensa de que en estos momentos el señor Ministro está empeñado en el estudio de un plan de Desayuno Escolar extensivo a todos los alumnos de las escuelas primarias del país, nuestra organización se toma la libertad de adjuntarle un proyecto de financiamiento, elaborado por nuestras comisiones de Educación y Asistencia Social a mediados del año pasado, en la esperanza de que pueda sujirle algunas ideas para la solución de este problema que tanta importancia tiene para el futuro de nuestra Patria.

Los fondos necesarios para proveer al Desayuno Escolar de todas las escuelas de Chile y que en conformidad a nuestros cálculos ascenderían a $42.000.000 anuales se financia en nuestro proyecto con una serie de impuestos que son los mismos que estableció la Ley N°5105 sobre Cesantía y que estuvieron en vigencia durante 5 años.

Este financiamiento tiene la ventaja que no necesita la creación de un servicio especial para su recaudación; se sabe positivamente el monto que esos impuestos producen y, además, los impuestos que crea estan de acuerdo con la capacidad o potencialidad financiera del país puesto que se cumplieron sin dificultad en los años de mayor depresión económica como fueron los años de 1930 al 35.

No pretendemos que nuestro proyecto sea perfecto. No ha sido elaborado por técnicos, sino por mujeres de buena voluntad que comprendiendo la gravedad que el estado de desnutrición de los escolares signifca para el futuro de la raza han querido cooperar a su solución. Seguramente, pués, nuestro proyecto adolece de defectos, pero ellos pueden ser correjidos si es estudiado por personas de una mayor preparación.

Conocedoras del profundo interés que el señor Ministro tiene por la solución del problema de la Asistencia Infantil, no dudamos que ha de considerar nuestro modesto aporte y estaremos satisfechas si, como decimos más adelante, puede él sujerirle algunas ideas para el financiamiento del Desayuno Escolar.

Atentamente lo saluda


Elena Caffarena de Jiles
Secretaria General

Santiago, Marzo 12 de 1937.

Señor
don Eduardo Cruz Coke
Ministro de Salubridad
Presente

Señor Ministro:

Informadas por la prensa de que en estos momentos el señor Ministro está empeñado en el estudio de un plan de Desayuno Escolar extensivo a todos los alumnos de las escuelas primarias del pais, nuestra organización se toma la libertad de adjuntarle un proyecto de financiamiento, elaborado por nuestras comisiones de Educación y Asistencia Social a mediados del año pasado, en la esperanza de que pueda sujirle algunas ideas para la solución de este problema que tanta importancia tiene para el futuro de nuestra Patria.

Los fondos necesarios para proveer al Desayuno Escolar de todas las escuelas de Chile y que en conformidad a nuestros cálculos ascenderían a $42.000.000 anuales se financia en nuestro proyecto con una serie de impuestos que son los mismos que estableció la Ley N°5105 sobre Cesantía y que estuvieron en vigencia durante 5 años.

Este financiamiento tiene la ventaja que no necesita la creación de un servicio especial para su recaudación; se sabe positivamente el monto que esos impuestos producen y, además, los impuestos que crea estan de acuerdo con la capacidad o potencialidad financiera del pais puesto que se cumplieron sin dificultad en los años de mayor depresión económica como fueron los años de 1930 al 35.

No pretendemos que nuestro proyecto sea perfecto. No ha sido elaborado por técnicos, sino por mujeres de buena voluntad que comprendiendo la gravedad que el estado de desnutrición de los escolares significa para el futuro de la raza han querido cooperar a su solución. Seguramente, pués, nuestro proyecto adolece de defectos, pero ellos pueden ser correjidos si es estudiado por personas de una mayor preparación.

Conocedoras del profundo interés que el señor Ministro tiene por la solución del problema de la Asistencia infantil, no dudamos que ha de considerar nuestro modesto aporte y estaremos satisfechas si, como decimos más adelante, puede él sujerirle algunas ideas para el financiamiento del Desayuno Escolar.

Atentamente lo saluda

Elena Caffarena de Jiles
Secretaria General

Santiago, Agosto 7 de 1937.

Señor
Juan Antonio Ríos
Presidente del Comité Ejecutivo Nacional del Frente Popular
Presente
Señor Presidente:

En estos momentos en que la Unión de Profesores inicia una campaña para solucionar el problema de los escolares indigentes, estimo oportuno adjuntarle el proyecto elaborado por nuestra institución encaminado a ese fin y reproducir la carta que con fecha 15 de Julio de 1936 remitimos al Frente Popular y que, desgraciadamente, no mereció siquiera el honor de un acuse recibo.

La carta es del tenor siguiente:

" El Movimiento Pro Emancipación de las Mujeres de Chile tiene la satisfacción de poner en manos del Comité Ejecutivo del Frente Popular, el proyecto de ley adjunto. En virtud de este proyecto, cuya presentación al Congreso Nacional encomendamos a la representación parlamentaria frentista, se destina la suma de 42 millones de pesos anuales para atender a la alimentación y vestuario de los alumnos de las escuelas primarias del país y la suma de 10 millones de pesos también anuales para ampliar los servicios de la Dirección General de Protección de Menores.

El año pasado a raíz de discutirse en el Congreso la ley que concedió un millón de pesos para desayuno escolar, hicimos notar la insuficiencia de esa suma ya que calculando que asisten normalmente a las escuelas 400,000 niños en un promedio de 200 días de clase es menester atender por lo menos a 80.000 raciones.

De estos cálculos se desprende también que la suma contemplada en nuestro proyecto no es ni con mucho exagerada.

El problema de la alimentación de los escolares debe abordarse con un criterio social amplio. No se remedia ningún mal con la concesión de fondos para dar a un número reducido de niños una taza de ulpo o un pan. Es menester proporcionar a la totalidad o a la casi totalidad de los niños un almuerzo que por su calidad y cantidad basten por sí solo para mantener a estos niños en un buen estado de nutrición.

La carestía de los artículos de primera necesidad y los bajos salarios hace que la mayoría de los hogares de obreros y empleados, de donde provienen los alumnos de las escuelas primarias no puedan proporcionar a sus hijos ni aún lo indispensable para satisfacer sus necesidades de alimentación y vestuario.

Todas las observaciones realizadas por los médicos y dentistas del servicio escolar coinciden en que la mayoría de los niños de las escuelas de Chile viven en un estado constante de sub-nutrición, lo que se traduce en un menor peso, en una menor talla, y aún, en deformaciones óseas y dentarias. Esto sin considerar la disminución de la capacidad de asimilación como consecuencia de un estado depresivo, de falta de actividad y de falta de atención.

La gravedad que esta situación significa para el futuro de la raza exige una solución inmediata.

Y esta medida no puede ser otra de que el estado se haga cargo de la alimentación y del vestuario de la totalidad o de la casi totalidad de los niños que asisten a todas las escuelas del país

Santiago, Agosto 7 de 1937.

Señor
Juan Antonio Rios
Presidente del Comité Ejecutivo Nacional del Frente Popular
<u>Presente</u>
Señor Presidente:

En estos momentos en que la Union de Profesores inicia una campaña para solucionar el problema de los escolares indigentes, estimo oportuno adjuntarle el proyecto elaborado por nuestra institución encominado a ese fin y reproducir la carta que con fecha 15 de Julio de 1936 remitimos al Frente Popular y que, desgraciadamente, no mereció siquiera el honor de un acuse recibo.

La carta es del tenor siguiente:

"El Movimiento Pro Emancipación de las Mujeres de Chile tiene la satisfacción de poner en manos del Comité Ejecutivo del Frente Popular, el proyecto de ley adjunto. En virtud de este proyecto, cuya presentación al Congreso Nacional encomendamos a la representación parlamentaria frentista, se destina la suma de 42 millones de pesos anuales por atender a la alimentación y vestuario de los alumnos de las escuelas primarias del pais y la suma de 10 millones de pesos tambien anuales para ampliar los servicios de la Dirección General de Protección de Menores.

El año pasado a raiz de discutirse en el Congreso la ley que concedió un millon de pesos para desayuno escolar, hicimo notar la insuficiencia de esa suma ya que calculando que asisten normalmente a las escuelas 400,000 niños en un promedio de 200 días de clase es menester atender por lo menos a 80.000 raciones.

De estos calculos se desprende tambien que la suma contemplada en nuestro proyecto no es ni con mucho exajerada.

El problema de la alimentación de los escolares debe abordarse con un criterio social amplio. No se remedia ningun mal con la concesión de fondos para dar a un numero reducido de niños una taza de ulpo o un pan. Es menester proporcionar a la totalidad o a la casi totalidad de los niños un almuerzo que por su calidad y cantidad basten por si solo para mantener a estos niños en un buen estado de nutrición.

La carestía de los artículos de primera necesidad y los bajos salarios hace que la mayoría de los hogares de obreros y empleados, de donde provienen los alumnos de las escuelas primarias no puedan proporcionar a sus hijos ni aún lo indispensable para satisfacer sus necesidades de alimentación y vestuario.

Todas las observaciones realizadas por los medicos y dentistas del servicio escolar coinciden en que la mayoría de los niños de las escuelas de Chile viven en un estado constante de sub-nutrición, lo que se traduce en un menor peso, en una menor talla, y aún, en deformaciones oseas y dentarias. Este sin considerar la disminución de la capacidad de asimilación como consecuencia de un estado depresivo, de falta de actividad y de falta de atención.

La gravedad que esta situación significa para el futuro de la raza exige una solución inmediata.

Y esta medida no puede ser otra de que el estado se haga cargo de la alimentación y del vestuario de la totalidad o de la casi totalidad de los niños que asisten a todas las escuelas del pais

-2-

sean estas urbanas o rurales.

Por otra parte urge desarrollar un plan integral de acción enérgica y continuada que encare el problema de la infancia abandonada y delincuente para lo cual es indispensable poner a disposición de la Dirección General de Protección de Menores los recursos suficientes sea para crear establecimientos especiales de reeducación y protección de orden industrial y agrícola, o para hacer un servicio social eficaz sobre los menores desvalidos.

La dificultad mayor de un proyecto de esta naturaleza estriba naturalmente en su financiamiento y en el presente caso se ha salvado debido a la circunstancia feliz de que han caducado los impuestos que creó la ley 5105 sobre Cesantía. Estos impuestos producían anualmente la suma de $52.000.000. El país ha demostrado tener la capacidad económica necesaria para soportar estos impuestos, se trata ahora de reestablecerlos y la razón que invocamos: salvar física y moralmente al niño chileno tiene aún mas pesos que la que sirvió de fundamento a la Ley de Cesantía.

Es posible que el proyecto tenga errores de tecnica. Uds. con mayor experiencia podrán subsanarlos.

Dejamos entregados al Comité Ejecutivo Nacional del Frente Popular este proyecto del cual dependen el futuro de las nuevas generaciones y esperamos que han de darle la debida atención."

Esperando tener mas suerte en esta ocasión, le saluda atentamente

Elena Caffarena de Jiles
Secretaria General

-2-

sean estas urbanas o rurales.

Por otra parte urge desarrollar un plan integral de acción energica y continuada que encare el problema de la infancia abandonada y delincuente para lo cual es indispensable poner a disposición de la Dirección General de Protección de Menores los recursos suficientes sea para crear establecimientos especiales de reeducación y protección de orden industrial y agricola, o para hacer un servicio social eficaz sobre los menores desvalidos.

La dificultad mayor de un proyecto de esta naturaleza estriba naturalmente en su financiamiento y en el presente caso se ha salvado debido a la circunstancia feliz de que han caducado los impuestos que creo la ley 5105 sobre Cesantía. Estos impuestos producían anualmente la suma de $52.000.000. El pais ha demostrado tener la capacidad economica necesaria para soportar estos impuestos, se trata ahora de reestablecerlos y la razón que invocamos: salvar fisica y moralmente al niño chileno tiene aún mas peso que la que sirvió de fundamento a la Ley de Cesantía.

Es posible que el proyecto tenga errores de tecnica. Uds. con mayor experiencia podrán subsanarlos.

Dejamos entregado al Comité Ejecutivo Nacional del Frente Popular este proyecto del cual dependen el futuro de las nuevas generaciones y esperamos que han de darle la debida atención."

Esperando tener mas suerte en esta ocasión, lo saluda atentamente

Elena Caffarena de Jiles
Secretaria General

(Copia )

Santiago, 16 de Noviembre de 1938.

Señor Ministro de Relaciones Exteriores
Don Luis Arteaga García.

Señor Ministro Y:

La Comisión Inter- Americana de Mujeres, organismo nacido a raíz del acuerdo adoptado por la VI Conferencia Pan- Americana de
invitar en carácter extra-oficial a las representantes de las organizaciones femeninas de las tres Américas a presentarle sus puntos de vista
en lo que a la situación de la mujer se refiere, ha preparado un informe que figura en la Tabla de la próxima Conferencia de Lima. En ese informe se dará a conocer a los delegados ahí reunidos los avances
hechos en la legislación de los distintos países en favor de la mujer, y,
la constatación de estos hechos, permitirá sin duda aceptar peticiones de carácter internacional, tal como es el deseo de la Comisión Inter-
Americana de Mujeres.

Ya en el año 1933, con motivo de la reunión de Delegados
a la VII Conferencia Pan- Americana de Montevideo, los honorables representantes de Cuba, Ecuador, Uruguay y Paraguay firmaron el Tratado de
Derechos Iguales cuyo texto encontrará Ud en el folleto adjunto. Ahora,
como el señor Ministro comprenderá, es natural aspiración de las organizaciones femeninas chilenas que ese Tratado sea en esta ocasión aceptado
por la Delegación de Chile a la Conferencia de Montevideo, y que el signifique el primer paso hacia una modificación legal en un sentido totalitario, de la situación de la mujer chilena,

Creemos que la objeción que se ha hecho en otras ocasio-
nes para la firma de ese tratado: que al existir desigualdad en la situación  legal del hombre y la mujer chilenos no es posible firmar un tratado internacional igualitario, dejaría de existir ante la promesa hecha
por el señor don Pedro Aguirre Cerda, Presidente electo de la República
de Chile, de darle a la mujer, en su próximo período legislativo, todos
sus derechos.

Esta promesa permitiría a la delegación aceptar el Tratado
con declaración de ulterior modificación en la legislación interna.

El Movimiento pro Emancipación de las Mujeres de Chile se
permite solicitar del señor Ministro de Relaciones Exteriores que de a-
cuerdo con el señor don Pedro Aguirre Cerda dé los pasos necesarios para que la delegación chilena sea intérprete de esta nueva política femenina que creemos existirá en el porvenir. Las mujeres chilenas han dado
múltiples pruebas de patriotismo e interés por la buena marcha de la República y este reconocimiento de sus derechos es un acto de justicia a
que, estamos convencidas tendrá el señor Ministro profunda satisfacción
de contribuir a su realización.

Nos atrevemos además a hacer saber al señor Ministro que
nuestra organización tendría una satisfacción profunda si se integrara
la delegación chilena con una mujer que fuera el portavoz de nuestras
aspiraciones.

Saludan atentamente a Ud.

Elena Caffarena de Jiles
Secretaria General.

Elena Barrella.
Secretaria de Correspondencia.

(Copia)

Santiago, 16 de Noviembre de 1938-
Señor Ministro de Relaciones Exteriores
Don Luis Arteaga García.

Señor Ministro:
La Comisión Inter-Americana de Mujeres, organismo nacido a raíz del acuerdo adoptado por la VI Conferencia Pan-Americana de invitar en carácter extra-oficial a las representantes de las organizaciones femeninas de las tres Américas a presentarle sus puntos de vista en lo que a la situación de la mujer se refiere, ha preparado un informe que figura en la Tabla de la próxima Conferencia de Lima. En este informe se dará a conocer a los delegados ahí reunidos los avances hechos en la legislación de los distintos países en favor de la mujer, y, la constatación de estos hechos, permitirá sin duda aceptar peticiones de carácter internacional, tal como es el deseo de la Comisión Inter-Americana de Mujeres.

Ya en el año 1933, con motivo de la reunión de Delegados a la VII Conferencia Pan-Americana de Montevideo, los honorables representantes de Cuba, Ecuador, Uruguay y Paraguay firmaron el Tratado de Derechos Iguales cuyo texto encontrará Ud en el folleto adjunto. Ahora, como el señor Ministro comprenderá, es natural aspiración de las organizaciones femeninas chilenas que ese Tratado sea en esta ocasión aceptado por la Delegación de Chile a la Conferencia de Montevideo, y que el signifique el primer paso hacia una modificación legal en un sentido totalitario, de la situación de la mujer chilena,

Creemos que la objeción que se ha hecho en otras ocasiones para la firma de ese tratado: que al existir desigualdad en la situación legal del hombre y la mujer chilenos no es posible firmar un tratado internacional igualitario, dejaría de existir ante la promesa hecha por el señor don Pedro Aguirre Cerda, presidente electo de la República de Chile, de darle a la mujer, en su próximo período legislativo, todos sus derechos.

Esta promesa permitiría a la delegación aceptar el Tratado con declaración de ulterior modificación en la legislación interna.

El Movimiento pro Emancipación de las Mujeres de Chile se permite solicitar del señor Ministro de Relaciones Exteriores que de acuerdo con el señor don Pedro Aguirre Cerda dé los pasos necesarios para que la delegación chilena sea intérprete de esta nueva política femenina que creemos existirá en el porvenir. Las mujeres chilenas han dado múltiples pruebas de patriotismo e interés por la buena marcha de la República y este reconocimiento de sus derechos es un acto de justicia que, estamos convencidas tendrá el señor Ministro profunda satisfacción de contribuir a su realización.

Nos atrevemos además a hacer saber al señor Ministro que nuestra organización tendría una satisfacción profunda si se integrara la delegación chilena con una mujer que fuera el portavoz de nuestras aspiraciones.

Saludan atentamente a Ud.

              Elena Caffarena de Jiles.
              Secretaria General.

                    Elena Barreda.
                    Secretaria de Correspondencia.

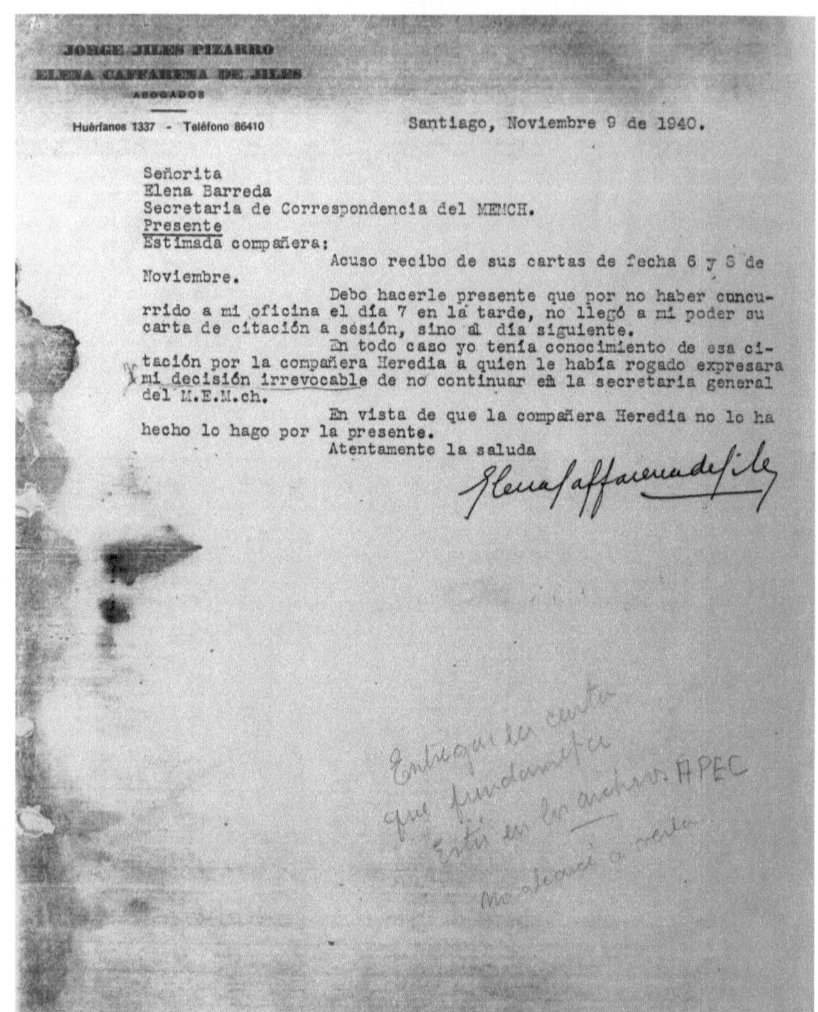

JORGE JILES PIZARRO
ELENA CAFFARENA DE JILES
ABOGADOS

Huérfanos 1337 - Teléfono 86410

Santiago, Noviembre 9 de 1940.

Señorita
Elena Barreda
Secretaria de Correspondencia del MEMCH.
Presente
Estimada compañera:

Acuso recibo de sus cartas de fecha 6 y 8 de Noviembre.

Debo hacerle presente que por no haber concurrido a mi oficina el día 7 en la tarde, no llegó a mi poder su carta de citación a sésión, sino al día siguiente.

En todo caso yo tenía conocimiento de esa citación por la compañera Heredia a quien le había rogado expresara mi decisión irrevocable de no continuar en la secretaria general del M.E.M.ch.

En vista de que la compañera Heredia no lo ha hecho lo hago por la presente.

Atentamente la saluda

Elena Caffarena de Jiles

Santiago, Noviembre 9 de 1940.

Señorita
Elena Barreda
Secretaria de Correspondencia del MEMCH.
Presente
Estimada Compañera:

Acuso recibo de sus cartas de fecha 6 y 8 de Noviembre.

Debo hacerle presente que por no haber concurrido a mi oficina el día 7 en la tarde, no llegó a mi poder su carta de citación a sesión, sino al día siguiente.

En todo caso yo tenía conocimiento de esa citación por la compañera Heredia a quien le había rogado expresara mi decisión irrevocable de no continuar en la secretaría general del M.E.M.ch.

En vista de que la compañera Heredia no lo ha hecho lo hago por la presente.

Atentamente la saluda

Elena Caffarena de Jiles.

Santiago, 16 de Enero 1948.

Señora.
Amanda Labarca H.
Presidenta de la Federación Chilena de Instituciones Femeninas.
Presente.

Señora Presidenta;

Vengo en formular por escrito la renuncia de mi cargo de 2a. Vice-presidenta de la institución, renuncia que anuncié a Ud. hace casi un mes y que no había formalizado por la necesidad de participar en los debates y explicar los fundamentos de mis divergencias con Ud.

Aunque estas explicaciones constan en Actas es mi deber fundamentar mi renuncia, ya que mi nombramiento contó con la casi unanimidad de las delegadas del Congreso y me siento con la obligación de responder ante las mujeres que depositaron en mi su confianza.

Trabajo desde hace casi 20 años en el movimiento femenino chileno, nó porque sea una sufragista o feminista unilateral, sino porque creo que la emancipación de la mujer constituye uno de los aspectos más importante de la democrácia intergral y estoy convencida que constituirá un factor decisivo en el mantenimiento de la paz.

Podría decir, entonces, que soy feminista porque soy una convencida pacifista y creo en la democrácia y en la necesidad no solo de mantener la democracia política que se ha logrado en la letra de la Carta Fundamental, sino también en la necesidad de perfeccionar esa democracia en lo económico y en lo social.

La FECHIF acaba de celebrar un Congreso interno y organizar un Congreso General de Mujeres. En el primero, una Comisión nombrada por la asamblea, señaló como postulado fundamental de la institución" el formular y realizar planes tendientes a conservar las conquistas democráticas ya alcanzadas " (letra b del artículo 1° de los estatutos); y en el segundo, se acordó luchar contra todo intento armamentista, especificandose de manera especial, el plan armamentista de Río Janeiro (Acuerdo 5° de la Comisión de Problemas de la Democracia y de la Paz Internacional.)

Ahora bien, el postulado sobre la defensa de las conquistas democráticas ya alcanzadas y la referencia específica al plan de Río Janeiro han sido suprimidos por comisiones que no han podido tener otra facultad que el corregir la forma de los acuerdos.

No es esta una discusión bizantina. El aceptar estos cambios significa torcer la línea de acción que frente a la defensa de las libertades públicas y a la formación de la conciencia necesaria para una política de paz efectiva—ambos problemas candentes del momento—ha señalado a la FECHIF su Congreso Interno y el Congreso Nacional de Mujeres.

Convencida de que será inútil mi intervención personal para restablecer la justa política que en estos dos problemas fundamentales señaló el Congreso, no deseo asumir responsabilidad alguna frente a la actitud a mi juicio claudicante de la FECHIF en cuanto a la defensa de las libertades y de la paz.

Es por eso que presento, con el carácter de indeclinable mi renuncia al cargo de Vice-presidenta de la Institución.

Saluda a Ud.

Elena Caffarena de Jiles.

Santiago, 16 de Enero 1948.

Señora.
Amanda Labarca H.
Presidenta de la Federación Chilena de Instituciones Femeninas.
Presente.

Señora Presidenta:

Vengo en formular por escrito la renuncia de mi cargo de 2° Vice-Presidenta de la institución, renuncia que anuncié a Ud, hace casi un mes y que no había formalizado por la necesidad de participar en los debates y explicar los fundamentos de mis divergencias con Ud.

Aunque estas explicaciones constan en Actas es mi deber fundamentar mi renuncia, ya que mi nombramiento contó con la casi unanimidad de las delegadas del Congreso y me siento con la obligación de responder ante las mujeres que depositaron en mi su confianza.

Trabajo desde hace casi 20 años en el movimiento femenino chileno, nó porque sea una sufragista o feminista unilateral, sino porque creo que la emancipación de la mujer constituye uno de los aspectos más importante de la democracia integral y estoy convencida que constituirá un factor decisivo en el mantenimiento de la paz.

Podría decir, entonces, que soy feminista porque soy una convencida pacifista y creo en la democracia y en la necesidad no solo de mantener la democracia política que se ha logrado en la letra de la Carta Fundamental, sino tambien en la necesidad de perfeccionar esa democracia en lo económico y en lo social.

La FECHIF acaba de celebrar un Congreso interno y organizar un Congreso General de Mujeres. En el primero, una Comisión nombrada por la asamblea, señaló como postulado fundamental de la institución "el formular y realizar planes tendientes a conservar las conquistas democráticas ya alcanzadas" (letra b del artículo 1° de los estatutos); y en el segundo, se acordó luchar contra todo intento armamentista, especificandose de manera especial, el plan armamentista de Rio Janeiro (Acuerdo 5° de la Comisión de Problemas de la Democracia y de la Paz Internacional.)

Ahora bien, el postulado sobre la defensa de las conquistas democráticas ya alcanzadas y la referencia especifica al plan de Rio Janeiro han sido suprimidos por comisiones que no han podido tener otra facultad que el corregir la forma de los acuerdos.

No es esta una discusión bizantina. El aceptar estos cambios significa torcer la linea de acción que frente a la defensa de las libertades públicas y a la formación de la conciencia necesaria para una politica de paz efectiva —ambos problemas candentes del momento-ha señalado a la FECHIF su Congreso Interno y el Congreso Nacional de Mujeres.

Convencida de que será inutil mi intervención personal para restablecer la justa política que en estos dos problemas fundamentales señala el Congreso, no deseo asumir responsabilidad alguna frente a la actitud a mi juicio claudicante de la FECHIF en cuanto a la defensa de las libertades y de la paz.

Es por eso que presento, con el carácter de indeclinable mi renuncia al cargo de Vice-presidenta de la institución.

Saluda a Ud.

Elena Caffarena de Jiles.

*Enero 1944*

"Señor Conservador de Bienes Raíces,

Elena Caffarena de Jiles, abogado, domiciliada en calle Huérfanos N° 1011, Oficina 321, al señor Conservador de Bienes Raíces para ante el H. Tribunal de Elecciones, respetuosamente expone:

Como consta de la publicación aparecida en el Diario Oficial del día 12 del mes en curso, ha sido cancelada mi inscripción electoral a virtud de las facultades transitorias y excepcionales que la ley N° 8987 concedió al Conservador del Registro Electoral, resolución que de ser mantenida por este H. Tribunal, me dejaría en situación de sub-individuo o de apatriada.

Por dolorosa coincidencia para mí, la resolución que me priva de mis derechos ciudadanos ocurre a tres días de la promulgación de la Ley de Voto Femenino a cuya obtención dediqué esfuerzos y sacrificios durante casi 20 años. En el acto que tuvo lugar en el Teatro Municipal, con motivo de la promulgación de dicha ley, he obtenido mi ausencia voluntaria y de haber puntualizado enérgicamente dentro de la Federación de Instituciones Femeninas mis discrepancias con su Directiva, discrepancias que me movieron a presentar mi renuncia del cargo de Vice-Presidenta para el que había sido elegida por 114 votos en un total de 118 delegadas, no pudo dejarse de mencionar mi nombre entre las personas que habían contribuido de manera destacada en la conquista del sufragio para la mujer.

He luchado por el voto para la mujer, no porque sea una feminista outrance, ni porque crea que las mujeres son mejores que los hombres o que el voto femenino sea en sí panacea para solucionar los problemas nacionales, sino simplemente por convicción democrática. Creo en el gobierno del pueblo, por el pueblo y para el pueblo. Pienso que todos los habitantes de un país, cualquiera que sea su color o su raza, su cultura, su sexo, su credo político o religioso, tienen derecho a influir en los destinos de su Patria.

Para una persona que ha tenido una larga actuación cívica, sin obtener jamás un beneficio personal, ni monetario, ni honorífico; para quien se ha preocupado, con sacrificio de sus propios intereses, de la solución de los problemas nacionales; para quien se ha esforzado, dentro de sus posibilidades, de perfeccionar el régimen democrático, ampliándolo en sus bases electorales y aspirando a extenderlo de lo político a lo económico y social, no cabe duda que la aplicación de la pena de privación de los derechos ciudadanos —la que dentro del régimen de nuestro Código Penal, o sea, la ley penal fundamental, se señala exclusivamente como anexa a la pena de crimen— constituye más que un baldón o un estigma, el fracaso de sus ideales y de su vida toda.

No obstante, por esta misma convicción democrática, no podría encarar este problema sólo como una cuestión personal. En el fondo, una cancelación electoral más o menos no tiene importancia. Y estoy cierta que este H. Tribunal no ha dejado de considerar el problema en su aspecto político general y que en la resolución de los distintos casos se partirá de un concepto general que el tribunal previamente se ha formado del estudio de la ley en su texto y en sus relaciones con la Constitución Política, con los principios jurídicos fundamentales, con las normas compatibles con el grado de civilización que ha alcanzado la humanidad y sus consecuencias en la vida normal del país.

Si en estos juicios se permitiera el alegato oral podría hacerse un sucinto repaso de la historia de las persecuciones ideológicas, religiosas y raciales y hasta podría probarse cómo todas ellas han sido de una cruel inutilidad y perjudiciales para los intereses del país o del régimen que las llevó a cabo.

"Señor Conservador de Bienes Raíces,

Elena Caffarena de Jiles, abogado, domiciliada en calle Huérfanos N° 1011, Oficina 321, al señor Conservador de Bienes Raíces para ante el H. Tribunal de Elecciones, respetuosamente expone:

Como consta de la publicación aparecida en el Diario Oficial del día 12 del mes en curso, ha sido cancelada mi inscripción electoral a virtud de las facultades transitorias y excepcionales que la ley N° 8987 concedió al Conservador del Registro Electoral, resolución que de ser mantenida por este H. Tribunal, me dejaría en situación de sub-individuo o de apatriada.

Por dolorosa coincidencia para mí, la resolución que me priva de mis derechos ciudadanos ocurre a tres días de la promulgación de la Ley de Voto Femenino a cuya obtención dediqué esfuerzos y sacrificios durante casi 20 años. En el acto que tuvo lugar en el Teatro Municipal, con motivo de la promulgación de dicha ley, he obtenido mi ausencia voluntaria y de haber puntualizado enérgicamente dentro de la Federación de Instituciones Femeninas mis discrepancias con su Directiva, discrepancias que me movieron a presentar mi renuncia del cargo de Vice-Presidenta para el que había sido elegida por 114 votos en un total de 118 delegadas, no pudo dejarse de mencionar mi nombre entre las personas que habían contribuido de manera destacada en la conquista del sufragio para la mujer.

He luchado por el voto para la mujer, no porque sea una feminista autrance, ni porque crea que las mujeres son mejores que los hombres o que el voto femenino sea en sí panacea para solucionar los problemas nacionales, sino simplemente por convicción democrática. Creo en el gobierno del pueblo, por el pueblo y para el pueblo. Pienso que todos los habitantes de un país cualquiera sea su color o su raza, su cultura, su sexo, su credo político o religioso, tienen derecho a influir en los destinos de su Patria.

Para una persona que ha tenido una larga actuación cívica, sin obtener jamás un beneficio personal, ni monetario, ni honorífico; para quien se ha preocupado, con sacrificio de sus propios intereses, de la solución de los problemas nacionales; para quien se ha esforzado, dentro de sus posibilidades, de perfeccionar el régimen democrático, ampliándolo en sus bases electorales y aspirando a extenderlo de lo político a lo económico y social, no cabe duda que la aplicación de la pena de privación de los derechos ciudadanos -la que dentro del régimen de nuestro Código Penal, o sea, la ley penal fundamental, se señala exclusivamente como anexa a la pena de crimen- constituye más que un baldón o un estigma, el fracaso de sus ideales y de su vida toda.

No obstante, por esta misma convicción democrática, no podría encarar este problema sólo como una cuestión personal. En el fondo, una cancelación electoral más o menos no tiene importancia. Y estoy cierta que este H. Tribunal no ha dejado de considerar el problema en su aspecto político general y que en la resolución de los distintos casos se partirá de un concepto general que el tribunal previamente se ha formado del estudio de la ley en su texto y en sus relaciones con la Constitución Política, con los principios jurídicos fundamentales, con las normas compatibles con el grado de civilización que ha alcanzado la humanidad y sus consecuencias en la vida normal del país.

Si en estos juicios se permitiera el alegato oral podría hacerse un suscinto repaso de la historia de las persecuciones ideológicas, religiosas y raciales y hasta podría probarse cómo todas ellas han sido de una cruel inutilidad y perjudiciales para los intereses del país o del régimen que las llevó a cabo.

-2-

Podría citarse el caso de los Hugonotes en Francia, de los católicos en Inglaterra, de los liberales en la Alemania Imperial, de los judíos en el régimen nazi.

Me detendré, pidiéndole excusas al Tribunal, en este último caso. Hitler, persiguiendo a los judíos, no sólo los privó de su ciudadanía, sino también de su nacionalidad. Hombres y mujeres eminentes de raza judía se desparramaron por el mundo con el timbre rojo de APATRIADOS. A los Estados Unidos le tocó en suerte recibir a Einstein y a un grupo de matemáticos y químicos notables que después colaboraron en la fabricación de la bomba atómica, la misma bomba que iba a dar el golpe de muerte al régimen que con su ceguera los había expulsado del suelo patrio.

Cito este caso, no sólo porque es el más reciente y no se necesita recurrir a textos, sino porque de él se puede sacar una lección. Porque esta persecución que ahora presenciamos en Chile y que nos viene de afuera, que nos trae el cable, la revista, el libro, la radio, el cine; y que no es sólo anticomunista, sino que esencialmente anti-obrera y anti-liberal, en el sentido noble de la palabra, puede constituir en sí, la bomba que ha de destruir el régimen económico actual.

Peligroso es privar a la clase asalariada de sus instrumentos legales (sindicato, huelga) para obtener el mejoramiento de la situación económica o de trabajo, y peligrosísimo también, es desprestigiar y destruir los principios bases de la democracia en lo político.

Difícil me parece encontrar una persona que haya meditado con sinceridad y buena fé sobre los problemas sociales, que crea que el actual régimen asegura el bienestar de la mayoría. Este régimen que constituyó un notable avance frente al sistema feudal, al cual reemplazó, y que en su juventud entonó el glorioso: Libertad, Igualdad y Fraternidad, ha entrado en un período de decadencia y decrepitud. Millones de niños hay que mueren de desnutrición y de abandono; millones de hombres y mujeres viven en las tinieblas del analfabetismo; muchos no tienen trabajo; otros tantos no pueden conservar su salud por falta de recursos; periódicamente se desencadenan guerras por el choque de los intereses imperialistas y crisis económicas; se observa relajación moral en todas las capas sociales y hay problemas morales y materiales, como por ejemplo, el de la prostitución, el del alcoholismo, el de la inflación, que no tiene ni puede tener solución dentro de este régimen.

Pero mucha de esa gente de buena voluntad que no puede estar conforme con el régimen actual, piensa también que conviene soportarlo a cambio de la libertad política. Pero, si se hace tabla rasa de ella, si con el pretexto de defender la democracia, se la viola y se la mancilla, muchos tendrán que pensar que entre no tener libertades políticas para mantener un régimen decadente e injusto, y no tenerla para dar un paso adelante, para ensayar algo mejor, la elección no es difícil.

No pertenezco, ni he pertenecido nunca al Partido Comunista y, a pesar de las sanciones de la Ley Nº 8987, declaro enfáticamente que las reflexiones contenidas en el párrafo anterior me las he hecho muchas veces, y que si no me pesaran los años y no estuviera con mi salud seriamente quebrantada, ya habría tomado una decisión.

La Constitución Política del Estado, asegura la libertad de conciencia y concede al individuo el derecho de no ser interrogado sobre sus ideas políticas, religiosas o sociales, y menos aún sobre sus procesos mentales. Si he dejado aquí estampada mi reacción frente al atropello sistemático de los principios democráticos, principios que desde hace siglos creíamos incorporados al acervo de la humanidad, es con el propósito de hacer que el Tribunal pese su responsabilidad frente a las consecuencias

-2-

Podría citarse el caso de los Hugonotes en Francia, de los católicos en Inglaterra, de los liberales en la Alemania Imperial, de los judíos en el régimen nazi.

Me detendré, pidiéndole excusas al Tribunal, en este último caso. Hitler, persiguiendo a los judíos, no sólo los privó de su ciudadanía, sino también de su nacionalidad. Hombres y mujeres eminentes de raza judía se desparramaron por el mundo con el timbre rojo de APATRIADOS. A los Estados Unidos le tocó en suerte recibir a Einstein y a un grupo de matemáticos y químicos notables que después colaboraron en la fabricación de la bomba atómica, la misma bomba que iba a dar el golpe de muerte al régimen que con su ceguera los había expulsado del suelo patrio.

Cito este caso, no sólo porque es el más reciente y no se necesita recurrir a textos, sino porque de él se puede sacar una lección. Porque esta persecución que ahora presenciamos en Chile y que nos viene de afuera, que nos trae el cable, la revista, el libro, la radio, el cine; y que no es sólo anticomunista, sino que esencialmente anti – obrera y anti - liberal, en el sentido noble de la palabra, puede constituir en sí, la bomba que ha de destruir el régimen económico actual.

Peligroso es privar a la clase asalariada de sus instrumentos legales (sindicato, huelga) para obtener el mejoramiento de la situación económica o de trabajo, y peligrosísimo también, es desprestigiar y destruir los principios bases de la democracia en lo político.

Difícil me parece encontrar una persona que haya meditado con sinceridad y buena fé sobre los problemas sociales, que crea que el actual régimen asegura el bienestar de la mayoría. Este régimen que constituyó un notable avance frente al sistema feudal, al cual reemplazó, y que en su juventud entonó el glorioso: Libertad, Igualdad y Fraternidad, ha entrado en un período de decadencia y decrepitud. Millones de niños hay que mueren de desnutrición y de abandono; millones de hombres y mujeres viven en las tinieblas del analfabetismo; muchos no tienen trabajo; otros tantos no pueden conservar su salud por falta de recursos; periódicamente se desencadenan guerras por el choque de los intereses imperialistas y crisis económicas; se observa relajación moral en todas las capas sociales y hay problemas morales y materiales, como por ejemplo, el de la prostitución, el del alcoholismo, el de la inflación, que no tiene ni puede tener solución dentro de este régimen.

Pero mucha de esa gente de buena voluntad que no puede estar conforme con el régimen actual, piensa también que conviene soportarlo a cambio de la libertad política. Pero si se hace tabla rasa de ella, si con el pretexto de defender la democracia, se la viola y se la mancilla, muchos tendrán que pensar que entre no tener libertades políticas para mantener un régimen decadente e injusto, y no tenerla para dar un paso adelante, para ensayar algo mejor, la elección no es difícil.

No pertenezco, ni he pertenecido nunca al Partido Comunista y, a pesar de las sanciones de la Ley N°8987, declaro enfáticamente que las reflexiones contenidas en el párrafo anterior me las he hecho muchas veces, y que si no me pesaran los años y no estuviera con mi salud seriamente quebrantada, ya habría tomado una decisión.

La Constitución Política del Estado, asegura la libertad de conciencia y concede al individuo el derecho de no ser interrogado sobre sus ideas políticas, religiosas o sociales, y menos aún sobre sus procesos mentales. Si he dejado aquí estampada mi reacción frente al atropello sistemático de los principios democráticos, principios que desde hace siglos creíamos incorporados al acervo de la humanidad, es con el propósito de hacer que el Tribunal pese su responsabilidad frente a las consecuencias

-3-

que en la actitud de millares de individuos tiene que producir
esta ola de persecuciones.

Si es importante que la gente no pierda su fé en la democracia política, más importante aún es que no pierdan su confianza en los tribunales, porque cuando el pueblo se convence
que no puede esperar justicia y protección en el mecanismo legal busca otros medios, casi siempre crueles y dolorosos.

De conformidad a la ley Nº 8987 V.SS. deben fallar esta reclamación en conciencia. Como lo dijo la Exoma. Corte Suprema, en un fallo que reproducen casi todos los tratadistas
(Rev. de Derecho, Tomo XXX, segunda parte, sección 1ª. pág.
501), "En manera alguna la ley ha querido, con entregar la a-
preciación de la prueba en conciencia, dejarlas al azar, al ca-
pricho y a la arbitrariedad".

Y yo me pregunto: ¿Qué antecedentes existen en autos pa
ra que el Tribunal se forme ese juicio?

Estos antecedentes no existen y, lo que es peor, es imposible obtenerlos.

Hay un hermetismo absoluto y total sobre los antecedent
tes que se han tenido en vista para cancelar las inscripciones.
Cabe preguntarse: ¿Estamos en Chile en el año de 1949 o estamos
en Venecia en los tiempos del Dux o nos encontramos frente a un
proceso de la Inquisición de los tiempos de Felipe II?

Consta del documento, copia autorizada de otros que he
hecho protocolizar, que he hecho los mayores esfuerzos para conocer cuál es la presunción legal que específicamente me afecta
ría o los antecedentes de hecho que han determinado la cancelación de mi inscripción.

Solicité en primer lugar del Ministerio del Interior,
que indicara los cargos que obraban en su poder. Mi solicitud
me fué devuelta con la siguiente providencia: "Vuelva a la interesada haciéndole presente que en conformidad con lo establecido en el artículo segundo transitorio de la ley de Defensa de
la Democracia, corresponde al Director del Registro Electoral
cancelar las inscripciones en el Registro electoral y en consecuencia ante él debe recurrirse para obtener las certificaciones que se piden." Firma don Héctor Orrez, Subsecretario.

Me presenté entonces al señor Director del Registro
Electoral, quien certificando expresa que mi cancelación se hizo "en razón de haberse incluído su nombre en las nóminas respectivas del Ministerio del Interior".

Estas dos certificaciones contradictorias y en las que
dos altas autoridades o han pretendido burlarse de una persona
o descargarse mutuamente la responsabilidad, son a mi juicio,
lapidarias y servirán cuando pase el momento de ofuscación en
que vivimos, para juzgar la forma irresponsable, irrespetuosa,
atrabiliaria y abusiva con que se ha procedido al hacer las can-
celaciones electorales.

Ni en el Ministerio del Interior, ni en Investigaciones,
ni en oficina alguna confidencial o de soplonaje, puede existir
antecedentes de actividades políticas-partidistas, que jamás he
realizado.

Sólo excepcionalmente y por considerar que dentro de
nuestro sistema de gobierno de tipo presidencial, la calidad
personal del Presidente de la República influye sustancialmente
en los destinos del país, es que he participado en dos campañas
electorales presidenciales.

Dediqué esfuerzos extraordinarios durante la campaña
electoral de don Pedro Aguirre Cerda, desempeñando el cargo de
Secretaria de Organización del Comité Nacional Femenino. No par
ticipé en la campaña electoral de don Juan Antonio Ríos porque
no tenía fé —aunque después he comprobado mi error— en sus convicciones democráticas.

-3-

que en la actitud de millares de individuos tiene que producir
esta ola de persecuciones.

Si es importante que la gente no pierda su fé en la democracia política, más importante aún es que no pierdan su confianza en los tribunales, porque cuando el pueblo se convence
que no puede esperar justicia y protección en el mecanismo legal busca otros medios, casi siempre crueles y dolorosos.

De conformidad a la ley N° 8987 V.SS. deben fallar esta reclamación en conciencia. Como lo dijo la Excma. Corte Suprema, en un fallo que reproducen casi todos los tratadistas
(Rev. de Derecho, Tomo XXX, segunda parte, sección 1ª. pág.
501), "En manera alguna la ley ha querido, con entregar la a-
preciación de la prueba en conciencia, dejarlas al azar, al ca-
pricho y a la arbitrariedad".

Y yo me pregunto: ¿Qué antecedentes existen en autos para que el Tribunal se forme ese juicio?

Estos antecedentes no existen y, lo que es peor, es imposible obtenerlos.

Hay un hermetismo absoluto y total sobre los antecedentes que se han tenido en vista para cancelar las inscripciones.
Cabe preguntarse: ¿Estamos en Chile en el año de 1949 o estamos
en Venecia en los tiempos del DUX o nos encontramos frente a un
proceso de la Inquisición de los tiempos de Felipe II?

Consta del documento, copia autorizada de otros que he
hecho protocolizar, que he hecho los mayores esfuerzos para conocer cuál es la presunción legal que específicamente me afectaría o los antecedentes de hecho que han determinado la cancelación de mi inscripción.

Solicité en primer lugar del Ministerio del Interior,
que indicara los cargos que obraban en su poder. Mi solicitud
me fué devuelta con la siguiente providencia: "Vuelva a la interesada haciéndole presente que en conformidad con lo establecido en el artículo segundo transitorio de la ley de Defensa de
la Democracia, corresponde al Director del Registro Electoral
cancelar las inscripciones en el Registro Electoral y en consecuencia ante él debe recurrirse para obtener las certificaciones que se piden." Firma don Héctor Grez, Subsecretario.

Me presenté entonces al señor Director del Registro
Electoral, quien certificando expresa que mi cancelación se hizo "en razón de haberse incluído su nombre en las nóminas respectivas del Ministerio del Interior".

Estas dos certificaciones contradictorias y en las que
dos altas autoridades o han pretendido burlarse de una persona
o descargarse mutuamente la responsabilidad, son a mi juicio,
lapidarias y servirán cuando pase el momento de ofuscación en
que vivimos, para juzgar la forma irresponsable, irrespetuosa,
atrabilaria y abusiva con que se ha procedido al hacer las can-
celaciones electorales.

Ni en el Ministerio del Interior, ni en Investigaciones,
ni en oficina alguna confidencial o de soplonaje, puede existir
antecedentes de actividades políticas - partidistas, que jamás he
realizado.

Sólo excepcionalmente y por considerar que dentro de
nuestro sistema de gobierno de tipo presidencial, la calidad
personal del Presidente de la República influye sustancialmente
en los destinos del país, es que he participado en dos campañas
electorales presidenciales.

Dediqué esfuerzos extraordinarios durante la campaña
electoral de don Pedro Aguirre Cerda, desempeñando el cargo de
Secretaria de Organización del Comité Nacional Femenino. No participé en la campaña electoral de don Juan Antonio Ríos porque
no tenía fé -aunque después he comprobado mi error- en sus convicciones democráticas.

-y 5.-

Trabajé, por último, en la campaña electoral de don Gabriel González Videla. Como delegada-observadora de la Federación de Instituciones Femeninas, participé en la convención que lo proclamó candidato y fui nombrada miembro de la comisión redactora del PROGRAMA DE GOBIERNO. Fuí, además, Primera Vice-Presidenta del Comité Nacional Femenino y ayudante en la recaudación de fondos.

¿Merezco por estos actos políticos la pena de privación de mis derechos cívicos?

Con la sinceridad que he querido volcar en este documento, que no es el de un abogado que trata de ganar "el caso" a toda costa, sino de una mujer dolida y herida al ver cómo se están desprestigiando los principios democráticos y llevando al país a situaciones de violencia, declaro que muchas veces me he hecho examen de conciencia y he reconocido que merezco un castigo por haber contribuído a la elección del señor Gabriel González Videla. Pero, como tengo la atenuante de que no me era dable interpretar intenciones, ni podía suponer que el Programa que le había visto y oído jurar, no sería cumplido, estimo que la pena anexa a la de crimen que se me ha impuesto es exagerada.

En todo caso, de los autos no resulta cargo alguno en mi contra.

Yo no podría al H. Tribunal hacerle la injuria de suponer que para él constituye mérito bastante el que figure en una lista del Ministerio del Interior; porque el H. Tribunal no es ni puede ser un simple buzón de denuncias. Este tribunal no tendría razón de ser si se limitara a aceptar lo que el Ministerio o una oficina administrativa le indica, sin especificarse los hechos en que se funda el juicio de ese ministerio u oficina. Si tal hubiera sido el espíritu del legislador, habría entregado la facultad de cancelar al mismo Ministerio, sin recurrir a un tribunal que no tendría más objeto que dar una apariencia de justicia.

Ignoro si el Tribunal tendrá los medios para exigir los antecedentes de hecho que han determinado mi inclusión en la lista del Ministerio, si es que es cierto lo que afirma el señor Zañartu, pero en todo caso resultaría verdaderamente inicuo que la parte interesada no pudiera defenderse para tacharlos si son falsos o para interpretarlos debidamente, si han sido tergiversados.

Termino afirmando categóricamente que no pertenezco ni he pertenecido nunca al Partido Comunista y que no me afecta ninguna de las presunciones previstas en el artículo 3º transitorio de la Ley Nº 8987 y ni siquiera ninguna de las que además ha inventado el Conservador del Registro Electoral en la resolución que encabeza la nómina de los cancelados.

POR TANTO,

Dígnese el señor Conservador de Bienes Raíces tener por interpuesta la presente reclamación para ante el H. Tribunal Calificador, a fin de que este tribunal la acoja y ordene restablecer mi inscripción que se encuentra en la sección 5ª. de la Séptima Comuna Maestranza, Nº 130."

........

Santiago de Chile, Enero de 1949.

***** Falta página 4 o se equivocó y viene se salta a la página 5 *****

-y 5-

Trabajé, por último, en la campaña electoral de don Gabriel González Videla. Como delegada-observadora de la Federación de Instituciones Femeninas, participé en la convención que lo proclamó candidato y fuí nombrada miembro de la comisión redactora del PROGRAMA DE GOBIERNO. Fuí, además, Primera Vice-Presidenta del Comité Nacional Femenino y ayudante en la recaudación de fondos.

¿Merezco por estos actos políticos la pena de privación de mis derechos cívicos?

Con la sinceridad que he querido volcar en este documento, que no es el de un abogado que trata de ganar "el caso" a toda costa, sino de una mujer dolida y herida al ver cómo se están desprestigiando los principios democráticos y llevando al país a situaciones de violencia, declaro que muchas veces me he hecho examen de conciencia y he reconocido que merezco un castigo por haber contribuido a la elección del señor Gabriel González Videla. Pero, como tengo la atenuante de que no me era dable interpretar intenciones, ni podía suponer que el Programa que le había visto y oído jurar, no sería cumplido, estimo que la pena anexa a la de crimen que se me ha impuesto es exagerada.

En todo caso, de los autos no resulta cargo alguno en mi contra.

Yo no podría al H. Tribunal hacerle la injuria de suponer que para él constituye mérito bastante el que figure en una lista del Ministerio del Interior; porque el H. Tribunal no es ni puede ser un simple buzón de denuncias. Este tribunal no tendría razón de ser si se limitara a aceptar lo que el Ministerio o una oficina administrativa le indica, sin especificarse los hechos en que se funda el juicio de ese ministerio u oficina. Si tal hubiera sido el espíritu del legislador, habría entregado la facultad de cancelar al mismo Ministerio, sin recurrir a un tribunal que no tendría más objeto que dar una apariencia de justicia.

Ignoro si el Tribunal tendrá los medios para exigir los antecedentes de hecho que ha determinado mi inclusión en la lista del Ministerio, si es que es cierto lo que afirma el señor Zañartu, pero en todo caso resultaría verdaderamente inicuo que la parte interesada no pudiera defenderse para tacharlos si son falsos o para interpretarlos debidamente, si han sido tergiversados.

Termino afirmando categóricamente que no pertenezco ni he pertenecido nunca al Partido Comunista y que no me afecta ninguna de las presunciones previstas en el artículo 3° transitorio de la Ley N° 8987 y ni siquiera ninguna de las que además ha inventado el Conservador del Registro Electoral en la resolución que encabeza la nómina de los cancelados.

POR TANTO,

Dígnese el señor Conservador de Bienes Raíces tener por interpuesta la presente reclamación para ante el H. Tribunal Calificador, a fin de que este tribunal la acoja y ordene restablecer mi inscripción que se encuentra en la sección 5ª, de la Séptima Comuna Maestranza, N° 130."

.........

Santiago de Chile, Enero de 1949

MOVIMIENTO PRO EMANCIPACION DE LAS MUJERES DE CHILE.
Huerfanos 551.Santiago.


Santiago 9 de agosto de 1949.

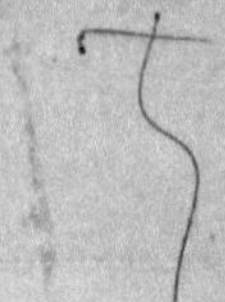


El MEMCH desarrollará desde la segunda quincena de Agosto,una serie de cursos destinados a contribuir a una capacitación clara y fundamentada de las Mujeres Chilenas para el ejercicio de sus derechos políticos.

Estos cursos se harán a base de charlas breves seguidas de discusión y estudio, a cargo de mujeres profesionales y especialistas de distintas actividades.

El programa de los cursos contempla los siguientes aspectos centrales:

1.-Concepto de Democracia.
2.-Derechos y responsabilidades de la mujer en la vida contemporánea.
3.-Papel de las Organizaciones Femeninas en la vida nacional e internacional.
4.-Panorama de la Historia de Chile,alrededor de los aspectos sobresalientes de su vida política,social,económica y cultural,y en los grandes momentos de su desarrollo.

Es propósito del MEMCH acompañar estos cursos de materiales impresos que resuman los problemas y conceptos fundamentales que se estudien en ellos,asi como las informaciones estadísticas y datos concretos que contribuyan a aclararlos.De este modo las mujeres que asistan a estos cursos podrán a su vez constituirse en agentes de difusión de estas materias de estudio en otros grupos y sectores.

El MEMCH ha tomado esta iniciativa inspirado por su profundo espíritu democrático y su probada lealtad a los principios que,por encima de toda diferencia político-partidista,garantizan la solidez de una convivencia democrática y aseguran la continuidad den nuestras tradiciones nacionales de progreso y avanzada. El MEMCH estima que dentro del panorama actual del divisionismo político,el Movimiento Femenino Chileno de amplia línea democrática,tiene la responsabilidad de unificar sus esfuerzos y orientar a las masas de mujeres hacia una participación en la vida política de la nación,que signifique un positivo fortalecimiento de las fuerzas progresistas de Chile.

Los cursos se iniciarán con el primer aspecto del programa el Martes 23 de agosto a las 7 P.M. en la Secretaría de la Institucion,Huérfanos 551.

Agradeceríamos que Ud. diese la mayor circulación a la presente invitación y haga presente a las personas interesadas en asistir a que deben verificar previamente su inscripción en la drección indicada,el martes 16 a las 7 P.M. o el mismo día de la inauguración de los cursos.

Saludan a Ud. muy atentamente,


Elena Caffarena de Jiles
Secretaria de Organización

Olga Poblete de Espinosa.
Secretaria Nacional.

MOVIMIENTO PRO EMANCIPACIÓN DE LAS MUJERES DE CHILE.
Huérfanos 551. Santiago.

Santiago 9 de agosto de 1949.

El MEMCH desarrollará desde la segunda quincena de Agosto, una serie de cursos destinados a contribuir a una capacitación clara y fundamentada de las Mujeres Chilenas para el ejercicio de sus derechos políticos.

Estos cursos se harán a base de charlas breves seguidas de discusión y estudio, a cargo de mujeres profesionales y especialistas de distintas actividades.

El programa de los cursos contempla los siguientes aspectos centrales:

1.- Concepto de Democracia.
2.- Derechos y responsabilidades de la mujer en la vida contemporánea.
3.- Papel de las Organizaciones Femeninas en la vida nacional e internacional.
4.- Panorama de la Historia de Chile, alrededor de los aspectos sobresalientes de su vida politica, social, econó mica y cultural, y en los grandes momentos de su desarrollo.

Es propósito del MEMCH acompañar estos cursos de materiales impresos que resuman los problemas y conceptos fundamentales que se estudien en ellos, así como las informaciones estadísticas y datos concretos que contribuyan a aclararlos. De este modo las mujeres que asistan a estos cursos podrán a su vez constituirse en agentes de difusión de estas materias de estudio en otros grupos y sectores.

El MEMCH ha tomado esta iniciativa inspirado por su profundo espíritu democrático y su probada lealtad a los principios que, por encima de toda diferencia politico-partidista, garantizan la solidez de una convivencia democrática y aseguran la continuidad den nuestras tradiciones nacionales de progreso y avanzada. El MEMCH estima que dentro del panorama actual del divisionismo politico, el Movimiento Femenino Chileno de amplia línea democrática, tiene la responsabilidad de unificar sus esfuerzos y orientar a las masas de mujeres hacia una participación en la vida politica de la nación, que signifique un positivo fortalecimiento de las fuerzas progresistas de Chile.

Los cursos se iniciarán con el primer aspecto del programa el Martes 23 de agosto a las 7 P.M. en la Secretaría de la Institución, Huérfanos 551.

Agradeceríamos que Ud. diese la mayor circulación a la presente invitación y haga presente a las personas interesadas en asistir a que deben verificar previamente su inscripción en la dirección indicada, el martes 16 a las 7 P.M. o el mismo día de la inauguración de los cursos.

Saludan a Ud. muy atentamente,

Elena Caffarena de Jiles          Olga Poblete de Espinosa.
Secretaria de Organización       Secretaria Nacional.

MOVIMIENTO PRO EMANCIPACION DE LA MUJER CHILENA.
Av.Brown Sur 61.Santiago.


Santiago 8 de Noviembre de 1950.


Señor Ministro de Relaciones Exteriores de Chile.
Presente.


Señor Ministro:

El Movimiento Pro Emancipación de la Mujer Chilena (MEMCH),institución que desde el año 1935 viene desarrollando un programa tanto de capacitación de la mujer para su actuación en la vida ciudadana,como de defensa de los derechos de la infancia y de la juventud,ha sostenido siempre entre sus postulados fundamentales el mantenimiento de la paz. En este sentido nuestra Organización se ha vinculado con toda institución o movimiento internacional de carácter pacifista,orientado hacia la defensa de la vida humana. Es por toda esta tradición de noble lucha,que el MEMCH no ha podido menos que reaccionar con alarma ante la posibilidad anunciada por el Primer Mandatario de la República,en su discurso de la ciudad de Temuco,del envío de tropas Chilenas a los campos de batalla de Corea,o a cualquier parte donde intervengan las fuerzas militares de la NU.

No podemos entrar a discutir en esta nota, los motivos o compromisos que ligan al gobierno de Chile para enviar a sus hombres a campos de batalla,donde se pretenden resolver problemas del orden interno de una nación,que desde ningun punto de vista atañen directamente al pueblo de Chile,a sus necesidades o a aspectos de su soberanía. Lo que sí pretendemos hacer llegar hasta S.S. es la voz de este pueblo de Chile que quedará abocado a la trágica realidad de enviar a su juventud a la guerra,la voz de los hogares modestos que enfrentarán la terrible decisión de desprenderse de sus hombres de trabajo,la voz de las madres Chilenas que no pueden sino repudiar con toda firmeza,la idea de entregar a sus hijos a los horrores de lejanos y extraños campos de batalla.

Como mujeres Chilenas,como Institución de larga y conocida tradición de defensa de los derechos fundamentales del hombre,como Organización cuya estrecha y honrada vinculación a las preocupaciones y anhelos de las clases populares la autoriza a levantar en estos momentos una voz firme y solvente, hacemos pues llegar,con todo respeto, al Señor Ministro de Relaciones Exteriores de Chile,la expresión del sentir de los miles de mujeres que,ante la inminencia del envío de tropas Chilenas a la guerra, elevan su protesta por esta decisión,la que de llevarse a cabo obligaría a las madres,hermanas,hijas de Chile,a movilizarse en una gran cruzada de resistencia.

Respetuosamente, por el Comité Ejecutivo
Nacional del MEMCH,


Elena Caffarena                    Olga Poblete
Secretaria de Organización.        Secretaria Nacional.

MOVIMIENTO PRO EMANCIPACION DE LA MUJER CHILENA.
Av. Brown Sur 61. Santiago.

Santiago 8 de Noviembre de 1950.

Señor Ministro de Relaciones Exteriores de Chile.
Presente.

Señor Ministro:

El Movimiento Pro Emancipación de la Mujer Chilena (MEMCH), institución que desde el año 1935 viene desarrollando un programa tanto de capacitación de la mujer para su actuación en la vida ciudadana, como de defensa de los derechos de la infancia y de la juventud, ha sostenido siempre entre sus postulados fundamentales el mantenimiento de la paz. En este sentido nuestra Organización se ha vinculado con toda institución o movimiento internacional de carácter pacifista, orientado hacia la defensa de la vida humana. Es por toda esta tradición de noble lucha, que el MEMCH no ha podido menos que reaccionar con alarma ante la posibilidad anunciada por el Primer Mandatario de la República, en su discurso de la ciudad de Temuco, del envío de tropas Chilenas a los campos de batalla de Corea, o a cualquier parte donde intervengan las fuerzas militares de la NU.

No podemos entrar a discutir en esta nota, los motivos o compromisos que ligan al gobierno de Chile para enviar a sus hombres a campos de batalla, donde se pretenden resolver problemas del orden interno de una nación, que desde ningún punto de vista atañen directamente al pueblo de Chile, a sus necesidades o a aspectos de su soberanía. Lo que sí pretendemos hacer llegar hasta S.S. es la voz de este pueblo de Chile que quedará abocado a la trágica realidad de enviar a su juventud a la guerra, la voz de los hogares modestos que enfrentarán la terrible decisión de desprenderse de sus hombres de trabajo, la voz de las madres Chilenas que no pueden sino repudiar con toda firmeza, la idea de entregar a sus hijos a los horrores de lejanos y extraños campos de batalla.

Como mujeres Chilenas, como Institución de larga y conocida tradición de defensa de los derechos fundamentales del hombre, como Organización cuya estrecha y honrada vinculación a las preocupaciones y anhelos de las clases populares la autoriza a levantar en estos momentos una voz firme y solvente, hacemos pues llegar, con todo respeto, al Señor Ministro de Relaciones Exteriores de Chile, la expresión del sentir de los miles de mujeres que, ante la inminencia del envío de tropas Chilenas a la guerra, elevan su protesta por esta decisión, la que de llevarse a cabo obligaría a las madres, hermanas, hijas de Chile, a movilizase en una gran cruzada de resistencia.

Respetuosamente, por el Comité Ejecutivo Nacional de MEMCH,

Elena Caffarena
Secretaria de Organización.

Olga Poblete
Secretaria Nacional.

Santiago 1º de Julio de 1951.

Señor Director de El Mercurio.
Presente.

Señor Director:

Personalmente aludidas en el artículo que bajo el epígrafe de "Aspiraciones Comunistas,y con la firma de doña Graciela La
coste,se publica el día 30 de junio recién pasado,en el diario de s
su dirección,solicitamos la inserción de la siguiente rectificación
acogiéndonos al derecho que nos otorga la Ley sobre Abusos de Publicidad.

Nada justifica el tono virulento y el cúmulo de inexactitudes que,con notoria mala fé,reúne el artículo que rectificamos,
alvo quizás el temor de la autora de que se formó una gran institue
ción femenina sin su intervención. La señora Lacoste,no contenta
con ahogar el movimiento femenino porteño con su dictadura personal durante veinte años,desde la Unión Femenina primero,y desde la
presidencia de la FECHIF provincial después,se prepara para tomar
bajo su férula el movimiento femenino Chileno,desde lapresidencia
nacional de la FECHIF. La iniciativa nuestra de formar una gran institución de masas,perturba sus planes,por lo que trata de descalificarnos recurriendo a aplicarnos la etiqueta de "leprosas".La señora Lacoste,qu  fué ardorosa simpatizante del Partido Comunista en
los tiempos en que 'este era poderoso y la primera fuerza electoral
de Valparaíso,está moralmente inhabilitada para lanzar acusaciones
de este tipo. Las mujeres que actuamos en el movimiento femenino
somos pocas,todas nos conocemos y es inútil que se pretenda hacernos
aparecer como elementos desquiciadores,divisionistas o con ambiciones personales. De haber estado presente la Sra.Lacoste en el Foro

Santiago 1° de Julio de 1951.

Señor Director de El Mercurio.
Presente.

Señor Director:

Personalmente aludidas en el artículo que bajo el epígrafe de "Aspiraciones Comunistas, y con la firma de doña Graciela Lacoste, se publica el día 30 de junio recién pasado, en el diario de su dirección, solicitamos la inserción de la siguiente rectificación acogiéndonos al derecho que nos otorga la Ley sobre Abusos de Publicidad.

Nada justifica el tono virulento y el cúmulo de inexactitudes que, con notoria mala fé, reúne el artículo que rectificamos, alvo quizás el temor de la autora de que se forme una gran institución femenina sin su intervención. La señora Lacoste, no contenta con ahogar el movimiento femenino porteño con su dictadura personal durante veinte años, desde la Unión Femenina primero, y desde la presidencia de la FECHIF provincial después, se prepara para tomar bajo su férula el movimiento femenino Chileno, desde la presidencia nacional de la FECHIF. La iniciativa nuestra de formar una gran institución de masas, perturba sus planes, por lo que trata de descalificarnos recurriendo a aplicarnos la etiqueta de "leprosas". La señora Lacoste, qu fue ardorosa simpatizante del Partido Comunista en los tiempos en que este era poderoso y la primera fuerza electoral de Valparaiso, está moralmente inhabilitada para lanzar acusaciones de este tipo. Las mujeres que actuamos en el movimiento femenino somos pocas, todas nos conocemos y es inútil que se pretenda hacernos aparecer como elementos desquiciadores, divisionistas o con ambiciones personales. De haber estado presente la Sra. Lacoste en el Foro

2.-

que motiva su comentario,talvez habría comprendido el espíritu eleva
do que dominó tanto en la exposición de los problemas,como en la
crítica a la FECHIF. Habría tenido además la oportunidad de escuchar
a la señora Clara Williams de Yungue,dirigente tambien de la FECHIF,
que rindió un homenaje público a la señora Marta Vergara,a quien sa-
ludó como una de las "más brillantes figuras del feminismo Chileno".
La señora Lacoste,en cambio,la señala entre quienes se dedican a "de
desprestigiar todo cuanto se realice,que tenga algún valor".

Falta lamentablemente a la verdad la señora Lacoste,
cuando se empeña en señalar al MEMCH entre los grupos expulsados
del seno de la FECHIF.Ella conoce bastante bien el origen y desarrollo de las discrepancias entre esta institución y el MEMCH,a raíz
del Segundo Congreso Nacional de Mujeres,celebrado en Viña del Mar
en septiembre de 1947. Conoce además,la fundamentada nota del 20
de Abril de 1948 por la cual el MEMCH presentó su renuncia a la
FECHIF,documento ampliamente divulgado en Chile y en el extranjero.
Jamás hemos participado en intrigas,ni en luchas personalistas;siem-
pre hemos defendido principios y fué en defensa de ellos que opta-
mos por retirarnos de la FECHIF.

El MEMCH,finalmente,rechaza de plano la acusación de
que el reciente Foro habría sido organizado para sembrar desconfianza alrededor de la Séptima Asamblea de la Comisión Interamericana de
Mujeres que acaba de celebrarse en Santiago. Nuestra Institución ha
estado vinculada con la Comisión Interamericana desde su fundación
y léjos de entorpecer la labor de aquélla,le ha prestado en forma
continuada,una colaboración valiosa,traducida en investigaciones
jurídicas,cuya importancia ha sido destacada por la misma Comisión
Interamericana en sus publicaciones.

3.-

Al organizar el reciente Foro en la Universidad de
Chile,el MEMCH ha respondido el clamor que existe por reestructurar
un movimiento femenino unitario,amplio y al margen de todo oficia-
lismo.El MEMCH comparte esta aspiración y por materializarla entre-
gará sus mejores energías.

Agradecen la publicación de esta rectificación,

Olga Poblete                    Elena Caffarena


Aída Parada

2.-

que motiva su comentario, tal vez habría comprendido el espíritu elevado que dominó tanto en la exposición de los problemas, como en la
crítica a la FECHIF. Habría tenido además la oportunidad de escuchar
a la señora Clara Williams de Yungue, dirigente tambien de la FECHIF,
que rindió un homenaje público a la señora Marta Vergara, a quien sa-
ludó como una de las "más brillantes figuras del feminismo Chileno".
La señora Lacoste, en cambio, la señala entre quienes se dedican a "de
desprestigiar todo cuanto se realice, que tenga algún valor".

Falta lamentablemente a la verdad la señora Lacoste,
cuando se empeña en señalar al MEMCH entre los grupos expulsados
del seno de la FECHIF. Ella conoce bastante bien el origen y desarrollo de las discrepancias entre esta institución y el MEMCH, a raiz
del Segundo Congreso Nacional de Mujeres, celebrado en Viña del Mar
en septiembre de 1947. Conoce además, la fundamentada nota del 20
de abril de 1948 por la cual el MEMCH presentó su renuncia a la
FECHIF, documento ampliamente divulgado en Chile y en el extranjero.
Jamás hemos participado en intrigas, ni en luchas personalistas; siempre hemos defendido principios y fué en defensa de ellos que opta-
mos por retirarnos de la FECHIF.

El MEMCH, finalmente, rechaza de plano la acusación de
que el reciente Foro habría sido organizado para sembrar desconfianza alrededor de la Séptima Asamblea de la Comisión Interamericana de
Mujeres que acaba de celebrarse en Santiago. Nuestra Institución ha
estado vinculada con la Comisión Interamericana desde su fundación
y léjos de entorpecer la labor de aquélla, le ha prestado en forma
continuada, una colaboración valiosa, traducida en investigaciones
jurídicas, cuya importancia ha sido destacada por la misma Comisión Interamericana en sus publicaciones.


3.-

Al organizar el reciente Foro en la Universidad de
Chile, el MEMCH ha respondido al clamor que existe por reestructurar
un movimiento femenino unitario, amplio y al margen de todo oficia-
lismo. El MEMCH comparte esta aspiración y por materializarla entre-
gará sus mejores energías.

Agradecen la publicación de esta rectificación,


    Olga Poblete                        Elena Caffarena


                Aida Parada

MOVIMIENTO PRO EMANCIPACION DE LA MUJER.-

SANTIAGO, Julio 30 de 1951.-

Señora
Clara Williams de Iunge
Presidenta del Comité Cooperador de
la Comisión Interamericana de Mujeres
Presente.-

Señora Presidenta:

Ausente del país la señora Ana Figueroa, delegada de Chile ante la Comisión Interamericana de Mujeres, nos dirijimos a Ud. en su carácter de Presidenta del Comité Cooperador de esa institución, tanto para dar respuesta a la carta de 4 de Julio firmada por la señora Figueroa y de la que Ud. debe tener sin duda conocimiento, como para hacer algunas observaciones a la labor de la representación chilena en la 7a. Reunión de la C. I. A. de M. que acaba de celebrarse.

Nos alienta a dar este paso, la circunstancia de que Ud. haya sido por mucho tiempo miembro dirigente de nuestra institución, dentro de la cual se ha practicado siempre la autocrítica con excelentes resultados, y, sobre todo, el convencimiento de que Ud. tendrá, lo mismo que nosotras, el concepto de que las instituciones femeninas tienen como misión fundamental y última, la de contribuir al perfeccionamiento de la democracia. Si coincidimos en este concepto tendremos que llegar a la conclusión ineludible de que la representante chilena ante la C. I. A. de M. no obstante ser de nombramiento gubernamental y hasta podríamos decir precisamente por eso, no se representa a si misma, ni al grupo institucional o partido a que pertenece, sino que debe tratar de interpretar el sentir de las mujeres chilenas en general.

—&—

I.- CARTA DE 4 DE JULIO.- Esta carta de respuesta a la presentación hecha por el MEMCH a la Reunión de la C. I. A. de M. en la que se contenían una serie de sugerencias o proposiciones para ser consideradas dentro de esa Asamblea. Nuestra organización al hacer entrega de su aporte a la delegada de Chile lo hizo en el entendido que con ello cumplía una norma de tramitación, o sea, le daba conducto regular. No pensó, en momento alguno, que este trabajo no se entregaría a la Asamblea misma y que la suerte de sus proposiciones no quedaría sujeta a la democrática resolución de la Asamblea toda, sino que únicamente al criterio personal de la representante de Chile. De haberse seguido la norma que el MEMCH piensa que es la justa, se hubiera evitado que una delegada se preguntara en voz alta, lo que ha tenido que ser el pensamiento de todas, donde estaban y que hacían las organizaciones femeninas chilenas cuya madurez era proverbial en América.

Aunque los hechos estén consumados y siguiendo la regla de conducta de nuestra institución de no vivir sólo para el momento presente, no podemos menos que refutar los argumentos con que han sido rechazadas nuestras proposiciones por la delegada de Chile.

Sobre el punto Quinto del temario.- Expresa la señora Figueroa que la representación de Chile no comparte el criterio del MEMCH en el sentido de que las delegadas fueran nombradas por los respectivos gobiernos de una terna formada por las instituciones femeninas por cuanto "no puede restringirse la facultad absolutamente privada de los gobiernos para designar a las personas que deban representarlos en los organismos internacionales formados por gobiernos".

.../.

MOVIMIENTO PRO EMANCIPACION DE LA MUJER.-

Santiago, Julio 30 de 1951.-

Señora
Clara Williams de Iunge
Presidenta del Comité Cooperador de
la Comisión Interamericana de Mujeres
Presente.-

Señora Presidenta:

Ausente del país la señora Ana Figueroa, delegada de Chile ante la Comisión Interamericana de Mujeres, nos dirijimos a Ud. en su carácter de Presidenta del Comité Cooperador de esa institución, tanto para dar respuesta a la carta de 4 de Julio firmada por la señora Figueroa y de la que Ud. debe tener sin duda conocimiento, como para hacer algunas observaciones a la labor de la representación chilena en la 7ª. Reunión de la C.I.A. de M. que acaba de celebrarse.

Nos alienta a dar este paso, la circunstancia de que Ud. haya sido por mucho tiempo miembro dirigente de nuestra institución, dentro de la cual se ha practicado siempre la autocrítica con excelentes resultados, y, sobre todo, el convencimiento de que Ud. tendrá, lo mismo que nosotras, el concepto de que las instituciones femeninas tienen como misión fundamental y última, la de contribuir al perfeccionamiento de la democracia. Si coincidimos en este concepto tendremos que llegar a la conclusión ineludible de que la representante chilena ante la C.I.A. de M. no obstante ser de nombramiento gubernamental y hasta podríamos decir precisamente por eso, no se representa a si misma, ni al grupo institucional o partido a que pertenece, sino que debe tratar de interpretar el sentir de las mujeres chilenas en general.

&

I.- CARTA DE 4 DE JULIO.- Esta carta de respuesta a la presentación hecha por el MEMCH a la Reunión de la C.I.A. de M. en la que se contenían una serie de sugerencias o proposiciones para ser consideradas dentro de esa Asamblea. Nuestra organización al hacer entrega de su aporte a la delegada de Chile lo hizo en el entendido que con ello cumplía una norma de tramitación, o sea, le daba conducto regular. No pensó, en momento alguno, que este trabajo no se entregaría a la Asamblea misma y que la suerte de sus proposiciones no quedaría sujeta a la democrática resolución de la Asamblea toda, sino que únicamente al criterio personal de la representante de Chile. De haberse seguido la norma que el MEMCH piensa que es la justa, se hubiera evitado que una delegada se preguntara en voz alta, lo que ha tenido que ser el pensamiento de todas, donde estaban y qué hacían las organizaciones femeninas chilenas cuya madurez era proverbial en América.

Aunque los hechos estén consumados y siguiendo la regla de conducta de nuestra institución de no vivir sólo para el momento presente, no podemos menos que refutar los argumentos con que han sido rechazadas nuestras proposiciones por la delegada de Chile.

Sobre el punto Quinto del temario.- Expresa la señora Figueroa que la representación de Chile no comparte el criterio del MEMCH en el sentido de que las delegadas fueran nombradas por los respectivos gobiernos de una terna formada por las instituciones femeninas por cuanto "no puede restringirse la facultad absolutamente privada de los gobiernos para designar a las personas que deban representarlos en los organismos internacionales formados por gobiernos".

./.

- 2 -

El sistema de nombramiento previa terna es corriente dentro del derecho administrativo sin que por eso se entiendan limitadas las facultades del ejecutivo. Ello tiende solamente a que la elección recaiga sobre personas idóneas. Tal ocurre, por ejemplo, en el poder judicial, en los servicios educacionales; en el nombramiento de los representantes de obreros o empleados en los Consejos de las Cajas de Previsión, de la Corporación de Fomento, del Banco Central, etc.. De la misma manera no vemos nosotras el inconveniente para que la representante de las mujeres ante la C. I. A. de M. sea nombrada a propuesta en terna de las instituciones femeninas, y, por el contrario, aplicada como norma general por todos los países evitaría muchas de las fallas que nuestra delegada habrá podido comprobar sin duda en los debates de la Asamblea.

Desde el punto de vista nacional tenemos la seguridad de que cuando cambien las actuales condiciones de gobierno - nada es más efímero que las combinaciones partidistas - podrá apreciarse el daño que se causará al movimiento femenino chileno por no haberse llevado adelante esta iniciativa del MEMCH con la que concidían, según hemos sabido, otras instituciones chilenas. Y es que para juzgar, con acierto hay que eliminar lo circunstancial y partir siempre de los principios.

<u>Sobre el punto VII del temario.-</u> Se felicita al MEMCH de que su proposición en cuanto a vincular estrechamente la C. I. A. de M. con las organizaciones femeninas haya sido defendida por la delegación de Chile y aceptada por la Asamblea. Lamenta si que estos acuerdos no se hayan traducido en hechos dentro de la misma 7a. Reunión, concediéndoseles a las observadoras la oportunidad de debatir con las delegadas en una sesión de Mesa Redonda, tal como ocurrió en la Asamblea de Buenos-Aires.

Lamenta también nuestra institución, de que la delegada de Chile esté en desacuerdo y no haya planteado ante la Asamblea nuestra proposición tendiente a que se consideraran los casos en que por razones de discriminación política, racial o de otra naturaleza existan en nuestro país, o en otros países americanos, situaciones anormales por las cuales cierto número de mujeres se encuentran al margen del ejercicio de los derechos cívicos.

Opina la señora delegada que es función de la C. I. A. de M. preocuparse de la <u>obtención</u> de los derechos de todo orden para la mujer y que si otorgados esos derechos son después "suprimidos o restringidos por cualquier causa <u>justa o injusta</u>, la Comisión no puede intervenir en los asuntos internos de un estado.... máxime si ellos no implican una discriminación contra la mujer, desde el momento que hombres y mujeres han sido incluídos dentro de la misma disposición."

Pensamos que la C. I. A. de M. no sólo debe preocuparse de la obtención de los derechos, sino que también del perfeccionamiento de las instituciones jurídicas ya logradas. Si en un país de América existiera, por ejemplo, un sistema de voto restringido en forma que sólo pudiera ejercitarlo los que poseyeran cierta cantidad de dinero, o un título profesional o bienes raíces, aunque no hiciera discriminación entre hombre y mujeres, nada obstaría ni significaría intromisión en su política interna, el que la C. I. A. de M. acordara luchar por el voto político amplio en todos los países americanos, de la misma manera que no significa intromisión el propiciar reformas en las leyes de protección a la maternidad, al propiciar acuerdos para terminar con la discriminación entre hijos legítimos o ilegítimos o recomendar un determinado régimen matrimonial.

No hay que olvidar tampoco que si existe movimiento o instituciones femeninas es fundamentalmente como forma de contribuir al perfeccionamiento de la democracia.

Tenemos la seguridad que cuando pase esta niebla de propaganda que ofusca la mente de tanta gente, este período de persecución por ideas políticas figurará entre los más vergonzosos de la historia chilena.

-2-

El sistema de nombramiento previa terna en corriente dentro del derecho administrativo sin que por eso se entiendan limitadas las facultades del ejecutivo. Ello tiende solamente a que la elección recaiga sobre personas idóneas. Tal ocurre, por ejemplo, en el poder judicial, en los servicios educacionales, en el nombramiento de los representantes de obreros o empleados en los Consejos de las Cajas de Previsión, de la Corporación de Fomento, del Banco Central, etc. De la misma manera no vemos nosotras el inconveniente para que la representante de las mujeres ante la C.I.A. de M. sea nombrada a propuesta en terna de las instituciones femeninas, y, por el contrario, aplicada como norma general por todos los países evitaría muchas de las fallas que nuestra delegada habrá podido comprobar sin duda en los debates de la Asamblea.

Desde el punto de vista nacional tenemos la seguridad de que cuando cambien las actuales condiciones de gobierno - nada es más efímero que las combinaciones partidistas - podrá apreciarse el daño que se causará al movimiento femenino chileno por no haberse llevado adelante esta iniciativa del MEMCH con la que coincidían, según hemos sabido, otras instituciones chilenas. Y es que para juzgar, con acierto hay que eliminar lo circunstancial y partir siempre de los principios.

<u>Sobre el punto VII del temario.-</u> Se felicita al MEMCH de que su proposición en cuanto a vincular estrechamente la C.I.A. de M. con las organizaciones femeninas haya sido defendida por la delegación de Chile y aceptada por la Asamblea. Lamenta si que estos acuerdos no se hayan traducido en hechos dentro de la misma 7ª Reunión, concediéndoselas a las observadoras la oportunidad de debatir con las delegadas en una sesión de Mesa Redonda, tal como ocurrió en la Asamblea de Buenos-Aires.

Lamenta también nuestra institución, de que la delegada de Chile esté en desacuerdo y no haya planteado ante la Asamblea nuestra proposición tendiente a que se consideren los casos en que por razones de discriminación política, racial, o de otra naturaleza existan en nuestro país, o en otros países americanos, situaciones anormales por las cuales cierto número de mujeres de encuentran al margen del ejercicio de los derechos cívicos.

Opina la señora delegada que es función de la C.I.A. de M. preocuparse de la <u>obtención</u> de los derechos de todo orden para la mujer y que si otorgados esos derechos son después "suprimidos o restringidos por cualquier causa <u>justa o injusta</u>, la Comisión no puede intervenir en los asuntos internos de un estado… máxime si ellos no implican una discriminación contra la mujer, desde el momento que hombres y mujeres han sido incluídos dentro de la misma disposición."

Pensamos que la C.I.A. de M. no sólo debe preocuparse de la obtención de los derechos, sino que también del perfeccionamiento de las instituciones jurídicas ya logradas. Si en un país de América existiera, por ejemplo, un sistema de voto restringido en forma que sólo pudiera ejercitarlo los que poseyeran cierta cantidad de dinero, o un título profesional o bienes raíces, aunque no hiciera discriminación entre hombre y mujeres, nada obstaría ni significaría intromisión en su política interna, el que la C.I.A. de M. acordara luchar por el voto político amplio en todos los países americanos, de la misma manera que no significa intromisión el propiciar reformas en las leyes de protección a la maternidad, el propiciar acuerdos para terminar con la discriminación entre hijos legítimos o ilegítimos o recomendar un determinado régimen matrimonial.

No hay que olvidar tampoco que si existe movimiento e instituciones femeninas es fundamentalmente como forma de contribuir al perfeccionamiento de la democracia.

Tenemos la seguridad que cuando pase esta niebla de propaganda que ofusca la mente de tanta gente, este período de persecución por ideas políticas figurará entre los más vergonzosos de la historia chilena.

II.- <u>LABOR DE LA REPRESENTANTE CHILENA ANTE LA 7a. REUNION DE LA C. I. A. M.</u>

a) <u>Informe presentado por la delegada de Chile.-</u> Como es sabido la lectura de este informe tuvo un éxito clamoroso y la Comisión acordó imprimirlo en folleto y repartirlo como ejemplo entre los países americanos.

Estimamos que la situación real de la mujer chilena no corresponde a esta euforia, derivada a nuestro juicio de la redacción optimista de nuestra delegadas.

El informe, aunque hay que reconocer que fué pecado de todos los presentados a la Asamblea, destaca las conquistas alcanzadas en la ley, pero silencia o pasa someramente sobre las deficiencias que la mujer aun sufre, tanto en el campo legal como en el de los hechos o costumbres. A nuestro juicio las Reuniones de la Comisión no pueden tener un objetivo de ostentación ante nuestros vecinos o amigos. Sólo un errado concepto del patriotismo puede llevarnos a aparentar lo que no tenemos; lo verdaderamente patriótico es señalar nuestras deficiencias para corregirlas.

Hay una frase en el informe de la señora Figueroa que da el tono general de él. es digamos como su leit-motiv: "Lo mejor no tiene limitación frente a lo bueno y es hacía allá donde nos encaminamos".

Naturalmente que hay países que están en peor situación que el nuestro, pero esto no significa que aceptemos el optimismo de la delegada de Chile. Pensamos que queda mucho por hacer y que las finalidades de las Asambleas de la C. I. A. de M. no pueden ser otras que preparar el terreno para esa tarea señalando concretamente sin falsos patriotismos, las disposiciones legales o situaciones de hecho, deprimentes para la mujer, en cualquier país de América donde existan.

Entremos ahora a detallar el informe.

<u>Derecho Penal:</u> En su informe la representante chilena resbala, si así pudieramos decir, sin dar ninguna importancia a las graves discriminaciones que nuestra ley penal establece en cuanto al adulterio. Cabe recordar que en el 2º Congreso Nacional de Mujeres se acordó luchar por la derogación de los artículos 375 y 381 del Código Penal, o sea, por la supresión de toda sanción penal tanto para el marido como para la mujer que viola la ley conyugal. La FECHIF, institución nacida para dar cumplimiento a los acuerdos de los Congresos Femeninos, no ha dado paso alguno para la realización de este acuerdo, ni tampoco ha recalcado la discriminación que en razón del sexo existe en la Reunión de la Comisión Interamericana, para contribuir a su eliminación desde el campo internacional.

En cuanto a la supresión de la disposición que declara exento de responsabilidad criminal al marido, que en el acto de sorprender a su mujer infragante en el delito de adulterio, da muerte, hiere o maltrata a ella y a su cómplice, si es efectivo que el Ejecutivo envió un proyecto de ley que deroga la citada disposición, él sigue una tramitación rutinaria dentro del Congreso, sin que se haya hecho campaña alguna para impulsarlo.

Sería indudablemente injusto responsabilizar de esto exclusivamente a la FECHIF. Queremos sólo señalar que la redacción dada por la representante chilena al párrafo sobre derecho penal, sin que se lo puede tachar que expresa nada inexacto, no destaca la verdadera realidad chilena que figura entre las más atrasadas del continente .

<u>DERECHO CIVIL.-</u> El Informe de la delegada de Chile, en lo que al campo del derecho civil se refiere, sigue la misma técnica de pasar, como por sobre ascuas, por las numerosas discriminaciones que en razón del sexo pasan aún sobre las mujeres chilenas.

Así, se dice que a virtud de las reformas introducidas por las ley Nº 5.521 la madre legítima tiene la patria potestad sobre sus hijos, a falta del padre; pero sin destacar esta última circunstancia ni el hecho de que las mujeres chilenas reunidas en Congreso hayan expresado su aspiración de que <u>ella</u> sea ejercida <u>en conjunto</u> con el padre.
Nada se dice tampoco de la disposición que da derecho al padre, para nombrar por testamento, una persona a quien la madre debe tener como consultor en el ejercicio de la patria potestad, ni del precepto que priva de la patria potestad a la madre por el

II.- <u>LABOR DE LA REPRESENTANTE CHILENA ANTE LA 7ª REUNION DE LA G.I.A.M.</u>
<u>Informe presentado por la delegada de Chile</u>.- Como es sabido la lectura de este informe tuvo un éxito clamoroso y la Comisión acordó imprimirlo en folleto y repartirlo como ejemplo entre los países americanos.

Estimamos que la situación real de la mujer chilena no corresponde a esta euforia, derivada a nuestro juicio de la redacción optimista de nuestras delegadas.

El informe, aunque hay que reconocer que fué pecado de todos los presentados a la Asamblea, destaca las conquistas alcanzadas en la ley, pero silencia o pasa someramente sobre las deficiencias que la mujer aun sufre, tanto en el campo legal como en el de los hechos o costumbres. A nuestro juicio las Reuniones de la Comisión no pueden tener un objetivo de ostentación ante nuestros vecinos o amigos. Sólo un errado concepto del patriotismo puede llevarnos a aparentar lo que no tenemos; lo verdaderamente patriótico es señalar nuestras deficiencias para corregirlas.

Hay una frase en el informe de la señora Figueroa que da el tono general de él. es digamos como su leit - motiv: "Lo mejor no tiene limitación frente a lo bueno y es hacia allá donde nos encaminamos".

Naturalmente que hay países que están en peor situación que el nuestro, pero esto no significa que aceptemos el optimismo de la delegada de Chile. Pensamos que queda mucho por hacer y que las finalidades de las Asambleas de la C.I.A. de M. no pueden ser otras que preparar el terreno para esa tarea señalando concretamente sin falsos patriotismos, las disposiciones legales o situaciones de hecho, deprimentes para la mujer, en cualquier país de América donde existan.

Entremos ahora a detallar el informe,
<u>Derecho Penal</u>: En su informe la representante chilena resbala, si así pudiéramos decir, sin dar ninguna importancia a las graves discriminaciones que nuestra ley penal establece en cuanto al adulterio. Cabe recordar que en el 2° Congreso Nacional de Mujeres se acordó luchar por la derogación de los artículos 375 y 381 del Código Penal, o sea, por la supresión de toda sanción penal tanto para el marido como para la mujer que viola la ley conyugal. La FECHIF, institución nacida para dar cumplimiento a los acuerdos de los Congresos Femeninos, no ha dado paso alguno para la realización de este acuerdo, ni tampoco ha recalcado la discriminación que en razón del sexo existe en la Reunión de la Comisión Interamericana, para contribuir a su eliminación desde el campo internacional.

En cuanto a la supresión de la disposición que declara exento de responsabilidad criminal al marido, que en el acto de sorprender a su mujer infragante en el delito de adulterio, da muerte, hiere o maltrata a ella y a su cómplice, si es efectivo que el Ejecutivo envió un proyecto de ley que deroga la citada disposición, él sigue una tramitación rutinaria dentro del Congreso, sin que se haya hecho campaña alguna para impulsarlo.

Sería indudablemente injusto responsabilizar de esto exclusivamente a la FECHIF. Queremos sólo señalar que la redacción dada por la representante chilena al párrafo sobre derecho penal, sin que se le puede tachar que expresa nada inexacto, no destaca la verdadera realidad chilena que figura entre las más atrasadas del continente.

<u>DERECHO CIVIL</u>.- El informe de la delegada de Chile, en lo que al campo del derecho civil se refiere, sigue la misma técnica de pasar, como por sobre ascuas, por las numerosas discriminaciones que en razón del sexo pasan aún sobre las mujeres chilenas.

Así, se dice que a virtud de las reformas introducidas por las ley N°5.521 la madre legítima tiene la patria potestad sobre sus hijos, a falta del padre; pero sin destacar esta última circunstancia ni el hecho de que las mujeres chilenas reunidas en Congreso hayan expresado su aspiración de que ella sea ejercida <u>en conjunto</u> con el padre.
Nada se dice tampoco de la disposición que da derecho al padre, para nombrar por testamento, una persona a quien la madre debe tener como consultor en el ejercicio de la patria potestad, ni del precepto que priva de la patria potestad a la madre por el

hecho de pasar a nuevas nupcias. Tampoco se señala al artículo 219 del Código Civil que impone a los hijos la obligación de respetar y obedecer a su padre y a su madre, pero agregando que ellos "están especialmente sometidos a su padre".

Las discriminaciones entre el hombre y la mujer en cuanto a las sanciones civiles del adulterio tampoco son estudiadas y señaladas, aunque en el párrafo sobre la Oficina de la Mujer, se hace preferencia a reformas que en esta materia se han sugerido a la Cámara. Tales reformas se refieren solo a la aptitud moral para conservar el cuidado personal de los hijos, pero aun en el nuevo proyecto queda subsistente en toda su extensión el precepto del artículo 171 del Código Civil a virtud del cual la mujer que hubiera dado causa al divorcio por adulterio, perderá todo derecho a los gananciales y el marido conserva, además, la administración y usufructo de los bienes de ella.

El informe señala objetivamente la situación legal de la mujer casada, en el sentido que es relativamente incapaz. Agrega, enseguida, sin comentario alguno, los casos de excepción. Esta forma de exponer, sin contener inexactitudes, da, al que no es conocedor de las leyes, una impresión distinta de la realidad. A nuestro juicio, la crítica al sistema de incapacidad como regla general,y de capacidad como excepción, es fundamental y sólo ello ayudará a las mujeres para que luchen por cambiar el actual regimen legal del matrimonio - de sociedad conyugal - por el de participación en los gananciales, tal como se acordó en el Congreso de Viña del Mar.

<u>Derecho del Trabajo y Derecho Sanitario.-</u> En estos párrafos es donde se puede constatar en la forma más palmaria la principal falla del Informe, que es la de señalar escuetamente la situación jurídica, eludiendo indicar la forma como se aplican las disposiciones legales, es decir, el informe señala la situación jurídica pero nada dice de los hechos, de la realidad social.

Así el informe reproduce los artículos 42 y 43 del Código Sanitario que enfáticamente declaran: "Toda mujer desde el momento de su fecundación y durante el desarrollo de su embarazo hasta el sexto mes del nacimiento del niño tendrá derecho a la protección y a la vigilancia del Estado". "La tuición del Estado comprenderá la higiene y asistencia social tanto de la madre como del hijo". y "La atención de la mujer y del niño durante todos los períodos a que se refiere el artículo anterior, será gratuita para todos los indigentes en todos los establecimientos de Beneficencia Pública y del Estado, conforme lo determine el reglamento que se dicte"...

Pues, bien, creemos no exagerar si decimos que estos artículos reflejan simplemente las buenas intenciones del legislador, pero que no existen ni los recursos ni los organismos técnicos y de asistencia para darle debido cumplimiento.

Respecto al artículo 35 del Código del Trabajo que establece "que en la misma clase de trabajo el salario del hombre y de la mujer serán iguales", Ud. como antigua inspectora del trabajo sabe que no tiene ni ha tenido jamás aplicación. En la obra de doña Margarita Gallo, "La mujer ante la legislación chilena", se insertan estadísticas hasta el año 1943 que prueban que el jornal medio en la agricultura, industria, comercio, servicios domésticos, transporte, es inferior en la mujer que en el hombre.

Nada dice tampoco el informe sobre la manera como se cumplen las disposiciones sobre descanso de maternidad, el pago de los subsidios respectivos y las disposiciones sobre salas-cunas.

La situación legal de la empleada doméstica y de la obrera a domicilio es silenciada, quizás por el errado concepto de que no envuelven formalmente discriminaciones entre sexos. Pero no hay que olvidar que ambas actividades son casi exclusivamente femeninas y que, en consecuencia, su falta de protección legal envuelve en el fondo una discriminación, para las mujeres.

<u>Oficina de la Mujer.-</u> <u>Proyecto de modificación del Código Civil.-</u> Este proyecto elaborado por el Instituto de Estudios Legislativos y ampliando con la colaboración de la Oficina de la Mujer, con ser muy plausible y significar un avance sobre la situación actual, está muy lejos de colocar a la mujer chilena, en el campo del derecho civil, en situación de igualdad con el hombre, ni siquiera, como dice el informe "tiendo a nivelar los derechos de la mujer con el hombre en aquellos puntos que aún se mantienen diferen-

-4-

hecho de pasar a nuevas nupcias. Tampoco se señala al artículo 219 del Código Civil que impone a los hijos la obligación de respetar y obedecer a su padre y a su madre, pero agregando que ellos "están especialmente sometidos a su padre".

Las discriminaciones entre el hombre y la mujer en cuanto a las sanciones civiles del adulterio tampoco son estudiadas y señaladas, aunque en el párrafo sobre la Oficina de la Mujer, se hace preferencia a reformas que en esta materia se han sugerido a la Cámara. Tales reformas se refieren solo a la aptitud moral para conservar el cuidado personal de los hijos, pero aun en el nuevo proyecto queda subsistente en toda su extensión el precepto del artículo 171 del Código Civil a virtud del cual la mujer que hubiera dado causa al divorcio por adulterio, perderá todo derecho a los gananciales y el marido conserva, además, la administración y usufructo de los bienes de ella.

El informe señala objetivamente la situación legal de la mujer casada, en el sentido que es relativamente incapaz. Agrega, enseguida, sin comentario alguno, los casos de excepción. Esta forma de exponer, sin contener inexactitudes, da, al que no es conocedor de las leyes, una impresión distinta de la realidad. A nuestro juicio, la crítica al sistema de incapacidad como regla general, y de capacidad como excepción, es fundamental y sólo ello ayudará a las mujeres para que luchen por cambiar el actual régimen legal del matrimonio – de sociedad conyugal – por el de participación en los gananciales, tal como se acordó en el Congreso de Viña del Mar.

Derecho del Trabajo y Derecho Sanitario. – En estos párrafos es donde se puede constatar en la forma más palmaria la principal falla del Informe, que es la de señalar escuetamente la situación jurídica, eludiendo indicar la forma como se aplican las disposiciones legales, es decir, el informe señala la situación jurídica pero nada dice de los hechos, de la realidad social.

Así el informe reproduce los artículos 42 y 43 del Código Sanitario que enfáticamente declaran: "Toda mujer desde el momento de su fecundación y durante el desarrollo de su embarazo hasta el sexto mes del nacimiento del niño tendrá derecho a la protección y a la vigilancia del Estado". "La tuición del Estado comprenderá la higiene y asistencia social tanto de la madre como del hijo". y "La atención de la mujer y del niño durante todos los períodos a que se refiere el artículo anterior, será gratuita para todos los indigentes en todos los establecimiento de Beneficencia Pública y del Estado, conforme lo determine el reglamento que se dicte"...

Pues, bien, creemos no exagerar si decimos que estos artículos reflejan simplemente las buenas intenciones del legislador, pero que no existen ni los recursos ni los organismos técnicos y de asistencia para darle debido cumplimiento.

Respecto al artículo 35 del Código del Trabajo que establece "que en la misma clase de trabajo el salario del hombre y de la mujer serán iguales", Ud. como antigua inspectora del trabajo sabe que no tiene ni ha tenido jamás aplicación. En la obra de doña Margarita Gallo, "La mujer ante la legislación chilena", se insertan estadísticas hasta el año 1943 que prueban que el jornal medio en la agricultura, industria, comercio, servicios domésticos, transporte, es inferior en la mujer que en el hombre.

Nada dice tampoco el informe sobre la manera como se cumplen las disposiciones sobre descanso de maternidad, el pago de los subsidios respectivos y las disposiciones sobre salas-cunas.

La situación legal de la empleada doméstica y de la obrera a domicilio es silenciada, quizás por el errado concepto de que no envuelven formalmente discriminaciones entre sexos. Pero no hay que olvidar que ambas actividades son casi exclusivamente femeninas y que, en consecuencia, su falta de protección legal envuelve en el fondo una discriminación, para las mujeres.

Oficina de la Mujer. – Proyecto de modificación del Código Civil. – Este proyecto elaborado por el Instituto de Estudios Legislativos y ampliando con la colaboración de la Oficina de la Mujer, con ser muy plausible y significar un avance sobre la situación actual, está muy lejos de colocar a la mujer chilena, en el campo del derecho civil, en situación de igualdad con el hombre, ni siquiera, como dice el informe "tiende a nivelar los derechos de la mujer con el hombre en aquellos puntos que aún se mantienen diferen-

- 5 -

cias en cuanto a la patria potestad y tutelas y curatelas se refiere".

En efecto, de acuerdo con el proyecto de reforma, sólo corresponde a la madre la patria potestad sobre sus hijos, _en defecto_ del padre; se mantiene la disposición que priva de la patria potestad a la mujer que contrae nuevas nupcias, como también la disposición que priva a la mujer de la curatela de su marido declarado en interdicción por disipación.

Si bien es cierto que se introduce una importante reforma en el sentido de que el marido no podría enajenar los bienes raíces sociales, sin el consentimiento de la mujer, quedan incólumes las reglas sobre la potestad marital; el régimen legal del matrimonio continúa siendo el de sociedad conyugal y, por lo tanto, la mujer casada continuará siendo, por regla general, incapaz.

<u>Proyecto sobre modificación del Código del Trabajo.-</u> La circunstancia de no tener a mano el texto de este proyecto nos impedirá hacer observaciones detalladas.

No obstante no podemos dejar de expresar nuestra extrañeza de que el proyecto contenga la eliminación de la prohibición del trabajo de la mujer en faenas mineras subterráneas, en aquellas calificadas como superiores a sus fuerzas o peligrosas, así como la prohibición del trabajo nocturno en establecimientos industriales.

La Oficina de la Mujer al confeccionar tal trabajo y la representación chilena al proponer tal acuerdo a la C. I. A. de M. no ha interpretado el sentir de las mujeres chilenas, expresado en el Congreso de Viña del Mar.

Allí se estudió extensamente el problema del trabajo nocturno y se llegó a la conclusión de que él contraría las leyes fisiológicas que rigen el organismo humano y perjudica la salud de los trabajadores, sean hombres o mujeres y que, en consecuencia, sólo puede aceptarse como régimen de excepción para aquello casos en que por la naturaleza misma de las labores es imposible la suspensión de las faenas o lo exijan premiosas necesidades nacionales (nó el interés de los industriales). Se abogó por la prohibición del trabajo nocturno para hombres y mujeres y por una reglamentación estricta del trabajo nocturno de excepción (certificado previo médico, control médico periódico, alimentación durante el trabajo, jornadas, más cortas, etc.). O sea, que las mujeres chilenas reunidas en congreso se pronunciaron por la igualdad con el hombre, pero mejorando la situación de éste y nó empeorando la de la mujer.

No pensamos que deba suprimirse la disposición que prohibe el trabajo de la mujer en faenas subterráneas, o en faenas superiores a sus fuerzas o calificadas de peligrosas. Lo que hay que suprimir son las faenas peligrosas para hombres y mujeres; las faenas superiores a las fuerzas de los individuos de cualquier sexo que sean. La técnica moderna, la maquinaria moderna, los adelantos de la ciencia pueden perfectamente lograrlo y se logrará seguramente cuando se coloque la vida y la salud de los obreros por sobre los intereses económicos de los empresarios. Es esta una discriminación que debe borrarse en los hechos y nó en la letra de la ley.

b) <u>Oposición a los seminarios.-</u> Para el MEMCH es completamente inexplicable la actitud de la representante chilena de oponerse a los Seminarios, forma de trabajo y de investigación propuesta por la Presidente de la C. I. A. de M. Tal técnica es ampliamente usada en nuestras universidades, escuelas, instituciones y cualesquiera que sean las fallas de ellos, el resultado siempre es superior al que puede obtenerse por funcionarios contratados o por aficionados que trabajen individualmente.

Esperamos que Ud. apreciará debidamente el espíritu que nos mueve al hacer estas observaciones que no es otro que el evitar el debilitamiento del movimiento femenino chileno con un enfoque excesivamente optimista de la realidad y la consumación del grave error de aplicar mecánicamente el principio de la igualdad, suprimiendo las disposiciones que prohiben el trabajo nocturno de la mujer y su participación en faenas subterráneas y peligrosas.

Saludan a Ud. atentamente.

ELENA CAFFARENA DE JILES
Sec. de Organización.

OLGA POBLETE.
Sec. Nacional

-5-

cias en cuanto a la patria potestad y tutelas y curatelas se refiere".

En efecto, de acuerdo con el proyecto de reforma, sólo corresponde a la madre sacar la patria potestad sobre sus hijos, en defecto del padre; se mantiene la disposición que priva de la patria potestad a la mujer que contrae nuevas nupcias, como también la disposición que priva a la mujer de la curatela de su marido declarado en interdicción por disipación.

Si bien es cierto que se introduce una importante reforma en el sentido de que el marido no podría enajenar los bienes raíces sociales, sin el consentimiento de la mujer, quedan incólumes las reglas sobre la potestad marital; el régimen legal del matrimonio continúa siendo el de sociedad conyugal y, por lo tanto, la mujer casada continuará siendo, por regla general, incapaz.

<u>Proyecto sobre modificación del Código del Trabajo</u>.- La circunstancia de no tener a mano el texto de este proyecto nos impedirá hacer observaciones detalladas.

No obstante no podemos dejar de expresar nuestra extrañeza de que el proyecto contenga la eliminación de la prohibición del trabajo de la mujer en faenas mineras subterráneas, en aquellas calificadas como superiores a sus fuerzas o peligrosas, así como la prohibición del trabajo nocturno en establecimientos industriales.

La Oficina de la Mujer al confeccionar tal trabajo y la representación chilena al proponer tan acuerdo a la C.I.A. de M. no ha interpretado el sentir de las mujeres chilenas, expresado en el Congreso de Viña del Mar.

Allí se estudió extensamente el problema del trabajo nocturno y se llegó a la conclusión de que él contraría las leyes fisiológicas que rigen el organismo humano y perjudica la salud de los trabajadores, sean hombres o mujeres y que, en consecuencia, sólo puede aceptarse como régimen de excepción para aquello casos en que por la naturaleza misma de las labores es imposible la suspensión de las faenas o lo exijan premiosas necesidades nacionales (nó el interés de los industriales). Se abogó por la prohibición del trabajo nocturno para hombres y mujeres y por una reglamentación extricta del trabajo nocturno de excepción (certificado previo médico, control médico periódico, alimentación durante el trabajo, jornadas, más cortas, etc.). O sea, que las mujeres chilenas reunidas en congreso se pronunciaron por la igualdad con el hombre, pero mejorando la situación de éste y nó empeorando la de la mujer.

No pensamos que deba suprimirse la disposición que prohíbe el trabajo de la mujer en faenas subterráneas, o en faenas superiores a sus fuerzas o calificadas de peligrosas. Lo que hay que suprimir son las faenas peligrosas para hombres y mujeres; las faenas superiores a las fuerzas de los individuos de cualquier sexo que sean. La técnica moderna, la maquinaria moderna, los adelantos de la ciencia pueden perfectamente lograrlo y se logrará seguramente cuando se coloque la vida y la salud de los obreros por sobre los intereses económicos de los empresarios. Es esta una discriminación que debe borrarse en los hechos y nó en la letra de la ley.

<u>Oposición a los seminarios</u>.- Para el MEMCH es completamente inexplicable la actitud de la representante chilena de oponerse a los Seminarios, forma de trabajo y de investigación propuesta por la Presidente de la C.I.A. de M. Tal técnica es ampliamente usada en nuestras universidades, escuelas, instituciones y cualesquiera que sean las fallas de ellos, el resultado siempre es superior al que puede obtenerse por funcionarios contratados o por aficionados que trabajen individualmente.

Esperamos que Ud. apreciará debidamente el espíritu que nos mueve al hacer estas observaciones que no es otro que el evitar el debilitamiento del movimiento femenino chileno con un enfoque excesivamente optimista de la realidad y la consumación del grave error de aplicar mecánicamente el principio de la igualdad, suprimiendo las disposiciones que prohiben el trabajo nocturno de la mujer y su participación en faenas subterráneas y peligrosas.

Saludan a Ud. atentamente.


ELENA CAFFARENA DE JILES                    OLGA POBLETE.
  Sec. de Organización.                      Sec. Nacional

Santiago, Agosto    de 1951.

Señor

Director de "Democracia"

Presente

Señor Director:

Considero realmente lamentable que un periódico orientador como "Democracia" plantee el problema de la jubilación femenina a los 25 años en la forma que lo hace en su editorial del día 8 del presente.

Estoy de acuerdo con Ud. y tiene que estarlo todo el que entienda lo que es la verdadera previsión, en que se extienda el beneficio de la jubilación a las empleadas particulares y tambien a las obreras, ya que no puede considerarse tal la ínfima pensión de vejez que otorga la Caja de Seguro Obrero Obligatorio. Más aún creo que debe extenderse tambien a los empleados y obreros y, en general, a todo individuo que trabaje, cualesquiera que sea su sexo y la actividad que desarrolle( domésticos, trabajadores a domicilio etc.) No obstante, Ud. coincidirá conmigo que para llegar a eso hay que reformar totalmente el régimen de previsión en Chile, empezando por refundir las innumerables Cajas con sistemas autónomos y diferentes. ¿ Podrá eso lograrse? Se logrará y mucho más con el tiempo, pero será difícil. Ud. no ignora la grita que se forma -por los propios empleados- cada vez que se insinua la posibilidad de cambiar el actual sistema de caja de ahorros o de cuentas personales de la Caja de Empleados Particulares por un sistema de cuenta colectiva y de verdadera previsión.

El problema entonces hay que enfocarlo en el  campo limitado del proyecto presentado por el diputado señor Acharan Arce, o sea, si nos pronunciamos o nó por una discriminación en favor de la mujer empleada pública y si la ventaja para ella de retirarse a descansar cinco años antes, compensa la violación del principio de la igualdad que es la base ideológica y el pilar en que descansa la doctrina del feminismo. Aunque sea cosa sabida- la experiencia

Santiago, Agosto de 1951.
Señor
Director de "Democracia"
<u>Presente</u>
Señor Director:

Considero realmente lamentable que un periódico orientador como "Democracia" plantee el problema de la jubilación femenina a los 25 años en la forma que lo hace en su editorial del día 8 del presente.

Estoy de acuerdo con Ud. y tiene que estarlo todo el que entienda lo que es la verdadera previsión, en que se extienda el beneficio de la jubilación a las empleadas particulares y también a las obreras, ya que no puede considerarse tal la ínfima pensión de vejez que otorga la Caja de Seguro Obrero Obligatorio. Más aún creo que debe extenderse también a los empleados y obreros y, en general, a todo individuo que trabaje, cualesquiera que sea su sexo y la actividad que desarrolle (domésticos, trabajadores a domicilio etc.) No obstante, Ud. coincidirá conmigo que para llegar a eso hay que reformar totalmente el régimen de previsión en Chile, empezando por refundir las innumerables Cajas con sistemas autónomos y diferentes. ¿Podrá eso lograrse? Se logrará y mucho más con el tiempo, pero será difícil. Ud. no ignora la grita que se forma - por los propios empleados - cada vez que se insinua la posibilidad de cambiar el actual sistema de caja de ahorros o de cuentas personales de la Caja de Empleados Particulares por un sistema de cuenta colectiva y de verdadera previsión.

El problema entonces hay que enfocarlo en el campo limitado del proyecto presentado por el diputado señor Acharan Arce, o sea, si nos pronunciamos o nó por una discriminación en favor de la mujer empleada pública y si la ventaja para ella de retirarse a descansar cinco años antes, compensa la violación del principio de la igualdad que es la base ideológica y el pilar en que descansa la dostrina del feminismo. Aunque sea cosa sabida -la experiencia

-2-

me ha demostrado que nunca se insiste lo suficiente- vale la pena aclarar que cuando las feministas hablamos del principio de igualdad no es que pretendamos ser física y biológicamente iguales al hombre, sino que aspiramos tener iguales oportunidades ante la vida. Sabemos que el hombre y la mujer son diferentes y hasta podríamos decir que no hay dos seres humanos iguales. Los hay de distinta inteligencia, de distintos caracteres, de distintas ideologías, pero es una justa aspiración democrática que no existan ventajas en favor de unos o discriminaciones en contra de otros.

Las protecciones se pagan siempre caras, ya sea que se otorguen a individuos o/países. Creo señor Director que no necesito contarle a Ud. lo que significa para nuestra patria en sumisión, en limitación de nuestra soberanía nacional, los préstamos que "generosamente" nos ha otorgado para ayudarnos nuestro protector Tío Sam.

Toda protección tiene una contrapartida de sumisión. El artículo 131 del Código Civil dice: "El marido debe protección a la mujer" pero luego agrega: "y la mujer obediencia al marido". Lo mismo ocurre en el trabajo, toda protección significa en el fondo una mayor explotación.

Es sabido que en la Administración Pública las mujeres hacen el papel de Cenicientas. Solo en casos rarísimos la mujer pasa del grado 8. El romper esta valla es una de las reivindicaciones más urgentes de la mujer funcionaria. Una ley de jubilación preferencial para la mujer dará argumentos para que esta situación se mantenga. Se dirá que los primeros grados del Escalafón se alcanzan después de muchos años de servicios y que siendo la carrera de la mujer mas corta es explicable y justo que no logre llegar a los más altos cargos.

Nadie podría negar- como lo afirma su Editorial- que la mujer jefe de hogar cumple una doble tarea y que, si además es madre de hijos pequeños, soporta una fardo agobiador. Pero esta situación no se soluciona ni palia con el proyecto del señor Acharan Arce. La mujer en edad de jubilar, sea con 25 o 30 años de servicios ya no tiene hijos pequeños que atender. Urge, en cambio, de manera

-2-

me ha demostrado que nunca se insiste lo suficiente- vale la pena aclarar que cuando las feministas hablamos del principio de igualdad no es que pretendamos ser física y biológicamente iguales al hombre, sino que aspiramos tener iguales oportunidades ante la vida. Sabemos que el hombre y la mujer son diferentes y hasta podríamos decir que no hay dos seres humanos iguales. Los hay de distinta inteligencia, de distintos caracteres, de distintas ideologías, pero es una justa aspiración democrática que no existan ventajas en favor de unos o discriminaciones en contra de otros.

Las protecciones se pagan siempre caras, ya sea que se otorguen a individuos o a/países. Creo señor Director que no necesito contarle a Ud. lo que significa para nuestra patria en sumisión, en limitación de nuestra soberanía nacional, los préstamos que "generosamente" nos ha otorgado para ayudarnos nuestro protector Tio Sam.

Toda protección tiene una contrapartida de sumisión. El artículo 131 del Código Civil dice: "El marido debe protección a la mujer" pero luego agrega: "y la mujer obediencia al marido". Lo mismo ocurre en el trabajo, toda protección significa en el fondo una mayor explotación.

Es sabido que en la Administración Pública las mujeres hacen el papel de Cenicientas. Solo en casos rarísimos la mujer pasa del grado 8. El romper esta valla es una de las reivindicaciones más urgentes de la mujer funcionaria. Una ley de jubilación preferencial para la mujer dará argumentos para que esta situación se mantenga. Se dirá que los primeros grados del Escalafón se alcanzan después de muchos años de servicios y que siendo la carrera de la mujer mas corta es explicable y justo que no logre llegar a los más altos cargos.

Nadie podría negar -como lo afirma su Editorial- que la mujer jefe de hogar cumple una doble tarea y que, si además es madre de hijos pequeños, soporta una fardo agobiador. Pero esta situación no se soluciona ni palia con xxxxxx el proyecto del señor Acharan Arce. La mujer en edad de jubilar, sea con 25 o 30 años de servicios ya no tiene hijos pequeños que atender. Urge, en cambio, de manera

-3-

imperiosa una ley de protección a la maternidad que de descanso por
un largo período, con fuero y salario o sueldo íntegro pagado por
un sistema de seguros - y en ningún caso por el patron que siempre
encuentra la manera de burlarlo- a toda mujer embarazada o que esté
lactando, cualxxquiera que sea el trabajo que realice ( empleadas
públicas y particulares, empleadas domésticas, obreras industriales
y campesinas, obreras a domicilio, etc.) Urge también que se den los
fondos necesarios para crear en todo el país una red de jardines in
fantiles e instituciones que atienda a niños en edad pre-escolar.
Una ley de este tipo no sería discriminatoria entre los sexos ni va
contra el principio de igualdad que defendemos, porque con ella no
se proteje a la mujer, sino al hijo, a la infancia. Más aún, el proyecto del señor Acharan Arce tiene el grave inconveniente de que cierra el paso a una ley de protección a la maternidad para funcionaria.
En efecto, xxxx el proyecto impugnado se financia con una imposición
del 3% sobre los sueldos con lo cual el descuento a la empleada pública por previsión e impuestos subirá a más del 20% . Sería demasiado
duro imponerle un nuevo descuento para atender a la protección de la
maternidad.

El primer teórico del feminismo, el gran Federico Engels,
que me ha ayudado para dignificar las expresiones feminismo y emancipación de la mujer y reivindicar para mí con orgullo la calificación de feminista, ha dicho que la emancipación de la mujer no será
posible sino cuando ésta pueda tomar parte en vasta escala en la producción social y el trabajo doméstico no le ocupe sino un tiempo insignificante. Mientras ese momento llega-y llegará estoy cierta- tenemos que ir eliminando paso a paso las discriminaciones que en contra de la mujer existen en la legislación. El aceptar el precedente
de una situación preferencial - como sería la ley de jubilación a
los 25 años- importa para las mujeres enajenar la fundamentación
para defenderse de una situación discriminatoria en contra. Es a mi
juicio vender por un plato de lentejas, el instrumento mas útil que
en este momento tiene la mujer para seguir luchando por su emancipa
ción total, cual es el principiox de la igualdad.

Saluda atentamente a Ud.

-3-

imperiosa una ley de protección a la maternidad que de descanso por un largo período, con fuero y salario o sueldo íntegro pagado por un sistema de seguros - y en ningún caso por el patrón que siempre encuentra la manera de burlarlo - a toda mujer embarazada o que esté lactando, cualquiera que sea el trabajo que realice (empleadas públicas y particulares, empleadas domésticas, obreras industriales y campesinas, obreras a domicilio, etc.) Urge también que se den los fondos necesarios para crear en todo el país una red de jardines infantiles e instituciones que atienda a niños en edad pre-escolar. Una ley de este tipo no sería discriminatoria entre los sexos ni va contra el principio de igualdad de defendemos, porque con ella no se proteje a la mujer, sino al hijo, a la infancia. Más aún, el proyecto del señor Acharan Arce tiene el grave inconveniente de que cierra el paso a una ley de protección a la maternidad para funcionarias. En efecto, **xxxx** el proyecto impugnado se financia con una imposición del 3% sobre los sueldos con lo cual el descuento a la empleada pública por previsión e impuestos <u>subirá a más del 20%</u>. Sería demasiado duro imponerle un nuevo descuento para atender a la protección de la maternidad.

El primer teórico del feminismo, el gran Federico Engels, que me ha ayudado para dignificar las expresiones feminismo y emancipación de la mujer y reivindicar para mí con orgullo la calificación de feminista, ha dicho que la emancipación de la mujer no será posible sino cuando ésta pueda tomar parte en vasta escala en la producción social y el trabajo doméstico no le ocupe sino un tiempo insignificante. Mientras ese momento llega -y llegará estoy cierta- tenemos que ir eliminando paso a paso las discriminaciones que en contra de la mujer existen en la legislación. El aceptar el precedente de una situación preferencial - como sería la ley de jubilación a los 25 años - importa para las mujeres enajenar la fundamentación para defenderse de una situación discriminatoria en contra. Es a mi juicio vender por un plato de lentejas, el instrumento mas útil que en este momento tiene la mujer para seguir luchando por su emancipación total, cual es el principio de la igualdad.

Saluda atentamente a Ud.

<u>E. Caff.</u> (a mano)

Santiago 14 de Abril de 1952.

*PAZ*

Señora Presidenta de la Federación de Instituciones
Femeninas de Chile.
Presente.

Señora PresidentaN:

            Con fecha 9 del presente mes de Abril se ha
firmado entre los gobiernos de los Estados Unidos y Chile,un
pacto militar bilateral.La versión oficial dada por nuestra
Cancillería dice que este pacto no impone ningun nuevo comprom
miso militar y que se trata sólo de llevar a la práctica a-
cuerdos anteriores adoptados en Río de Janeiro y Bogotá.
            Las organizaciones ligadas a la FECHIF de-
ben recordar que en el Congreso Nacional de Mujeres celebrado
en Viña del Mar en 1947,se acordó por unanimidad rechazar todo
pacto armamentista y,en especial,el que en esos dias se acababa de suscribir en Río de Janeiro.La Comisión encargada de dar
forma a los acuerdos resolvió suprimir la referencia expresa
al Pacto de Río de Janeiro,por estimar que tal pacto no imponía compromiso militar,ni significaba peligro armamentista
alguno.Tal información la obtuvo la Directiva,segun se nos ma
nifestó durante las discusiones,en la Cancillería misma.Fué
ésta una de las razones por las cuales el MEMCH se retiró de
la FECHIF,y los hechos vienen ahora a demostrar que estábamos
en lo justo.
            No obstante,establecer este hecho no tendría
impotancia,si el problema de principios que determinó nuestra
actitud no estuviera latente y agudizado en tales términos que
no trepidamos en afirmar que el porvenir de nuestra Patria
se halla virtualmente enajenado y encadenado a compromisos cuya meta final es la guerra, a menos que el pueblo de Chile impida la ratificación del mencionado pacto militar.
            Chile no necesita armamentos:necesita maquina-
ria para su industrialización,casas para sus habitantes,escue
las para sus niños,obras sanitarias,alimentos.Gastar en armas,
en las condiciones en que vive nuestro pueblo,es criminal.Y
aun cuando el equipo guerrero nos fuera cedido graciosamente,
lo que no creemos-,recordemos que los barcos de guerra cedidos
el año pasado no sólo hubo que pagarlos,sino ademas contratar
su reequipamiento en astilleros y usinas norteamericanos-,cabe
considerar que el sólo hecho de que un pais se arme despierta
recelos entre los vecinos y produce una tensión internacional
propicia al conflicto guerrero. Esto sin considerar que en
cualquier momen to podemos ser arrastrados a una guerra extracontinental para servir intereses que no son los nuestros y
que,aunque se oculta con el hermoso ropaje de "Defensa de la
Democracia",en el fondo sólo es la defensa de intereses de
un grupo de financistas que se empeña en detener la inevitable crisis cíclica,con la producción de armamentos y reser
vas para la guerra.

Santiago 14 de Abril de 1952.

*PAZ*

Santiago 14 de Abril de 1952.

Señora Presidenta de la Federación de Instituciones
Femeninas de Chile
<u>Presente.</u>

Señor Presidenta:

Con fecha 9 del presente mes de Abril se ha firmado entre los gobiernos de los Estados Unidos y Chile, un pacto militar bilateral. La versión oficial dada por nuestra Cancillería dice que este pacto no impone ningún nuevo compromiso militar y que se trata sólo de llevar a la práctica acuerdos anteriores adoptados en Río de Janeiro y Bogotá.

Las organizaciones ligadas a la FECHIF deben recordar que en el Congreso Nacional de Mujeres celebrado en Viña del Mar en 1947, se acordó por unanimidad rechazar todo pacto armamentista y, en especial, el que en esos días se acababa de suscribir en Río de Janeiro. La Comisión encargada de dar forma a los acuerdos resolvió suprimir la referencia expresa al Pacto de Rio de Janeiro, por estimar que tal pacto no imponía compromiso militar, ni significaba peligro armamentista alguno. Tal información la obtuvo la Directiva, según se nos manifestó durante las discusiones, en la Cancillería misma. Fué ésta una de las razones por las cuales el MEMCH se retiró de la FECHIF, y los hechos vienen ahora a demostrar que estábamos en lo justo.

No obstante, establecer este hecho no tendría importancia, si el problema de principios que determinó nuestra actitud no estuviera latente y agudizado en tales términos que no trepidamos en afirmar que el porvenir de nuestra Patria se halla virtualmente enajenado y encadenado a compromisos cuya meta final es la guerra, a menos que el pueblo de Chile impida la ratificación del mencionado pacto militar.

Chile no necesita armamentos: necesita maquinaria para su industrialización, casas para sus habitantes, escuelas para sus niños, obras sanitarias, alimentos. Gastar en armas en las condiciones en que vive nuestro pueblo, es criminal. Y aun cuando el equipo guerrero nos fuera cedido graciosamente, lo que no creemos -, recordemos que los barcos de guerra cedidos el año pasado no sólo hubo que pagarlos, sino además contratar su reequipamiento en astilleros y usinas norteamericanos -, cabe considerar que el sólo hecho de que un país se arme despierta recelos entre los vecinos y produce una tensión internacional propicia al conflicto guerrero. Esto sin considerar que en cualquier momento podemos ser arrastrados a una guerra extracontinental para servir intereses que no son los nuestros y que, aunque se oculta con el hermoso ropaje de "Defensa de la Democracia", en el fondo sólo es la defensa de intereses de un grupo de financistas que se empeña en detener la inevitable crisis cíclica, con la producción de armamentos y reservas para la guerra.

El problema es gravísimo y nuestra responsabilidad como mujeres, es máxima. El Pacto de Río de Janeiro fué la primera piedra que inició la avalancha; el pacto que acaba de firmarse y que espera la ratificación del Congreso, es ya un alud. Pero tenemos la obligación de poner todas nuestras energías para detenerlo.

El MEMCH cree cumplir con su deber al solicitar de las instituciones femeninas que se aboquen al estudio de este pacto militar, pesen cada uno de los compromisos que el país contrae con él, para lo cual será previo solicitar al gobierno que dé a conocer el texto de dicho pacto.

Nadie podrá sostener que este problema no le atañe y es de exclusivo resorte de los gobernantes, porque los compromisos que impone redundan sobre todos y cada uno de los habitantes del país.

Un gran movimiento de opinión podría impedir la consumación del daño. Las mujeres tenemos ese deber que cumplir en defensa de nuestros hijos. Si la guerra llega, llegará para todos, para los que vieron el peligro y para los que encontraron que era más cómodo, más elegante, y mas provechoso, personalmente, no ver nada. Pero será en todo caso una satisfacción saber que se ha estado en lo justo y se ha puesto el máximo empeño posible, en defender la paz.

Cualesquiera que sea la actitud que resuelva tomar la Federación de Instituciones Femeninas de Chile, sobre esta invitación nuestra, le rogamos una contestación.

La saludan muy atentamente,


Olga Poblete de Espinosa          Elena Caffarena de Jiles
   Secretaria General            Secretaria de Organización

El problema es gravísimo y nuestra responsabilidad como mujeres, es máxima. El Pacto de Rio de Janeiro fué la primera piedra que inició la avalancha; el pacto que acaba de firmarse y que espera la ratificación del Congreso, es ya un alud. Pero tenemos la obligación de poner todas nuestras energías para detenerlo.

El MEMCH cree cumplir con su deber al solicitar de las instituciones femeninas que se aboquen al estudio de este pacto militar, pesen cada uno de los compromisos que el país contrae con él, para lo cual será previo solicitar al gobierno que dé a conocer el texto de dicho pacto.

Nadie podrá sostener que este problema no le atañe y es de exclusivo resorte de los gobernantes, porque los compromisos que impone redundan sobre todos y cada uno de los habitantes del país.

Un gran movimiento de opinión podría impedir la consumación del daño. Las mujeres tenemos ese deber que cumplir en defensa de nuestros hijos. Si la guerra llega, llegará para todos, para los que vieron el peligro y para los que encontraron que era más cómodo, más elegante, y mas provechoso, personalmente, no ver nada. Pero será en todo caso una satisfacción saber que se ha estado en lo justo y se ha puesto el máximo empeño posible, en defender la paz.

Cualesquiera que sea la actitud que resuelva tomar la Federación de Instituciones Femeninas de Chile, sobre esta invitación nuestra, le rogamos una contestación.

La saludan muy atentamente,


Olga Poblete de Espinosa            Elena Caffarena de Jiles
   Secretaria General               Secretaria de Organización

COMITE FEMENINO ANTIARMAMENTISTA.

Santiago 19 de Julio de 1958.

Señora María Maluenda.-
Presente.

Querida amiga:

El COMITE FEMENINO ANTIARMAMENTISTA, quiere hacerle presente su indignación ante la arbitraria medida adoptada por la firma comercial Atkinsons, al cancelarle su contrato en represalia por la actuación que usted tuvo en la lucha de las mujeres chilenas contra el Pacto Militar.

Su carta a la firma y a sus auditores es altamente inspiradora para todas las mujeres chilenas, precisamente en estos momentos en que resulta tan difícil encontrar un corazón bien puesto y una conducta ejemplar para defender los principios.

Bien sabíamos quienes tomamos responsabilidades de lucha contra el Pacto Militar, que los intereses afectados atacarían. Ellos querían silenciar el contenido del oprobioso convenio, contenido que la lucha popular sacó a la luz del día para repudiarle en toda su extensión.

Su ejemplo, María, reconforta y estimula. Así lo entenderán también sus miles de auditores, quienes agregarán a la admiración y afecto que usted supo conquistar con su alma de artista, una nueva exaltación por su elevado gesto ciudadano. Su sacrificio personal aligera la carga en esta lucha por los principios. Mujeres como usted, querida amiga, engrandecen no solamente el movimiento femenino chileno, sino el de las mujeres que en todos los países en esta hora, se destacan como los insobornables baluartes de la lucha por la paz y por la dignidad humana.

La saludan atentamente, por el COMITE

Elena Caffarena.-          Olga Poblete.

COMITE FEMENINO ANTIARMAMENTISTA

Santiago 19 de Julio de 1952.

Señora María Maluenda.-
Presente.

Querida amiga:

El COMITÉ FEMENINO ANTIARMAMENTISTA, quiere hacerle presente su indignación ante la arbitraria medida adoptada por la firma comercial Atkinsons, al cancelarle su contrato en represalia por la actuación que usted tuvo en la lucha de las mujeres chilenas contra el Pacto Militar.

Su carta a la firma y a sus auditores es altamente inspiradora para todas las mujeres chilenas, precisamente en estos momentos en que resulta tan difícil encontrar un corazón bien puesto y una conducta ejemplar para defender los principios.

Bien sabíamos quienes tomamos responsabilidades de lucha contra el Pacto Militar, que los intereses afectados atacarían. Ellos querían silenciar el contenido del oprobioso convenio, contenido que la lucha popular sacó a la luz del día para repudiarle en toda su extensión.

Su ejemplo, María, reconforta y estimula. Así lo entenderán también sus miles de auditores, quienes agregarán a la admiración y afecto que usted supo conquistar con su alma de artista, una nueva exaltación por su elevado gusto ciudadano. Su sacrificio personal aligera la carga en esta lucha por los principios. Mujeres como usted, querida amiga, engrandecen no solamente el movimiento femenino chileno, sino el de las mujeres que en todos los países en esta hora, se destacan como los insobornables baluartes de la lucha por la paz y por la dignidad humana.

La saluda atentamente, por el COMITE

Elena Caffarena.-                               Olga Poblete.

COMITE FEMENINO ANTIARMAMENTISTA.
Clasificador O-16, Santiago.


Santiago 19 de Julio de 1952.


Señores de la Firma Comercial Atkinsons.
Presente.


Señores:

El Comité Femenino Antiarmamentista hace llegar a la Firma Atkinsons la expresión de su protesta por la represalia tomada contra la querida y notable actriz del teatro chileno, señora María Maluenda, al cancelarle su contrato de trabajo por su actuación en la campaña que ha librado la ciudadanía contra el Pacto Militar.

El hecho de que valores tan representativos como María Maluenda, hayan encabezado la campaña contra la aprobación de un tratado internacional lesivo a los intereses de la patria, es un signo evidente de cómo las fuerzas más puras de nuestra vida colectiva, se reagrupan en estos instantes para hacer frente a una nefasta política de guerra.

Talvez muchos chilenos seguirán consumiendo productos Atkinsons, sin tomar represalias contra la firma que se ha atrevido a dictar normas de conducta a una personalidad de tanto relieve como María Maluenda. Pero serán miles y miles los chilenos que darán a la iniciativa de la firma Atkinsons la única interpretación que le corresponde por pretender interferir con los deberes ciudadanos del personal cuyos servicios contrata.

La decisión tomada es una prueba evidente del espíritu del Pacto Militar, de aquello que verdaderamente se esconde tras los pretendidos argumentos de solidaridad continental y defensa de la democracia y de la paz. Los patriotas empeñados en la lucha contra el Convenio, habrán de tener presente esta situación, como un argumento objetivo en su campaña nacional.

Saludan atentamente a ustedes, por el COMITE,


Elena Caffarena					Olga Poblete.

COMITÉ FEMENINO ANTIARMAMENTISTA
Clasificador C-16. Santiago.

Santiago 19 de Julio de 1952.

Señores de la Firma Comercial Atkinsons.
Presente.

Señores:

El Comité femenino Antiarmamentista hace llegar a la firma Atkinsons la expresión de su protesta por la represalia tomada contra la querida y notable actriz del teatro chileno, señora María Maluenda, al cancelarle su contrato de trabajo por su actuación en la campaña que ha librado la ciudadanía contra el Pacto Militar.

El hecho de que valores tan representativos como María Maluenda, hayan encabezado la campaña contra la aprobación de un tratado internacional lesivo a los intereses de la patria, es un signo evidente de cómo las fuerzas más puras de nuestra vida colectiva, se reagrupan en estos instantes para hacer frente a una nefasta política de guerra.

Tal vez muchos chilenos seguirán consumiendo productos Atkinsons, sin tomar represalias contra la firma que se ha atrevido a dictar normas de conducta a una personalidad de tanto relieve como María Maluenda. Pero serán miles y miles los chilenos que darán a la iniciativa de la firma Atkinsons la única interpretación que le corresponde por pretender interferir con los deberes ciudadanos del personal cuyos servicios contrata.

La decisión tomada es una prueba evidente del espíritu del Pacto Militar, de aquello que verdaderamente se esconde tras los pretendidos argumentos de solidaridad continental y defensa de la democracia y de la paz. Los patriotas empeñados en la lucha contra el Convenio, habrán de tener presente esta situación, como un argumento objetivo en su campaña nacional.

Saludan atentamente a ustedes, por el COMITE


Elena Caffarena                              Olga Poblete.

Santiago, 2 de diciembre de 194..

Señor
Presidente del Colegio Médico de Chile A. G.
Presente

Distinguido señor:

Con viva complacencia me he impuesto por la prensa del homenaje que el Colegio Médico de Chile ha rendido a la doctora Eloísa Díaz por el hecho de haber sido la primera mujer que recibiera el título de médico-cirujano en nuestro país, siendo en efecto digno de ser recordada la proeza de que hace casi un siglo, una mujer chilena superando prejuicios y condiciones materiales adversas se atreviera a afrontar los arduos y difíciles estudios de medicina. Cabe destacar que cuando la doctora Díaz y su condiscípula, la doctora Ernestina Pérez Barahona obtuvieron su título no había mujeres médicas sino en Inglaterra y los Estados Unidos.

Creo que todas las mujeres chilenas tenemos que agradecer al Colegio Médico de Chile el justo homenaje a quien con su esfuerzo demostró que era posible que las personas de nuestro sexo ingresaran a las carreras universitarias y con ello dieran su efectivo aporte al desarrollo social y cultural del país.

Quisiera, no obstante, hacer un alcance, sólo para los efectos de establecer la verdad histórica.

Es efectivo que a la doctora Díaz el Consejo Universitario le otorgó el título el día 2 de enero de 1887, pero no lo menos que el mismo Consejo se lo otorgó a doña Ernestina Pérez pocos días después, o sea, el 17 de enero de 1887. Las doctoras Díaz y Pérez fueron condiscípulas y rindieron sus exámenes el mismo día. Si el Consejo Universitario otorgó el título a la doctora Díaz con anterioridad al de la doctora Pérez fue sólo porque por alguna razón de tipo burocrático su expediente fue sometido a la aprobación del Consejo en una sesión anterior.

Es por eso que las mujeres siempre hemos considerado que tanto la doctora Díaz como la doctora Pérez son las primeras en obtener el título de médicos en nuestro país.

Recuerdo haber asistido al homenaje que la Agrupación Médica Femenina rindió en conjunto a ambas doctoras con ocasión de la colocación de sus bustos, obra de la escultora Laura Rodig, en el Hall central de la antigua escuela de medicina, bustos que se destruyeron en el incendio que sufriera esa escuela.

Quizás pudiera obviarse al olvido involuntario respecto a la doctora Pérez si el Colegio promoviera la colocación de una placa recordatoria con el nombre de las dos doctoras en el Hall de la actual escuela de medicina.

Me permito acompañarle una foto-copia del discurso que pronunció a raíz de la muerte de la doctora Pérez en la esperanza de que lo lea alguna doctora que colabore con Ud. en el Colegio.

Créame, señor Presidente, que somos muchas las mujeres que nos hemos sentido compartiendo con el gesto del Colegio y lo agradecemos.

Atentamente lo saluda


Elena Caffarena de Jiles

Santiago, 2 de diciembre de 1952

Señor
Presidente del Colegio Médico de Chile A.G.
<u>Presente</u>

Distinguido señor:

Con viva complacencia me he impuesto por la prensa del homenaje que el Colegio Médico de Chile ha rendido a la doctora Eloisa Diaz por el hecho de haber sido la primera mujer que recibira el título de médico - cirujano en nuestro país. Realmente es digna de ser recordada la proeza  de que hace casi un siglo, una mujer chilena superando prejuicios y condiciones materiales adversas se decidiera a afrontar los duros y difíciles estudios de medicina. Cabe destacar que cuando la doctora Díaz y su condiscípula, la doctora Ernestina Perez Barahona obtuvieron su título no había mujeres médicas sino en Inglaterra y los Estados Unidos.

Creo que todas las mujeres chilenas tenemos que agradecer al Colegio Médico de Chile el justo homenaje XXX esfuerzo demostró que era posible que las personas de XXXXX XXXX ingresaran a las carreras universitarias y con ello dieran un significa tivo aporte al desarrollo social y cultural del país.

Quisiera, no obstante, hacer un alcance, sólo para los efectos de establecer la verdad histórica.

Es efectivo que a la doctora Diaz el Consejo universitario le otorgó el título el día 8 de enero de 1889, pero no lo e s menos que el mismo consejo se lo otorgó a doña Ernestina Pérez 2 días después, o sea, el 10 de enero de 1889. Las doctoras Díaz y Pérez fueron condiscípulas y rindieron sus exámenes el mismo día. Si el Consejo Universitario otorgó el título a la doctora Díaz con an telación al de la doctora Pérez fue sólo porque por alguna razón de ti po burocrático su expediente fue sometido a la aprobación del conse jo en una sesión anterior.

Es por eso que las mujeres siempre hemos considerado que tanto la doctora Díaz como la doctora Pérez son las primeras en obtener el título de médicos en nuestro país.

Recuerdo haber asistido al homenaje que la Agrupación Médica Femenina rindió en conjunto a ambas doctoras con ocasión a la colocación de sus bustos, obra de la escultora Laura Rodig, en el Hall central de la antigua escuela de medicina, bustos que se destru yeron en el incendio que sufriera esa escuela.

Quizás pudiera obviarse el olvido involuntario respec to a la doctora Perez si el Colegio promoviera la colocación de una placa recordatoria con el nombre de las dos doctoras en el Hall de la actual escuela de medicina.

Me permito acompañarle una foto-copia del discurso que pronuncié a raíz de la muerte de la doctora Pérez en la esperanza de que lo lea alguna doctora que colabora con Ud. en el Colegio.

Créame, señor Presidente, que somos muchas las mujeres que nos hemos sentido conmovidas con el gesto del Colegio y le agradecemos.

Atentamente lo saluda
Elena Caffarena de Jiles

Santiago, 28 de diciembre de 1983.

Señor
Director de "Ya"
Presente

Señor Director:

Me permite hacer un comentario respecto al programa "La quinta Pata del Gato", del canal de televisión 5, en el que participarán 5 mujeres, todas muy destacadas, aunque todas, salvo quizás una, de la corriente derechista. ¿ Es que no hay una sola mujer de izquierda, cuya opinión valga la pena escuchar? ¡ Hasta cuando seguiremos como antiojeras como caballos de coche!

Pero mi propósito al dirigirle la presente es rectificar una afirmación de la señora Carmen Saenz en el sentido de que el voto femenino nos fué concedido por don Gabriel Gonzalez Videla. No lo haría si no fuera porque este aserto lo he leído y escuchado varias veces y sería lamentable que pasara como verdad a la histori

Lo real es que el voto lo consiguieron las mujeres a pues de mas de 20 años de duras y sacrificadas luchas. Miles de muje res a través de sus organizaciones especialmente el Movimiento Pre Emancipación de las Mujeres de Chile ( MEMCH) y la Federación de In tituciones Femeninas ( FECHIF)- esta última presidida por la notabl feminista Amanda Labarca ( que no se avergonzaba de serlo) demostra ron que ya era tiempo de que las mujeres dejaran de ser ciudadanas de segunda clase y presionaron a los Congresales para la aprobación de la ley. Don Gabriel lo único que hizo fué cumplir con el trámite constitucional de su promulgación. El hecho que esta promulgación se hiciera en el Teatro Municipal en una solemne ceremonia a la que no se invitó a las agrupaciones que más se habían sacrificado en la  larga campaña, no puede convertirle en el donante gracioso de esta sentida reivindicación femenina.

Saluda atte a Ud.

E.C.
cédula 2050425 de Santiago

Santiago, 28 de diciembre de 1983.

Señor
Director de "Ya"
Presente

Señor Director:

Me permito hacer un comentario respecto al programa "La Quinta Pata del Gato", del canal de televisión 5, en el que participarán 5 mujeres, todas muy destacadas, aunque todas, salvo quizás una, de la corriente derechista. ¿Es que no hay una sola mujer de izquierda, cuya opinión valga la pena escuchar? ¡Hasta cuando se guiremos como antiojeras como caballos de coche!

Pero mi propósito al dirigirle la presente es rectificar una afirmación de la señora Carmen Saenz en el sentido de que el voto femenino nos fue concedido por don Gabriel González Videla. No lo haría si no fuera porque este aserto lo he leído y escuchado varias veces y sería lamentable que pasara como verdad a la historia.

Lo real es que el voto lo consiguieron las mujeres después de mas de 20 años de duras y sacrificadas luchas. Miles de mujeres a través de sus organizaciones especialmente el Movimiento Pro Emancipación de las Mujeres de Chile (MEMCH) y la Federación de Instituciones Femeninas (FECHIF) - esta última presidida por la notable feminista Amanda Labarca (que no se avergonzaba de serlo) demostraron que ya era tiempo de que las mujeres dejaran de ser ciudadanos de segunda clase y presionaron a los congresales para la aprobación de la ley. Don Gabriel lo único que hizo fue cumplir con el trámite constitucional de su promulgación. El hecho que esta promulgación se hiciera en el Teatro Municipal en una solemne ceremonia a la que no se invitó a las agrupaciones que más se habían sacrificado en la larga campaña, no puede convertirlo en el donante gracioso de esta sentida reivindicación femenina.

Saluda atte a Ud.

E.C.
cédula 2050425 de Santiago

Santiago, 26 de marzo de 1986

Amigos de Nos-Otras:

Les agradezco su recuerdo al reproducir en el último número de su interesante y creativa publicación, unas palabras mías dichas en una entrevista a la periodista González hace más de 30 años y en las que hago referencia a los partidos políticos en relación con las reivindicaciones femeninas.

Uds. me perdonarán si me permito un alcance: ocurre que, casi siempre, que se reproduce una cita fuera de su contexto, no refleja exactamente el pensamiento del autor.

Algunas personas me han comentado que al escucharlo y la mencionada cita yo aparezco como contraria a los partidos políticos.

Pero no hay tal. En la misma entrevista cuando se me pregunta si no creo más lógico que la mujer trabaje conjuntamente con el hombre a través de partidos y no aisladamente en organizaciones femeninas, contesto: "pienso que lo uno no se opone o no debería oponerse con lo otro. La mujer puede y debe trabajar con los partidos, pero además es indispensable que haya un grupo de mujeres que, trabajando independientemente y sin atenerse a los intereses de los partidos, mantenga en alto la bandera de las reivindicaciones femeninas.... y luego agrega la verdad es que la mujer tiene que luchar en dos frentes: uno por las reivindicaciones fundamentales, en la que debe estar al lado de sus hijos y de sus compañeros de trabajo y de vida; y el otro, en el que tiene que luchar por las reivindicaciones específicas que derivan de su calidad de mujer....

Si me atrevo a ocupar el espacio bastante estrecho de su publicación es porque no me agradaría que me confundieran con ciertos personajes que se refieren despectivamente "a los señores políticos"

Lessaluda muy atte

Elena Caffarena de Jiles

P.D. Si encuentran muy largo este alcance pueden resumirlo.

Santiago, 28 de marzo de 1985

Amigas de Nos-Otras:

Les agradezco su recuerdo al reproducir en el último número de su interesante y creativa publicación, unas palabras mias dichas en una entrevista a la periodista Georgina Durand hace más de 30 años y en las que hago referencia a los partidos políticos en relación con las reivindicaciones femeninas.

Uds. me perdonaran si me permito un alcance. Ocurre que, casi siempre, que se reproduce una cita fuera de su contexto, no refleja exactamente el pensamiento del autor.

Algunas personas me han comentado que de acuerdo a la mencionada cita yo aparezco como contraria a los partidos políticos.

Pero no hay tal. En la misma entrevista cuando se me pregunta si no creo mas lógico que la mujer trabaje conjuntamente con el hombre a través de partidos y no aisladamente en organizaciones femeninas, contesto: "Pienso que lo uno no se opone o no debería oponerse con lo otro. La mujer puede y debe trabajar con los partidos, pero además en indispensable que haya un grupo de mujeres que, trabajando independientemente y sin atenerse a los intereses de los partidos, mantenga en alto la bandera de las reivindicaciones femeninas… y luego agrego la verdad es que la mujer tiene que luchar en dos frentes: uno por las reivindicaciones fundamentales, en la que debe estar al lado de sus hijos y de sus compañeros de trabajo y de vida; y el otro, en el que tiene que luchar por las reivindicaciones específicas que derivan de su calidad de mujer…

Si me atrevo a ocupar el espacio bastante estrecho de su publicación es porque no me agradaría que me confundieran con ciertos personajes que se refieren despectivamente "a los señores políticos"

Las saluda muy atte

Elena Caffarena de Jiles

P.D. Si encuentran muy largo este alcance pueden resumirlo.

Santiago, 19 de junio de 1985

Señoras
Norma Mogrovejo, Celeste Cambría y Celena
Arequipa

Amigas:

Con profunda emoción me informé por MUJER de Ilet de la inaguración de la Bibliteca feminista que lleva el nombre de Adela Montesinos.

La información hace referencia a la participación de Adela en el Movimiento Pro Emancipación de la Mujer, mas conocido como MEMCH, institución que las mujeres chilenas han recordado en este año el 50 aniversario de su fundación.

Yo fuí secretaria general desde su fundación en 1935 hasta el año 1940 y pude alternar y apreciar el valioso aporte de Adela a quien nosotras conocíamos por su seudónimo Fernanda Martinez, que ella usaba por su vida semi clandestina derivada de su calidad de exiliada.

Fernanda no solo fué una militante activa de la institución sino que fué una de sus fundadoras y nos ayudó con su notable claridad mentaly su experiencia política a fijar y redactar los fundamentos y principios de la organización. Recuerdo que ella tuvo decisiva influencia en darle un caracter pluralista y llamar a participar en ella a las mujeres de todas las clases sociales, de todos lo niveles culturales, de todas las tendencias políticas y religiosas.

No solo me relacioné con ella como compañera, asi nos tratabamos sus militantes, sino que tambien nos ligó una gran amistad.Supe de su desastroza situación económica, de su situación de viuda pobre. Conocí a su hijito Pompello Herrera que tenía le misma edad que mis hijos y solía visitarnos y alternar en sus juegos.

Despues que Fernanda abandonó Chile no supe de ella por largo tiempo hasta que no puedo precisar la fecha recibí la visita de un médico que me traía saludos de la amiga, junto con un regalo: era Pompeyo. El me contó que su madre estaba bastante delicada de salud. Solo vine a saber de su muerte por Uds.

Aprovecho el viaje de una amiga, la señora Eugenia Holas para mandarle dos fotocopias de artículos, de Fernanda publicados en La Mujer Nueva. Los estimo de gran interés y todavía muy vigentes. Le adjunto, además, dos ejemplares de la Antología del MEMCH publicada en 1983 y una pequeña obra mía sobre las sufragistas inglesas.

Con el mayor agrado les enviaré las publicaciones que piense le puedan interesar.

Las felicito y agradezco por el recuerdo que Uds. hacen de la gran amiga y feminista.

Se despide de Uds. su affma

Elena Caffarena de Jiles
Seminario 244

Santiago, 19 de junio de 1985

Señoras
Norma Mogrovejo, Celeste Cambría y Celena
<u>Arequipa</u>

Amigas:

Con profunda emoción me informé por MUJER de Ilet de la inauguración de la Biblioteca feminista que lleva el nombre de Adela Montesinos.

La información hace referencia a la participación de Adela en el Movimiento Pro Emancipación de la Mujer, mas conocido como MEMCH, institución que las mujeres chilenas han recordado en este año el 50 aniversario de su fundación.

Yo fuí secretaria general desde su fundación en 1935 hasta el año 1940 y pude alternar y apreciar el valioso aporte de Adela a quien nosotras conocíamos por su seudónimo Fernanda Martínez, que ella usaba por su vida semi clandestina derivada de su calidad de exiliada.

Fernanda no solo fué una militante activa de la institución sino que fué una de sus fundadoras y nos ayudó con su notable claridad mental y su experiencia política a fijar y redactar los fundamentos y principios de la organización. Recuerdo que ella tuvo decisiva influencia en darle un carácter pluralista y llamar a participar en ella a las mujeres de todas las clases sociales, de todos los niveles culturales, de todas las tendencias políticas y religiosas.

No solo me relacioné con ella como compañera, asi nos tratábamos sus militantes, sino que también nos ligó una gran amistad. Supe de su desastroza situación económica, de su situación de viuda pobre. Conocí a su hijito Pompello Herrera que tenía la misma edad que mis hijos y solía visitarnos y alternar en sus juegos.

Despues que Fernanda abandonó Chile no supe de ella por largo tiempo hasta que no puedo precisar la fecha recibí la visita de un médico que me traía saludos de la amiga, junto con un regalo: era Pompeyo. El me contó que su madre estaba bastante delicada de salud. Solo vine a saber de su muerte por Uds.

Aprovecho el viaje de una amiga, la señora Eugenia Holas para mandarle dos fotocopias de artículos de Fernanda publicados en La Mujer Nueva. Los estimo de gran interés y todavía muy vigentes. Le adjunto, además, dos ejemplares de la Antología del MEMCH publicada en 1983 y una pequeña obra mía sobre las sufragistas inglesas.

Con el mayor agrado les enviaré las publicaciones que piense le puedan interesar.

Las felicito y agradezco por el recuerdo que Uds. hacen de la gran amiga y feminista.

Se despide de Uds. su affma

Elena Caffarena de Jiles
Seminario 244

Santiago, 15 de octubre de 1987

Señor
Ministro German Valenzuela Erazo
**Presente**

Señor Ministro:

Me he informado por la prensa que US. Iltma ha prorrogado por otros cinco días la incomunicación decretada en contra de la distinguida profesional, doctora Fanny Pollarolo.

Como Ud. sabe mejor que yo, la institución jurídica de la incomunicación ha sido establecida por el legislador para facilitar la investigación de un delito y la posible implicancia del acusado en el hecho delictual. No es una pena ni un castigo que se aplique anticipadamente. Menos puede pensarse que se use como venganza.

Podría ocurrir que el acusado fuera en definitiva absuelto y entonces ¿quién le quita los días de confinamiento y las consecuencias que para su integridad síquica significa el ver se privado de toda relación humana, el no saber nada de su familia de los consejos de su abogado defensor? Con el agravante que las mujeres sufren la incomunicación en cárceles inhóspitas sin las más mínimas condiciones que se exigen en un país pretendidamente civilizado.

El uso de este instrumento legal debe hacers con suma cautela tanto mas cuanto que cualquier recurso que se enta ble vendría a resolverse despues de terminado el castigo, o sea, cuando el daño ya está causado.

En los últimos tiempos se ha usado y abusado por los señores fiscales militares de este recurso. Ello se explica Pero Ud. es un juez de derecho, miembro de un alto tribunal del pa y pienso que tanto nuestra Corte Suprema como nuestras Cortes de Ap laciones deben velar por su prestigio ante la opinión públicaque en definitiva, es el supremo juez.

No es conveniente. Es malo, muy malo provocar que el pueblo acumule ira.

La medida adoptada por Ud. no contribuye, a m juicio a la pacificación del pueblo chileno y, por el contrario, co tribuye a desatar la ira.

La historia nos enseña y hasta circunstancias recientes como los casos de España, Iran, Nicaragua, Filipinas demuestran que no hay ningún régimen por duro que sea que no llegue e su fin y, además, que todo credo religioso o ideología política si son verdaderos sobreviven a cualquiera persecusión.

Piénselo señor Ministro y perdone mi atrevimiento.

Lo saluda muy atte.

Elena Caffarena de Jiles
abogado con 61 años de profesión.

Santiago, 15 de octubre de 1987

Señor
Ministro German Valenzuela Erazo
<u>Presente</u>
Señor Ministro:

Me he informado por la prensa que US. Iltma ha prorrogado por otros cinco días la incomunicación decretada en contra de la distinguida profesional, doctora Fanny Pollarolo.

Como Ud. sabe mejor que yo, la institución jurídica de la incomunicación ha sido establecida por el legislador para facilitar la investigación de un delito y la posible implicancia del acusado en el hecho delictual. No es una pena ni un castigo que se aplique anticipadamente. Menos puede pensarse que se use como venganza.

Podría ocurrir que el acusado fuera en definitiva absuelto y entonces ¿Quién le quita los días de confinamiento y las consecuencias que para su integridad síquica significa el verse privado de toda relación humana, el no saber nada de su familia ni de los consejos de su abogado defensor? Con el agravante que las mujeres sufren la incomunicación en cárceles inhóspitas sin las más mínimas condiciones que se exigen en un país pretendidamente civilizado.

El uso de este instrumento legal debe hacerse con suma cautela tanto mas cuanto que cualquier recurso que se entable vendría bien a resolverse despues de terminado el castigo, o sea, cuando el daño ya está causado.

En los últimos tiempos se ha usado y abusado por los señores fiscales militares de este recurso. Ello se explica. Pero Ud. es un juez de derecho, miembro de un alto tribunal del país y pienso que tanto nuestra Corte Suprema como nuestras Cortes de Apelaciones deben velar por su prestigio ante la opinión pública que en definitiva, es el supremo juez.

No es conveniente. Es malo, muy malo provocar que el pueblo acumule ira.

La medida adoptada por Ud. no contribuye, a mi juicio a la pacificación del pueblo chileno y, por el contrario, contribuye a desatar la ira.

La historia nos enseña y hasta circunstancias recientes como los casos de España, Iran, Nicaragua, Filipinas demuestran que no hay ningún régimen por duro que sea que no llegue a su fin y, además, que todo credo religioso o ideología política si son verdaderos sobreviven a cualquiera persecusión.

Piénselo señor Ministro y perdone mi atrevimiento.

Lo saluda muy atte.

Elena Caffarena de Jiles
Abogado con 61 años de profesión.

Santiago, 21 de noviembre de 1987

Señor
don Alejandro Hales
Presidente del Colegio de Abogados
Presente

Señor Presidente y estimado colega y amigo:

Acabo de informarme por la radio que el señor fiscal militar ha prorrogado la incomunicación de la joven Karenb Eitel, incomunicación que ya cumplía tres semanas.

El uso y abuso de la incomunicación por jueces, tanto civiles como militares, me preocupa mucho. Estimo que esta institución jurídica se ha desvirtuado, ya que de ser un simple instrumento que el legislador ha previsto para facilitar la investigación de un delito e impedir que los detenidos puedan eludir su culpabilidad con la ayuda de extraños, se ha convertido en cierta manera en un castigo anticipado y en un arma de presión para obtener con esta forma de indudable tortura, su confesión y la posible implicancia de terceros.

Sea como sea, es indudable que el uso de una incomunicación prolongada que tanto daño y de manera irreversible puede causar a la salud mental de un ser humano, sólo puede aplicarse con gran cautela y prudencia. Si el legislador y principios universalmente aceptados castigan severamente todo daño a la persona (como son los casos de homicidio, lesiones, rapto, secuestro, violación, etc.) es inconcebible que pueda aceptarse, que los llamados a administrar la justicia- aunque sea por exceso de celo- dañen a un inculpado en su integridad física o mental, máxime cuando este inculpado puede en definitiva resultar inocente.

Conociendo su invariable vocación por la defensa de los derechos humanos me permito sugerirle que plantee dentro del Colegio que Ud. preside los siguientes puntos:

1° .-La obtención de un informe serio y documentado en lo posible de un profesor de derecho procesal penal sobre la institución de la incomunicación, tanto en relación con nuestra legislación como de legislaciones extranjeras y los principios universales de derecho;

2° .- Obtener informes de dos o tres sicólogos o siquiatras acerca de los efectos que produce en la salud mental de las personas una incomunicación prolongada; y

3° .- Con los antecedentes anteriores obtener que el Colegio de Abogados se dirija a la Exma. Corte Suprema para que dicte un AUTO ACORDADO que reglamente la aplicación de la institución jurídica de la incomunicación.

Mucho me hubiera agradado cooperar personalmente en la realización de este proyecto, pero mis muchos años ( casi 85) y mi mala salud me lo impiden.

Pero estoy cierta que Ud. y el Colegio pueden ayudar a poner fin a las demasías que brevemente he apuntado y que atentan tan gravemente a la salud física y mental de los inculpados. Con mis saludos reciba la admiración de

Elena Caffarena de Jiles

Santiago, 21 de noviembre de 1987

Señor
don Alejandro Halles
Presidente del Colegio de Abogados
<u>Presente</u>

Señor Presidente y estimado colega y amigo:

Acabo de informarme por la radio que el señor fiscal militar ha prorrogado la incomunicación de la joven Karenb Eitel, incomunicación que ya cumplía tres semanas.

El uso y abuso de la incomunicación por jueces, tanto civiles como militares, me preocupa mucho. Estimo que esta institución jurídica se ha desvirtuado, ya que de ser un simple instrumento que el legislador ha previsto para facilitar la investigación de un delito e impedir que los detenidos puedan eludir su culpabilidad con la ayuda de extraños, se ha convertido en cierta manera en un castigo anticipado y en un arma de presión para obtener con esta forma de indudable tortura, su confesión y la posible implicancia de terceros.

Sea como sea, es indudable que el uso de una incomunicación prolongada que tanto daño y de manera irreversible puede causar a la salud mental de un ser humano, sólo puede aplicarse con gran cautela y prudencia. Si el legislador y principios universalmente aceptados castigan severamente todo daño a la persona (como son los casos de homicidio, lesiones, rapto, secuestro, violación, etc) es inconcebible que pueda aceptarse, que los llamados a administrar la justicia - aunque sea por exceso de celo - dañen a un inculpado en su integridad física o mental, máxime cuando este culpado puede en definitiva resultar inocente.

Conociendo su invariable vocación por la defensa de los derechos humanos me permito sugerirle que plantee dentro del Colegio que Ud. preside los siguientes puntos:

1°.- La obtención de un informe serio y documentado en lo posible de un profesor de derecho procesal penal sobre la institución de la incomunicación, tanto en relación con nuestra legislación como de legislaciones extranjeras y los principios universales de derecho;

2°.- Obtener informes de dos o tres sicólogos o siquiatras acerca de los efectos que produce en la salud mental de las personas una incomunicación prolongada; y

3°.- Con los antecedentes anteriores obtener que el Colegio de Abogados se dirija a la Exma. Corte Suprema para que dicte un AUTO ACORDADO que reglamente la aplicación de la institución jurídica de la incomunicación.

Mucho me hubiera agradado cooperar personalmente en la realización de este proyecto, pero mis muchos años (casi 85) y mi mala salud me lo impiden.

Pero estoy cierta que Ud. y el Colegio pueden ayudar a poner fin a las demasías que brevemente he apuntado y que atentan tan gravemente a la salud física y mental de los inculpados.

Con mis saludos reciba la admiración de

Elena Caffarena de Jiles

Santiago, 24 de diciembre de 1987

Señor
Director de La Época:
Presente

Estimado señor Director:

Felicito a La Época por haber publicado el texto completo del fallo del Tribunal Constitucional que afecta al distinguido estadista, profesor y filósofo señor Clodomiro Almeyda.

Especialmente considero un acierto la reproducción en fotocopia de las firmas de los señores Ministros. Pienso que si se sometiera esas firmas al análisis de un grafólogo, este llegaría a la conclusión que por lo menos uno de ellos está inhabilitado mentalmente para resolver siquiera la validez de un contrato de compra-venta.

Además, sería interesante pedir que los señores ministros del Tribunal Constitucional fueran examinados por el profesor Almayda, el que podría interrogarlos acerca de los libros que han leído sobre marxismo; que dieran una definición sobre esta filosofía o lo que entienden por materialismo histórico y materialismo dialéctico; si saben que uno de los principios del marxismo es que nada es eterno que todo es transitorio y que, por lo tanto, este régiemn nos guste o nox nos guste algunxdá tendrá su fin. Estoy cierto que varios de ellos resultarían reprobados, rajados como dicen los estudiantes.

Lo saluda muy atte.

E.C. Cédula 2060425 de Santiago

Santiago, 24 de diciembre de 1987

Señor
Director de La Epoca:
<u>Presente</u>

Estimado señor Director:

Felicito a La Epoca por haber publicado el texto completo del fallo del Tribunal Constitucional que afecta al distinguido estadista, profesor y filósofo señor Clodomiro Almeyda.

Especialmente considero un acierto la reproducción en fotocopia de las firmas de los señores Ministros. Pienso que si se sometiera esas firmas al análisis de un grafólogo, este llegaría a la conclusión que por lo menos uno de ellos está inhabilitado mentalmente para resolver siquiera la validez de un contrato de compra-venta.

Además, sería interesante pedir que los señores ministros del Tribunal Constitucional fueran examinados por el profesor Almayda, el que podría interrogarlos acerca de los libros que han leído sobre marxismo; que dieran una definición sobre esta filosofía o lo que entienden por materialismo histórico y materialismo dialéctico; si saben que uno de los principios del marxismo es que nada es eterno que todo es transitorio y que, por lo tanto, este régiemn nos guste o no nos guste algún día tendrá su fin. Estoy cierto que varios de ellos resultarían reprobados, rajados como dicen los estudiantes.

Lo saluda muy atte.

E.C. Cédula 2060425 de Santiago

Santiago, 1° de marzo de 1988

Señor

Director de la Revista Análisis

<u>Presente</u>

Señor Difector:

He leído el muy interesante testimonio del calvario sufrido por el general Bachelet de parte de sus compañeros de armas, publicado en el N° 215 de su Revista.

Me impartó sobre manera la entrevista al general Leigh, quien parece que sufre de grave amnesia.

Ocurre, que en el año 1976, pasó a visitarme un dirigente campaesino que acababa de ser liberado después de pasar varios meses en las dependencias de la FACH y, porteriormente, en el Hospital de esa institución donde se le atendió por las torturas sufridas en el lugar ante dicho.

El hombre tenía un brazo caido y casi inutilizado, arrastraba la pierna izquierda y estaba casi sordo por la aplicación de la tortura conocida con el nombre de "teléfono".

Es extraño que el señor general Leigh, jefe supremo de la Fuerza Aérea de Chile no estuviera informado de que allí se torturaba y que no hubiera aprovechado la ocasión para alegar la circunstancia atenuante de procurar reparar el mal causado haciendolos recibir atención médica en el Hospital del servicio.

Esta visto que nadie aprovecha de la experiencia agena. El señor Leigh debiera tener presente a otro "olvidadizo el Presidente de Austia, señor Waldheim, porque cuando las cosas cambien y él aspire a algun cargo importante, no faltarán quienes le refresquen la memoria: especialmente los torturados en su Servicio.

E. C.

Santiago, 1º de marzo de 1988

Señor
Director de la Revista Análisis
Presente
Señor Director:

He leído el muy interesante testimonio del calvario sufrido por el general Bachelet de parte de sus compañeros de armas, publicado en el N°215 de su revista.

Me impartó sobre manera la entrevista al general Leigh, quien parece que sufre de grave amnesia.

Ocurre, que en el año 1976, pasó a visitarme un dirigente campesino que acababa de ser liberado después de pasar varios meses en las dependencias de la FACH y, posteriormente, en el Hospital de esa institución donde se le atendió por las torturas sufridas en el lugar antes dicho.

El hombre tenía un brazo caído y casi inutilizado, arrastraba la pierna izquierda y estaba casi sordo por la aplicación de la tortura conocida con el nombre de "teléfono".

Es extraño que el señor general Leigh, jefe supremo de la Fuerza Aérea de Chile no estuviera informado de que allí se torturaba y que no hubiera aprovechado la ocasión para alegar la circunstancia atenuante de procurar reparar el mal causado haciendolos recibir atención médica en el Hospital del servicio.

Esta visto que nadie aprovecha de la experiencia agena. El señor Leigh debiera tener presente a otro "olvidadizo el Presidente de Austria, señor Waldheim, porque cuando las cosas cambien y él aspire a algún cargo importante, no faltarán quienes le refresquen la memoria: especialmente los torturados en su Servicio.

E.C.

Santiago de Chile 14 de Abril 1988


Señor Roberto Matta.
Roma.Italia .


Distinguido amigo:

Tiempo atrás usted tuvo la generosidad de donarnos un
cuadro suyo - pastel -como aporte al financiamiento inicial de una institución para atender a niños seriamente dañados por efectos de los estados de emergencia aplicados en Chile por el régimen militar.

El acuerdo fue destinar el 50% de dicha venta a dicha
institución,P.I.D.E.E. El otro 50% debería remitírsele a usted.

Han pasado años y dicha venta sólo ahora ha logrado
concretarse.El cuadro estaba en la Galería de Carmen Vaugh y ella nos
comunica que la venta se hizo en cuatro mil quinientos dólares.

Se le entregarán a PIDEE los dólares respectivos.Sin embar
go,volvemos a apelar a su comprensión y voluntad en favor de chilenas
y chilenos,por segunda vez.

Está en sus inicios una corporación destinada a apoyar
y atender exclusivamente a mujeres afectadas por las medidas represivas.
Especialmente las mujeres que retornan al país despues de largos años
y se encuentran acá con tremendos problemas, parte ineludible de su
proceso de reinserción en el medio.La sigla de esta organización es
"A.M.A.D.". Para ella nos permitimos sugerirle que usted renuncie a
la parte que le corresponde en la venta de este cuadro suyo-el restante
50% - para aplicarlo a "AMAD".
Es posible que doña Gabriela Sanhueza,actual Presidenta
de AMAD,trate de ubicarle en su viaje que ahora hace en Europa.Le daré
más detalles.
Junto con saludarle no podemos privarnos de expresarle
cuánto estimamos cada expresión de su obra artística,así como de sus
actuaciones personales.Nosotras tambien anhelamos que llegue el momento
en que podamos tenerle de nuevo en su patria.

Muy cordialmente

Elena Caffarena de Jiles          Olga Poblete P.

Santiago de Chile 14 de Abril 1988

Señor Roberto Matta.
Roma. Italia.

Distinguido amigo:

Tiempo atrás usted tuvo la generosidad de donarnos un cuadro suyo – pastel – como aporte al financiamiento inicial de una institución para atender a niños seriamente dañados por efectos de los estados de emergencia aplicados en Chile por el régimen militar.

El acuerdo fue destinar el 50% de dicha venta a dicha institución, P.I.D.E.E. El otro 50% debería remitírsele a usted.

Han pasado años y dicha venta sólo ahora ha logrado concretarse. El cuadro estaba en la Galeria de Carmen Vaugh y ella nos comunica que la venta se hizo en cuatro mil quinientos dólares.

Se le entregaran a PIDEE los dólares respectivos. Sin embargo, volvemos a apelar a su comprensión y voluntad en favor de chilenas y chilenos, por segunda vez.

Está en sus inicios una corporación destinada a apoyar y atender exclusivamente a mujeres afectadas por las medidas represivas. Especialmente las mujeres que retornan al pais después de largos años y se encuentran acá con tremendos problemas, parte ineludible de su proceso de reinserción en el medio. La sigla de esta organización es "A.M.A.D". Para ella nos permitimos sugerirle que usted renuncie a la parte que le corresponde en la venta de este cuadro suyo –el restante 50%- para aplicarlo a "AMAD".

Es posible que doña Gabriela Sanhueza, actual Presidenta de AMAD, trate de ubicarle en su viaje que ahora hace en Europa. Le dará más detalles.

Junto con saludarle no podemos privarnos de expresarle cuánto estimamos cada expresión de su obra artistica, asi como de sus actuaciones personales. Nosotras también anhelamos que llegue el momento en que podamos tenerle de nuevo en su patria.

Muy cordialmente

Elena Caffarena de Jiles        Olga Poblete P.

A.M.A.D.
Ortúzar 325, Ñuñoa
Santiago, Chile


Santiago, 23 de junio de 1988.


Señor
P. Moreno
A.A.P.R.E.CH.
París, Francia


Estimado Sr. P. Moreno:

En P.I.D.E.E., institución de la cual soy Vicepresidenta y miembro de su Consejo Nacional, me entregaron su carta acompañada de los objetivos de A.A.P.R.E.CH. Di a conocer su contenido en nuestra reciente sesión de directiva de A.M.A.D., organismo creado a fines de 1987 y destinado, en particular, a apoyar a mujeres retornadas y ex-prisioneras políticas.

Le envío documentación sobre A.M.A.D. con el profundo deseo de encontrar en vuestra valiosa organización no sólo comprensión sino, concretamente, alguna forma de apoyo económico. En circunstancias muy parecidas a A.M.A.D. apareció hace ya casi diez años, la primera iniciativa de lo que hoy es P.I.D.E.E..

Tenemos confianza en encontrar en ustedes acogida para propósitos absolutamente comunes, pese al tiempo y las distancias.

Saludamos a usted y a A.A.P.R.E.CH. muy cordialmente.


Elena Caffarena

A.M.A.D.
Ortúzar 325, Ñuñoa
Santiago, Chile

Santiago, 23 de junio de 1988.

Señor
P. Moreno
A.A.P.R.E.CH.
París, Francia

Estimado Sr. P. Moreno:

En P.I.D.E.E., institución de la cual soy Vicepresidenta y miembro de su Consejo Nacional, me entregaron su carta acompañada de los objetivos de A.A.P.R.E.CH. Di a conocer su contenido en nuestra reciente sesión de directiva de A.M.A.D., organismo creado a fines de 1987 y destinado, en particular, a apoyar a mujeres retornadas y ex-prisioneras políticas.

Le envío documentación sobre A.M.A.D. con el profundo deseo de encontrar en vuestra valiosa organización no sólo comprensión sino, concretamente, alguna forma de apoyo económico. En circunstancias muy parecidas a A.M.A.D. apareció hace ya casi diez años, la primera iniciativa de lo que hoy es P.I.D.E.E..

Tenemos confianza en encontrar en ustedes acogida para propósitos absolutamente comunes, pese al tiempo y las distancias.

Saludamos a usted y a A.A.P.R.E.CH. muy cordialmente.

Elena Caffarena

Santiago, 28 de marzo de 1989.

Señor
Director de La Epoca
presente

Señor Director:

Pocos días después de la celebración del
Día Internacional de la Mujer  realizada en el Estadio Santa Laura en la que más de 20.000 mujeres en un acto de ejem
plar unidad demostraron su gran madurez política y su vocación democrática, La Epoca en su columna de Humor publicó
una colaboración de una chabacanería y falta de respeto in-
creible.

Lamento no haber guardado  el recorte que
me permitiría transcribir literalmente su texto. Según mis
recuerdos la "gracia" consistía en lo siguiente: un marido
llega a su casa en compañía de un amigo con el ánimo que su
mujer los atienda. Esta le contesta que no puede complacerlo porque está reunida con unas amigas analizando el problema del ORGASMO. Como el marido protestara, la mujer le
replica si él hubiera preferido que estuviera reunida con
las comunistas del Estadio Santa Laura.

Pensé que como una golondrina no hace vera-
no, no valía la pena reclamar ante Ud. de esta grosería inaceptable por mucho que sea la amplitud de su diario y el deseo de hacer reir.

Pero ocurre que nuevamente La Epoca acoge
un artículo y esta vez no en son de mofa en contra de las
luchas de la mujer por sus derechos. Se trata de la colaboración de don Hernan Lange R. publicado en las páginas editoriales del día de hoy, 28 de marzo, titulado Tragicomedia
Griega.

Relata el señor Lange el caso de la prosti-
tuta griega que mediante su dominación sexual sobre el anciano Primer Ministro, influye de manera decisiva en la
gestión gubernativa permitiéndole toda clase de oscuros negocios. Según el articulista esto sería un ejemplo del
Poder Femenino  y termina diciendo ¿ qué mas quieren las
mujeres?

El señor Langue tiene en muy mal conceptos
a las mujeres de su patria. Parece desconocer el valioso
aporte económico y cultural de nuestras mujeres al progreso
del país y a su democratización. Parece no conocer las estadísticas  sobre como votaron las mujeres en el Plebiscito.

Seguramente ignora que los primeros en manifestarse contra el regimen dictatorial de Pinochet fueron la
las mujeres de la Agrupación de Detenidos -Desaparecidos y
que las primeras manifestaciones callejeras contra el regimen fueron convocadas por mujeres.

Santiago, 28 de marzo de 1989

Señor
Director de La Epoca
<u>Presente</u>

Señor Director:

Pocos días después de la celebración del Día Internacional de la Mujer realizada en el Estadio Santa Laura en la que más de 20.000 mujeres en un acto de ejemplar unidad demostraron su gran madurez política y su vocación democrática, La Epoca en su columna de Humor publicó una colaboración de una chabacanería y falta de respeto increíble.

Lamento no haber guardado el recorte que me permitiría transcribir literalmente su texto. Según mis recuerdos la "gracia" consistía en lo siguiente: un marido llega a su casa en compañía de un amigo con el ánimo de que su mujer los atienda. Esta le contesta que no puede complacerlo porque está reunida con unas amigas analizando el problema del ORGASMO. Como el marido protestara, la mujer le replica si él hubiera preferido que estuviera reunida con las comunistas del Estadio Santa Laura.

Pensé que como una golondrina no hace verano, no valía la pena reclamar ante Ud. de esta grosería inaceptable por mucho que sea la amplitud de su diario y el deseo de hacer reir.

Pero ocurre que nuevamente La Epoca acoge un artículo y esta vez no en son de mofa en contra de las luchas de la mujer por sus derechos. Se trata de la colaboración de don Hernán Lange R. publicado en las páginas editoriales del día de hoy, 26 de marzo, titulado tragicomedia Griega.

Relata el señor Lange el caso de la prostituta griega que mediante su dominación sexual sobre el anciano Primer Ministro, influye de manera decisiva en la gestión gubernativa permitiéndole toda clase de oscuros negocios. Según el articulista esto sería un ejemplo del Poder Femenino y termina diciendo ¿qué mas quieren las mujeres?

El señor Langue tiene en muy mal concepto a las mujeres de su patria. Parece desconocer el valioso aporte económico y cultural de nuestras mujeres al progreso del país y a su democratización. Parece no conocer las estadísticas sobre como votaron las mujeres en el Plebiscito.

Seguramente ignora que los primeros en manifestarse contra el regimen dictatorial de Pinochet fueron las mujeres de la Agrupación de Detenidos - Desaparecidos y que las primeras manifestaciones callejeras contra el regimen fueron convocadas por mujeres.

El señor Lange está equivocado. Las mujeres chilenas no aspiramos a ejercer el poder desde la cama, queremos dar nuestra capacidad y nuestro esfuerzo para que el pueblo chileno- hombres y mujeres-logre el mayor bienestar posible, dentro de un sistema democrático de gobierno.

Queremos que el señor Lange y sobre todo los políticos de este país se pongan a estudiar seriamente los fundamentos del feminismo y se convenzan que no lo han inventado un grupo de mujeres mas o menos excéntricas sino que es un fenómeno social que tiene su origen en causas históricas, económicas y culturales y que, por lo tanto, no podrán detenerlo ni los ataques más duros ni las burlas.

Convendría tambien que todos los hombres y en especial los políticos leyeran y se compenetraran de la Convención sobre la eliminación de todas las formas de discriminación en contra de la Mujer , aprobada por las Naciones Unidas y se convencieran que, como dijo Marcuse, el feminismo es el más importante y radical movimiento político de nuestro tiempo.

Al feminismo hay que estudiarlo y tomarlo en serio.

Lo saluda atte.


Elena Caffarena

# Tragicomedia griega

HERNAN LANGE R.

*La historia del primer ministro griego y la azafata prueba que la debilidad femenina no es tal.*

*T*anta defensa de la situación de la mujer. El día de la mujer, los derechos de la mujer. Tenemos que reconocer que "ellas" tienen sus razones.

Pero ahora nos vamos a referir a un poder femenino que es el más antiguo. (Y quizás el más poderoso).

A través de la historia desde Adán y Eva, y Sansón y Dalila, este poder no ha sido desmentido. Para confirmar vaya esta historia que más reciente no puede ser. El primer ministro de Grecia se llama Andreas Papandreu. Dotado de una excepcional capacidad oratoria y con un carisma especial, ha sido elegido dos veces primer ministro con la mayoría absoluta. Ahora ya tiene 69 años y hace poco lo sometieron a una operación cardiaca.

En uno de sus viajes aéreos por el mundo fue atendido por una azafata de *Olimpic Air Lines*, la línea griega de aviación. La niña se llama Dimitra Liani, una opulenta y hermosa pelirroja ya dos veces casada, de 1.81 mt. de estatura, 33 años, y de antecedentes bastante liberales. Dicen las malas lenguas en Grecia que ha tenido amores con todos los pilotos de su línea aérea, menos uno, el piloto automático.

Bueno, verla y enamorarse de Mimi (así la llaman sus amigos) fue cosa de un instante para el primer ministro. Y desde estos momentos las cosas ya no son las mismas en Grecia.

Mimi tiene el férreo control sobre el anciano Papandreu y una corte de dudosas personalidades están gobernando en Grecia. Ministros serios renunciaron y fueron reemplazados por incondicionales. Tampoco faltó un banquero inescrupuloso que se dedicó a efectuar el trabajo sucio. Amenazado de ser arrestado, escapó hacia EE.UU. y desde ahí amenaza con "destapar la olla" de los sobornos y negocios oscuros.

Papandreu está expuesto a toda clase de irónicos comentarios. No hay teatro revisteril en Atenas que no se refiera a este *affaire*, igual como las revistas y diarios. Pero el hombre se empecina y presenta a su llamativa novia (103 cms. de busto) como su futura esposa, y los jefes de Estados amigos tienen que hacer complicadas maniobras para no tener que toparse con la dama.

Mientras tanto, las cosas no andan bien en Grecia. La inflación se ha acelerado y el país se encuentra en 40° lugar entre los paises del mundo dignos de crédito internacional.

Ahí sí que tenemos un ejemplo patético del "poder femenino". ¿Qué más quieren, entonces?

El señor Lange está equivocado. Las mujeres chilenas no aspiramos a ejercer el poder desde la cama, queremos dar nuestra capacidad y nuestro esfuerzo para que el pueblo chileno - hombres y mujeres - logre el mayor bienestar posible, dentro de un sistema democrático de gobierno.

Queremos que el señor Lange y sobre todo los políticos de este país se pongan a estudiar seriamente los fundamentos del feminismo y se convenzan que no lo han inventado un grupo de mujeres mas o menos excéntricas sino que es un fenómeno social que tiene su origen en causas históricas, económicas y culturales y que, por lo tanto, no podrán detenerlo ni los ataques más duros ni las burlas.

Convendría tambien que todos los hombres y en especial los políticos leyeran y se compenetraran de la Convención sobre la eliminación de todas las formas de discriminación en contra de la Mujer, aprobada por las Naciones Unidas y se convencieran que, como dijo Marcuse, el feminismo es el más importante y radical movimiento político de nuestro tiempo.

Al feminismo hay que estudiarlo y tomarlo en serio.

Lo saluda atte.

Elena Caffarena

Santiago, 8 de junio de 1989

Señor
Emilio Filippi
Director del Diario La Epoca
<u>Presente</u>

Señor Director:

Graciosísima resultó la columna Viñetas,"Faldas al Poder" de don Diogenes Estrada publicada en la adición del 7 de junio en su diario. Al caballero no le falta humor.

Si me dirijo a Ud. personalmente es porque ya en dos oportunidades La Epoca insiste en hacer mofa de la muy justa aspiración de las mujeres de participar en el manejo del país.

¿ Corresponde esta posición a la línea del diario o refleja sólo la opinión de mandos medios o de colaboradores? En este último caso valdría la pena investigar que complejos tienen estos señores, si tienen problemas de pareja y no estaría de mas darles a leer el libro de Freud "El Chiste en su relación con lo inconsiente".

Aprovecho la oportunidad para adjuntarle fotocopia de la carta -que estoy cierta Ud. no haleido-con relación a las publicaciones a que he hecho referencia y que bajo formas veladas de humor importan un ataque a la muy fundada reivindicación de la mujer a participar en tareas gubernativas. Dicha carta, a pesar de ir con firma responsable, fué a dar al canasto.

Deseo que quede en claro que esta carta no está destinada a ser publicada.

No me mueve otro propósito que evitar que La Epoca se aparte de la línea progresista con que se fundó y si fuera posible se recomendara a sus colaboradores que lean y estudien la Convención de Naciones Unidas sobre la eliminación de todas las formas de discriminación contra la mujer.

Lo saluda atentamente


Elena Caffarena de Jiles

Santiago, 8 de junio de 1989

Señor
Emilio Filippi
Director del Diario La Epoca
<u>Presente</u>

Señor Director:

Graciosísima resultó la columna Viñetas, "Faldas al Poder" de don Diogenes Estrada publicada en la adición del 7 de junio en su diario. Al caballero no le falta humor.

Si me dirijo a Ud. personalmente es porque ya en dos oportunidades La Epoca insiste en hacer mofa de la muy justa aspiración de las mujeres de participar en el manejo del país.

¿Corresponde esta posición a la línea del diario o refleja sólo la opinión de mandos medios o de colaboradores? En este último caso valdría la pena investigar que complejos tienen estos señores, si tienen problemas de pareja y no estaría de más darles a leer el libro de Freud "El Chiste en su relación con lo inconciente".

Aprovecho la oportunidad para adjuntarle fotocopia de la carta - que estoy cierta Ud. no ha leído - con relación a las publicaciones a que he hecho referencia y que bajo formas veladas de humor importan un ataque a la muy fundada reivindicación de la mujer a participar en tareas gubernativas. Dicha carta, a pesar de ir con firma responsable, fue a dar al canasto.

Deseo que quede en claro que esta carta no está destinada a ser publicada.

No me mueve otro propósito que evitar que La Epoca se aparte de la línea progresista con que se fundó y si fuera posible se recomendara a sus colaboradores que lean y estudien la Convención de Naciones Unidas sobre la eliminación de todas las formas de discriminación contra la mujer.

Lo saluda atentamente

Elena Caffarena de Jiles

# EPÍLOGO

## Elena Caffarena Morice: La "Maestra de la Chile" que vuelve a los 17 después de vivir un siglo

XIMENA JILES MORENO[228]

*"Siempre hay una tarea nueva, una misión que me atrapa, me entusiasma, me moviliza y vuelvo a tener 17 y a sentir que los días se me hacen cortos".*

ELENA CAFFARENA MORICE

En nombre de la familia Jiles Caffarena tengo el honor y el genuino placer de agradecer la iniciativa de repensar y releer a nuestra antepasada, Elena Caffarena Morice. Lo hago con todo gusto puesto que a mi juicio Faride Zerán Ch., Jennifer Abate C., Karen Cea P. y un universo de colaboradoras han realizado, a través de esta antología, un fecundo trabajo al alero de la Vicerrectoría de Extensión y Comunicaciones de la Universidad de Chile, que merece nuestro reconocimiento, gratitud y respeto.

Lo hago también porque soy nieta de Elena Caffarena, la quise infinitamente, su amor y su ejemplo de congruencia no se extinguieron nunca pese al paso del tiempo. Sin embargo, desde niña comprendí que esa mujer que me enseñó a "emancipar" los nudos de

---

[228] Historiadora. Profesora de Historia y Geografía de la USACH, Magíster en Educación de la UMCE y autora de varias publicaciones relativas a la historia de las mujeres chilenas. Una de las más recientes es *Epistolario emancipador del MEMCH, Catálogo histórico comentado (1935-1949)*, editado por el Archivo Nacional de Chile y la Dirección de Bibliotecas, Archivos y Museos (2017), en coautoría con la Dra. Claudia Rojas Mira. Es también autora de *Elena Caffarena Morice, una grande de Chile que vuelve a los 17 después de vivir un siglo*, editado por USACH en 2019. Madre de Eloísa y Blas Herrera Jiles, Ximena es la nieta dilecta de Elena Caffarena.

mis primeros zapatitos, antes de salir con ella al centro, no era solo **mi** abuela, que debía compartirla con otros y otras, pues, al decir de Jennifer Abate constituía un:

"…personaje fundamental no solo para el feminismo sino también en la protección de los derechos humanos durante la dictadura…"

Tal vez la propia Elena hubiera deseado que se destinara un espacio en esta antología para escuchar a algunos hombres opinar sobre el particular y muy probablemente hubiese querido que se incluyeran testimonios de las camaradas feministas más invisibles, humildes y apartadas del núcleo urbano.

¿Quién fue, en efecto, esta maestra que pertenece hoy a Chile entero?

"Quizás sea ese uno de los principales objetivos de la relectura del trabajo de una feminista como Elena Caffarena: iluminar aquellas zonas de su pensamiento y trayectoria que han permanecido ocultas por las fuerzas de una historia escrita predominantemente por hombres; documentar histórica y culturalmente las diferentes vías a través de las que cambió el destino de la nación". Tal es la potente invitación de Faride Zerán Chelech a la que nos convocan estas páginas.

Es indudable que una de quienes más la conoció fue su mejor amiga Olga Poblete, una mujer bajita, silenciosa, tenaz, que no hacía aspavientos de ninguna especie; la visitaba cada verano en Tongoy y cada semana en su domicilio histórico, ubicado en Seminario 244, a donde también acudían las feministas de la generación de Julieta Kirkwood, Mirentxu Bustos y Teresa Valdés, quienes se maravillaban frente a estas dos precursoras del feminismo en Chile.

¡Qué visionarias las palabras legadas a las nuevas generaciones por Olga Poblete a la luz de estallido social que despertó en octubre de 2019!:

"Les aguardan profundos remezones socioculturales, sacrificios y dolores, tanto como los que han ido quedando atrás. Sin embargo, cada vez, cada día, se da otro paso que aproxima el final del túnel. Se abrirá el espacio nuevo en el que mujeres y hombres, juntos, construyan la nueva estructura global equitativa y redentora de la persona humana en su totalidad, sin discriminaciones ni sexismos". Así habló doña Olguita en 1993, diez años antes de la muerte de Elena, quien la sobrevivió cuatro años.

Emociona que Laura Albornoz P., ministra de la Mujer en el primer gobierno de Bachelet, reconozca "temple y pasión" en Elena Caffarena; que la poeta feminista Sofía Esther Brito afirme: "Hay algo en la historia de Elena Caffarena que la lleva a rebelarse a ser una jurista y abogada 'como si' fuese un hombre, una política de desviación ante dicha actuación que se rehúsa a ser reconocida de forma excepcional, a seguir su camino jurídico sin reconocer la desigualdad que portan las mujeres en razón de su cuerpo…", escribe Brito; que la pensadora Olga Grau D. la califique de "rebelde con causa"; que la diputada Carmen Hertz C. la eleve al sitio de "Mujer fundamental en quebrar prejuicios y discriminaciones…"; que la académica Raquel Olea B. exponga: "El feminismo de Elena Caffarena construye la impronta de una nueva sujeto social y política que no podrá ser eludida o soslayada por el poder político; su voz se vuelve fuerte por su constante referencia a problemáticas sociales amplias, que exceden las necesidades de las mujeres o lo específico de una lucha particular; la huella feminista está inscrita y tramada en la multiplicidad de lo social… Caffarena enuncia su discurso ejemplarmente situada en un compromiso político intransable…", continúa Olea; que, por su parte, la Doctora en Filosofía Kemy Oyarzún V. la catalogue de "… una feminista de gran capacidad articuladora a niveles social y político. Aguda pensadora, su accionar fue pluralista y multidimensional".

O que la feminista Sandra Palestro recuerde su sonrisa y afirme que "… Su paso de cien años por esta tierra dejó un camino por el que hemos transitado varias generaciones de mujeres…".

Que la psiquiatra Fanny Pollarolo V., madre de mi entonces compañera de curso Carlita Vidal, resalte su liderazgo social y político, su solidez y coherencia, destacando que "… si bien ella fue relevante en la historia del país, su vida y obra no son almacenajes del pasado sino una producción para operar en el presente".

Que Emma de Ramón A. y Antonella Caiozzi A. la miren desde el Archivo Mujeres y Géneros del Archivo Nacional Histórico como: "… una mujer preocupada por todos los tipos de injusticia hacia las mujeres, una feminista que buscó transformar estructuralmente la sociedad y una defensora de los derechos humanos en sentido amplio".

Que la abogada Bárbara Sepúlveda H. la identifique como "… Una abogada que puso su conocimiento a disposición de la causa feminista" y que Diamela Eltit, académica, escritora y Premio Nacional de Literatura repare en su "… amplio espíritu crítico, propio de una inteligencia abierta y moderna (…) como una figura clave e histórica dentro de los movimientos de mujeres y como una mujer de todos los tiempos".

Pese a todos estos altos conceptos, a haber dedicado su vida entera a la lucha por la emancipación de las mujeres de su país, a su dilatada y ejemplar vida cívica, Elena Caffarena nunca recibió de parte del Estado de Chile ningún nombramiento oficial, no fue beneficiaria de alguna dieta parlamentaria ni de ningún beneficio personal de peso alguno.

Es por ello que la familia Jiles Caffarena agradece y valora este homenaje póstumo.

Sus capacidades intelectuales, interpersonales y de gestión fueron desperdiciadas por el Estado (no así por el MEMCH ni por las víctimas a violaciones de derechos humanos) posiblemente por haberse declarado feminista en un país en el cual esta palabra aún hoy es incomprendida por muchos, incluso por mujeres cuyos caminos fueron abiertos por las luchas del movimiento feminista. Adicionalmente, por haber adherido al MEMCH, un movimiento social emancipador, masivo e influyente, y por haber sido una genuina demócrata que no toleraba la exclusión de ningún sector político.

Jamás, ni ella ni su esposo, el abogado comunista Jorge Jiles Pizarro, percibieron ni habrían aceptado percibir honorarios por la defensa jurídica de los perseguidos políticos, a los que asesoraron en su oficina de la calle Huérfanos, y todos los cargos ocupados por Elena a lo largo de su vida, en pro de las mujeres o de la infancia, fueron siempre ejercidos ad honorem; regalaba su valioso tiempo, su juicio lúcido, llegaba a las reuniones en auto propio, jamás en un vehículo fiscal, y mantenía a todo evento una independencia y autonomía insobornables.

Sin embargo, cuando se promulgó la ley que posibilitó que las mujeres votáramos en elecciones parlamentarias y presidenciales y se realizó un gran acto público en el Teatro Municipal, al que asistieron el Presidente de la República Gabriel González Videla, ministros de Estado, el cuerpo diplomático y grandes personalidades de nuestro país, Elena Caffarena no fue invitada y se limitó a escuchar la ceremonia a través de la radio[229].

Dicha ley se había logrado gracias a la lucha organizada de las mujeres durante veinte años, especialmente las del MEMCH. Sin embargo, días después de que las mujeres alcanzaran esta importante victoria, fue sospechosamente cancelada su inscripción en los registros electorales, quedando virtualmente inhabilitada para ejercer el derecho a sufragio.

Fue esta una maniobra baja, injusta, cobarde y arbitraria. La Ley de Defensa de la Democracia, dictada durante el gobierno de González Videla y más conocida por los demócratas como la "Ley Maldita", permitía cancelar de los registros electorales a los comunistas. Elena no era comunista. Nunca militó en ese partido ni en ningún otro. No solo eso: se opuso tenazmente a que el partido instrumentalizara al MEMCH y ello le costó el rechazo de sus compañeras comunistas al interior de la organización. La medida se tomó, posiblemente, porque su marido sí era militante y activo dirigente del

---

[229] Jiles, Ximena, *Elena Caffarena Morice. Una grande de Chile que vuelve a los 17 después de vivir un siglo.* Editorial USACH, Santiago, Chile, 2019 pp. 85 89.

PC. Pudo operar también una suerte de venganza por cuanto Elena había participado decididamente en una campaña para obtener la libertad de unas cuarenta mujeres que se encontraban detenidas con sus hijos e hijas en el campo de prisioneros de Pisagua. Había casi cien niños y niñas "presos" en Pisagua y ello resultaba inaceptable para esta defensora de la causa feminista y de la infancia desvalida.

Conocedora del derecho, Caffarena realizó una reclamación escrita ante la autoridad de la época que fue acogida por el organismo pertinente. El texto de la reclamación presentada, citado por Diamela Eltit en *Crónica del sufragio femenino en Chile* (SERNAM, 1994), constituye, probablemente, la única vez, en toda la trayectoria de Caffarena de la que se tenga registro, en la que junto a la solidez de su apelación se permite expresar sentimientos de dolor y de fragilidad frente a la vulneración de los principios democráticos. En efecto, la herida inferida en el corazón de Elena nunca sanó pues la afrenta había sido demasiado profunda e inmerecida.

Años después Elena Caffarena murió en su casa, ubicada en Seminario 244, comuna de Providencia (Santiago de Chile), el sábado 19 de julio de 2003 en horas de la mañana.

Hasta en el momento del deceso fue silenciosa, discreta, sutil.

Su muerte se produjo debido a un deterioro producto de su edad, ya que había vivido cien años.

Su despedida fue efectuada en el Cementerio General.

Puesto que somos una familia agnóstica, no hubo misa ni sacerdote. Nadie rezó. La familia me encomendó el inmenso honor de dirigir la sobria ceremonia que contó con la ministra del entonces Servicio Nacional de la Mujer, Cecilia Pérez Díaz, altas autoridades del mundo público y representantes de diversas organizaciones feministas.

De todos los pésames que recibimos titila en mi memoria la presencia de dos mujeres pertenecientes al pueblo mapuche, vestidas con sus elegantes atuendos, cintas de colores en el pelo y joyas de plata en el pecho, las que me dijeron al oído unas palabras en mapudungún que podrían traducirse como sigue:

"Venimos desde muy lejos a abrigar el corazón de la familia de la compañera Elena. Ella regresa ahora a la madre Tierra a donde pertenece".

Era un día frío casi llegado el invierno.

Sus restos fueron cremados según ella lo dispuso y su féretro donado a un hospital para enfermos afectados por el virus del Sida.

Como Elena nació en Iquique, cantamos una canción interpretada por Quilapayún, compuesta por Francisco Pezoa, que se llama "Canto a la Pampa".

Después, los asistentes se fueron retirando uno a uno, nadie tenía prisa. El último en hacer abandono del recinto fue el profesor y cineasta Rómulo Herrera del Villar. Me ofreció su pañuelo por si quería desahogarme, pero las descendientes de Caffarena no lloramos en público.

Tras un tiempo prudencial, la casa se puso en venta.

Confieso que una noche me escapé de mi hogar y manejé hasta Seminario 244. La propiedad ya lucía un letrero: SE VENDE.

En un impulso irrefrenable escalé y salté la reja. Esa noche necesitaba imperiosamente que despertara de su quietud mi "irremplazable unicornio azul", ese del que hablan los versos de Silvio Rodríguez.

Prometí, la Luna por testigo, que honraría su memoria.

Entonces imaginé que era posible que ella volviera a los 17 después de vivir un siglo a través de la lucha de las nuevas generaciones[230].

> *"Parece que algo hicimos, pero a ustedes les queda en herencia la mayor parte de esta tarea inconclusa"*. (Elena Caffarena)

---

[230] Jiles, Ximena, Op cit, pp. 91-94.

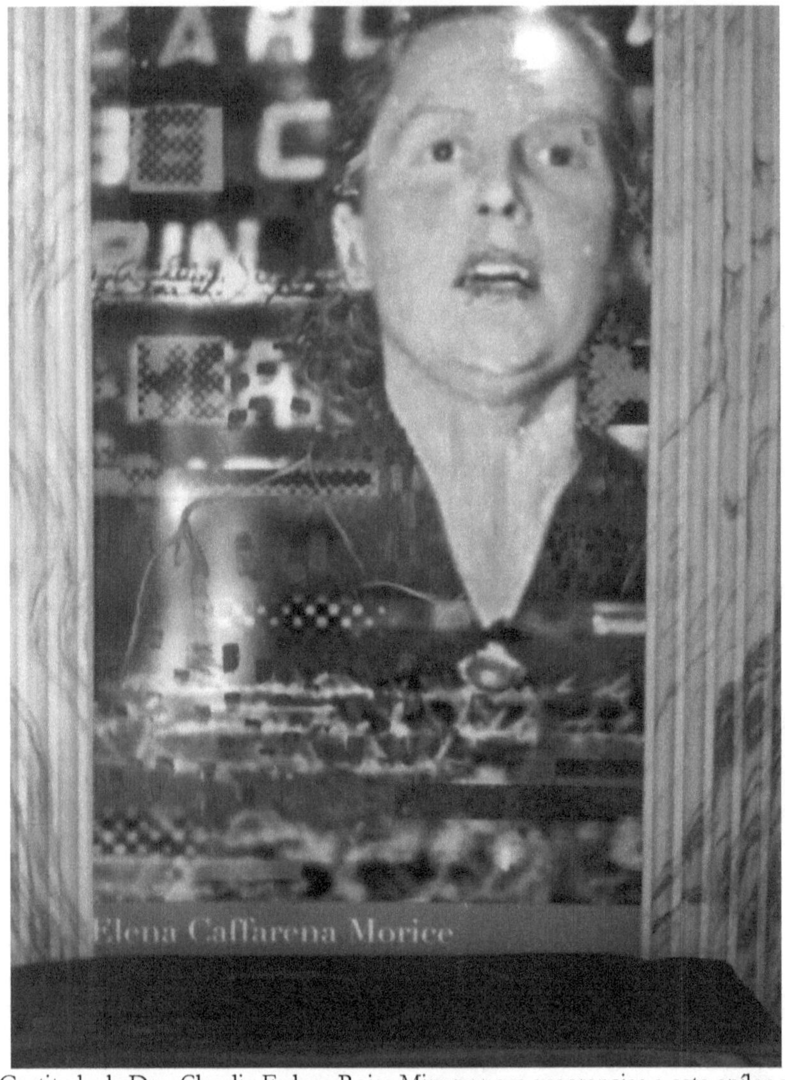


Gratitud a la Dra. Claudia Fedora Rojas Mira por sus sugerencias a este epílogo.

9 789561 126558